D1832692

महेश कटारे

महेश कटारे का जन्म 14 दिसम्बर, 1946 को मध्य प्रदेश, ग्वालियर के बिल्हैटी गाँव में हुआ। आजीविका के लिए उन्होंने कुछ साल स्कूल में अध्यापन और खेती की।

उनकी प्रकाशित रचनाएँ हैं—'कामिनी काय कान्तारे' (दो खंड)—(नया रूप), 'भर्तृहरि : काया के वन में', 'कालीधार' (उपन्यास); 'समर शेष है', 'इतिकथा अथकथा', 'मुर्दा स्थगित', 'पहरुआ', 'छछिया भर छाछ', 'सात पान की हमेल', 'देहात', 'फागुन की मौत', 'मेरी प्रिय कथाएँ', 'ग़ौरतलब कहानियाँ' (कहानी-संग्रह); 'महासमर का साक्षी', 'अँधेरे युगांत के', 'पंचरंगी', 'इन्द्रधनुष' (कथानाट्य); 'हे राम', 'गाँव कथा' (नाटक); 'पहियों पर रात दिन', 'देस बिदेस दरवेश' (यात्रावृत्त); 'नज़र इधर-उधर', 'समय के साथ-साथ' (अन्य)। उनकी कहानी 'पहियों पर चढ़े सुख' पर लघु फिल्म बनी और इसका नाट्य मंचन भी हुआ है।

हिन्दी एवं कुछ अन्य भारतीय भाषाओं में उनकी रचनाओं के अनुवाद और मंचन हुए हैं। उन्होंने 'वसुधा' पत्रिका के कहानी विशेषांक का सम्पादन भी किया है।

उन्हें 'बागीश्वरी सम्मान', म. प्र. साहित्य परिषद/म. प्र. साहित्य अकादमी के 'कथा पुरस्कार', 'प्रेमचन्द कथा पुरस्कार', 'शमशेर सम्मान', 'कथाक्रम सम्मान', 'राजभाषा परिषद बिहार सम्मान', 'ढींगरा फाउंडेशन कथा-सम्मान' (कनाडा), 'कुसुमांजलि सम्मान', 'श्रीलाल शुक्ल स्मृति, इफको सम्मान', 'स्पंदन कथा शिखर सम्मान' से सम्मानित किया गया है।

सम्पर्क : निराला नगर, सिंहपुर रोड, मुरार, ग्वालियर—474006 (म.प्र.)

ई-मेल : maheshkatare528@gmail.com

महेश कटारे

भवभूति कथा

राजकमल पेपरबैक्स

राजकमल पेपरबैक्स में
पहला संस्करण : 2023

© महेश कटारे

राजकमल पेपरबैक्स : उत्कृष्ट साहित्य के जनसुलभ संस्करण

राजकमल प्रकाशन प्रा.लि.
1-बी, नेताजी सुभाष मार्ग, दरियागंज
नई दिल्ली-110 002
द्वारा प्रकाशित

शाखाएँ : अशोक राजपथ, साइंस कॉलेज के सामने, पटना-800 006
पहली मंजिल, दरबारी बिल्डिंग, महात्मा गांधी मार्ग, प्रयागराज-211 001

वेबसाइट : www.rajkamalprakashan.com
ई-मेल : info@rajkamalprakashan.com

बी.के. ऑफसेट
नवीन शाहदरा, दिल्ली-110 032
द्वारा मुद्रित

मूल्य : ₹299

BHAVBHUTI KATHA
Novel by Mahesh Katare

ISBN : 978-81-19028-06-1

समर्पित, संघर्षशील, नूतन रंग-आलोक के रचेता, प्रस्तोता, अभिनेता, रसिक समाज की उम्मीदों को

आत्मकथन

संस्कृत साहित्य के महान सृष्टाओं में समाख्यात महाकवि भवभूति की यह उक्ति—"उत्पत्स्यतेअस्ति मम तु कोऽपि समानधर्मा, कालोह्यं निरवधि विपुलाश्च पृथ्वी"—प्राय: हर साहित्य/कला समारोह, वार्ता में सुनने को मिलती है। उनके उल्लेख बिना नाट्य एवं रस-निरूपण अधूरा रह जाता है क्योंकि वह साहित्य की विशिष्ट विभूति हैं—'उत्तरे रामचरिते भवभूतिर्विशिष्यते'। जिस रससिद्ध कवि के 'महावीर चरितम्' में वीररस, 'मालती माधव' में श्रृंगार रस की मनोहारी व 'उत्तर रामचरित' में करुण की मार्मिक व्यंजना है, उस विशिष्ट कृतिकार के जीवन, रचना-सूत्र जानने की जिज्ञासा सहज, स्वाभाविक है पर इस विषय में उतनी ही जानकारी उपलब्ध होती है जितनी कवि ने अपने नाटक में सूत्रधार के मुख से कहलवाई है—"दक्षिणापथ में पद्मपुर नामक नगर है, वहाँ कुछ तैत्तिरीय शाखा वाले काश्यपगोत्री, अपनी शाखा में श्रेष्ठ पंक्तिपावन, पंचाग्नि के उपासक, नियम पालक, सोमयज्ञ करनेवाले उदुम्बर उपाधि, ब्रह्मज्ञानी वंश के पूजनीय, वाजपेय यज्ञकर्ता, स्वनामधन्य भट्टगोपाल कवि के पौत्र तथा पवित्रकीर्ति नीलकंठ के पुत्र श्रीकंठ नामधारी, व्याकरण...मीमांसा...न्याय के विद्वान भवभूति नाम से प्रख्यात, जतुकर्णी नामक माता के गर्भ से उत्पन्न कवि—परमहंसों में प्रधान ज्ञाननिधि जिस कवि के गुरु थे..." (महावीर चरितम्)।

अपने बारे में इससे आगे न तो कवि ने कुछ बताया न किसी परवर्ती आचार्य ने। अकादमिक शोधकर्ताओं की भवभूति के नाटक, उनकी रससिद्धि, छन्दविधान, शिल्प, कथा-योजना भाषा आदि पर गम्भीर अध्ययन, विवेचन है पर उनकी रामकहानी पर सर्वत्र मौन दिखता है। वंश-परिचय से आगे विवरण नहीं है।

हाँ, कल्हण कृत 'राजतरंगिणी' (चतुर्थ तरंग) में उल्लेख है कि "ललितादित्य (कश्मीर नरेश) ने कवि वाक्पतिराज व श्री भवभूति से

सेवित यशोवर्मा (कन्नौज नरेश) को पराजित किया।" यशोवर्मा स्वयं कवि थे और 'रामाभ्युदय' नामक काव्य रचा था। उनके राजकवि वाक्पतिराज ने 'गउडवहो' नामक प्राकृत काव्य में भवभूति की गुरुवत् (प्रबोधक) प्रशंसा की है। वाक्पतिराज बौद्ध धर्मानुयायी रहे।

'काव्य मीमांसा' के लेखक राजशेखर स्वयं विदर्भ-देश के महाराष्ट्री ब्राह्मण व कन्नौज के गुर्जर प्रतिहार वंशी राजा महेन्द्रपाल के शिक्षक, सभाकवि थे जो स्वयं को भवभूति का अवतार मानते थे—'स्थित: पुनर्यो भवभूति रेखया स वर्तते संप्रति राजशेखर:।'—राजशेखर ने भी काश्मीर तक यात्रा की। इस प्रकार पद्मपुर से कन्नौज तक की यात्रा का सहज तारतम्य जुड़ता है। विदर्भ से कन्नौज एवं सम्भवत: वहाँ से भी आगे काश्मीर तक की यात्रा एकरेखीय, निरापद तो नहीं ही रही होगी। उन्होंने यूँ ही तो न लिख दिया होगा कि—'एक समय होगा (कि) मेरा कोई समानधर्मा (जाननेवाला) उत्पन्न होगा क्योंकि कालनिरवधि है और पृथ्वी विस्तृत...।' मुझे तो यही लगा कि ये कवि की कसक है, पीड़ा है तथा अपने समय और समाज से शिकायत भी। यह भी निश्चित है कि उन्होंने जीवन का एक लम्बा कालखंड ग्वालियर क्षेत्र की तत्कालीन प्रसिद्ध नगरी 'पद्मावती' में भी बिताया है—'मालती माधव' में इसके स्पष्ट प्रमाण हैं।

बहुविरुद सम्पन्न उच्चतर ब्राह्मणकुल में जन्मे—भवभूति के लिए नाट्य-लेखन और प्रयोग सरल नहीं था क्योंकि 'कुशीलव' अर्थात् नटकर्म करनेवाला ब्राह्मण अपांक्तेय (पंक्तिदूषक) व निंद्य माना जाता था—जाति से बाहर। गोस्वामी तुलसीदास ने लिखा है—'सबतें कठिन जाति अपमाना'।—तो इस प्रकार लांछन, प्रताड़ना सहकर भी व्याकरण, मीमांसा—न्याय का वह आचार्य, ज्ञाननिधि का शिष्य जो किसी भी गुरुकुल का कुलपति/आचार्य बनकर अपना जीवन—सुख, समृद्धि के बीच बिता सकता था—अपनी जन्मभूमि, अपना देश पीछे छोड़कर इतनी लम्बी सृजन-यात्रा करता है...वह समर्पित व साहसी तो निश्चय ही रहा होगा।

नाट्य के प्रति मेरा आकर्षण बचपन में रामलीला और नौटंकीवाले दिनों से ही रहा है। भवभूति का जीवन चुनौतीपूर्ण लगा तो मैंने विदर्भ के पद्मपुर, पद्मावती, कन्नौज के बीच उनकी जीवन-कथा के ताने-बाने जोड़ने आरम्भ किए। विदर्भ की दो यात्राओं के बावजूद मैं न उनके जन्म-स्थल तक पहुँच पाया, न उनके वंश समाज से किसी को खोज सका। विदर्भ के चन्द्रपुर में संग्रहालय भी है जहाँ एक पुराविद् ने

भवभूति के विदर्भ में जन्म लेने की तो पुष्टि की और पता लगा कि वहाँ से कोई तीस-पैंतीस कि.मी. की दूरी पर स्थित एक उजाड़ क्षेत्र से कुछ मूर्तियाँ मिली हैं...गाँव, नगर के चिन्ह भी। वह पद्मपुर हो सकता है। किन्तु उस नक्सली क्षेत्र तक मेरी पहुँच सम्भव न हो सकी।

पद्मावती और नरवर मेरे अपने ही क्षेत्र में है—ग्वालियर से बस सौ कि.मी. के दायरे में। पद्मावती अब काली सिंध नदी के किनारे पर खँडहरों पर बसा 'पवाया' नाम का गाँव भर है एवं नरवर जिला शिवपुरी का तहसीली कस्बा। यहाँ रात तो क्या दिन में भी रेत का अवैध खनन होता है। किसी अपरिचित को वहाँ घूमता देख भेदिया मान, उसके साथ कुछ भी व्यवहार किया जा सकता है। आपके साथ कोई सरकारी तंत्र या टीमटाम जैसा वैभव न हो तो लोग सन्देह व आश्चर्य करते ही हैं। विदर्भ से यहाँ तक कोई हजार किलोमीटर अर्थात् लगभग सवा तीन सौ कोस वाली यात्रा उसे दुष्कर ही रही होगी..., उस पर भी उस कालखंड में नाटक का केन्द्र तो महाकाल का नगर उज्जयिनी था। बेशक तब पद्मावती शिक्षा, कला और व्यवसाय का प्रमुख महाल था पर वहाँ पहुँचने को इच्छुक कोई नाटककार महाकाल के दर्शन, प्रसाद बिना स्वयं को कृतकृत्य कैसे मान सकता था। वैसे नरवर, पद्मावती के सम्बन्ध भी पौराणिक काल से रहे आए थे। राजा नल नरवर के शासक थे और दमयंती विदर्भ नरेश की पुत्री। दमयंती की एक मौसी चन्द्रपुर (चन्देरी) के नरेश की पटरानी थीं। अर्थात् विदर्भवासी पद्मावती से जुड़े थे। नाटकों में 'कालप्रियनाथ' का जिक्र है। विद्वानों में कोई भगवान महाकाल को कालप्रियनाथ मानता है तो कुछ 'कालप्रिय नाथ' को सूर्य मानकर यमुना किनारे स्थित कालपी को उनका स्थान बताते हैं। मैंने भवभूति के नाट्य-प्रयोगों हेतु दोनों स्थान उपयोग में लिये हैं गो कि कालपी की यात्रा मेरे लिए कष्टसाध्य के साथ ही अरुचिकर भी रही।

यह स्वीकार करने में हिचक नहीं कि उत्कट वांछा एवं यथासम्भव व्यय, श्रम के बावजूद मैं उपन्यास को पूर्णता की ओर न ले जा पाता यदि मुझे कुछ सदाशयी विद्वज्जनों, अपरिचित ग्राम-जनों, सहृदय नागरिकों का अहेतुकी सहयोग न मिलता। अग्रज कथाकार श्री रामगोपाल तिवारी 'भावुक' ने अपने उपन्यास द्वारा मुझे भवभूति की ओर बढ़ने की पगडंडी पकड़ाई तो आचार्य डॉ. राधावल्लभ त्रिपाठी ने स्वरचित संस्कृत नाटक 'प्रेम-पीयूषम्' की एकमात्र उपलब्ध प्रति देकर अनुगृहीत किया, जो भवभूति के कन्नौज प्रवास

से सम्बन्धित है। प्रसिद्ध इतिहासविद् प्रो. एम.डी. मिश्र ने वाकाटक तथा भारशिव राजवंशों पर सामग्री उपलब्ध कराने के साथ पद्मावती एवं भवभूतिकालीन ऐतिहासिक सन्दर्भों पर मार्गदर्शन भी किया। युवा साथी अध्येता डॉ. अटल तिवारी इतने आत्मीय हैं कि उन्हें धन्यवाद भी नहीं कह सकता। उन्होंने बड़े श्रम और लगन से 'कन्नौज का इतिहास' की लगभग अनुपलब्ध प्रति खोजकर मुझे सौंपी। कन्नौज नगर के सम्मान्य आचार्य कवि, लेखक सुशील राकेश जी ने मेरा आकस्मिक, अयाचित सहयोग किया जिसके बिना मैं कन्नौज की भूमि, भाव0व ऐतिहासिकता को उचित अभिप्राय में न जान पाता। इन सभी के निरपेक्ष सहयोग की तुलना में कृतज्ञता शब्द छोटा पड़ जाता है।

कथ्य, भाव और विधान में भारतीय उपन्यास का सन्निधान अपने पहले उपन्यास से ही मेरा अभिप्रेय रहा है। यह उपन्यास उसी यात्रा का एक पड़ाव है। राजकमल प्रकाशन समूह की ओर से आरम्भ से ही इसके प्रकाशन हेतु आश्वासन और प्रोत्साहन मिला था...आभार। मेरे अजीज डॉ. आशीष त्रिपाठी ने पांडुलिपि मँगाकर पढ़ी, प्रशंसा की...दो सुझाव देते हुए भूमिका लिखने का वादा भी किया। सवा साल तक उनकी भूमिका तो न मिली, हाँ, उनका एक सुझाव मानकर श्लोकों के अर्थ उसी पृष्ठ पर नीचे दिये जा रहे हैं।

पाठकों, विद्वज्जनों के पढ़ंत बाद सुझाव मिलें तो सिर माथे, ताकि कुछ बेहतर बन पाए...शायद!

—महेश कटारे

ग्वालियर
ऋषि पंचमी, सं. 2079
दिनांक : 1 सितम्बर, 2022

अपने देश और काल में वृक्ष पर चमक कर बुझे उन अनाम कवि, कलाकार व आविष्कार-विशारदों को जिन्होंने सकारात्मक नवाचार को प्रतिष्ठा दी।

ये नाम केचिदिह नः प्रथयन्त्यवज्ञां
जानन्ति ते किमपि तान्प्रति नैष यत्नः।
उत्पत्स्यतेऽस्ति मम तु कोऽपि समानधर्मा
कालो ह्यं निरवधि विपुलाश्च पृथ्वी॥

—भवभूति

[जो कोई इस कृति की अवज्ञा करने वाले हैं, उनके प्रति हमारा यह प्रयत्न नहीं है। एक समय ऐसा होगा कि कोई मेरा समानधर्मा (तुल्यगुण/सुधी) उत्पन्न होगा, क्योंकि काल निवतावसान है और पृथ्वी बहुत विस्तृत है।]

भवभूति कथा

यात्रा सुदूर की

1

"नैष्ठिक ब्राह्मण के लिए नटकर्म वर्जित है," गरजती आवाज़ थी पिता की।

"तो विहित मात्र क्या है?" नतनयन श्रीकंठ का प्रश्न था।

"अध्ययन अध्यापन...धर्मानुकूल आचरण।"

"और धर्म क्या है?"

"*धर्मो धारयते प्रजा..., यतोऽभ्युदय निश्रेयस: सिद्धि स धर्म:*—जो प्रजा धारण करे, जिससे लोक में यश और अर्थ, आरोग्य प्राप्त हो तथा लोकोत्तर श्रेयस मिले।"

"कीर्ति, अर्थ और श्रेयस से क्या मिलता है?"

"सुख, आनन्द, स्वर्ग...।"

"स्वर्ग की तो नहीं जानता पर सुख और आनन्द तो मुझे नाट्य में भी प्राप्त होता है, तथा इस आनन्द को मैं प्रजा के साथ भी बाँट सकता हूँ। वह सुख वैयक्तिक नहीं है तथा कालातीत है।"

"अपने पिता से तर्क करता है—निर्लज्ज!"

"तर्कशास्त्र की शिक्षा मुझे आपने ही दी और दिलाई है।"

"ओह, उद्धत...अशिष्ट! दूर हो जा मेरी आँखों के आगे से। तुझे लेकर समाज में मुझे जाने क्या-क्या सुनना पड़ता है। दूर...दूर...,"—पिता की उँगली उठी हुई थी।

"श्रीकंठ! मित्र श्रीकंठ...!" अपना नाम सुनकर श्रीकंठ निकट व्यतीत से वर्तमान में लौटे।

"मित्र! हमें साथ-साथ यात्रा करते हुए तीन दिन बीत चुके हैं किन्तु तुम्हारे विषय में मैं इससे अधिक नहीं जान पाया हूँ कि दक्षिणापथ के पद्मपुर से आ रहे व उज्जयिनी जा रहे हो। वेशभूषा से प्रकट है कि ब्राह्मण हो पर जब हमें आगे भी साथ-साथ यात्रा करनी ही है तो एक-दूसरे के बारे में कुछ अधिक भी जानना चाहिए और श्रीमान आप हैं कि नाम के अतिरिक्त न मुझसे कुछ पूछा न अपना कुछ बताया।"

दोनों के बीच पुन: एक मौन यात्रा करने लगा। सार्थ उन दोनों से आगे निकल मोड़ की ओट में पहुँच गया था पर बैलों के गले में बँधी घंटियाँ, ऊँटों की ग्रीवा पर बँधी पट्टिकाओं के झनझनाते घुंघरू, बैलगाड़ियों की खड़खड़, गाड़ीवानों की

हैकार तथा इन सबके ऊपर उठकर तैरता मार्गदर्शक का सावधान करता स्वर उन्हें आश्वस्त किये था कि उनके तथा सार्थ के बीच की दूरी सवा सौ-डेढ़ सौ धनुष से अधिक नहीं है। किन्तु ऐसे गहनवन में दल से इतनी भर दूरी भी अनिष्टकर हो सकती है। हिंस्र जीव जो टोल या दल देखकर मार्ग के आस-पास दुबक जाते हैं, वही पीछे छूटे हुए इक्के-दुक्के पशु वा मनुष्य को पाकर आक्रमण कर देते हैं।

मार्गदर्शक ने यह भी बताया है कि राजसत्ताओं का प्रभाव इस क्षेत्र में लटपट और डाँवाँडोल है। आपसी वैमनस्य में लड़ते शासकों ने यत्र-तत्र एक-दूसरे के क्षेत्र में घुसपैठ बनाई है। अरक्षित क्षेत्रों को कभी कोई राजा दबा लेता है, कभी कोई सामन्त। इस कारण चोट्टों के अतिरिक्त कुछ दस्युदल भी सक्रिय हैं। दो-चार चोट्टे तो धनंजय को कोई हानि नहीं पहुँचा सकते...किन्तु किसी झाड़ी या शिला की ओट से बाघ सिर पर आ कूदा तो प्राण संकट में पड़ सकते हैं। पीछे छूटे त्रिपथ वाले हट्ट (बाजार) के मदिरालय में यह फुसफुसाहट भी सुनने में आई कि आजीविका के अभाव में कहीं-कहीं युवकों ने भी दस्युदल बनाकर दस्युवृत्ति अपना ली है।

"चलो, यह भी अच्छा ही है। कहीं आजीविका न मिले तो यही सही कि किसी साहसिक दल में शामिल हो लिया जाए," धीरे से धनंजय के मुँह से निकल गया एवं इस सोच पर वह हँसने लगा। तुरन्त उसे यह भी स्मरण हो आया कि वे प्रतिपग सार्थ से पिछड़ते ही जा रहे हैं। उसने श्रीकंठ को चेताया, "विप्र भगवान, हम अपने सार्थ से पिछड़ते जा रहे हैं। अपनी गति बढ़ाइए। यह वन पथ है, किसी गुरुकुल का शान्तिपथ नहीं। किसी भी दिशा से कैसा भी हिंसक आक्रमण हो सकता है। ओह, तुम्हारी यह झोली और उसमें भी ये पोटली जैसा कुछ। क्या है उस पोटली में?"

"तुम आयुध जीवी हो मित्र! कदाचित् समझ न पाओगे। इस पोटली में शब्द हैं...शब्दों में काल है—जो हुआ है, जो हो रहा है और वह भी जो हो सकता है। सरल शब्दों में कहूँ तो इसमें ज्ञान है..," श्रीकंठ ने मौन तोड़ा।

धनंजय जोर से हँस पड़ा, "तो इसका आशय है कि तुम ज्ञान का बोझ अपने कन्धों पर लादे हुए हो। मित्र, मैं अपने अनुभव की बात कहता हूँ...वह ये कि बोझ कैसा भी हो वह स्थल-मार्ग पर थकाता है और जल में डुबाता है।"

श्रीकंठ एकाएक मार्ग पर खड़े हो गए, "क्षण भर के लिए थोड़ा ठहरो मित्र! तुमने अनायास ही सूक्त वाक्य कह दिया है। इस अनुभव को मैं जरा लिख लूँ। बस क्षण भर...।"

झोली को कन्धे से उतार श्रीकंठ जैसे ही मार्ग के किनारे पड़ी शिला पर बैठा कि धनंजय ने तुरन्त कन्धे पकड़कर खड़ा कर दिया, "पंडित श्री, जीवन में ऐसे अनगिनत सूक्त वाक्य मिलते हैं। उनको लिखने के अवसर भी मिलेंगे—यदि आप जीवित रहे तब। इस समय आवश्यकता है कि जीवित रहने के लिए हम शीघ्रातिशीघ्र अपने सार्थ के बीच हों। लाओ, ये पोटली मुझे दे दो। माना कि हृष्ट-पुष्ट हो पर

श्रम का अभ्यास नहीं है तुम्हें। इस बोझ के साथ गति नहीं पकड़ पा रहे हो।"

"किन्तु पोटली तो तुम भी अपनी पीठ पर कसे हो। ऊपर से खड्ग भी लटकी है। बोझ तो यह भी है।"

"मेरी पीठ पर कोरा ज्ञान नहीं, जीवन की आवश्यकताएँ हैं—वस्त्र, सत्तू, लवण, लोटा और डोर। एक छुरिका भी है। रही खड्ग की बात तो यह मेरा सहचर है...आजीविका का हेतु है और तुम्हारे ज्ञान के रक्षा की प्रतिभूति भी।"—धनंजय के मस्तक पर कोई दृढ़ता आ बैठी। उसने कोध से खड्ग खींचकर दूसरे हाथ से श्रीकंठ का हाथ पकड़ लिया।

"कुछ सुनाई पड़ रहा है? वानर कीं कीं करते हुए खौखिया रहे हैं...उधर दाहिनी ओर पक्षी रोर मचाते उड़ रहे हैं। अर्थात् कोई आखेटक जिनावर हमारे साथ-साथ चल रहा है और अवसर पाते ही टूट पड़ेगा। मेरे आगे-आगे द्रुतगति से चलो...सम्भव हो तो दौड़ते हुए। जिनावर यदि दो या अधिक हुए तो हम संकट में पड़ जाएँगे। जितना शीघ्र हो हमें सार्थ का साथ पकड़ना चाहिए।"

संकट की आहट पाकर श्रीकंठ अपनी क्लांति व शिथिलता भूलकर तीव्र गति से चल पड़े। धनंजय ने नग्न खड्ग पर मुट्ठी कसी और सतर्कता से आगे बढ़े। उधर सार्थ ने भी अपनी गति धीमी कर दी। सार्थपति श्वान-युगल साथ लेकर चलते हैं। अन्य वणिकों के साथ भी पालित श्वान थे जो हिंस्र पशुओं की गन्ध पाकर भोंकने लगे थे। वनपथ एवं रात्रिकाल में ये बड़े सहायक होते हैं। कुछ नकुल (नेवला) भी साथ रखते हैं ताकि सर्प आदि विषैले जीवों से सुरक्षित रहा जा सके।

भारवाही पशुओं ने भी कुछ सूँघ लिया था और चौंकते हुए कान खड़े कर लिए थे। पथ-प्रदर्शक ने रक्षकों को सचेत कर दिया कि वन्य पशु कभी-कभी पीछे वाली शकटिका अथवा पालकी पर आक्रमण कर देते हैं। वे सार्थ के सामने नहीं आते। सामने से केवल हाथियों का समूह धावा बोलता है।

ज्योंही दोनों सार्थ के निकट पहुँचे तो अग्रसारी (पथ-प्रदर्शक) की आँखों में रोष था। घूरता हुआ वह कुछ क्षण खड्गहस्त धनंजय की ओर देखता रहा फिर श्रीकंठ पर बिफर पड़ा।—"भू देव! आप क्यों मेरी आजीविका पर कलंक लगाने पर तुले हैं। पलाश वृक्षों के बगल से ऊपर उठते उस टीले की ओर देखिए। बाघ का पूरा परिवार हमारी ओर ताक रहा है। अपने सीमान्त तक यह हमारा पीछा करेगा कि कोई पशु या मनुष्य पिछड़े अथवा छिटके तो इनका आहार बन जाए। कृपा कर अब आप टाँडे (टोली) के साथ ही रहिये। हाँ ये झोली आप उस शकटिका में रख दें, भारी लगती है...स्यात् इसी कारण आप पिछड़ जाते हैं।"

फिर वह धनंजय की ओर मुड़ा, "और श्रीमान आप भी तो विदर्भ से ही हैं—छत्री हैं। ठीक है, पहले अपने खड्ग को कोष में रखिये तथा इन विप्रवर को समझाइए कि अरण्य में किंचित् भी असावधानी सीधे जीवन पर संकट ले आती

है। ब्राह्मण का साथ होना शुभ मानकर मैंने इन्हें साथ चलने की अनुमति दी थी। अब उज्जयिनी तक सकुशल पहुँचाना हमारा धर्म है। तुम आज साथ न होते तो कदाचित्...।" बड़बड़ाता मार्गदर्शक सार्थ की साज-सँभार में आगे बढ़ गया कि सार्थपति को सर्वकुशलता की सूचना देकर यात्रा को आगे बढ़ाए। हाँ दो-दो भालाधारी रक्षक उसे ऊँटों पर चढ़ाकर आगे-पीछे रखने होंगे कि व्याघ्रदल पर दृष्टि रखी जा सके। व्याघ्रदल निश्चय ही भूखा होगा अन्यथा ये दिन में इस प्रकार आहार नहीं खोजते।

बहुत अनुनय व आग्रह के पश्चात् ही श्रीकंठ ने अपनी पोटली शकटिका में रखे जाने के लिए सौंपी। पोटली में एक काष्ठपेटिका थी।

"इस मंजूषा में क्या रखा है विप्रवर! पर्याप्त भारी है?" धनंजय ने मुस्कराकर पूछा।

"वही अक्षर धन...लिखे हुए भूर्जपत्र।...और क्या समझाऊँ," श्रीकंठ ने रूखा-सा उत्तर दिया।

"अपढ़ तो मैं भी नहीं हूँ मित्र! शस्त्र विद्या के साथ शास्त्राभ्यास के लिए मैंने भी गुरुकुल के अखाड़े की मिट्टी गोड़ी है।"

"मित्र मैंने तुम्हें अपढ़ तो नहीं कहा, न ही कोई अपमान किया है किन्तु सच यही है कि इस जीर्ण-सी मंजूषा में मेरे जीवन की निधि है। इसीलिए मैं इसे किसी रत्नमंजूषा से भी अधिक सँभालकर रखता हूँ। निश्चय ही रत्न बहुमूल्य होते हैं किन्तु मेरे लिए इसमें रखे पत्र-पृष्ठ ही अमूल्य हैं। कहना होगा कि मेरे प्राण हैं इसमें।"

अभी-अभी संकट के मुँह से बाहर आए होने पर भी धनंजय के चेहरे पर किसी भय या आशंका का चिह्न शेष न था। कुछ ही पहले साथी की सुरक्षा के लिए जो चिन्ता और सतही चपलता श्रीकंठ ने देखी थी उसके स्थान पर फिर से वही सहज हँसमुख उजास आ बैठा था। तीन पग पीछे चल रहे श्रीकंठ के साथ होने के लिए धनंजय ने अपनी गति कम की और बगल में आए श्रीकंठ से बोला, "फिर तो यह मंजूषा बड़े काम की चीज़ है। व्याघ्र यदि तुम्हारी देह फाड़ देता तो भी तुम जीवित रहते। प्राण वह ले ही नहीं सकता था क्योंकि वह तो इस पेटिका में बन्द और सुरक्षित हैं। मैं भी व्यर्थ ही चिन्तित हो रहा था," कह धनंजय इतनी जोर से हँसा कि आसपास चल रहे लोग चौंककर उसकी ओर देखने लगे। इससे धनंजय को कुछ संकोच भी हो आया, जिससे उबरते वह बताने लगा, "हमारे गाँवों की ओर इस प्रकार के अनेक प्रवाद प्रचलित हैं कि अमुक राक्षस के प्राण किसी सुगना में होते थे तो कोई तपस्वी अपने प्राण किसी गिरि की कंदरा में सँभालकर रखता था।"

श्रीकंठ इस सहज विनोद को भी हँसी (खिल्ली) मान मन ही मन उद्विग्न हुआ कि निर्धन ब्राह्मण होने के कारण ही वह सर्वत्र हास व उपेक्षा का पात्र बनता रहा है। यूँ शास्त्र के साथ उसने भी मल्लविद्या सीखी है...भले वह खड्ग, कृपाण,

परशु, भल्ल चालन में निपुण न हो। मल्ल भिड़ंत में तो वह किसी के भी सामने डट सकता है। वह धनंजय को कठोर उत्तर देना चाहता था किन्तु उसे द्रोण व द्रुपद का प्रसंग स्मरण हो आया, जिसमें अपने विद्याध्ययन के समय के मित्र द्रुपद से द्रोण अपने पुत्र अश्वत्थामा के दूध की व्यवस्था में एक गाय माँगने गए थे। राजसभा के बीच जब द्रोण ने द्रुपद को मित्र कहकर सम्बोधित किया तो एक अकिंचन, निर्धन ब्राह्मण द्वारा मित्र कहे जाने से द्रुपद की भृकुटि तन गईं, आँखों में रोष हो आया तथा वाणी में उपहास। द्रुपद ने कहा, "ब्राह्मण! तुम्हारी बुद्धि संस्कारशून्य व अपरिपक्व है। तुम्हें वास्तविकता का ज्ञान नहीं है, जो मुझे सखा कह रहे हो। मूढ़! बड़े राजाओं की तुम्हारे जैसे श्रीहीन, निर्धन मनुष्यों से कभी मित्रता नहीं होती...उनसे कालोचित व्यवहार होता है। पहले जो तुम्हारी मुझसे मित्रता थी, उस समय मैं और तुम समान शक्तिशाली थे। सच तो यह है कि दरिद्र धनवान का, मूर्ख विद्वान का और निर्बल बलवान का सखा नहीं हो सकता और तुम आश्रम में रहने की मित्रता अभी तक बखाने जा रहे हो।"

राजा द्रुपद के व्यवहार को स्मरण में रख श्रीकंठ बोले, "धनंजय, तुम क्षत्रिय हो, भले ही राजा नहीं। खड्‌गहस्त भी हो। ब्राह्मण की दयनीयता तो महाभारत के युद्ध से पूर्व ही प्रकट होने लगी थी—भीष्म ने अपने वृद्ध गुरु परशुराम को पराजित किया जबकि परशुराम अपने लिए नहीं एक अपरिचित स्त्री के अधिकार के लिए लड़े थे। हार से खिसियाये परशुराम ने प्रतिज्ञा की थी कि वह किसी क्षत्रिय को अस्त्र-शस्त्र विद्या नहीं सिखाएँगे।...कर्ण ने भी असत्य के सहारे ब्राह्मण बनकर उनसे विद्या ले ली।

एक वंचना यह भी है कि उन्हीं परशुराम के शिष्य द्रोण को भी उन्हीं भीष्म के रक्षित राज्य में वेतनभोगी बनकर भृत्यवृत्ति स्वीकार करनी पड़ी। मैं भी चाहे जितना भी ज्ञान अर्जित कर लूँ, जीवित रहने के लिए वृत्ति तो किसी राजा से ही माँगनी पड़ेगी।...और राजा तुम्हारे जैसा कोई क्षत्रिय ही तो होगा। निश्चय ही तुमने मुझे बचाया है तथा उस ज्ञान को भी जिसे मैं अपने कन्धों पर ढोता चल रहा हूँ। अच्छा है कि तुम मेरा उपहास सहन करने का अभ्यास भी बढ़ा रहे हो।"

धनंजय सटपटाया-सा रह गया। उसने सोचा ही नहीं था कि सामान्य-सी चुहल को श्रीकंठ इतना गम्भीर बनाकर अन्तस पर आघात की तरह लेगा। वह चुपचाप होकर सार्थ की गति के साथ चलने लगा।

यात्रा की दृष्टि से आज का दिन अच्छा था। मार्गशीर्ष मास में दिन रातों से छोटे होने लगते हैं। धूप खिलती है पर चटख नहीं होती। कुछ देर के लिए आकाश में हल्के से बादल भी छाए थे। घाम तीखी न हो तो यात्रा में थकान नहीं होती, या अपेक्षाकृत कम होती है। शरद और शीत की सन्धि के इन दिनों में यात्रा का मध्याह्न विश्राम नहीं होता। हाँ, घड़ी भर के लिए। गाड़ियों में जुते बैलों के कन्धों

से जुआ की जोतपट्टी खोलकर किंचित् अनुतोष (आराम) अवश्य प्रदान किया जाता है। ऊँट की पीठ का उटड़ा एवं अश्व की काठी भी ढीली कर दी जाती है ताकि वे आसानी से पानी पी सकें। क्षमिक व कर्मकर सत्तू, चना, गुड़ फाँककर आगे चलने के लिए ऊर्जा जुटा लेते हैं। यहाँ एक छोटी-सी नदी का घाट व दूसरे सिरे पर शिवमन्दिर के साथ छोटा-सा उपवन है। बट, पीपल, पाकरी, आम्र के पेड़ एक ही स्थान पर होने से इस स्थान का नाम पंचबटी प्रसिद्ध हो गया है।

पंचबटी के दक्षिण में मुख्यमार्ग से थोड़ा हटकर भील-भिलालों का वनग्राम भी है। इस ग्राम से कुछ बालक-बालिकाएँ अपनी गायें, बकरियाँ चराने के लिए इधर आ पहुँचते हैं। इस समय भी ऐसे ही कुछ बालक-बालिकाएँ यहाँ एकत्र हो अपने खेल में मगन थे। सार्थ को आते देख उन्होंने अपना खेल बन्द कर दिया। उनमें से कुछ अपने पशुओं को सँभालने इधर-उधर हुए तो कुछ मन्दिर के आस-पास एकत्र हो गए।

अधेड़वय सार्थपति को प्रायः अश्व की सवारी प्रिय है। यूँ उनके लिए पुष्ट और तीव्रगामी बधिया-बैलों वाली सुविधाजनक गाड़ी भी साथ चलती है जिसका रात्रि विश्राम के लिए भी उपयोग हो लेता है। सुमति नामक यह वणिक मूलतः कालिंजर निवासी है, जो कार्तिक शुक्ल एकादशी अर्थात् देव उठनी एकादशी के पश्चात् उज्जयिनी के लिए अपना सार्थ लाता, ले जाता है। अपनी व्यवहारकुशलता के लिए सुमति मार्ग के सभी राज्यों के नरेशों व राज्याधिकारियों के बीच प्रिय है। कुशल अश्वारोही होने के साथ ही यह खड्ग तथा तीर चलाने में भी निपुण है। दस विश्वसनीय तथा शस्त्रपटु रक्षक सदैव सार्थ के साथ चलते हैं...इसी प्रकार मार्ग के कस्बों, नगरों में पड़ाव करता हुआ वह अपनी हाट खोलता है व बाहरी वस्तुओं का विक्रय कर स्थानीय जिंसें क्रय करते हुए लेने-देने का क्रम बनाए चलता है।

उसका एक कठोर नियम यह भी है कि यात्रा में स्त्री साथ नहीं लेता तथा छोटे-छोटे पाँच सार्थों से अधिक अन्य व्यापारिक दल अपने सार्थ में नहीं जोड़ता। उनमें भी सभी भिन्न-भिन्न जिन्सों का व्यापार करते हैं ताकि आपस में प्रतिद्वंद्विता व वैमनस्य न पनपे।

घड़ी भर विश्राम के लिए सार्थ पंचबटी के आस-पास फैल गया। सभी वणिक् अपने-अपने दल की व्यवस्था में लगे और चौपायों को पयस्विनी के घाट की ओर हाँक लिया गया। सेवक व श्रमिक प्रायः दोपहर में ही स्नान करते हैं, क्योंकि प्रातः उन्हें गृह-गोष्ठ, तबेला, स्वामी की परिचर्या के बीच अवकाश ही नहीं मिलता। ये अपने चौपायों की प्यास बुझाने के साथ ही स्वयं भी डुबकी लगाते हुए जलक्रीड़ा करने लगे। वनग्राम के बालकवृन्द इनकी क्रीड़ा देख मुस्कराने लगे थे जो अनभ्यस्त अनाड़ियों सी थी। बालक-बालिकाएँ तो नित्य ही जल में भाँति-भाँति से खेलते हैं।

सार्थपति की आसन्दी सेवकों ने मन्दिर के चौंतरे पर लगा दी। चौंतरे पर चढ़ने

के लिए सामने से आठ सीढ़ियाँ हैं। यह मन्दिर है तो एक खंड का ही पर अपने चतुष्कोणी गुम्बद व दीवारों की विशिष्ट बनावट के कारण दो खंडी प्रतीत होता है। भीतर गर्भगृह में छोटा-सा शिवलिंग तथा बाहर नन्दी की खंडित मूर्ति। किन्तु यहाँ के वनवासी खंडित, अखंडित के द्वैत में न पड़कर पूरी भावनात्मक श्रद्धा के साथ पत्रं पुण्यं फलं तोयं से इनकी अभ्यर्थना कर लेते हैं। यह मन्दिर और इसमें विराजे भगवान शिव इन लोगों के परिवार, पशु, खेत और जंगल की भाँति जीवन का ही हिस्सा हैं।

सार्थपति सुमति ने चौंतरे पर चढ़कर गर्भगृह में शिवलिंग को प्रणति की फिर अर्ध-परिक्रमा कर माथा टेक आसन्दी पर आ बैठा। यूँ तो सुमति जैन हैं किन्तु सनातनी देवों की पूजा-अर्चना में भी उनकी उतनी ही श्रद्धा है। कुबेर व लक्ष्मी जी तो यूँ भी प्रत्येक व्यवसायी के पूज्य होते हैं एवं शिव जी भी देव-दनुज सबके पूज्य चले आ रहे हैं।

श्रीकंठ भी शिवलिंग की अभ्यर्थना करके उसी चत्वर पर धनंजय के पास आ बैठे तो धनंजय ने ही बात आरम्भ की—

"विप्रवर! आपकी झोली में कदाचित् रोली, चन्दन, अर्घ्यपात्र के अतिरिक्त लोटा और डोरी हैं और मेरे पास थोड़ा-सा सत्तू और लवण है। मैं अपने लिए चार दिन की व्यवस्था किए हुए था। हम दोनों का दो दिन काम चल ही जाएगा। सार्थ आगे किसी नगर या पत्तन में मंडी के साथ दो-चार दिन के लिए ठहरेगा ही तो फिर आगे मार्ग के लिए ऐसी ही कोई व्यवस्था कर लूँगा। अपना ताम्रपात्र निकाल लीजिए ताकि जलपान के लिए सत्तू घोला जा सके। मुझे भूख लगने लगी है और स्पात् तुम्हें भी भूख अनुभव हो रही होगी।"

"तुम अपना आहार मेरे साथ क्यों बाँट रहे हो?" श्रीकंठ के स्वर में थोड़ी अनख थी। कुछ समय पूर्व उनके चित्त पर खिंची उपहास की लकीर अभी पुँछ नहीं पाई थी।

"इसलिए देव! कि ब्राह्मण के भूखे रहते आहार मेरे कंठ से नीचे नहीं उतरेगा। क्योंकि मैं...।"

"क्योंकि तुम क्षत्रिय हो। यही ना!" श्रीकंठ ने अधूरा वाक्य पकड़कर उसमें व्यंजना भर दी।

धनंजय जान गया कि ब्राह्मण अभी भी रुष्ट है अत: मैत्रीपूर्ण मुस्कान के साथ श्रीकंठ की झोली उठाकर उसमें से तांबे का पात्र निकाल लिया और दूसरे हाथ से अपनी झोली सँभालते हुए कहा, "वहीं पुलिन (नदी की धार द्वारा छोड़ी गई भूमि) पर चलेंगे कि तुम्हारे लिए यहीं सत्तू घोलकर ले आऊँ? वैसे हाथ-मुँह धोने के लिए भी तुम्हें भी नदी तक जाना होगा ही...।"

वैश्य सुमित अपनी आसन्दी पर आँखें बन्द किये दोनों का वार्तालाप सुन रहा

था। आँखें खोलकर उसने धनंजय से पूछा, "यह ब्रह्मचारी जी तो धनुषपुर से ही सार्थ के साथ हैं ना!"

उत्तर श्रीकंठ ने दिया, "श्रेष्ठिवर! मैं ब्रह्मचारी नहीं हूँ...विवाहित हूँ।"

"ओह, क्षमा करना। मैंने यूँ ही पूछ लिया। ब्राह्मणी को घर छोड़कर आए हैं। परिवार में कौन-कौन हैं—माता-पिता, सन्तान...?"

"दुर्योग से अब कोई नहीं है," श्रीकंठ ने सिर झुका लिया।

"अरे, यह तो दुखद है...आह! मैं तो इसलिए कि...अन्यथा न लें! हमारे सार्थ में श्रमण, ब्राह्मण, बटुक ब्रह्मचारी के लिए निःशुल्क आहार की व्यवस्था होती है। लगता है, भांडारिक को आपने हमारे साथ होने की सूचना नहीं दी," कहते हुए सुमति ने चौंतरे के नीचे खड़े सेवक से भांडारिक को बुला लाने की आज्ञा सुनाई।

श्रीकंठ सुमति के आगे आकर खड़े हो गए, "श्रेष्ठिवर! यूँ तो आपके दाय से मुझे अन्न मिल जाता है पर जैसा मैंने कहा कि ब्रह्मचारी, श्रमण नहीं हूँ। ब्राह्मण हूँ पर भिक्षा-भोगी होने में संकोच है मुझे...।"

"भिक्षा तो ब्राह्मण का देवदत्त अधिकार है।"

"मैं मानता हूँ कि यह देव प्रदत्त नहीं; अयोग्य, अक्षम का पेट भरने के लिए चतुर व्यवस्था है। मैं विद्याव्यसनी हूँ...वेदों का अध्ययन किया है और मुझे पंचमवेद में रुचि है।"

"पंचमवेद...! ये क्या है?" सुमति ने जानना चाहा।

"नाट्यशास्त्र...।"

"अहा, तब तो आप नृत्य, गायन, वादन में भी निपुण होंगे?"

"नृत्य और संगीत शास्त्र से मेरा परिचय तो है किन्तु इन दोनों में मेरी व्यावहारिक गति नहीं है। यही सब जानने देखने उज्जयिनी जा रहा हूँ। आप तो व्यापारिक कार्य से प्रायः जाते ही हैं। वहाँ नाट्यकला के बड़े-बड़े आचार्य होंगे। है ना!" श्रीकंठ ने उत्सुकता से श्रेष्ठि की ओर देखा।

सुमति हँसने लगे, "विप्रबन्धु, हमारे भाग्य में आमोद और रंजन की रेखा जोड़ी ही नहीं जाती। पूरा समय क्रय-विक्रय की जोड़-बाकी एवं लेन-देन के अभिलेख में लाभ का अन्तर मापते ही निकल जाता है। आचार्यों, विद्वानों से भेंट करने का समय ही कहाँ बचता है। व्यापारी तो लाभ के लोभ में भगवान से भेंट करने के समय में भी कटौती कर लेता है।"

तभी सेवक भांडारिक को साथ लिये आ पहुँचा। वार्तालाप के बीच में ही सुमति भांडारिक की ओर उन्मुख हुए, "सुधर्म! जलपान में आज हमारे लिए क्या है?"

"मार्ग के लिए तो तिल-शर्करी (तिल व शक्कर का कूट) और पंजीरी ही है भट्टारक! एक चर ग्राम की ओर भेजा है, यदि उपलब्ध हो गया तो एक कोशक (गिलास) दुग्ध भी...। यहीं पहुँचाऊँ!" सुधर्म ने पूछा।

"श्रमण, ब्राह्मण, ब्रह्मचारियों को वितरित हो गया?"

"कोई एक गणना में कम है...जाने कौन है। क्या पता ग्राम की ओर निकल गया हो," सुधर्म के चेहरे पर कुछ खीझ-सी आ गई। चत्वर के नीचे होने से वह श्रीकंठ को देख नहीं पा रहा था।

"वह ब्राह्मण यहीं है...उधर, चत्वर के ऊपर। तो दो के लिए जलपान सामग्री भेजना। और हाँ, विप्र के साथ एक शस्त्रजीवी युवा भी है, तो तीन के लिए ले आना।"

अब धनंजय बोल पड़ा, "नहीं श्रेष्ठिवर! दान और निःशुल्क वस्तु ग्रहणीय नहीं है मेरे लिए। यूँ भी मेरे पास चार दिन के लिए सत्तू है। मार्ग में कंद और फल भी मिल जाते हैं। आवश्यकता पड़े तो मृगया भी कर सकता हूँ।"

"अरे नहीं-नहीं। मैंने अहिंसा धर्म अपनाया हुआ है। यद्यपि मेरे पूर्वज क्षत्रिय रहे हैं पर अब कुछ पीढ़ियों से वाणिज्य वृत्ति अपना लेने के कारण वही समाज हो गया है तथा वैसा ही स्वभाव भी। यूँ आत्मरक्षा के लिए शस्त्र मैं भी धारण करता हूँ। पर तुम्हारा कहना है तो...। यदि तुम इसका परिशोध या भुगतान करना चाहो तो एक कार्य सौंप सकता हूँ...। फिर तो हमारे भंडार में से आहार लेने में तुम्हें संकोच न होना चाहिए।"

"हाँ, श्रम या सेवा के बदले में मिले तो मुझे आपत्ति नहीं। बताइए मैं आपका क्या प्रिय करूँ?" धनंजय बोला।

"तुम्हें कहाँ जाना है?"

"उज्जयिनी...।"

"वहीं तक इन ब्रह्मदेव को भी जाना है। आप दोनों दो दिन से साथ हैं। उज्जयिनी तक पहुँचते हमें दस दिन लग जाएँगे। तब तक इन ब्रह्मदेव की सेवा तथा संरक्षा का कार्य मैं तुम्हें सौंपता हूँ।"

"पर मैं कोई वृद्ध रोगी या असमर्थ असहाय नहीं हूँ कि किसी सेवा का अभिलाषी होऊँ। श्रेष्ठिवर, बता चुका हूँ आपको कि ब्राह्मण अवश्य हूँ पर पेटपालू विदूषक नहीं जिस पर हँसा जा सके," श्रीकंठ ने सेवा लेने का प्रतिरोध किया।

धनंजय ने श्रीकंठ के पाँव पकड़ लिए, "मुझसे अनजाने में भूल हो गई है मित्र! दो दिन का ही तो साथ है अपना...। फिर तुम बोलते भी इतना कम हो कि मैं तुम्हारा स्वभाव न समझ पाया। निश्चय ही कुछ न कुछ कारण तो होगा कि तुम अपने मान के प्रति इतने सतर्क हो। मुझे तुम्हारी रक्षा करने का कोई अहं नहीं, पर इस बहाने यदि मेरे लिए सम्मानजनक दैनिकवृत्ति (रोजंदारी) की व्यवस्था हो जाती है तो तुम्हें क्या हानि है। हाँ रहूँगा मित्र ही...भृत्य नहीं बनूँगा," कहते हुए धनंजय मुस्कराया।

"अच्छा, अच्छा पाँव तो छोड़ो," श्रीकंठ के होठों पर भी मुस्कान आ गई, "मैंने मान लिया कि तुम मेरे मित्र हो और हास-परिहास तुम्हारे स्वभाव में है।"

सार्थपति सुमति भी हँसने लगे, "समझ गए सुधर्म जी! अब आपके यहाँ रसोई व्यवस्था में एक व्यक्ति का आहार और जुड़ गया। जाइए, तीन जलपान...।"

"श्रीमन् मुझे कुछ कहना है...," सुधर्म ने धीरे-धीरे वाक्य पूरा किया।

"तो कहिए!"

"बस यही श्रीमन् कि तिलशर्करी मात्र उतनी ही मात्रा में है कि आपका जलपान होता रहे...उज्जयिनी तक।"

"ओह, पर अब तो हम इनके साथ ही जलपान निश्चित कर चुके हैं। रुद्रपुर में अपना दो-तीन दिन का पड़ाव रहेगा। आगे की व्यवस्था वहाँ से कर लीजिएगा।"

"हाँ श्रीमन्," सिर झुकाकर सुधर्म चले गए।

चूँकि इन दिनों मध्याह्न में मात्र घड़ी-दो घड़ी ठहरा जाता है पर यहाँ थोड़ा अधिक समय लग गया। प्रतिदिन पंद्रह कोस यात्रा सार्थ के लिए आदर्श मानी जाती है। बारह कोस तो कम से कम होनी ही चाहिए। रुद्रपुर अभी छह कोस दूर और है। सार्थ को तेजगति से बढ़ना होगा ताकि सूर्यास्त से पूर्व नगर द्वार के बाहरी चौरस स्थल तक पहुँचा जा सके। आगे पठारी अरण्य पड़ेगा। पावस के पश्चात् मार्ग की अभी ओप (रगड़ना, माँजना) नहीं हो पाई है अत: ऊबड़खाबड़ भी है।

मार्ग में चलते-चलते धनंजय ने श्रीकंठ से एक ही बात पूछी थी, "मित्र! तुम इतने गुमसुम क्यों रहते हो? लगता है कोई दुर्घटना हुई है—तुम्हारे साथ...तुम्हारे परिवार के साथ। नहीं...नहीं, मैं तुम्हें स्मृतियों की आँच में नहीं लौटाना चाहता... यह सब पूछकर। हाँ, जब कभी कोई दाह, पीड़ा बाँटने का मन हो तब मुझसे बाँट लेना। दुखों ने मुझ पर सवार होने का भी कोई कम प्रयास नहीं किया...पर मैं उन्हें झटककर दूर फेंकता चला आया हूँ। अभी भी पीछा कर रहे हैं किन्तु ज्यों ही निकट आते हैं—मेरा हाथ खड्ग की मूठ पर कसा हुआ पाकर ठिठके रह जाते हैं। दुखों के साथ मेरा धूप-छाँही खेल चल रहा है।

वस्तुत: मैं कहना चाहता हूँ कि जैसे मैं अपनी खड्ग के बल पर उनका सामना करने को प्रस्तुत रहता हूँ तो तुम भी क्यों न अपनी विद्या से उनका प्रतिकार करने को सन्नद्ध रहो। अन्यथा न लेना मेरा कहना कि 'तुम तो कुसुम की मार भी प्रहार की भाँति लेते हो'।"

"तनिक ठहरो तो," श्रीकंठ ने धनंजय का हाथ पकड़ा और चेहरे पर कुछ पढ़ने लगे, "ये शब्द जो अभी कहे तुमने—कुसुम की मार...प्रहार! ध्वन्यात्मकता की ऐसी संगति कहाँ से पाई है तुमने। मार्ग में पहले भी तुमने अनुभव की बात बड़े सुन्दर वाक्य में कही थी कि 'बोझ स्थल पर थकाता है और जल में डुबाता है।' निश्चय ही तुम क्षत्रिय सैनिक मात्र नहीं हो। तुमने यह भी बताया था कि 'मैंने शास्त्राभ्यास के लिए गुरुकुल के अखाड़े की भी मिट्टी गोड़ी है, सही है अन्यथा तुम 'कुसुम' के स्थान पर फूल या पुष्प भी कह सकते थे पर कुसुम में जो कोमलता व मादक

गन्ध का समायोजन है वह फूल और पुष्प में नहीं है।"

धनंजय खिलखिला पड़ा, "मुँह से अनायास निकल पड़े एक सामान्य वाक्य में तुम तो जाने क्या-क्या अर्थ खोजने-बताने लगे।"

मैत्री भाव से धनंजय को देखते हुए श्रीकंठ ने कहा, "प्रत्येक शब्द किसी न किसी आघात संघात से जन्म लेता है...अनुभव उसमें अर्थ भरता है। हर वस्तु की पहचान उसके बोध-विशेष में निहित है।"

धनंजय ने अपनी हथेली श्रीकंठ की आँखों के आगे झुकाई, "ऐ कवि महाशय! शब्द और अर्थ की चौपड़-चौबीसी से बाहर आइए अन्यथा हम पिछड़ जाएँगे और सार्थ आगे निकल जाएगा। पड़ाव कहीं आगे रुद्रपुर में है।"

2

रुद्रपुर परबती या पार्वती नदी के किनारे बसा है, जो आगे चलकर काली सिंध में मिल जाती है। मालवा के पठार की इस मंडी में भोजपुर, विदिशा, चन्द्रनगर के हटवार (दुकानदार) मोदी माल लिवाकी (ख़रीद) व बिकवाली के लिए पहुँचते हैं। इस क्षेत्र के कनक, क्षीरी तथा गोधूम प्रजाति के गेहूँ व परमल, साठी, ब्रीही जैसी धान की देशान्तर तक प्रसिद्धि है। यहाँ के व्यवसायी वनोपज में मधु, गोंद के भंडार भर लेते हैं जिनसे चोंप, राल, रंगीन पोत तथा ओप के द्रव्य बनाए जाते हैं। इन दिनों मंडी में शारदी व अगहनी उपज की आवक हो रही है। सार्थ में सम्मिलित वणिक यहाँ अपनी हाट लगाकर सामान बेचेंगे तथा शारदी उपज कोदों, कंगुनी, सवां व गन्ध तथा चोंप (चिपकने, चिपकाने वाले द्रव्यादि) क्रय करते हुए आगे जाएँगे।

सुमति ने यहाँ तीन दिन का विराम निश्चित किया है। इन तीन दिनों में श्रीकंठ व धनंजय के लिए कोई काम न होने से पूरे दिन खाली हैं। छोटे से नगर का भ्रमण तो आधे दिन में ही पूरा हो गया। दोनों अब एक-दूसरे का स्वभाव पहचानते हुए परस्पर सहज होते जा रहे हैं। यूँ तो रुद्रपुर दशार्ण राज्य का ही एक भाग है पर यहाँ शासन सूत्र मांडलिक सामन्त वसुमित्र के हाथ में हैं। वसुमित्र भारशिवों के कुल की ही एक शाखा से है। यद्यपि भारशिवों का वह प्रताप शेष नहीं रहा जो वीरसेन के समय स्थापित था। जो हो, वसुमित्र ही नहीं और भी कुछ मांडलिक हैं जो राजा के निर्बल होने, विलास में डूब व्यवस्था व न्याय से परांगमुख हो जाने पर स्वयं को स्वतंत्र मान चुके हैं। वसुमित्र ने अपने स्वतंत्र होने की घोषणा तो नहीं की है किन्तु उनके पास अपनी स्वतंत्र सेना है। वैसे सीमा क्षेत्र होने के कारण दशार्ण की सेना का भी एक पादातिक गुल्म एवं छोटा-सा अश्वारोही

अग्रदल यहाँ रहता है किन्तु इस सेना के नायक वसुमित्र से उपकृत होकर उनके ही आज्ञानुवर्ती रहते हैं।

वसुमित्र स्वयं तो शिव उपासक है किन्तु रुद्रपुर में जैन मतावलम्बी व्यवसाइयों, हटवारों की भी पर्याप्त संख्या है। जिनालय में श्रमण, श्रावकों का आना-जाना बना रहता है...कुछ निवास भी करते हैं व चातुर्मास व्यतीत करने अथवा विहार करते मुनि भी यहाँ आ ठहरते हैं। सार्थवाह सुमति इस जिनालय में भगवान महावीर के विग्रह का दर्शन व व्यवस्था में सहयोग भी करते हैं। वसुमित्र के मताग्रही न होने के कारण ही रुद्रपुर की पहाड़ी पर बौद्ध विहार की भी उपस्थिति है।

नगर सम्बन्धी अधिकांश सूचनाएँ श्रीकंठ को सुमति से ही मिली हैं। कुशल व्यवसायी को देश और राज्य की स्थिति का ज्ञान आवश्यक है तभी तो वह अपने व्यवसाय का मार्ग सुगम बना पाता है।

"मित्र, तुम्हें उज्जयिनी में ही निवास करना है कि कहीं आगे की भी यात्रा है?" रात्रि विश्राम से पूर्व धनंजय ने श्रीकंठ से जानना चाहा।

"निकला तो मैं पद्मावती के लिए हूँ। मेरे गुरु-ज्ञाननिधि ने कहा है कि वहाँ तर्क और न्यायशास्त्र के अध्ययन तथा अध्यापन के सम्मानपूर्ण अवसर मिलेंगे। अध्यापन से आजीविका की उलझन भी समाप्त होगी," बताया श्रीकंठ ने।

"पर तुमने सार्थपति सुमति से तो कहा था कि तुम्हारी रुचि नाट्य में है।"

"वह है...उसके लिए निरन्तर सुचिन्तन और अभ्यास की आवश्यकता होती है। प्रयोग पुनिप्रयोग अनुप्रयोग की। वैसे ही जैसे प्रकृति नितनूतन प्रयोग में निरत रहती है। हम उसके नवीन रूप देखते हुए प्रसन्न, चकित आह्लादित होते हैं तो कभी विरक्त और भयग्रस्त। नाट्य उसी की अनुसृष्टि है। अन्तर यह है कि यहाँ सुख और दुख दोनों सरस हैं," श्रीकंठ जैसे रात्रि के अंधकार में भी कहीं दूर देखते से बोल रहे थे।

धनंजय मुस्कराता हुआ स्वप्न में डूबे से श्रीकंठ के मुँह पर आते-जाते भावों का अनुमान लगाता रहा था, फिर कहा—"ओ महाराज! रस की तरंग से निकलिए। इस समय आप रंगशाला में नहीं, उज्जयिनी की ओर जाने वाले मार्ग में हैं और हमारे जीवन का नाटक वणिक सुमति की उदारता के आश्रय में है।"

"समझ गया हूँ कि परिहास तुम्हारे स्वभाव में है पर धनंजय देखना—एक दिन लोग मेरा नाटक देखने, मेरे नाटक का अभिनय करने में गौरव का अनुभव करेंगे।"

"अवश्य ही करेंगे पर एक ध्यान तुम्हें रखना होगा!"

"सो क्या?" पूछा श्रीकंठ ने।

"नाटक में कोई सैनिक की भूमिका भी रखनी होगी। जिसे मैं अर्थात् यह धनंजय निभाएगा।"

"पर बन्धु! कहीं रंगमंच पर ही तुम्हारा क्षत्रियत्व जाग उठा तो?" श्रीकंठ ने उसी परिहास के साथ उत्तर दिया, "पर कोई बात नहीं, सैनिक तो क्या सेनापति की

भूमिका भी तुम्हें सौंपी जाएगी। हाँ हाथ में खड्ग काष्ठ का होगा।"

इस वाक्य के साथ ही दोनों हँस पड़े। उसी समय दो सैनिक दोनों के निकट आए।

"आप लोग सार्थ के साथ हैं?" एक सैनिक ने हाथ की मशाल ऊँची कर पूछा।

"हाँ वीर!" धनंजय ने कहा और उसका हाथ कमर से खोलकर घुटनों से टिकाकर रखे खड्ग पर पहुँच गया।

"फिर तो इस समय तुम्हें सार्थ की सुरक्षा के घेरे में होना चाहिए," वही सैनिक बोला।

"श्रेष्ठि ने इन्हें मेरी सुरक्षा के लिए ही नियत किया है," श्रीकंठ ने धनंजय की ओर संकेतित किया।

"आप किस नगर से हैं श्रेष्ठि?" सैनिक ने आदरपूर्वक श्रीकंठ से जानना चाहा।

"यह श्रेष्ठि नहीं विप्र हैं," धनंजय ने बताया।

"राजपुरोहित हैं या राजज्योतिषी?"

"राजकवि हैं।"

"अच्छा...। किस राज्य के?"

"वीर! कवि, विद्वान, भैषज्ञ और कलाकार किसी एक स्थान के नहीं होते। उनकी जहाँ रुचि हो, वहीं ठहर जाते हैं। अभी इसी सार्थ के साथ उज्जयिनी पहुँचेंगे।"

धनंजय की बात सुन सैनिक ने ऊपर उठाई हुई मशाल नीची की, "आपका कथन सही भी है और नहीं भी। वय में मैं तुम दोनों से बड़ा हूँ। इस नाते कह रहा हूँ। मुझे देखो—गुरुकुल में उप-आचार्य था। कुछ मेरी ज्ञान-उद्दंडता या कहो कि ज्ञानोद्धतता कुछ युवा अवस्था का अति आत्मविश्वास कि कुलप्रमुख से असहमत हुआ और होता ही चला गया। चार्वाक मत का अनुयायी था। किसी से भी सहमत न होने पाता था। हर समय, हर स्थान पर भिन्न मत वाले से उलझने को सन्नद्ध। मेरा तर्क देह से आरम्भ होकर देह पर ही लौटकर समाप्त होता।"

"अर्थात् आप भी शास्त्रजीवी हैं?"

"था...अब शस्त्रजीवी हूँ। विचित्र संयोग हैं मेरे जीवन के साथ।"

"उप-आचार्य थे, तब तो आप ब्राह्मण होंगे। आपने कर्म और वर्ण बदल लिया?"

श्रीकंठ शास्त्र से शस्त्र तक आ पहुँचने की भूमिका को लेकर असमंजस में आ पड़े।

"वर्ण मैंने नहीं बदला...स्वतः बदल गया और जीवन के लिए मुझे स्वीकार करना पड़ा। बाद में लोगों ने भी मेरी यही पहचान स्वीकार कर ली। बृहस्पति का मत भी स्थितियों को कुछ इसी भाँति व्याख्यायित करता है। ओह, मैं यहाँ आकर कहाँ उलझ गया। आप लोग सार्थ के बीच पहुँचिए। कहीं नगरपाल इधर आ निकले

तो आप लोगों के यहाँ होने का दोष हमारे सिर आ पड़ेगा," कह सैनिक ने साथी को संकेत किया और दोनों अटन (गश्त) पर आगे बढ़ गए।

सार्थ के शिविर की अम्बारियों (मंडप) वितानों के दीपाधारों पर प्रकाश मन्द पड़ने लगा तो दोनों उठकर अपने शयन-स्थल पर आ गए। दूसरे दिन पता लगा कि सार्थ से कुछ ही दूरी पर अमराई में कोई नाट्यदल ठहरा हुआ है। चातुर्मास के बीतते ही नाट्यदल, रस्सी व बाँस पर करतब दिखाने वाले नटसार, भाँड़, मदारी आदि कलाजीवियों की टोलियाँ अपने घरों से निकल पड़ती हैं। इनके परिवार भी साथ ही होते हैं और ये भी दीपमालिका के पश्चात् प्राय: अगहन में घर से निकल आषाढ़ महीने में अपने मूल स्थान पर लौटते हैं। नाट्यदल के साथ भी भिन्न-भिन्न कलाओं, क्रीड़ाओं, आजीविकाओं से जुड़े परिवार थे।

श्रीकंठ अपनी उत्सुकता न रोक सके तो मध्याह्न के समय अमराई में जा पहुँचे। उन्हें लगा कि विभिन्न लोगों, वर्णों, वर्गों के जीवन को निकट से जानने का अवसर अनायास ही मिल रहा है तो गँवाना नहीं चाहिए।

अमराई में कुछ स्थान पर डेरे तने हैं तो कहीं पर बाँसों के सहारे पट तानकर ऊपर से ओस बचाने की छाँव भर कर ली गई है। कुछ परिवारों ने तो जैसे वृक्षों के झुरमुट को ही आच्छादन मान लिया है। कहीं भारवाही पशु चारे में मुँह दिये हैं तो कुछ अधमुँदी आँखों के साथ पगुरा रहे हैं। एक स्थान पर खर (गधे) बँधे हैं तो उन्हीं के पास खेचर (खच्चर) भी। कूकुर, कूकुरी भी यत्र-तत्र धरती पर पसरे या बैठे ऊँघ रहे थे। श्रीकंठ के पाँवों की आहट सुन सचेत हुआ एक कूकुर कान खड़े कर घुर्राया तो दूसरों ने भी गर्दन उठा ताका। अभी यहाँ पुरुष इक्का-दुक्का ही दिखाई पड़ रहे थे। ईंट-पत्थर जोड़कर अस्थायी चूल्हा जमाती एक स्त्री के निकट पहुँच श्रीकंठ ने पूछा, "भद्रे! इस दल के प्रमुख से कहाँ भेंट हो सकती है?"

स्त्री की वय कोई बीस-पच्चीस वर्ष के बीच है...रंग साँवला, लक्ष्य पर सधी-सी आँखें जिन्हें खंजन नयन कहा जा सकता है और कसी हुई सुतवाँ देहयष्टि। उससे कुछ दूरी पर झबरे से बालों वाला शिशु धूल-पत्तियों के बीच लोट-पोट हो रहा था। शिशु की देह पर ढीला-ढाला झाँगला घुटनों से नीचे तक आकर कच्छा या कोपीन (लँगोटी) की पूर्ति कर रहा था। वेष व आकृति से यह पता न चल पा रहा था कि बालक है या बालिका।

स्त्री ने कन्धे पर अस्त-व्यस्त पड़े अंगवस्त्र को सँवारा और बताया, "महाराज! उधर जो पंचरंगी ध्वज लगा हुआ है ऊपर...वही है उनका तम्बू। किन्तु वह इस समय मिल नहीं सकेंगे। कल से नाटक का प्रदर्शन आरम्भ होना है ना! तो सब लोगों के साथ नाट्यशाला में मंच-सज्जा और व्यवस्था के लिए गए हैं।"

"सांध्य बेला में भेंट हो सकेगी?"

"स्यात् न हो पाए," चिकनी माटी में लिसड़े हाथ काष्ठ पात्र के पानी में

थपोरते हुए स्त्री ने बताया, "उस समय तो मंच पर अभ्यास होगा ना। तब तो मैं भी वहीं रहूँगी," बताते हुए मुस्कराई स्त्री।

"अच्छा, आप भी अभिनय करती हैं?" श्रीकंठ ने भी मुस्कराकर पूछा।

"महाराज, मंच पर अभिनय के अतिरिक्त भी बीसों कार्य हैं। मैं सज्जागृह में सहयोग करती हूँ...समूह में सम्मिलित होती हूँ। मंच पर जब नटसारी की आवश्यकता होती है तो दंडनृत्य, उड़ी (पलट छलाँग) आदि करतब भी दिखाते हैं हम लोग। मैं सोनचिरी (नटिनी) हूँ महाराज!"

"ये बालक तुम्हारा है?" श्रीकंठ ने लोटपोट होना छोड़कर खड़े हो अपनी ओर ताकते छुटके की ओर संकेत कर कहा।

"बालक नहीं बालिका है महाराज! बहुत नटखट है। चपलता तो हम नटों के रक्त में है...पर यह कुछ अधिक ही चपल है," स्त्री की आँखों में रीझ उतर आई।

"आपके पति तो होंगे यहाँ...?"

स्त्री हँस पड़ी, "पति-पत्नी दोनों चूल्हे-चौके के आस-पास बने रहेंगे तो खाएँगे क्या महाराज। कल से तो मैं भी यहाँ न रहूँगी। हम दिन में अपने खेल दिखाते हैं और पश्चात् नाटक में सहयोग करते हैं। इस बालिका के पिता ढोल के साथ नगर में कल से नाटक का अभिनय किये आने की सूचना देने निकल गए हैं। यहाँ तो अशक्त और अस्वस्थ को छोड़कर सभी के लिए कोई न कोई काम रहता है।"

"और यहाँ नाटक का तंत्री—मेरा आशय है अनुदेशक कौन है?"

"वही, जो दल प्रमुख हैं—आर्य सोमदत्त। अरे हाँ, उनकी पुत्री होंगी अभी यहीं। माधुरी। तम्बू के भीतर या आसपास ही। आर्य सोमदत्त के बारे में उनसे पूरी सूचना मिल सकती है। आप उधर ही चले जाइए।"

श्रीकंठ ने पचरंगी ध्वज वाले तम्बू की ओर दृष्टि फेंकी, "भद्रे! आपके यहाँ तो एक ही श्वान है, उधर दो बैठे हुए हैं। कहीं वे पूछापाछी पर उतर आए तो...," धीरे से हँसने लगे श्रीकंठ।

"ओह!" स्त्री भी हँस दी। फिर उसी काष्ठपात्र के मटमैले पानी में हाथ धोकर वृक्ष की डांडियाँ जोड़कर बाँधी गई अलगनी की रस्सी पर सूखते अंगपोंछन से हाथ पोंछकर श्रीकंठ के आगे हो ली।

"अरे, आपकी पुत्री अकेली छूट रही है देवी...अरक्षित! कहीं गिर पड़ सकती है," श्रीकंठ ने टोका।

स्त्री ने मुड़कर देखा, "गिरेगी और अपने ही प्रयास से उठेगी तभी तो बड़ी हो पाएगी। वैसे मेरी दृष्टि में है...कठिनाई में देखूँगी तो सँभाल लूँगी।"

तम्बू के निकट पहुँचे तो श्रीकंठ को देख कूकुर सचमुच ही भौंक उठे। स्त्री ने डाँटकर उन्हें शान्त किया। भीतर से आवाज़ सुनाई पड़ी, "अरी तू यह वल्कल कहाँ से ले आई?"

इतना मधुर दैवीय स्वर!—श्रीकंठ चमत्कृत विमुग्ध हो गए।

"महारानी सुनें! वह जो नेपथ्य की रक्षिका आर्या रेवा हैं ना! उनसे नाटक में काम आ चुका अशोक का झौंर माँगा था...उन्होंने नहीं दिया। इसलिए यह उठा लाई हूँ," यह कोई दूसरी आवाज़ थी।

"बुरी बात है यह...जाओ लौटा दो।"

"मैं तो इसे परिहास के लिए उठा लाई हूँ।"

"पगली! ऐसे परिहास में बुराई बढ़ जाती है। जा लौटा दे उसे।"

"जैसी आपकी इच्छा...।"

"अरी तनिक इधर तो आ।"

"हाँ महारानी...मैं आ गई।"

"हला यह वल्कल मुझ पर अच्छा लगेगा?"

"सर्वशोभतीयं सुरूपं...अर्थात् सुन्दर रूप पर सभी अच्छा लगता है।"

"अच्छा ला! पहनकर देखती हूँ।"

"माधुरी और चित्रा संवाद-अभ्यास कर रही हैं," ठिठककर सुनते हुए श्रीकंठ को स्त्री ने बताया।

"ऐसा ही होना चाहिए। ये संवाद महाकवि भास के 'प्रतिमा नाटकम्' से हैं।"

स्त्री अब किंचित् आश्चर्य व उत्सुकता से श्रीकंठ को देख उठी, "इसी नाटक का तो प्रयोग होना है यहाँ। माधुरी बहन सीता का अभिनय करेंगी और यह दूसरा स्वर चित्रा का है, जो चेटी के अभिनय में होगी।"

"दोनों के उच्चारण और स्वरों में खूब सधाव है। अच्छा, इस समय मैं जाता हूँ। मेरे कारण उनके अभ्यास में व्यवधान होगा," लौटने का उपक्रम किया श्रीकंठ ने।

"अरे ठहरिए महाराज! ये तो उनका उठते-बैठते, खाते-पीते नित्य का कार्य है। अनेक प्रयोग हो चुके हैं इस नाटक के। यूँ भी आप सुहृद प्रतीत होते हैं कि संवाद सुनकर ही नाटक की पहचान कर ली। आपका यूँ ही लौटना उचित नहीं है," स्त्री ने आगे बढ़कर तम्बू का द्वार-पट हिलाया, "माधुरी बहन! तनिक सुनिए तो...आर्य से मिलने कोई आए हैं।"

भीतर के संवाद बन्द हुए और कुछ क्षण पश्चात् पट हटाकर चित्रा झाँकी, "क्या है मंजरी दीदी...कौन है?"

उत्तर श्रीकंठ ने दिया, "देवी, मैं श्रीकंठ हूँ। सार्थ के साथ उज्जयिनी के मार्ग में हूँ।"

"आर्य तो इस समय रंगमंच सँजोने के लिए गए हैं," असमंजस में डूबी चित्रा के मुँह से निकला, "इस समय तो हम ही यहाँ हैं," सामने एकाएक सुदर्शन पुरुष को खड़ा पाकर चित्रा अचकचा गई थी।

"यह चित्रा है। बहुत निपुण गायिका। अभिनय में भी निष्णात है," मंजरी ने परिचय दिया तो चित्रा की आँखें विनत हो आईं।

"यह तो दो कलाओं का मणिकांचन संयोग है," श्रीकंठ के मुँह से प्रशंसा निकली ही थी कि पटवस्त्र हटाकर एक अन्य युवती झाँकी। उस पर दृष्टि पड़ते ही श्रीकंठ विमुग्ध सम्मोहित से खड़े रह गए। लगा जैसे अगहन की शीतोष्ण धूप की ओट किये मेघ को हाथों से निवारती कोई अलौकिक छवि वातायन से झाँकी हो। क्षणभर के विस्मय से उबर वह सन्तुलित हुए फिर भी आश्चर्य उनके आसपास डोल रहा था—इस साधारण से तम्बू के भीतर ऐसा विरल सौन्दर्य रत्न? धरती पर उर्वशी आ पहुँची है कि मेनका ने अपनी कोख से किसी नई शकुंलता को जन्म दिया है।

"आर्य सोमदत्त के शिविर में आपका स्वागत है अतिथि। पितृव्य इस समय यहाँ नहीं हैं। मैं आपका क्या प्रिय कर सकती हूँ?...बताएँ," सामने एक सुदर्शन अपरिचित को देख माधुरी भी कुछ असहज हो गई थी।

श्रीकंठ के कानों में जैसे सुर-लय के साथ कांसे की सहस्त्रों घंटियाँ बज उठीं। एक क्षण के लिए वह जैसे भूल ही गए कि कहाँ और क्यों आए हैं। किसी तरह संयत होते हुए कहा, "मैं आर्य सोमदत्त से भेंट...।"

"वह तो नाट्यशाला पर होंगे इस समय। स्यात् वहाँ भेंट हो सके अथवा कल प्रातः यहाँ पधारें। कोई सन्देश हो तो कह दें...मैं बता दूँगी उन्हें," वैसे ही सधे स्वर में घंटियाँ पुनः बजीं।

"मैं नाट्यशाला खोज लूँगा। कल भ्रमण किया है मैंने नगर का। कोई बड़ा विस्तार नहीं है। आपको असमय कष्ट दिया, इसके लिए क्षमा चाहता हूँ। वैसे...।"

"वैसे क्या?"

"मैंने आप दोनों के अभ्यास का एक अंश सुना है। आपका संवाद निर्दाह मधुर है।"

मंजरी ने हस्तक्षेप करते हुए कहा, "यह तो हैं ही माधुरी। तो महाराज, चाहें तो आप नाट्यशाला पहुँचकर आर्य से भेंट कर लें या कल प्रातः उनकी उपस्थिति में यहाँ पधारें। अभी हम आपका उचित स्वागत भी नहीं कर पा रहीं। आसन्दी, पीढ़ा आदि मंच के उपयोग हेतु पहुँचा दिए गए हैं और यहाँ बाहर भूमि पर बैठा नहीं सकते।"

श्रीकंठ जान गए कि अपढ़, ग्रामीण-सी दिखने वाली मंजरी संकेत में उन्हें पुरुषों की उपस्थिति में आने एवं अभी जाने के लिए कह रही है।

"अभ्यास में व्यवधान के लिए क्षमा करें," कहते हुए उन्होंने माधुरी की ओर देखा। माधुरी भी उनकी ही ओर देख रही थी। कोई सम्मोहन पुनः सिर उठाता कि श्रीकंठ पीछे की ओर मुड़ लिए। मंजरी भी उनके साथ ही लौट ली। जैसे ही वह वृक्ष की छाया वाले अपने आश्रय को मुड़ी तो श्रीकंठ बोले, "आपको प्रणाम करता हूँ भद्रे!"

"मुझे लज्जित न करें महाराज! आप ज्ञानी हैं—मैं एक साधारण नटिनी," मुड़कर मंजरी ने कहा।

"भद्रे! आप निश्चय ही चतुर हैं," कह मुस्कराते हुए श्रीकंठ अपने आश्रय की ओर लौट लिए। यह निश्चय करते हुए कि आर्य सोमदत्त से आज ही भेंट करनी है। धनंजय से पूछना है—वह साथ चले तो ठीक अन्यथा अकेले ही निकल लेंगे।

धनंजय अपने आश्रय पर ही था। सार्थ दिन में भी प्रहरियों की रक्षा में रहता है। राखी (रखवाले) सार्थपति के आवास सहित उन सभी स्थानों पर रखाई या चौकसी में रहते हैं जहाँ मूल्यवान वस्तुएँ रखी जाती हैं। चार दिन में प्रायः सभी प्रहरी तथा प्रतिरक्षक श्रीकंठ को पहचानने लगे हैं। ब्रह्मचारी, श्रमण, ब्राह्मणों के लिए सुमति ने चन्दोवा तनवाकर आश्रय स्थल तैयार करवाया है, जिसमें भूमि पर पुआल बिछाकर सुजनी या लम्बी, मोटी चादर बिछाई गई है। धनंजय व श्रीकंठ ने इसी में एक कोना पकड़ लिया है। रात्रि में सभी अपनी-अपनी पोटलियाँ सिरहाने रखकर सो लेते हैं। श्रीकंठ की पेटी भी यहीं आ गई थी।

आश्रय स्थल पर दोनों श्रमण पत्थर की टेक लगाए बैठे थे। उनकी आँखें बार-बार झपकतीं और वे बलात् उन्हें खोल लेते।...श्रमण के लिए दिवा-निद्रा निषिद्ध है।

"श्रावक महात्मन्! निद्रा घेर रही है आपको," सचेत किया श्रीकंठ ने।

"हाँ विप्रवर! आज का आहार सुस्वादु होने से कुछ अधिक हो गया। जब कि तप:शील को अर्धभोजन ग्रहण करना चाहिए। स्वाद विकार उत्पन्न करता है चाहे वह जीभ का हो, नेत्र का, श्रवण, नासिका और स्पर्श का। इसी स्वाद ने आज आलस्य का प्रमाद उत्पन्न किया है। अभी हम इस पर नियंत्रण पाने का प्रयास कर रहे हैं...आगे इस भूल के लिए क्षमा-प्रार्थना कर प्रायश्चित करेंगे।"

श्रीकंठ इन जैन श्रमणों के आत्मसंयम एवं विनयशीलता का आदर करता है। कभी-कभी लगता है कि यह पद्धति व्यक्ति को भले मुक्ति की ओर ले जाए पर समाज के विकास में अवरोध भी उत्पन्न करेगी। हाँ, अपरिग्रह और अहिंसा का आग्रह इस पंथ की महान देन है। जो हो, ये तपस्वी वंदनीय हैं।

दोनों तपस्वी अब आसन लगाकर णमोकार मंत्र का जप करने लगे थे। इनका साथ मिलने से श्रीकंठ को भी यह मंत्र कंठस्थ हो गया है। गृह त्याग तो उसने भी किया ही है पर श्रमण या संन्यासी होने को नहीं। वह वेदमुख है—पंचमवेद का सम्प्रयोक्ता। तो मुझे राग भी सिद्ध करना है व रस भी।

सोचते हुए श्रीकंठ को लगा कि अपने दुख, दैन्य, अवहेलना और तिरस्कार के थपेड़ों की पीड़ा के बहुत दिनों बाद आज उत्साह की संकल्पना कुलबुलाई है, किसी विश्वास ने उसके अन्त:करण को स्पर्श किया है। वह निर्धन, निराश्रय भले हो पर निर्विकल्प नहीं है।

नाट्यशाला जाने को उत्साहित श्रीकंठ को विचार आया कि वहाँ क्यों न आर्य

सोमदत्त से अनुमति लेकर नाटक का पूर्वाभ्यास देख लिया जावे। चूँकि इसमें समग्र प्रस्तुति के साथ-साथ भूल, भ्रांति, प्रमाद आदि का परिष्कार तथा सिद्धि प्रवीणता पर भी खुली चर्चा ही नाट्य को प्रभावी बनाती है। अत: उन रहस्यों को भी जानने-समझने का अवसर मिलेगा। आर्य सुमति से अनुमति माँगने की तो आवश्यकता नहीं है किन्तु उन्हें सूचना तो देनी ही होगी, क्योंकि रात्रि में जाने किस समय तक लौटना हो।

गोधूलि बेला तक श्रेष्ठि सुमति मंडी से न लौट पाए तब अपना सन्देश भांडारिक सुधर्म को निवेदित कर, धनंजय को साथ ले वह नाट्यशाला पहुँच गए।

नाट्यशाला एक प्रकार के खुले रंगमंच की भाँति दिखी—यद्यपि इसे पृष्ठ पर चतुष्कोणी आकार देकर ईंटों की कोई छह-सात हाथ ऊँची भित्ति खड़ी कर कोनों की ओर दो द्वार रखे गए हैं। यहाँ पीछे की ओर ढलवाँ खपरैल है। मंच के पार्श्व में इसी भाँति ढलवाँ खपरैल, दो कक्ष हैं, जो लम्बाई, चौड़ाई तथा ऊँचाई में भी कुछ छोटे आकार में हैं। आगे क्रमश: चौड़ा होता हुआ तीनतरा मंच है, जिसे बाँस गाड़कर चन्दोबे से आच्छादित किया गया है। यवनिका, दृश्यभित्ति द्वारा उसे आकर्षक रूप दिया जा रहा है। यहाँ परिसर जैसा प्रांगण नहीं, प्रेक्षकों के बैठने को खुली, चौरस, समतल भूमि है।

कुछ पुरुष तथा महिलाएँ अभी भी दीपाधार खड़े करते, झालरें बाँधते सज्जा में व्यस्त थे। इन्हीं के बीच श्रीकंठ को मंजरी दिखी जो वहीं बैठी सुई-धागे से कोई फटा हुआ मंच-पट सी रही थी। निकट ही उसकी पुत्री भी खेल रही थी। धनंजय को मंच व सज्जा देखने में व्यस्त छोड़कर वह मंच पर चढ़ गए।

"अभिवादन मंजरी देवी! आप यहाँ भी व्यस्त हैं?"

मंजरी ने अभिवादन का उत्तर हँसकर ही दिया और बोली, "तो आप यहाँ आ गए।"

"निस्सन्देह, अब आप आर्य सोमदत्त से भेंट करवा दें तो उपकार होगा मुझ पर।"

मंजरी ने मंच के आस-पास दृष्टि घुमाई। मंच पर कार्य में लगे कुछ लोग इस अपरिचित को देखने लगे थे। अब मंजरी एक हाथ में पकड़े मंच-पट से धागा तोड़कर खड़ी हुई, "यहीं ठहरिए, देखकर आती हूँ।"

"आपके पतिदेव तो यहीं होंगे?"

"नहीं, वह पण्य की ओर ही गए हैं...विज्ञापक दल के साथ। कुछ ही समय में आएँगे...तब भेंट करा दूँगी," इतना बताकर वह खपरों की छत वाले कक्ष में घुस गई तथा कुछ ही क्षणों में लौटकर पुकारा, "आइए महाराज! आर्य सोमदत्त यहाँ हैं।"

भीतर ले जाकर मंजरी ने तर्जनी से उस ओर संकेत किया जिधर दो व्यक्ति एक बड़े और भारी से काष्ठ-पिटक (सन्दूक) को कोने की ओर खिसका रहे थे। श्रीकंठ जान गए कि प्रौढ़वय व्यक्ति ही सोमदत्त हैं। उन्हेंने आगे बढ़कर प्रणाम किया...

"आर्य, मैं दक्षिणापथ के महामान्य आचार्य ज्ञाननिधि का शिष्य श्रीकंठ आपको प्रणाम करता हूँ।"

काष्ठ-पिटक खिसकाते सोमदत्त थमे और घूमकर देखने लगे। श्रीकंठ प्रणत करबद्ध खड़े थे।

"आयुष्मान भव भद्र! आचार्य ज्ञाननिधि वही ना, जिनकी त्रयी और वेदान्त की समय-सापेक्ष व्याख्या के लिए प्रसिद्धि है?" आर्य सोमदत्त का प्रश्न था।

"मेरे स्वनामधन्य गुरु वही हैं देव!"

"मैंने उनकी ख्याति सुनी है। उनके दर्शन, श्रवण का सौभाग्य नहीं मिल पाया मुझे। आप भाग्यशाली हैं कि ऐसे गुरु के चरणों में बैठकर शिक्षित होने का अवसर मिला। आइए उधर कहीं बाहर बैठते हैं। यहाँ सब अस्त-व्यस्त है एवं कुछ ही समय में यहाँ युवक-युवतियाँ भी आने को हैं। मंचाभ्यास में भी आंशिक सज्जा कर लेते हैं तो पात्र का रूपाभास होता रहता है। अभ्यास में भूमिका निभानी है ना उन्हें।"

"देव! युवक युवतियाँ ही क्यों, प्रौढ़ और वृद्धों की भूमिका भी तो होती है।"

"होती है...हर वय की भूमिका होती है, पर यहाँ मैं सबको इसी प्रकार सम्बोधित करता हूँ। मेरे नाट्यगुरु तथा उनके पश्चात् मेरी भी मान्यता है कि कवि, कलाकार कभी बूढ़ा नहीं होता," कह हँसने लगे सोमदत्त।

मंजरी लौटकर अपने काम पर जा जुटी। सोमदत्त मंच की ओर आए। कोने में दो पीढ़े रखे थे। सोमदत्त ने एक पर श्रीकंठ को बैठने का संकेत किया व दूसरे पर स्वयं बैठ गए।

"हाँ, अब बताओ मैं आपका या...तुम्हारा क्या प्रिय करूँ वत्स?"

"देव, मैं आपसे बस मंच अभ्यास देखने की अनुमति चाहता हूँ। उसकी सज-धज से समापन तक," सविनय कहा श्रीकंठ ने।

"नाटक जब एक बार आकार ले लेता है तो फिर कभी समाप्त नहीं होता वत्स!" सोमदत्त गम्भीर हो गए, "नाट्य तो जीवन का प्राकृत है। यह जो कुछ भी दृश्य है—वह मंच है। यह वृहद् नाट्य का बहुत छोटा-सा अंश है। इससे कई गुणा अधिक अदृश्य अर्थात् नेपथ्य में घटता रहता है। एक दृश्य को मूर्त करते हुए पीछे जाने क्या-क्या बनता और टूटता है। छोड़ो इसे...आचार्य ज्ञाननिधि के शिष्य को अभ्यास देखने से ना कैसे कहा जा सकता है। पर...यदि तुम्हें काव्य विनोद के अनुकूल समय बिताना है या मनोरंजन करना है तो कल पूरी प्रस्तुति देखिएगा। मैं अग्रिम पंक्ति में तुम्हारा स्थान नियत करा दूँगा। शेष तो यह हम नट-कुशीलवों का समाज है। बहुत से आचार-व्यवहारों में ये कुछ मुक्त, स्पष्ट और उदार होते हैं। तुम गुरुकुल के संयमित, निबद्ध जीवन से निकले हो...मेरा आशय समझ रहे हो ना! फिर नए, अपरिचित व्यक्ति को देखकर ये लोग भी सहज न रह पाएँगे।"

"नितान्त अपरिचित भी नहीं हूँ देव! मध्याह्न में आपसे भेंट करने गया था। वहाँ श्रीमती मंजरी, आपकी पुत्री और चित्रा नाम की कलाकार से भेंट हुई है मेरी," श्रीकंठ ने बताया।

"वह सूचना तो मिली है मुझे, पर मैं यह नहीं समझ पा रहा हूँ कि हमारे अभ्यास में तुम्हारी क्यों रुचि अथवा प्रयोजन है," सोमदत्त के स्वर में कुछ उलझन प्रकट थी।

"देव! मैंने वेद-वेदान्त के साथ नाट्य-शास्त्र का भी अनुशीलन किया है। हमारे गुरुकुल में नाट्य के अध्ययन ही नहीं प्रयोग का भी विधान और विन्यास (व्यवस्था) है। हमारे गुरुश्री का कहना है कि नाटक को मात्र शास्त्र से नहीं, उससे जुड़कर भी जाना जा सकता है। मैंने यह प्रयास किया भी है पर...पर मुझे यह बताते संकोच है कि मेरे जीवन में वह सुखद नहीं रहा। अब मेरे पास खोने को कुछ नहीं है तो इसी के साथ जीकर देखना चाहता हूँ। मैं जा तो उज्जयिनी रहा हूँ...संयोग ही है कि बीच में आपसे मिलने का सौभाग्य बन गया। सुना है दत्तात्रेय के चौबीस गुरु थे। सीखने की उन जैसी प्रतिभा मेरे पास तो नहीं है फिर भी कदाचित् आपसे कुछ सीख पाऊँ...।"

सोमदत्त सोच में डूब गए, "नहीं जानता कि इस मार्ग पर तुम क्यों चलना चाहते हो। वैसे कितने दिन हो यहाँ...इस नगर में?"

"बताया गया है कि सार्थ कल और ठहरेगा। अगले दिन चन्द्रवार को आगे बढ़ लेगा।"

"ठीक है...आज अभ्यास देख लो। हो सके तो कल प्रस्तुति भी देखना। महाकवि भास की रचना है। उज्जयिनी उनके नाटक 'स्वप्नवासवदत्तम्' की नायिका का गृहनगर है। ऋषि सन्दीपन का आश्रम् भी है वहाँ, जहाँ नटनागर श्रीकृष्ण ने शिक्षा ग्रहण की थी। अजब लीलाएँ की हैं प्रभु ने—देखो तो उन्होंने स्वयं रुक्मिणी का हरण किया...अपनी बहन सुभद्रा का ही हरण करवा दिया। सो भी अपने मित्र अर्जुन के द्वारा। किन्तु ये बलात् अपहरण नहीं...प्रेम के रोमांच हैं। संसार में कृष्ण जैसा मित्र व प्रेमी दूसरा नहीं हुआ। प्रेम में, मित्रता में वह कोई बाधा स्वीकार नहीं करते," कहने के साथ सोमदत्त ने गहरी साँस ली। वह कहीं विचलित से थे।

वह खड़े हुए, "वत्स, तुम युवा हो। उच्च शिक्षित हो...कुलीन भी होगे। जीवन-यापन, धन और प्रतिष्ठा अर्जित करने के अभी तुम्हारे सामने और भी मार्ग हैं। नाटक दूर से आनन्द लेने तक तो ठीक है...। कहीं इसमें उतर गए तो और और डूबते जाने की इच्छा बलवती हो जाती है।...फिर तुम्हारी इच्छा। अभ्यास देखो। स्त्री सज्जाग्रह को छोड़ कहीं भी आ-जा सकते हो," कह सोमदत्त व्यवस्थाओं का निरीक्षण करने चले गए।

धनंजय अब तक मंच की सीढ़ियों के नीचे निकट ही खड़ा था। श्रीकंठ ने

उसके पास जाकर उत्साह से बताया कि आर्य सोमदत्त ने मुझे अभ्यास में साथ रहने की अनुमति दे दी है।

"और मैं...?" धनंजय ने पूछा।

"ओह, मैं तो भूल ही गया था कि तुम मेरे साथ हो।"

तभी परदे के पीछे युवतियों की खिलखिलाहट सुनाई दी, जिसमें सहस्त्रों घंटियों जैसी सम्मोहक खनक भी शामिल थी। श्रीकंठ पहचान गए कि यह माधुरी की हँसी है।

3

माधुरी के आकर्षण ने श्रीकंठ के मन में इच्छा का अंकुर उगाया कि कितना अच्छा हो जो माधुरी उसके नाटक में नायिका का अभिनय करे। वह जानते हैं...उन्होंने पढ़ा है, सुना है और सृष्टि के आदि से यह अनुभूत सत्य है कि मनुष्य की इच्छाओं का कोई अन्त नहीं होता किन्तु यह भी तो है कि इच्छा से ही सृष्टि सम्भव हुई है, "एकोऽहं बहुस्याम—' एक से बहु हो जाऊँ की इच्छा के बाद ही तो संसार बना। इच्छाओं का अन्त नहीं तो उनकी पूर्ति में बाधाएँ भी अनन्त हैं। प्रात: जागने से अब तक का समय इसी प्रकार के उमड़-घुमड़ विचारों में बीत गया। माधुरी से भेंट इसी भाँति तो है कि यात्रा के बीच कोई मिले और फिर अपने-अपने मार्ग पर निकल जाएँ।

वह अनमने बैठे थे कि पता चला कि काठियावाड़ से भारवाही तथा कुछ अन्य श्रेष्ठ नस्ल के अश्वों की खेप लेकर अश्व-व्यवसायी प्रभासमल शीघ्र ही रुद्रपुर पहुँच रहा है। सार्थपति सुमति को कुछ अश्व चुनने हैं क्योंकि उनके पास कठबल अश्वों की कमी है। अत: इन्होंने रुद्रपुर में पड़ाव की अवधि दो दिन और बढ़ा दी है। इस सूचना से श्रीकंठ को बड़ी प्रसन्नता मिली कि उसे दो दिन और नाट्यदल के साथ रहने का अवसर मिलेगा।

श्रीकंठ का दिन संध्या की प्रतीक्षा में बीत रहा था जब वह नाटक व वहाँ अभिनय करती माधुरी को देख सके। अभी कोई प्रहर भर दिन शेष होगा कि मंजरी का पति उन्हें बुलाने आया, "आर्य सोमदत्त आपको स्मरण कर रहे हैं।"

इस प्रकार बुलावा आने की श्रीकंठ को अपेक्षा ही नहीं थी। वस्तुत: अभ्यास से लौटकर नींद आने तक तथा जागने के पश्चात् भी देर तक वह अबूझ द्वंद्व में घिरा रहा है। वही बातें अब पुन: स्मरण में लौटने लगीं। हुआ यह कि अभ्यास के अनन्तर जब सभी लोग मंच के पिछले कक्ष में प्रस्तुति पर चर्चा के लिए एकत्र हुए तो उन्होंने देखा कि कुछ ही क्षणों में एक सदस्य मदिरा पात्र ले आया। सोमदत्त

सहित पाँच लोगों के आगे चषक रखकर उनमें मदिरा डाली गई तो हल्की-तीखी गन्ध श्रीकंठ के नथुनों से होकर श्वाँस के साथ कंठ व मस्तिष्क तक जा पहुँची। उनका वहाँ से उठ जाने का मन हुआ पर कैसे भी श्रीकंठ ने स्वयं को संयमित किया। छोटे-बड़े सभी कलाकार, नाटकिया, नर्तक, वादक, सज्जाकार सब आ-आकर वहीं गोल घेरे में बैठते जा रहे थे। श्रीकंठ यहाँ अकेले से थे—धनंजय से विनम्रतापूर्वक कह दिया गया था कि आंतरिक चर्चा में मात्र रंगजीवी ही भाग ले सकते हैं। श्रीकंठ को लगा भी कि धनंजय स्वयं को उपेक्षित अनुभव करेगा पर वह कोई हस्तक्षेप न कर सकता था। यही क्या कम है कि आर्य सोमदत्त ने उसे शामिल कर लिया।

आर्य सोमदत्त ने चषक बाएँ हाथ में लेकर ऊपर उठाया और दाहिने हाथ की अनामिका मदिरा में डुबोकर महागन्धर्व के नाम से कुछ बूँदें अन्तरिक्ष की ओर उछालीं। निमिष भर को आँखें बन्द कर कुछ बुदबुदाए व चषक से एक घूँट भरकर नीचे रख लिया। पान के इच्छुक अन्य सदस्यों ने भी अपने-अपने चषक अथवा पात्र सामने रख लिए।

श्रीकंठ के चेहरे पर अरुचि आ बैठी। वह इससे असावधान थे कि सोमदत्त उसके चेहरे पर आते भावों, मस्तक पर बनती-बिगड़ती रेखाओं, भौंहों का संकुचन-विकसन ध्यान से पढ़ रहे हैं। जब इच्छुकों को मदिरा परोस दी गई तो उन्होंने आरम्भ किया—

"हाँ, तो आरम्भ में मैं तुम सबको यह बताना चाहता हूँ कि आज हमारे बीच दक्षिण-पथ के स्वनामधन्य आचार्य ज्ञाननिधि के शिष्य श्रीकंठ उपस्थित हैं। इन्होंने वेद-वेदान्त की शिक्षा ग्रहण की है तथा नाट्य में विशेष रुचि है। अभिन्न होने का संकल्प भी। नाट्यशास्त्र का अध्ययन किया है, प्रयोग भी किए हैं। मंच पर आज हमारे प्रेक्षक, आस्वादक भी रहे हैं। तो सबसे पहले हम इन्हीं के विचार सुनें कि प्रस्तुति में कहाँ-कहाँ त्रुटि रही।"

"नहीं...मैं...मैं कैसे? मैं तो बस यूँ ही देखने," एकाएक ऐसी स्थिति सामने आ पड़ने पर अचकचा गए श्रीकंठ। इसी अचकचाने पर वे मधुर घंटियाँ धीरे-धीरे बज गई थीं। श्रीकंठ की दृष्टि उठी तो देखा कि स्त्री कलाकारों के बीच बैठी माधुरी अपना आँचल मुँह पर रख हँसी दबाने की चेष्टा कर रही थी। उसकी आँखें श्रीकंठ के चेहरे पर ठहरी थीं। हँसी थामकर वही बोली, "बापा! इनसे कहिए कि पहले मेरे अभिनय के बारे में बतावें...।"

माधुरी की बात पर मंजरी ने थाप लगाई, "हाँ, हाँ कहिए! डेरे पर तो इनके संवाद की बड़ी प्रशंसा कर रहे थे।"

श्रीकंठ ने मंजरी की ओर देखा। मदिरा का एक चषक मंजरी तथा उसके पति के बीच भी रखा हुआ था।

"हाँ...किन्तु।"

"यहाँ किन्तु परन्तु की भाषा से काम नहीं चलेगा महाराज! सीधा संवाद बोलिए," थोड़ा परिहास था मंजरी के वाक्य में।

श्रीकंठ ने सब पर दृष्टि घुमाकर स्वयं को व्यवस्थित किया और बोले, "तो पहले में भाषा की ही बात कहना चाहूँगा। संवाद-निर्वाह निश्चय ही सबका अच्छा लगा मुझे...हाँ, कहीं-कहीं उच्चारण दोष प्रतीत हुआ। जैसे—श्रेष्ठ को स्त्रेष्ठ, साधु को शाधु, आश्चर्य को आस्चर्य कहा जाना। ध्यान देना चाहिए कि परशुराम जामदग्न्य हैं, जामदग्नि नहीं। ऐसी ही कुछ छोटी-मोटी बातें हैं। वैसे ध्वनि विकार, स्वर परिवर्तन, स्पंदन आदि सधे हुए हैं। संगीत का ज्ञान तो मुझे नहीं है पर लगा कि झाँझ और घटम् के वादक कुछ उत्साही हैं...कहीं-कहीं अनपेक्षित बजा देते हैं," कह मुस्कराए श्रीकंठ, "बस और तो मुझे...हाँ, यह भी कि बीच-बीच में गंवई विदूषक का फूहड़ हास्य। श्रेष्ठ नाटक के साथ यह सब संगत नहीं बैठता।"

सोमदत्त गम्भीरता से सुनते रहे और कहा, "प्रातः किसी समय अवकाश मिले तो डेरों की ओर आइएगा...और भी चर्चा करेंगे। प्रस्तुति में तो आना ही है। यूँ मुझे श्रेष्ठि सुमति को भी आमंत्रित करना है। उनका आना हमारे दल के लिए उपयोगी होगा। राजपुरुषों को तो आमंत्रित करना ही होता है...तो और आगे किसका सुझाव है?"

इसी प्रकार चर्चा करते, सुनते, समझते रात्रि का पहला प्रहर बीत गया था। बड़े अभ्यास व प्रस्तुति के पश्चात् सभी का भोजन सामूहिक ही होता है। इतना अवकाश भी कहाँ निकल पाता है कि लौटकर हर परिवार अलग से अपना भोजन पका सके। श्रीकंठ को भी सामूहिक भोजन में सम्मिलत होने का निमंत्रण मिला। उसने अस्वीकार तो नहीं किया पर यही कहा कि, "मेरा मित्र साथ है व बाहर बैठा है। हम दोनों अपने विश्राम-स्थल पर आहार ले लेंगे," सबको अभिवादन व आर्य सोमदत्त को प्रणाम कर वह बाहर आ गए।

धनंजय वहीं दो लोगों के साथ बैठा था। कदाचित् वे श्रमिक अथवा रात्रि-प्रहरी थे। श्रीकंठ को आते देख वह खड़ा हो गया, "बहुत देर कर दी!" धनंजय के स्वर में ऊब के साथ रूखापन था।

"क्षमा करना मित्र, वहाँ तुम्हें ले जा नहीं सकता था। ये रंगकर्मी हमारे गुरुकुल से भिन्न हैं। आचार, व्यवहार में भी अन्तर है। मुझे यह तो ज्ञात नहीं कि दल में ये किस वर्ण जाति के हैं पर इतना अवश्य है कि इनके मध्य वर्ण-भेद है न वर्ग-भेद। आहार-भेद भी प्रतीत नहीं होता।

"उन्होंने मुझे भी सहभोज में सम्मिलत होने को कहा पर...। तुम्हें भी भूख सता रही होगी। हमारा आहार रखा ही होगा, चलो।"

नींद देर में आई—कभी माधुरी की हँसी कानों में बजती...कभी आर्य सोमदत्त की आँखें भीतर झाँकती प्रतीत होतीं। प्रातः क्रियाओं के पश्चात् स्नान-ध्यान पूर्ण

करके वह आर्य सोमदत्त के तम्बू पर जा पहुँचे। रात्रि में स्त्री-पुरुषों के बीच मदिरापान उन्हें अप्रिय लगा था। आचार्य गुणनिधि के आश्रम में विद्या-व्यसन के अतिरिक्त किसी अन्य व्यसन का प्रवेश न था। उन्होंने नाट्य को शिक्षा में स्थान दिया तो अन्य आश्रमों तथा विप्रसमाज से विरोध के स्वर भी उठे थे। कुशीलवों को समाज में आदर से नहीं देखा जाता...यद्यपि उत्सवों, समारोहों की शोभा उनसे ही बनती है। उनके पिता पंक्तिपावन ब्राह्मण नीलकंठ ने नाट्य कर्म को वर्जित व शूद्रकर्म कहकर निरादृत किया था। कदाचित् इसका कारण मदिरा जैसे द्रव्यों का सेवन तथा हीन वर्णादिक कला-साधकों के साथ सहचार भी रहा हो।

तम्बू के भीतर से मधुर उनींदे स्वर में शब्द बाहर आ रहे थे, "आर्ये! उपहार सुमन आकीर्णः सम्मार्जित आश्रमः। आश्रम पद विभवेनानुष्ठितो देवसमुदाचारः। तद् यावदार्यपुत्रो नागच्छति तावदिमान् बालवृक्षानुदकप्रदानेनानु कोशयिष्यामि।"

(आर्ये! आश्रम में बिखरे पूजा के फूलों को साफ कर दिया। आश्रम-सुलभ फलफूल सामग्री से देवपूजा भी कर ली है मैंने। तो जब तक आर्यपुत्र आते हैं तब तक मैं इन छोटे पौधों की सींच लूँ।)

कांस्यघंटियों-सा बजता मधुर स्वर बार-बार 'बालवृक्षानुदकप्रदनिनानु-कोशयिष्मामि' पर पहुँचकर विचलित हो जाता था। खनकती आवाज़ के सम्मोहन में श्रीकंठ को पहली बार तो पता न चला पर संवाद को दुहराते हुए जैसे ही कंठ स्वर 'बालवृक्षानुदक' पर आया तो झिझकता सा लगा। श्रीकंठ की भौंहें सिकुड़ गईं...सिर आप ही अपुष्टि या असहमति में हिल गया। फिर से वही वाक्य तो श्रीकंठ का जैसे स्वाद बिगड़ने लगा हो। जब अगली बार ठिठकता, फिसलता वही उच्चारण हुआ तो श्रीकंठ के मुँह से झुँझलाती-सी आवाज़ निकली, "आर्य सोमदत्त हैं क्या? मैं श्रीकंठ...आपने प्रातः आने को कहा था।"

एक हथेली ने श्रीकंठ के कन्धे को स्पर्श किया, "मैं यहाँ हूँ श्रीकंठ! तुम आए तब मैं डेरे में घूमकर लौट रहा था। डेरे में अभी पूरी जाग नहीं हुई है। यहाँ पहला दिन है ना! अभ्यास के पश्चात् चर्चा आदि के कारण लौटते में विलम्ब हो जाता है तो अगली सुबह भी देर से हो पाती है...कलाकारों की।"

"पर आर्य! ब्रह्म मुहूर्त में न हो पाए तब भी सकाल (सकारे) में शय्या छोड़ ही देना योग्य है। भगवान् भास्कर के आलोक पथ पर गति पाने के पश्चात् भी निंद्रा में रहने का निषेध है।"

सोमदत्त मुस्कराए, "हाँ, शास्त्र और श्रुति में तो ऐसा ही कहा गया है। समाज, अर्थ, धर्म की दृष्टि से उपयोगी भी है पर मुक्ति और आनन्द का मार्गी इस नियम का अतिक्रमण भी करता है। कलाकार आनन्द मार्गी हैं...मुक्त भाव हमारा गुण है, स्वभाव भी। कदाचित् तुम्हारी टिप्पणी का ही प्रभाव है कि शुद्ध उच्चारण के दबाव में माधुरी संवाद दुहराते हुए सोई तथा रटते-रटते जागी है।" कह उसी मुस्कराहट

के साथ सोमदत्त ने तम्बू का द्वारपट सरकाया और प्रवेश करके हुए श्रीकंठ को भी आने का संकेत किया।

उनींदी माधुरी ने बाहर के वार्तालाप में पिता की आवाज़ तो पहचानी किन्तु इस ओर ध्यान न गया कि साथ में कोई बाहरी व्यक्ति भी हो सकता है। अत: पट खुलने पर भी उसी भाँति लेटे-लेटे उसने रटा, 'बालवृक्षानुदकप्रदानेनानुकोशयिष्यामि...'

सोमदत्त ने लक्ष्य किया कि संवाद पर श्रीकंठ की भौंहें सिकुड़ी हैं। होठों पर कुछ कहने के लिए स्पंदन हुआ जिसे बलात् रोक लिया गया है। माधुरी को सचेत करने वह बोले, "पुत्री, बाहर घाम फैल गई है। मैं लौटा हूँ...श्रीकंठ मेरे साथ हैं।"

पिता के मुँह से श्रीकंठ का आना सुनकर माधुरी हड़बड़ी में उठी तथा मुँह पर आ बिखरे केश तथा वस्त्र सँभालती श्रीकंठ की ओर देख उठी। श्रीकंठ द्वार पर ही सकुचे खड़े थे। भँवर काले केशों के बीच से खुलते अलस मंजुमुख ने उनकी दृष्टि बाँध ली थी।

"पुत्री, अभिवादन करो, इनका," दोनों को एक-दूसरे की ओर अपलक ताकते देख सोमदत्त ने माधुरी को चेताया।

"मैं...मैं आपका स्वागत करती हूँ—प्रणाम्!" माधुरी ने सटपटाकर हाथ जोड़े।

"ओह, स्यात् मैं असमय चला आया। क्षमा करें...मेरे कारण आपको असुविधा हुई।"

"अरे भाई! ये औपचारिकता छोड़िए। यह कोई महालय नहीं एक अकिंचन कलाकार का उपाश्रय है। इधर आसन ग्रहण कीजिए...। और बेटी, तुम ज़रा मंज़री के डेरे पर जाकर दो कोशक जीरे वाला छाछ ले आओ," फिर जैसे श्रीकंठ को बताने लगे, "प्रात:काल में छाछ से उत्तम पेय नहीं है। रात्रिकालीन भक्ष्य भोज्य, अगड़म-बगड़म के समस्त विकार पेट से धो-पोंछ देता है।"

"वह तो मुझे भी पीना है...कितना सुस्वादु होता है उनके हाथ से बना छाछ," माधुरी ने श्रीकंठ पर दृष्टि फेंकी।

"तो कोई बड़ा पात्र लिए जाओ। श्रीकंठ यहाँ घड़ी-दो घड़ी ठहरेंगे। इन्हें संवाद सुनाना अपने। गुरुकुल के स्नातक हैं। तुम्हारे उच्चारण में यदि कुछ दोष होगा तो सुधार सकेंगे।"

"आर्य! मैं न इतना गुणी हूँ, न इसका अधिकारी। आप तो स्वयं ही इतने सक्षम हैं कि...।"

"हाँ, मैं करता हूँ यह भी...। पर बहुत-सी चीज़ें छूट भी जाती हैं मुझसे। वस्तुत: प्रबन्ध कार्य भी जो देखना पड़ता है तो उधर भी कुछ छूट जाता है...इधर भी कुछ रह जाता है। इसीलिए यहाँ तुम्हारे होने का लाभ उठाना चाहता हूँ।"

माधुरी पात्र लेकर बाहर निकल गई एवं कुछ दूर से किसी के साथ ऊँचे स्वर में बतियाने की आवाज़ें आने लगीं। डेरों में अब आहटें बढ़ गई थीं पर तम्बुओं में

पसरी अलस अवस्था अभी पूरी तरह न टूटी थी। प्रात:कालीन रोर मचाकर पंखी दाना-चुग्गा की जोह में अपने नीड़, बसेरे छोड़कर दिशाओं की ओर उड़ गए थे जिस कारण हवा के हस्तक्षेप के अलावे पेड़ों पर शान्ति बोलने लगी। तम्बू के निकट वाले बबूल पर गेंगे अवश्य वाक्‌युद्ध में भिड़े थे। कहीं-कहीं से कौआ व तोतों की आवाजें भी तम्बू तक आ पहुँचती थीं। पीछे की ओर किसी झाड़ी में दुबके बैठे तीतर भी सामूहिक स्वर में पटीलो-पटीलो बोल देते थे।

सोमदत्त ने श्रीकंठ के चेहरे पर दृष्टि जमाई, "श्रीकंठ! तुम नाट्य के प्रति रुचि रखते हो या जिज्ञासु हो। नाटक देखना है या करने को उत्सुक हो। आचार्य ज्ञाननिधि का शिष्य होने के नाते मैं मान सकता हूँ कि मेरे प्रश्न की गम्भीरता समझ सत्यनिष्ठा से उत्तर दोगे," कह उन्होंने श्रीकंठ की आँखों कुछ ऐसी अपेक्षा के साथ देखा जिसका सामना श्रीकंठ ने न पिता नीलकंठ की रोषसिक्त अपेक्षा के समय किया था न आचार्य ज्ञाननिधि की प्रसादपूर्ण दृष्टि में। उपहास, तिरस्कार तथा पत्नी की विवश प्रार्थना में भी उनकी आँखों को ऐसा सामना नहीं करना पड़ा था। कुछ था जो उन्हें बरज रहा था...कुछ था, जो परख रहा था। कुछ था जिनमें उनसे करुण आशा व विश्वास की प्रतीक्षा थी।

उन आँखों का ताप न सह पाकर वह अपनी दृष्टि तम्बू के आच्छादन पट एवं भीतर रखी, टँगी, फैली वस्तुओं पर घुमाने लगे।

"मेरे प्रश्न का उत्तर नहीं दिया तुमने श्रीकंठ," सोमदत्त ने पूछा।

"आर्य! समझ नहीं पा रहा कि क्या उत्तर दूँ...इस समय तो यही लग रहा है कि सभी प्रश्नों के साथ मेरी हाँ जुड़ी है।"

"आपका उत्तर चतुराई से भरा है...स्पष्ट नहीं है।"

"आर्य, मेरे लिए यह 'आप' सम्बोधन क्यों ले आए। ज्ञान, कर्म, वय, सब प्रकार आप बड़े हैं...बहुत छोटा हूँ मैं—" कहते श्रीकंठ ने सोमदत्त के पाँवों पर अपना सिर रख दिया।

"ओ ओ...अरे...ओ सुनो तो! मैं तो यूँही 'तुम' से सम्बोधन करने लगा था। तुमने अभी तक अपना कुल, गोत्र, ग्राम कुछ भी नहीं बताया। स्वस्थ हो बताओ तो...।"

श्रीकंठ ने पैरों से अपना सिर उठाया और घुटनों के बल बैठकर हाथ जोड़ लिए, "देव! मैं श्रीकंठ दक्षिणापथ के पद्मपुर नामक नगरवासी, कृष्ण यजुर्वेद की तैत्तिरीय शाखावाले—अध्ययनअध्यापनकर्ता, सोमयज्ञकारी, पंक्तिपावन ब्रह्मवादी काश्यप गोत्रीय उदुंबर वंश में उत्पन्न वाजपेय यज्ञकर्ता पुण्यशील महाकवि भट्टगोपाल का पौत्र एवं पवित्रकीर्ति पिता नीलकंठ व माता जतुकर्णी का पुत्र हूँ।"

महामान्य महामहोपाध्याय आचार्य ज्ञाननिधि के शिष्य होने का सौभाग्य मिला है मुझे। मेरा आग्रह है मुझे आप कभी 'आप' कहकर सम्बोधित न करें।"

सोमदत्त के होंठों पर मुस्कान आई, "बहुत उच्चकुल से हो। जानते तो होगे कि उच्चकुलीन आचार्य नाट्यकला को शूद्रकर्म कहते हैं।"

"मेरे पिता भी यही मानते थे। चाहते थे कि मैं वेद-वेदांग में पारंगत हो किसी गुरुकुल में आचार्य हो जाऊँ। उनकी आज्ञा के पालन में मैंने न्याय, मीमांसा, सांख्य का भी अध्ययन किया...विवाह भी हुआ...'

"हाँ, इतने श्रेष्ठ कुल में उत्पन्न, वेद-वेदांग पारंगत युवा का विवाह होना स्वाभाविक है।"

"माँ तो पहले ही दिवंगत हो गई थीं...नाट्य में रुचि तथा इसको लेकर समाज में फैले लोकोपवाद को पिता सह नहीं पाए और इसी ग्लानि व रोष में मुझे घर से निकाल दिया। कदाचित् इसी क्रोध व पीड़ा में वह भी आगे न जी सके।"

"तो क्या नाट्य के आकर्षण में पत्नी व सन्तान को निराश्रित छोड़ आए हो?"

"नहीं आर्य! यों तो मेरी पत्नी को भी कुशीलवों से मेरा संग-साथ रुचता नहीं था। उसके पिता भी राजपंडित थे। मुझसे भी उसकी यही अपेक्षा थी कि मैं विद्वान आचार्य बनकर धन व प्रतिष्ठा के बीच जीवन बिताऊँ। विवाह के पश्चात् ही मैं अपने रूपक की रूपरेखा में लग गया था। लिखने में दो वर्ष और चले गए। आगे मैं नाटक के मंचन का उद्योग करता रहा। मैं सगोत्रियों में उपहास व तिरस्कार का पात्र था। मैंने पत्नी को समझाने, उसे सुख सांत्वना देने का भरसक यत्न किया फिर भी न जाने किन क्षणों में उद्वेलित हो उसने जल-समाधि ले ली। एक प्रकार से मैं माता-पिता, पत्नी, परिवार सबका अपराधी हूँ। मेरे हिस्से में अब कुछ शेष नहीं है आर्य, सिवाय एक नाटक के...," श्रीकंठ का गला रुँध आया।

सोमदत्त ने उनकी पीठ पर हाथ रखा। कहने लगे, "यही तो नाटक है श्रीकंठ! उस नटराज के भ्रूक्षेप का बस एक स्फुरण जो चले आ रहे दृश्य की संरचना में जाने कहाँ-कहाँ, जाने क्या-क्या बदल देता है। वह नटराज जीवन के रंगमंच पर जाने किस भूमिका का निर्वाह चाहे। सबका सूत्रधार वही तो है।"

द्वारपट उठाकर माधुरी प्रविष्ट हुई, "किसकी भूमिका की चर्चा है बापा!"

"ओ, लौट आई तू! श्रीकंठ ने अभी-अभी बताया है कि उसने एक रूपक की रचना की है।"

"अच्छा आ आ आ," स्वर को खींचते हुए माधुरी ने श्रीकंठ को तिरछी दृष्टि से देखा तो वह संकोच में सिकुड़ गया। माधुरी के आ पहुँचने से सोमदत्त ने चर्चा को वहीं छोड़ पूछा, "तुम्हारा सार्थ कब तक ठहरेगा यहाँ?"

"आज प्रात: ही सुना है कि कोई अश्व व्यापारी आ रहा है। सार्थपति सुमति उसकी प्रतीक्षा करेंगे। मैं तो सार्थ के ही साथ हूँ," बताया श्रीकंठ ने।

"हमें भी यहाँ मान्यवर वसुमित्र के आने तक रुकना होगा। उन्हें नाटक दिखाए बिना रुद्रपुर आना अधूरा ही है...विदिशा गए हैं वह। वह सहृदय, गुणी, गुणग्राहक

और उदार हैं। श्रीमन्तों, श्रेष्ठियों के सहयोग बिना नाट्यदल के भरण-पोषण में बहुत कठिनाई होती है। स्वयं मेरे अपने दल ने बहुत बार उपवास किये हैं। मनुष्य तो सोच-समझकर सह भी जाता है या बोल-बताकर माँग लेता है पर हमारे साथ मूक पशु भी तो हैं। उनके चारे-दाने की व्यवस्था भी हमें ही करनी होगी न!

इस समय रुद्रपुर का शासन वसुमित्र अपने विमातृ बन्धु को सौंप गए हैं। उन्हें आज के प्रयोग में आने को निमंत्रित करने मुझे स्वयं जाना होगा। जानता हूँ कि उसे कला साहित्य में रुचि नहीं है...दुर्विनीत, अधीर है, जूझ पड़ने को उद्यत व उद्धत...पर राजन्य है। वसुमित्र मुझे बहुत आदर देते हैं...यह मुझे याचक की भाँति बूझेगा पर जाना पड़ेगा, क्योंकि रुद्रपुर में अभी यही शासक है। इसी की आज्ञा या सहमति से मेरे दल की सुरक्षा, पारिश्रमिक, ठहरना या सकुशल जाना तक जुड़ा है। जान रहे हो ना श्रीकंठ कि जिस महान कला के लिए भरतमुनि ने कहा है—

न तज्ज्ञानं न तच्छिल्पं न सा विद्या न सा कला।
नासौ योगो न तत्कर्म नाट्येऽस्मिन् यन्न दृश्यते॥

माधुरी मैंने तुम्हें पहले भी कहा फिर सुनो कि—'विश्व का कोई भी ज्ञान, शिल्प, विद्या, कला, योग (प्रयोग) और कर्म नहीं है, जो इसमें अर्थात् नाटक में न आता हो।' मैं, तुम, हमारे सब कलाकार, कर्मी और मुझे लग रहा है—ये श्रीकंठ भी इस अनूठी सृष्टि, नाट्य के वाहक हैं।

पर प्रवंचना कहो या शाप, वह हमारे साथ इस प्रकार जुड़ा है कि आचार्य भुवन गन्धर्व के इस शिष्य सोमदत्त को भी परम्परा बचाने व जीविका को चलाए रखने के लिए अभिमानी, विद्याविहीन राजन्यों, राजसेवकों तथा लाभ-हानि के गणितीय गुणा-भाग के कीचड़ में कुलबुलाते धनिकों के द्वार पर समादरणीय याचक बनकर हाथ फैलाना पड़ता है," सोमदत्त कहीं शून्य में ताकने लगे थे। सुस्वादु छाछ का कोशक हाथ में लिये खड़ी माधुरी व उनका मुँह ताकते श्रीकंठ जैसे वहाँ हों ही नहीं।

4

धनंजय को जानकारी नहीं थी कि प्रात:कालीन क्रियाओं व स्नान-पूजादि के पश्चात् श्रीकंठ बिना बताए ही कहाँ निकल गया। पूजा-पाठ में भी उसने शीघ्रता की थी। धनंजय ने सार्थवाह के मंडप तक पहुँचकर पूछताछ की...पाकस्थल पर भी झाँक आया। एकाएक उसे लगा कि वह कहीं नाट्यदल के डेरों की ओर तो नहीं जा निकला।

धनंजय उधर पहुँचा तो डेरों के आगे या आस-पास महिलाएँ बुहारने, बर्तन माँजने, दातुन आदि के साथ बच्चों के हाथ-मुँह धुलाने या पशुओं को सहेजने में व्यस्त दिखीं। स्पष्ट था कि इनकी सुबह अभी-अभी हुई है। बाईं ओर वृक्ष के नीचे तने डेरे के आगे एक स्त्री बच्चे का मुँह धुला रही थी। धनंजय उसी ओर मुड़ गया।

"देवी! मैं धनंजय प्रातः का अभिवादन करता हूँ।"

"मेरा भी अभिवादन स्वीकार करें भद्र! बताएँ कि कहाँ से किस हेतु पधारे हैं?"

"मैंने आपको...हाँ कल ही तो देखा है। आप ही तो थीं जिनसे मेरा मित्र श्रीकंठ बात कर रहा था। वह आज प्रातः से ही अपगत...ये कि ओझल है। कहीं वह इस ओर तो नहीं आया?"

"आए थे। आर्य सोमदत्त के उपाश्रय...ये कि तम्बू में हो सकते हैं। पर आप तो उनका पीछा करते हुए यहाँ आ पहुँचे। वह कोई बालक तो नहीं हैं...अबोध कि भटक जाएँ।"

"बहुत बेर हो गई उसे निकले हुए...।"

"क्या सूर्योदय के पहले ही अदृश्य हुए?" स्त्री ने पल्लू से बच्चे का मुँह पोंछते हुए पूछा।

"नहीं, यही कोई चार-पाँच घड़ी से।"

"तो इसमें चिन्ता की क्या बात है। इतनी बेर में तो लोग नदी से नहाकर नहीं लौट पाते। यूँ अभी दोपहर भी नहीं हुई है कि भोजन का समय बीता जा रहा हो।"

इसी वार्तालाप के मध्य हाथ में कोई गट्ठर सा लटकाए चित्रा आ निकली और एक दृष्टि धनंजय पर फेंककर आँखों के संकेत से इस अपरिचित के बारे में जानना चाहा।

"ये उन युवा पंडित को खोजते हुए आए हैं जो रात पूर्णाभ्यास के समय आर्य के पास बैठे थे। श्रीकंठ ही नाम है ना उनका...?"

"मुझे क्या पता," चित्रा लिए-दिए से स्वर में बोली।

"क्यों, आर्य ने परिचय में बताया न था कि आचार्य ज्ञाननिधि के शिष्य...।"

"हाँ तो...?"

"तुम उखड़ी-उखड़ी सी क्यों हो?" स्त्री मुस्कराई।

"उखड़ी कहाँ मंजरी दीदी, वहीं अटकी हुई हूँ। हारीत रात को कह रहा था कि ज्ञाननिधि के शिष्य ने अशुद्ध उच्चारण वाली टिप्पणी मेरे ही संवादों पर की है। मैंने भले आश्रम में शिक्षा न पाई हो किन्तु अक्षरज्ञान मुझे भी है। स्वयं मेरे पिता ने पढ़ाया है मुझे। आर्य सोमदत्त जैसा कहते हैं, वैसा ज्यों का त्यों बोल देती हूँ मैं। क्या आर्य मुझे अशुद्ध बोलने को कहेंगे?"

मंजरी हँस पड़ी, "अरे नहीं-नहीं। हारीत का तो स्वभाव है तुझे छेड़ने का।

अपनी पत्नी से परिहास नहीं करेगा तो किससे करेगा?...तू इतना अच्छा अभिनय करती है और अपने पति का अभिनय नहीं जान पाती!"

"हुँह, वह क्या अभिनय करेगा; उसे तो बस आरी, कुल्हाड़ी, छैनी, बसूली चलाना और कील ठोंकना आता है," कहते हुए पति के प्रति कोई मान जैसा चित्रा के चेहरे पर तैर आया, "वैसे हारीत काष्ठ का बहुत कुशल शिल्पी है। नाट्य के अनुरूप मंच का निर्माण करने में उसके प्रतिसम (समकक्ष) बहुत कम लोग हैं...।"

"निश्चय ही..। अच्छा ये गट्ठर क्या दंतुअन का है?" कुल्हाड़ी व गट्ठर पर दृष्टि फेंक मंजरी ने पूछा।

"हाँ, कल जब मैं उधर खाई की ओर नित्यक्रिया के लिए गई थी तब वहाँ बबूल के पुराने पेड़ में नई पतली डाँडियाँ (टहनी) दिख गईं। दतुअन तथा मुखछालन के लिए बहुत उपयोगी हैं ये। कल कुछ और लाकर इनकी सुवासित दातुन बनाऊँगी। दंत मसूड़ों की कान्ति संमर्दन (मालिश) के लिए तो उपयोगी होती ही है, इससे मुख, दंत के विकार भी दूर होते हैं। पिता जी का कहना था कि इसकी खोज हिडिम्बा ने की थी। आदिवासियों के दाँत इसीलिए तो सुदृढ़, सप्राण और कान्तियुक्त होते हैं," कहती चित्रा मुस्कराई तो उसकी धवल दंत पंक्ति चमक उठी।

धनंजय को लगा जैसे दोनों महिलाएँ अपनी बातचीत में उसकी उपस्थिति ही भूल गई हैं। अतः हलके से खाँसकर उसने अपना होना जताया, "देवी! मैंने आपसे जानना चाहा था कि...।"

"और देव! मैंने कहा था कि आर्य सोमदत्त के मंडप में देख लीजिए...उधर, वहाँ जो ध्वज लगा है। ध्वज इसलिए कि उनके उपाश्रय की पहचान हो। अन्यथा न लें। बात यह है कि लोग मिलने आर्य सोमदत्त से आते हैं और भाँति-भाँति की पूछ-गाछ इस सेविका से करते हैं। महोदय, आप तो रात्रि में पाँव फैलाकर सोए होंगे...। मुझसे और इस औरत से पूछिए कि कब सो पाए। आधी रात के पश्चात् भोजन से निवृत्त हुए...प्रातः उठना भी इसलिए आवश्यक है कि प्रातः पुरुषों के आवागमन से पूर्व ही हमको...।"

"चलो, आप क्या समझेंगे औरत होने के झंझट। वहाँ, उधर जाइए तो पता लग जाएगा कि कौन आया था, कौन नहीं," इतना कह मंजरी ने मुस्कराते हुए गूढ़ दृष्टि से चित्रा की ओर देखा।

अपमानित-सा अनुभव करते हुए स्वयं के रोष को दबाकर खिन्नमन धनंजय पताका की पहचान वाले तम्बू की ओर चल पड़ा। चार-छह डग ही धरे होंगे कि आवाज़ आई, "सुनिए महाशय! लौटकर आइए।"

आवाज़ पर धनंजय ने मुड़कर देखा तो—

"हाँ, हाँ श्रीमान, आपसे ही कहा गया है।"

"जो पूछना है पूछिए...मैं खड़ा हूँ।"

"ओह, आप रुष्ट हो गए। सचमुच महोदय श्रीकंठ के मित्र हैं आप," चित्रा के स्वर में अपनापा था।

"नई मित्रता है...कुछ दिन पहले मार्ग में साथ हुआ है...पथबन्धु हूँ। हमें आगे भी साथ-साथ जाना है। श्रीकंठ अपने प्रति कुछ अचिन्त, निरपेक्ष हैं। जाने क्या सोचते-गुनते रहते हैं तो सार्थवाह ने उनकी सुरक्षा का दायित्व दिया है मुझे," अपने स्थान से ही बताया धनंजय ने।

"रक्षक...! क्षत्रिय हो?"

"हाँ।"

"विधाता ने आपकी जोड़ी खूब मिलाई है। एक ब्राह्मण दूसरा क्षत्रिय। हो गए ना एक पर एक ग्यारह," कहकर मंजरी हँस पड़ी।

"अर्थात्...! देखिये, स्त्री हैं आप, इसलिए अपने उपहास पर भी आपसे कुछ कह नहीं सकता पर मुझे यह जानकर दुख हो रहा है कि नाटक वाले अहमन्य होते हैं। अवज्ञा करते हैं।"

"नहीं महाराज, नहीं। आप तो कुपित हो गए। मैंने लक्ष्य किया है कि आपका हाथ दो बार लटकते हुए खड्ग की ओर बढ़ चुका है। अरे क्षत्रिय जी! हम भी प्रतिदिन लड़ते हैं पर मंच पर। काठ के खड्ग से। अच्छा छोड़िए ये बातें...मुझे प्रतीति हो गई कि आप श्रीकंठ के शुभचिन्तक हैं इसलिए जान लीजिए कि वह कुछ समय पहले आए थे और घड़ी भर हुए यहाँ से निकल गए हैं।"

चित्रा ने भी स्पष्टीकरण सा दिया, "बुरा न मानें बन्धु! पुर, नगरों में कुछ ऐसे मनचले भी होते हैं जो हमारे डेरों के आस-पास डोलने लगते हैं। नहीं सोचते कि मंच पर नाचती, हँसती, गाती स्त्री भी किसी परिवार से आती है तथा वह अधिक सुसंस्कृत, सभ्य भी होती है।"

धनंजय समझ नहीं पा रहा था कि इन स्त्रियों से क्या व्यवहार करे। दोनों नाटक करने, नाचने-गाने वाली हैं। रिझाना इनकी जीविका है और स्वयं को सुसंस्कृत भी बता रही है। ऊपर से दंतुवन का बेचना भी। मन ही मन हँसी-सी आई उसे—विचित्र होते हैं ये लोग भी।

एक बार तो उसका मन हुआ कि वह लौट ले। श्रीकंठ की पूछगछ करता क्यों घूम रहा है, जहाँ जाना हो जाए, जहाँ रहना हो रहे। मैं अनावश्यक चिन्ता करने वाला कौन हूँ?

पर उसके पाँव स्वत: ही उस विशिष्ट तम्बू की ओर बढ़ लिए जिसके गोलक पर पताका लगी हुई थी। द्वारपट बन्द था और द्वार पर कूकुर जो निंद्रा से मुँदी आँखें खोल कान खड़े कर परिचय माँगने लगा था। धनंजय ने तम्बू से कुछ दूर ठहरकर ही आवाज़ लगाई, "कोई है।"

"कौन है?" भीतर से मधुर स्त्री स्वर आया।

"मैं श्रीकंठ का मित्र! सहयात्री। क्या वह यहाँ हैं?"

"उन्हें यहाँ से गए दो घड़ी समय बीता होगा।"

"वह अपने डेरे पर नहीं पहुँचे हैं। प्रात:कालीन उपाहार भी नहीं लिया तो उन्हें खोज रहा हूँ।"

भीतर धीमी-सी हँसी बजी—जैसे जलतरंग पर अलसाया-सा कुसुम-दंड फेर दिया हो। धनंजय को प्रतीत हुआ कि कोई चमत्कार उसके कानों से होकर साँसों के साथ घूमता हुआ निकल गया है।

"महाशय! इधर हर कोई कुछ न कुछ खोजता हुआ ही आता है...," और फिर वही मनोहारी हँसी।

"धिये! द्वार पर आए पूछने वाले से इस प्रकार बालकोचित व्यवहार नहीं करते," किसी ने धीमे स्वर में कहा फिर वही स्वर ऊँचा हुआ, "ठहरो भाई, मैं आता हूँ।"

द्वार का पट हटने पर धनंजय ने देखा कि उसके आगे ढलती वय का एक गरिमापूर्ण व्यक्तित्व खड़ा है। कहा गया, "युवा मित्र! प्रिय श्रीकंठ यहाँ आए थे। अब चले गए हैं। सायं अभिनय देखने नाट्यशाला पहुँचेंगे। आप भी अवश्य आइएगा। यहाँ मुझे आपका सत्कार करना चाहिए किन्तु इस समय मुझे कहीं जाना है...क्षमा करें।" उस अधेड़ वय व्यक्ति ने द्वार-पट बन्द कर व्यवस्थित किया और हाथ में ली हुई कलात्मक चोब (छड़ी) को सम्हाल आगे बढ़ा।

"मैं धनंजय आपको प्रणाम करता हूँ। कदाचित् आप ही आर्य सोमदत्त हैं जिनकी श्रीकंठ चर्चा कर रहे थे।"

सोमदत्त थोड़ा मुस्कराए। धनंजय समझ गया कि बीच में अपरिचय है। अत: बात नहीं करना चाहते। वह पगडंडी से होकर सीधा सार्थ के शिविर पर आ गया। भोजन, भ्रमण और विश्राम के अतिरिक्त अभी उसे कोई अन्य काम नहीं है, श्रीकंठ के अतिरिक्त कोई साथी नहीं जिससे सुख-दुख की बात की जा सके और श्रीकंठ भी बस जितना पूछो उतना ही उत्तर देता है। उसे हर समय नाटक की पड़ी रहती है।

सार्थ के सुरक्षाकर्मी धनंजय को भी अपने ही जैसा मानने लगे हैं...हाँ बस उसके पास वेशभूषा रक्षकों की नहीं है। सुमति का वासा सोमदत्त के नाट्यदल की तरह हर ओर से खुला नहीं, पर्याप्त सुरक्षित बनाया गया है, क्योंकि व्यवसायी का पूरा तंत्र ही सामान्य से बहुमूल्य वस्तुओं तक के क्रय-विक्रय पर आधारित है। इसलिए रोकड़िया, गणक से लेकर सेवक तक भी इस स्तर पर प्रशिक्षित हैं कि आवश्यकता पड़ने पर शस्त्र ग्रहण कर सकें। पड़ाव की प्राय: द्विस्तरीय सुरक्षा व्यवस्था रहती है...फिर जहाँ, जिस राज्य की सीमा के अन्दर वह व्यवसाय करते हैं वहाँ के शासक भी इन्हें पर्याप्त संरक्षण देते हैं, क्योंकि इन व्यापारियों से उन्हें

कर व बहुमूल्य उपहार भी मिलते हैं। राज्याधिकारी, कर्मचारी भी अपने-अपने स्तर पर लाभान्वित होते हैं।

प्रवेश द्वार के आगे चार रक्षक नियुक्त हैं—दो द्वार से लगे खड़े थे एवं दो वहीं कुशा की रस्सी से बुनी माची या पिढ़ियाओं पर बैठे धनंजय से बतिया रहे थे।

वहाँ पहुँचकर सोमदत्त ने पूछा, "सार्थवाह सुमति हैं?"

"हाँ, अपने मंडप में हैं। स्यात् कुछ आढ़तिये बैठे हैं उनके पास। आप?" एक द्वार-रक्षक ने उत्तर देकर उनका परिचय माँगा।

"मैं भी उनसे भेंट का इच्छुक हूँ।"

"कहाँ से पधारे हैं आप?"

"अभी तो यहीं पड़ोस में पड़ाव है मेरा।"

"पड़ोस में तो नाटक वाले रुके हुए हैं।"

"मैं नाटक वाला ही हूँ।"

द्वार-रक्षक ने उन्हें ध्यान से देखा—सुरुचिपूर्ण, भद्र वेशभूषा, माथे पर तिलक सिर पर शीर्षपट (पगड़ी) हाथ में सुन्दर चोब, भव्य व्यक्तित्व। नाटक वालों की बनाई हुई छवि से वह उनकी संगति न बैठा पा रहा था, "आप कुछ खरीदते-बेचते हैं?"

सोमदत्त मुस्कराए, "हाँ, करता हूँ सो भी..."

द्वार-रक्षक की आँखों में कोई अनिश्चय था फिर भी वह बोला, "वह जो दाहिनी ओर ऊँचा-सा मंडप है...वहाँ कोई सेवक होगा। उसी को अपने आने का प्रयोजन बताइएगा। भेंट करा देगा।"

वार्तालाप चल ही रहा था कि धनंजय ने सोमदत्त को देख लिया। तुरन्त वह सोमदत्त के निकट आ पहुँचा, "आर्य! आप यहाँ आ रहे थे तो मुझे बताया होता। मैं सीधे पगडंडी के मार्ग से लिए आता। किससे भेंट करनी है?"

"मुझे सार्थपति सुमति से ही मिलना है।"

"ओह, तो आइए! मैं उनके मंडप तक लिए चलता हूँ आपको," कह धनंजय आगे बढ़ा।

सोमदत्त पीछे चल पड़े व बात करने के लिए यूँ ही पूछा, "तो आप यहाँ रक्षक की वृत्ति में हैं?"

"नहीं आर्य! मैं वृत्तिभोगी नहीं, शस्त्रजीवी हूँ," धनंजय ने मुड़कर उत्तर दिया।

इस उत्तर पर सोमदत्त थोड़े चकित हुए—इतना स्वमानी, सतर्क तथा सिर उठाकर विनम्रतापूर्ण उत्तर...? दो पग आगे बढ़ उन्होंने हाथ के संकेत से धनंजय को रोका, "वत्स! अपनी वाणी, व्यवहार और बोध में तुम सामान्य शस्त्रधारियों से विलग और विशेष हो...अस्तु; यदि तुम श्रीकंठ के मित्र हो तो बड़भागी है वह," सोमदत्त ने उसकी पीठ पर हाथ रखा। वे मंडप के निकट आ पहुँचे थे।

सार्थपति का मंडप पंचखंडी है। अग्रभाग आगंतुकों से भेंट करने के लिए है।

उसके पीछे सार्थपति का विश्राम या शयन कक्ष है जिसके वाम पार्श्व में रोकड़े का स्थान है। यहाँ स्वर्ण, रौप्य, रत्नादिक रखे जाते हैं। यद्यपि रत्नादि के विषय में वित्तपाल को छोड़ किसी को ज्ञात नहीं होता कि वे कब और कहाँ रखे गए हैं... स्वयं सुमति को भी नहीं।

धनंजय ने सार्थपति के निजी सेवक को बताया कि उन्हें जाकर कहे कि, "नाट्याचार्य आर्य सोमदत्त भेंट करने उपस्थित हैं," तथा सोमदत्त को वहाँ रखी पीठिका पर बैठने का अनुरोध किया।

"वत्स, तुमने हमें अपना पूरा परिचय नहीं दिया। हमारे यहाँ पिता का नाम, कुल और ग्राम सहित परिचय देने की परम्परा है," बैठते हुए सोमदत्त ने धनंजय की ओर देखा।

"आर्य! समय आने पर ये सब भी बताऊँगा। मेरा इतना परिचय तो न श्रीकंठ ने पूछा है न सार्थपति ने," कह धनंजय मुस्कराया।

"पर मैं जानना चाहता हूँ क्योंकि तुम्हारी मुखभंगिमा पर स्वयं को छिपाने का अपरिपक्व अभिनय है," सोमदत्त ने धनंजय की आँखों में झाँका।

"श्रीमान, सार्थपति ने बुलाया है आपको!" लौटकर आए सेवक ने सूचना दी।

सोमदत्त खड़े हो सेवक के साथ मंडप में भीतर चले गए और धनंजय बाहर उनके लौटने की प्रतीक्षा में ठहर गया। देर तक वह बाहर न निकले तो धनंजय अपने वास पर लौट लिया कि सम्भव है दोनों पूर्वपरिचित हों...अथवा किसी बातचीत व शास्त्र-चर्चा में व्यस्त हो गए हों। सम्भव है..., अरे यह सम्भावना तो ऐसा अमूर्त पद है कि उसके बारे में कुछ नहीं कहा जा सकता अथवा कुछ भी कहा जा सकता है।

अपने विश्राम के मंडप की भाँति बनाए गए परिच्छेद में प्रवेश करते ही धनंजय ने देखा कि अपनी काष्ठपेटिका खोले बैठा श्रीकंठ किसी ध्यान में डूबा है। जैन श्रावकों में से एक जाप में आँखें बन्द किए था तो दूसरा भोजपत्र पर लिखी पोथी पढ़ने में दत्तचित्त था। धनंजय धीरे से श्रीकंठ के बगल में अपने बिछौने पर जा बैठा। बिछौना क्या पुआल पसारकर उसे सांथरी या चटाई से ढँक दिया गया है। मोटे सूत की दोतही चादर सिरहाने रखी थी तथा ओढ़ने के लिए कामली (हलका कंबल) सार्थ-पति की ओर से ही दे दिया गया है।

खड्गपेटी को खेलकर दाहिनी ओर रखते हुए धनंजय ने श्रीकंठ की ओर ताका। वह लिखे हुए पृष्ठों पर दृष्टि जमाए ज्यों का त्यों बैठा था। एक नि:श्वास फेंककर धनंजय ने अपने आप को ही सुनाया, 'महाराज यहाँ प्रशान्त भाव से शास्त्र बाँचने में मगन हैं और हम इनकी खोज में जाने कहाँ-कहाँ भटकते रहे।'

धनंजय का वाक्य सुनकर पोथी पढ़ते श्रावक ने धनंजय की ओर पलकें उठाईं, "आपने कुछ कहा है क्या बन्धु!"

"क्षमा करें, मैंने आपसे कुछ नहीं कहा।"

"अभी किसी ने कुछ कहा तो अवश्य था...मुझे लगा कि आपकी आवाज़ है।"

"जी हाँ, मेरी ही आवाज़ थी...मैंने अपने आपसे ही कुछ कहा था। आश्चर्य है कि आपने सुन लिया और ये जो मेरी बगल में बैठे हैं, इन्होंने नहीं सुना।"

"कुछ उद्विग्न से प्रतीत हो रहे हैं आप...ग्यारह बार णमोकार मंत्र का जाप कीजिए, चित्त शान्त हो जाएगा। मैं काष्ठ पट्टिका पर गेरू से लिखे देता हूँ मंत्र। कण्ठस्थ होने पर सदैव आपके साथ रहेगा।"

"मुझे णमोकार मंत्र कठस्थ हो चुका है श्रावक महोदय।"

"बहुत अच्छा है। भगवान् आपको सन्मति की ओर प्रवृत्त कर रहे हैं। किसने सिखाया है यह मंत्र आपको?"

"आप जो नित्य अनेक बार बोलते हैं तो सुन-सुनकर मुझे कंठस्थ होना ही है।"

'आह, कितने आनन्द की बात है।"

"अवश्य ही महाराज! पर मेरे यह जो मित्र हैं—जाने किस सांसारिक षटकरम में लिप्त हैं कि इन्हें न कुछ सुनाई पड़ रहा है न दिखाई दे रहा है," धनंजय ने स्वर में व्यंग्य भरकर कहा।

दोनों का वार्तालाप सुनकर दूसरे श्रावक ने आँखें खोल दी थीं। श्रीकंठ उसी मुद्रा में पृष्ठों पर दृष्टि टिकाए हुए मुस्कराया।

"अच्छा श्रावक महाराज! यह तो मैं जानता हूँ कि आप अहिंसा के आधर्ता (धारणकर्ता) हैं।"

"अहिंसा परमो धर्मः", श्रावण ने आँखें बन्द कर कहा।

"और मैं शस्त्रजीवी हूँ। मेरे शस्त्रधारण पर आपको अरुचि तो होगी?"

"अरुचि हो तो उसका प्रदर्शन भी हिंसा है।"

"मेरा मानना है कि आततायी का प्रतिकार करने के लिए शस्त्र आवश्यक है। हिंस्त्र पशु का सामना भी बिना शस्त्र नहीं हो सकता है।"

"यह सांसारिक ग्रहस्थ के लिए स्यात् विहित हो पर जो आत्मसाधना व तपश्चर्या के मार्ग पर है, उनके लिए क्षमा ही अस्त्र है," श्रावक ने सोचकर उत्तर दिया।

"अच्छा महाराज! इस तप, साधना, मोक्ष को अभी यहीं रहने दें...यह बताएँ कि आपने कभी नाटक देखा है?" धनंजय ने पूछा।

"बाल्यावस्था में कुछ अभिनय देखे हैं। हमारे लिए नाटक देखना योग्य नहीं है...क्योंकि उसमें प्रायः ऐंद्रिक उत्तेजना तथा अभद्र भंडपन प्रदर्शित किया जाता है। नाटक में शृंगार नहीं वैराग्य हो तो ठीक है..। शृंगार में उत्तेजना...।"

अब श्रीकंठ ने हस्तक्षेप किया, "श्रावक महोदय, वह उत्तेजना नहीं रस होता है। रस को परमतत्व कहा गया है—'रसो वे सः'। ब्रह्मानन्द सहोदर भी कहते हैं रस को। यह रस इन्द्रियों से ही ग्रहण किया जाता है। नाटक दृश्य काव्य है—इसका रस

नेत्र और कानों के माध्यम से सहृदय तक पहुँचता है। महोदय, मुक्ति का एक अर्थ मैं या स्व से ऊपर उठ जाना अथवा अहं के अस्तित्व का विसर्जन भी है। साहित्य और नाटक सहृदय को 'मैं' और 'मेरा-तेरा' के जंजाल से कुछ समय के लिए दूर ले जाकर उस सम्यक अनुभव से जोड़ देता है जिसे एक साथ अनेक दर्शक अनुभव कर रहे होते हैं। आपका कैवल्य या मुक्ति जिस सत्य का पक्ष है—रस का अनुभव भी उसी का एक अंग है।"

श्रावक ने इस पंडित से तर्क-वितर्क में उलझना व्यर्थ मानकर फिर से अपनी पोथी पर आँखें टिका लीं।

"मैंने तो समझा था कि श्रीमान को न आस-पास कुछ दिखाई दे रहा है न सुन ही पा रहे हैं...आप तो बोलने भी लगे हैं," धनंजय ने सुनाया।

"एक बात मैं पहले भी बता चुका हूँ कि व्यंग्य में तुम्हारी सहजगति है। यह गुण यदि नाटक में जुड़ जाए तो निश्चय ही उसके प्रभाव में वृद्धि होगी," श्रीकंठ बोले।

धनंजय झुँझला गया, "तुम्हें नाटक के अतिरिक्त और भी कुछ सूझता है क्या?"

"सच कह रहे हो तुम। पर क्या करूँ, जिस नाटक के कारण सब छूट गया... सबने छोड़ दिया अब उसे छोड़कर कहाँ जाऊँ? तभी तो इस काष्ठ की पेटी को सिर पर उठाए फिर रहा हूँ। इसमें नाटक है मेरा—महावीर श्रीराम के जीवन से सम्बन्धित, दो प्रतियाँ और थीं इसकी किन्तु वे वहीं छूट गई हैं—एक गुरुकुल में—एक पद्मपुर में। कुंडिनपुर में भी इसका तीन उत्सवों पर प्रदर्शन हुआ। वहाँ भी इसकी प्रति उतारी गई होगी। ओह, धनंजय, तुम उस आत्मतोष की कल्पना नहीं कर सकते जब एक नाटककार अपने लिखे को मंच पर आकार पाते देखता है। अच्छा अभी हम दोनों के पास समय है...मेरा नाटक सुनना चाहोगे?" श्रीकंठ ने अभ्यर्थी की भाँति धनंजय की ओर देखा।

धनंजय हँसने लगा, "क्षत्रिय हूँ...। ना कहकर ब्राह्मण को निराश नहीं कर सकता।"

"तो अभी आरम्भ करते हैं...सायं तक पूरा हो जाएगा फिर 'प्रतिमा' नाटक देखने चलेंगे।" श्रीकंठ के चेहरे पर चमक उभरी, "मैंने नाटक का नाम रखा है, "महावीर चरितम्।" जैसा कि मैंने अभी उल्लेख किया था—कोशल नरेश दशरथ के पुत्र राम ही महावीर हैं।"

" 'प्रतिमा' नाटक में भी तो राम की ही कथा है।"

"हाँ, इसीलिए सुन लो फिर 'प्रतिमा' का अभिनय देखकर दोनों नाटकों की तुलना कर परामर्श दे सकोगे।"

"पर मैं कोई आचार्य, विज्ञ थोड़े हूँ कि परामर्श दे सकूँ। मैं तो सामान्य श्रोता या दर्शक भर हो सकता हूँ।"

"दर्शक, श्रोता सही, पर सामान्य नहीं हो। बताया है तुमने कि गुरुकुल के

अखाड़े की माटी गोड़ी है तो अनेक ग्रंथ—श्रुति पुराण पढ़े ही होंगे। श्रीराम का चरित तो सर्वज्ञात है—अनेक कवियों, शास्त्रकारों ने इसे अनेक भाँति रचा है। मेरा भी एक प्रयास है। नाट्य का निर्वहण कथा और काव्य से किंचित कठिन है क्योंकि काव्य और आख्यान का शाब्दिक वर्णन नाटक में मंच पर दिखाना होता है।"

"मैं समझ गया कि सुनाए बिना अब तुम्हें चैन न होगा। गुरुकुल में हमारे साथ कवि था एक। अपने छंद जब तक दो-चार को सुना न लेता तब तक व्याकुल बना भटकता रहता था," धनंजय ने सहमति दी।

श्रीकंठ ने पांडुलिपि उसी काष्ठ पेटिका पर रखी...फिर आँखें बन्द कर किसी को स्मरण करते हुए कोई प्रार्थना बुदबुदाकर पूछा, "सुनने के लिए प्रस्तुत हो ना!"

"हाँ, पढ़ो ना! हर बात के पूर्व भूमिका क्यों बाँधते हो?"

"गूढ़ विषय में प्रवेश के लिए भूमिका आवश्यक होती है। तो इस रूपक का नाम है—'महावीर चरितम्।' यहाँ महावीर श्रीराम का विशेषण है। इसलिए बता रहा हूँ कि महावीर हनुमान जी को भी कहा जाता है पर वहाँ भी यह उनका विशेषण ही है। अर्थात् यह 'महावीर रामस्य चरितं यत्र' अस्तु। रामायण की कथा से इतर यहाँ जो कुछ परिवर्तन और परिवर्धन है, वे नाटकीय दृष्टि से हैं। नाटक के लिए कथा में कुछ परिवर्तन किए जा सकते हैं। किए जाते हैं क्योंकि यह...।"

"हाँ, हाँ, क्योंकि यह प्रयोग है। सुन चुका हूँ, आप तो आरम्भ कीजिए। सब कुछ समझाने में न जुट जाइए...कुछ समझना श्रोता के लिए भी छोड़िए।"

दोनों श्रावक जप और पाठ समाप्त या स्थगित कर बाहर जाने को खड़े हो गए। उन्होंने समझ लिया था कि नाटक आरम्भ होकर जाने कब तक चले...।

"आप लोग कहीं जा रहे हैं?" धनंजय ने पूछा।

दोनों में से एक ने 'हूँ' कहा और दोनों बाहर निकल गए। धनंजय व श्रीकंठ उन्हें जाता हुआ देखने लगे।

"तो आरम्भ करूँ?" श्रीकंठ ने धनंजय की ओर देखा।

"हाँ...," धनंजय ने अनुमति दी।

"इस रूपक में इक्कीस पुरुष पात्र हैं तथा पाँच स्त्री पात्र। आचार्य के गुरुकुल में स्त्री पात्रों के अभिनय हेतु शास्ता (शिक्षक) व स्नातकों को मनाना पड़ा। मैं स्वयं स्त्री पात्र की भूमिका निभाता रहा हूँ जबकि मेरे शरीर का आकार इसकी अनुमति नहीं देता। कुंडनपुर में अवश्य कुछ स्त्री कलाकार...। लो, मैं भी क्या ले बैठा। हाँ तो इसके सात अंकों में राम के विवाह से आरम्भ हो...वनगमन, सीताहरण, बालि, जटायु प्रकरण, राम-रावण युद्ध, रावण-वध, सीता की अग्नि परीक्षा और राम का राज्याभिषेक तक के प्रसंग हैं।"

"हाँ तो...!"

प्रथमतः नांदी है—नाटकारम्भ में मांगलिक या आशीर्वादात्मक पद्य जिसके

द्वारा नाटक की निर्विघ्न समाप्ति के लिए देवता, देवरूप राजा या तपःशील ब्राह्मण के आशीर्वाद से युक्त स्तुति अर्थात् प्रार्थना की जाती है।

नांदी के पश्चात् सूत्रधार स्पष्ट करता है—"मुझे कालप्रियानाथ की प्रसन्नता के प्रसंग में—कालप्रियानाथ का आशय है—'कालप्रियाऽम्बिका तस्या नाथ शिव इति' तो भगवान शिव की प्रसन्नता हेतु ऐसी कथा का अभिनय होना चाहिए जिसमें-

महापुरुष संरम्भो यत्र गम्भीर भीषणः।
प्रसन्नकर्कशा यत्र विपुलार्था च भारती॥

[अर्थ हुआ, जिसमें महापुरुष की वीरता जो गम्भीर हो, अदम्य हो तथा प्रसाद-गुण से युक्त, प्रसन्नतादाय बहुअर्थी भाषा हो।]

अद्भुत रस प्रिय होने के कारण धर्मद्वेषियों के शत्रु रघुनन्दन का यह चरित्र लिखा है जिसमें तीनों लोक के दुख का उद्धार वर्णित है।"

"हाँ आगे सुनाओ!"—धनंजय ने विवरण से बचने के लिए कहा।

दो अंक समाप्त होने तक भोजन का समय निकलने लगा। अभी तीसरा अंक चल रहा था। क्रुद्ध जामदग्न्य (परशुराम) को वशिष्ठ, विश्वामित्र समझा रहे थे—विश्वामित्र—एक व्यक्ति के दोषी होने पर तुमने क्रोधान्ध हो समस्त क्षत्रिय जाति के नाश का प्रण ले लिया। उन क्षत्रियों को भी नहीं छोड़ा, जो क्षेत्रज सन्तान के रूप में ब्राह्मणों द्वारा क्षत्राणियों के गर्भ से उत्पन्न हुए थे। तब तो तुम वृद्ध च्यवनादि ऋषियों के कहने पर उस कोप से विरत हुए थे...।

जामदग्न्य—हाँ, बलाभिमानी क्षत्रिय द्वारा पितृवध से अशान्त मैं क्षत्रिय संहार-लीला से विरक्त हो ही गया था...इसमें छिपाना क्या! वज्रकठोर मेरा यह परशु क्या क्षत्रिय-वध छोड़कर लकड़ी का जलावन काटने में प्रयुक्त नहीं होने लगा था। हमारा यह परशु भी अब उस सर्प के सदृश्य हो गया है जिसके विषदंत गिर चुके हैं।

परशुराम के आहत स्वाभिमान से ओत-प्रोत इस अंक के बीच में ही मध्याह्न भोजन हेतु बुलावा आ गया। पढ़ते हुए श्रीकंठ स्वयं भी वीरभाव में थे। इस व्यवधान से खिन्न उन्होंने बुलाने आए सेवक को रोषपूर्वक देखा जैसे कि परशुराम के सामने कोई अपराधी क्षत्रिय आ पहुँचा हो।

धनंजय ध्यान से सुन रहे थे—परशुराम—जो स्वाभाविक वीरता, तपस्या तथा गुरुभक्ति से प्रेरित हो मंच पर आते हैं। भंगिमा व संवादों से उनका छत्र-विरोध व वीरभाव प्रकट है। महर्षि वशिष्ठ सात्विक उपदेशों द्वारा इस नृशंस वीरता से निवृत्त होने की प्रेरणा दे रहे हैं, प्रसंग रोचक है। इसी समय सेवक का आ पहुँचना अप्रिय तो धनंजय को भी हुआ पर उन्हें भान है कि संसार के कार्य-व्यवहार हमारी रुचि और इच्छा के अधीन नहीं चलते। समय की अपनी गति होती है। मनुष्य को या तो प्रकृति को अनुकूल बनाना होता है अथवा प्रकृति के अनुरूप बनना पड़ता है।

श्रीकंठ के उद्वेग को भाँपते हुए उन्होंने सेवक को लौटाया, "भंडारी जी से कहना कि अभी हम दोनों एक आवश्यक कार्य में व्यस्त हैं, शीघ्र ही आते हैं...घड़ी भर में।"

सेवक ने चारों ओर दृष्टि घुमाई। उसे कोई कार्य होता नहीं दिखा। आते समय उसने देखा था कि एक पोथी पर झुका है दूसरा आँखें बन्द कर बैठे-बैठे झपकी ले रहा है। वह असमंजस में फँसा, सिर हिलाकर लौट गया।

"बहुत रोचक है यह अंक। इसे पूरा कर चलते हैं। शेष लौटकर आरम्भ करेंगे।"

यूँ इस समय श्रीकंठ को भोजन का व्यवधान अच्छा नहीं लग रहा था पर तृतीय अंक के पश्चात् विराम देना ही पड़ा। भोजनोपरांत शेष चार अंक और पढ़े, सुने गए। इसके पश्चात् दोनों सीधे नाट्यशाला की ओर निकल पड़े। आज की प्रस्तुति में राजपरिवार व सार्थपति सुमति को विशेष रूप से निमंत्रित किया गया है।

5

आज रंगमंच की धज कुछ और ही थी। बन्दनवार, पताका व दृश्यपटों से सुसज्जित रंगभूमि की पैरियों पर चटख लालपट बिछाकर नीचे रंगोली रची गई थी। मंच के आगे की ओर तिपाहियों पर मिट्टी की हाँडियों में धीरे-धीरे सुलगने वाला अगरु-धूप का मिश्रण भरा गया था जिसे नाट्यारंभ के समय अग्निस्पर्श कराया जाएगा ताकि वातावरण पूरे समय सुरभित रहे। मंच के पार्श्व से पृष्ठ तक पंक्तिबद्ध दीपों के लिए काष्ठ-पट्टिकाएँ बाँधी गई हैं...चारों कोनों पर कंदील सजी हैं। मोम से भरे भगौनों में बत्ती लगाई गई है, एवं अग्निशमन के लिए पानी से भरी द्रोणिकाएँ (घड़े) भी मंच के नीचे रख दी गई हैं। रंगद्वार पर बहुरंगी दरी बिछाकर स्थान-स्थान पर पुष्पगुच्छ बाँधे हैं। पुष्पमालाएँ लटकी हैं।

ऐसी मंचसज्जा धनंजय तो क्या श्रीकंठ ने भी न अपने गुरुकुल में देखी थी, न पद्मपुर या कुंडनपुर में ही। 'नाट्य निश्चय ही शत्-शत् कलाओं का समाहार है'—श्रीकंठ के मुँह से शब्द निकले।

"कुछ मुझसे कहा तुमने?' सज्जा देखते अभिभूत खड़े धनंजय ने पूछा।

"नहीं...शायद स्वयं से ही कहा था...अथवा यूँ ही मुँह से निकल गया। वैसे कहना ही पड़ेगा कि आर्य सोमदत्त सचमुच कलाओं के आचार्य हैं। मुझे बहुत कुछ सीखना होगा इनसे।"

मंच पर दाहिनी ओर वाद्यधर अपनी-अपनी बैठन के अनुसार वाद्ययंत्र जमाने लगे—वेणु, घंटा, शंख, खड़ताल, नक्कारा, तूर्य, झाँझ, घटम्, नूपुर, बिगुल, मँजीरा, डुग्गी, खंजरी, डमरू, वीणा, मृदंग आदि वाद्य पेटिका से निकाल एक विशेष क्रम

में रखे जाने लगे। श्रीकंठ ने परिक्रमा विधि से मंच का एक से दूसरे छोर तक अवलोकन किया। दर्शक भी अब आने लगे थे। प्रांगण में मंच के निकट का स्थान रज्जु तथा पताकाओं द्वारा विशिष्ट दर्शकों के लिए छेंककर रखा गया था। बेंत की छड़ों को जोड़कर मूँज की रस्सी से बुने गए मूढ़े कुछ तिरछे रखकर इस भाँति विन्यस्त किए गए हैं कि दर्शकों के देखने में व्यवधान न बनें। प्रकट था कि ये ऊँचे आसन राजन्य, श्रीमन्त व श्रेष्ठिवर्ग के लिए हैं।

अब काष्ठ-पट्टिकाओं के छिद्रों में फँसे दीपक उजियारे जाने लगे। दोनों ओर की पट्टिकाओं के दीप प्रज्वलित होने पर आगे का पट खींचा गया तो पट के पीछे से प्रकाश झिलिर-मिलिर हो उठा।

आर्य सोमदत्त वेशगृह की ओर से मंच व्यवस्था देखने आ निकले तो श्रीकंठ ने उनका प्रणत अभिवादन किया। धनंजय भी उसी भाँति झुक गया।

"ओह, आप दोनों हैं, कहाँ मिले यह आपको?" प्रश्न धनंजय से पूछा गया था।

"जी ई ई...," कुछ कहने-बताने के लिए सोचने में धनंजय के शब्द अटक गए।

धनंजय के उत्तर में संकोच जैसा भाँप आर्य सोमदत्त ने बात बदली दी, "आओ मैं आप लोगों का परिचय कराऊँ, ये चन्द्र है किन्तु मैं इसे उदयन कहता हूँ। हमारे दल का बहुरंगी, बहुकलाविद नट। कलाबाती जैसे उलाँग, पलट, उड़ी, धमचक, कुदक जैसी कलाबातियाँ चलते-चलते दिखा और साध लेता है। ये काया-कौतुक नाटक में बहुत उपोगी हैं। और तुम भी सुनो!" उन्होंने पुनः धनंजय को सम्बोधित किया, "खड्ग चालन में भी निपुण है...मंच पर देखना इसका कौशल," कहते हुए मुस्कराए सोमदत्त।

अधिक वार्तालाप का अवसर नहीं था अतः वह श्रीकंठ का हाथ पकड़ संगीतकों की ओर ले गए तथा वहाँ दोनों के बैठने का स्थान निर्धारित किया, "यहाँ से आप लोग मंच और नेपथ्य दोनों ओर की गतिविधि देख और जान सकते हैं। संगीतकारों के लिए भी यह स्थान इसीलिए है कि यहाँ से पात्र के प्रवेश, निर्गम, गति, मुद्रा, पदचालन आदि को देखते हुए प्रसंगानुकूल संगीत-विधान कर सकें। मेरा उदयन अभी तुम्हें वेश, सज्जा-कक्ष नेपथ्य आदि का फेरा करा देगा," दोनों को चन्द्र के पास छोड़ वह आमंत्रित अतिथियों के स्वागत, मंच पूजन, दीपन की व्यवस्था में आगे चले गए।

मंच-पूजन के साथ सभी दीप आलोकित हो गए। वातावरण में सुगन्ध फैलने लगी। अतिथियों के आगमन स्वागत, हर्षनाद...तूर्य नक्कारे की अनुगूँज के साथ उठते रंग-पट ने प्रांगण को रोमांच से भर दिया। छोटे-बड़े दीपकों के आदीपन ने दर्शकों के चेहरों पर किरणें उतार दीं। कुछ ही क्षणों पश्चात् शंखध्वनि के बीच हाथ की घंटी टुनटुनाते हुए चकित, ठिठकती नृत्य गति में सूत्रधार ने प्रवेश किया।

श्रीकंठ ने देखा कि आर्य सोमदत्त स्वयं ही सूत्रधार की भूमिका में हैं। उसी गति

व मुद्रा में उन्होंने मंच की परिक्रमा की और मध्य में पहुँचकर ठहर गए। उन्होंने उपस्थित प्रेक्षकों, दर्शकों पर दृष्टि घुमाई तथा विशिष्ट अतिथियों तथा दर्शकों का अभिवादन किया और वातावरण में घन-गंभीर आवाज़ गूँजने लगी—

"सीता के जीवन, सद्विचार से सम्पुष्ट नयनाभिराम नायक, लक्ष्मण जिनके सहचर हैं। सीता-हरण के कारण रावण के शत्रु, विभीषण के प्रिय, निरुपमवीर भगवान श्रीराम जन्म-जन्म तक हम सबकी रक्षा करें।"

सूत्रधार ने नेपथ्य की ओर मुँह उठाकर पुकारा, "आर्ये! इतस्तावत।" (आर्ये इधर तो आना।)

(नटी का प्रवेश)...नाचते हुए, "आर्य! लो मैं आ गई," संगीत की स्वर-लहरियों के साथ नटी भी नाचती हुई मंच की एक परिक्रमा करती है और सूत्रधार के समानान्तर कुछ दूर खड़ी हो जाती है।

सूत्रधार (एक हाथ को भौंहों के ऊपर को जाकर दूर तक देखते हुए)—"मैं देख रहा हूँ कि आज नाटक देखने बड़ी संख्या में सहृदय एकत्र हुए हैं। आज तो कोई विशिष्ट और श्रेष्ठ रूपक प्रस्तुत करना होगा। तुम्हारा क्या मत है?"

नटी—मेरा तो मन है कि अभी-अभी जिन नयनाभिराम नायक भगवान राम की आपने चर्चा की है...उन्हीं के जीवन पर आधारित महाकवि भास प्रणीत 'प्रतिमानाटक' का अभिनय ही उपयुक्त होगा।"

सूत्रधार—(और निकट पहुँचकर)—अहा, तभी तो लोग मुझे भाग्यशाली कहते हैं कि तुम जैसी उचित परमार्श देने वाली पत्नी का पति हूँ। तो आओ। आज हम महाकवि भास प्रणीत 'प्रतिमानाटकम्' का अभिनय, प्रयोग करते हैं। दोनों साथ-साथ मंच की परिक्रमा करते हुए मंच से निकल गए। इसी के साथ नाटक प्रारम्भ हो गया..। दर्शकों की दृष्टि मंच पर जा ठहरी।

मंत्रमुग्ध दर्शकों के बीच शान्ति छा गई। वातावरण में बस संवादों, संगीत, दीपाधारों के दीपों में डाले जाते स्नेह की ही ध्वनियाँ बह रही थीं। अंक की समाप्ति पर यवनिका गिराने उठाने का व्यवधान भी अरुचिकर प्रतीत होता किन्तु इसी अन्तराल में मंच का दृश्य भी परिवर्तित हो लेता...बत्तियाँ ऊर्जस्वित, अम्लान कर ली जातीं। चल दीपाधार अनुकूल स्थानों पर पहुँचा लिए जाते। कोई चार घड़ी तक अविराम नाट्य रस प्रवाहित रहा, अन्त में भरत वाक्य के साथ आज का प्रयोग पूर्ण हुआ।

प्रदर्शन के पूर्ण होने पर भी कलाकारों, कर्मियों की व्यस्तता कम नहीं हो जाती—उपकरण, आभरण, आभूषण सहेजना, सज्जा धोना पोंछना, सभी वस्तुएँ यथास्थान व्यवस्थित करना, साथ ही रंगशाला, मंडप, नेपथ्य आदि की सामग्री सुरक्षा में सौंपने जैसे अनेक कार्य सभी के जुटे बिना नहीं सँवर पाते। श्रीकंठ श्रेष्ठ प्रस्तुति के लिए आर्य सोमदत्त की प्रशस्ति व माधुरी को बधाई देना चाहते थे अत: नेपथ्य से होकर सज्जाकक्ष की ओर चले गए।

सोमदत्त नाट्यवेश से मुक्त होकर अपने अँगरखे की डोरियाँ कसते हुए किसी को कुछ कह रहे थे। श्रीकंठ उनके समक्ष पहुँचकर अभिवादन करते हुए बोले, "प्रयोग अत्यन्त श्रेष्ठ और सफल रहा आदरणीय! मेरी बधाई स्वीकार करें।"

व्यस्तता के बीच सोमदत्त मुस्कराए, "अच्छा लगा तुम्हें?"

"मैं अभिभूत हूँ।"

"तुम्हारे मुँह से प्रस्तुति की प्रशंसा सुनकर सुख मिला है मुझे। देखो तो, दर्शकों की करतल ध्वनि और सहृदय से प्रशंसा पाने के लोभ में एक नट जाने कितने अभाव चुन और सह लेता है। फिर तुम्हारे जैसे सुसंस्कृत विद्वान व मर्मज्ञ की प्रशंसा तो किसी राज-सम्मान से भी बढ़कर है। धन्यवाद कहकर मैं तुम्हारी प्रशंसा का ऋण हलका नहीं करना चाहता।"

कोई सहकर्मी जाने क्या पूछने आ गया तो सोमदत्त उसे समझाने में लग गए और श्रीकंठ उन्हें ताकते खड़े रहे। व्यक्ति के जाने पर संकोच में भरे से श्रीकंठ बोले, "प्रभावपूर्ण अभिनय के लिए माधुरी को मेरी ओर से साधुवाद कहना आर्य!"

"प्रशंसा तो कलाकार को सीधे ही पहुँचनी चाहिए। यही तो कमाई है कलाकार की। उसका प्राप्य तुम स्वयं ही क्यों न दो उसे।"

"अरे सुवीर सुनो!" उन्होंने पास से निकलते एक कलाकार को रोका, "माधुरी को इधर बुलाकर इनसे भेंट करा दो," कह अपना उत्तरीय सँभाल सोमदत्त दूसरी ओर जाने को मुड़े।

"आदरणीय आपसे भेंट कब...?" श्रीकंठ ने पूछा।

"कभी भी...या कल ही। प्रातः दूसरे प्रहर में...," कहते वह मंच की ओर चले गए।

श्रीकंठ वहीं खड़े रह गए, सोचते हुए कि किस ओर जाएँ तभी देखा कि माधुरी नाटक की ही वेशभूषा में उनकी ओर आ रही है। मंच के दीपक निष्प्रभ (बुझाया) किए जाने लगे थे किन्तु नेपथ्य प्रकाशित था। श्रीकंठ को लगा जैसे स्वयं आभा ही माधुरी के साथ-साथ उनकी ओर पहुँच रही है। सलज्ज माधुरी ने सीता के वेश की मुकुट-चन्द्रिका मात्र ही उतारी थी।

"आपने स्मरण किया मुझे," वही हृदयतंत्री को झंकृत करती मधुर आवाज़ सुनी श्रीकंठ ने।

"मैंने! हाँ, आपको बधाई देना चाहता हूँ आज के अभिनय के लिए। आपने पात्र के साथ पूरा-पूरा न्याय किया है।"

"मेरा संवाद उच्चारण निर्दोष था कि...?" मन्द-मन्द मुस्कराई माधुरी।

"निर्दोष ही नहीं प्रभावपूर्ण भी था। आपकी आवाज़ ने प्राण भर दिए भास की भाषा में। अभी तक मेरे कानों में आपकी आवाज़ के रस का आस्वाद है और वह छवि किसी चित्रावली की भाँति मन के भीतर चल रही है।"

"अरे भाई! प्रशंसा करने में इतनी सावधानी बनी रहनी चाहिए जो पौधे या फसल को सींचने में माली और कृषक की होती है। आवश्यकता से अधिक सिंचन मात्र बाढ़ ही नहीं रोकता अपितु पौधे को गलाने भी लगता है," यह आर्य सोमदत्त की आवाज़ थी। श्रीकंठ देख ही न पाए कि वह उनके निकट आ खड़े हुए हैं।

"और हाँ, माधुरी! बेटी श्रीकंठ को कल उपाहार के लिए आमंत्रित कर दो...मैंने भी कहा है इनसे," इतना कह वह पुनः किसी अन्य व्यवस्था में दूसरी ओर निकल गए।

सोमदत्त के वाक्य का अर्थ और आशय समझ श्रीकंठ भी सज्जा कक्ष में दूर हट आए। आज आर्य सोमदत्त ने उसे प्रस्तुति पश्चात् विमर्श के लिए भी नहीं रोका था। इससे कहीं असहज भी अनुभव किया था कि कहीं आर्य सोमदत्त माधुरी के प्रति मेरे उत्साह से आशंकित तो नहीं हो गए?...यदि ऐसा होता तो फिर वह माधुरी से मुझे आमंत्रित क्यों करवाते? उन्हें कुछ समझ में नहीं आ रहा था।

धनंजय मंच की सीढ़ी पर बैठे मिले, "आइए प्रभु! मैं तो सोच रहा था कि कल की भाँति आज भी श्रीमान विलम्ब से लौटेंगे।"

"आज कदाचित् और अधिक समय लग जाता और तुम्हें प्रतीक्षा करनी पड़ती," श्रीकंठ ने कहा।

"ओह, खूब दयालु हो गए हैं मेरे प्रति आप। अच्छा चलिए," धनंजय खड़े हुए।

"मित्र! तुम्हारे पास व्यंग्य की विलक्षण प्रतिभा है। सामान्य सी बात में व्यंजना भर देते हो। यह निपुणता मेरे पास हो तो भाषा में अलग ही भाव, प्रभाव जुड़ जाए," चलते-चलते श्रीकंठ बोले।

"आचार्य जी! मेरे मन में तो इस समय बस एक ही भाव है कि उदर भर भोजन प्राप्त हो जाए। मध्याह्न में भी हम लगभग रसोई उठने के समय आहार लेने पहुँचे थे। वह तो पांडे (सूपकार/रसोइया) की कृपा रही कि हमारा आहार अलग रख छोड़ा था। इस कष्ट में उन्हें कृपया पुनि-पुनि न डालें। अब सीधे भोजन स्थल पर पहुँचना है।"

"किन्तु अभी तो मैंने सांध्यकर्म भी नहीं किया है।"

"वह तो तुमने कल भी नहीं किया था...जब कि रोका तो नहीं था किसी ने। और अब सांध्यकर्म नहीं रात्रिकर्म की बेला आ पहुँची है।"

"पर नाटक के समय कैसे?" श्रीकंठ ने धनंजय की ओर देखा।

"वह तो नाटक के पूर्व भी कर सकते हैं। श्रीमान तो गोधूलि के समय से ही रंगशाला में आ बिराजे।"

"वह तो इसलिए कि नाटक लिखने के लिए उसके प्रयोग का व्यावहारिक पक्ष भी जानना, समझना होता है। आज ही मैंने कुछ सीखा है।"

"मैं वही व्यावहारिक ज्ञान देना चाहता हूँ महाराज कि एक समय में एक ही कार्य किया जा सकता है। नाटक कर लो या सांध्यकर्म। हँसना और गाल फुलाना

ये दोनों कर्म एक साथ नहीं हो सकते। अब पहले उदर आराधन कर कीजिए फिर आपके पास समय होगा कि पूरी रात देव आराधन करते रहें। चलिए," धनंजय उन्हें भोजन-स्थल की ओर खींच ले गए।

भोजन पश्चात् भी देर तक श्रीकंठ सो न पाए। मस्तिष्क में जाने क्या-क्या चलता रहा। प्रात: नित्यकर्म पश्चात् नित्यपूजा से भी कुछ पहले ही निवृत्त हो लिए कि आर्य सोमदत्त के यहाँ जाना है। कभी लगता कि न भी जाएँ तो? वहाँ माधुरी से भेंट होनी है...उसी ने तो निमंत्रण दिया है। मेरे बार-बार मिलने को आर्य सोमदत्त, उनकी नाट्यमंडली के लोग जाने किस मानसिकता के साथ लेंगे? धनंजय अपने वार्तालाप में थोड़ा व्यंग्य, परिहास और जोड़ लेगा।...पर जाना तो है ही। आर्य सोमदत्त से अपने नाटक के लिए चर्चा भी करनी है। वह पढ़ लें...कुछ सुझाव दें। क्षीण-सी आशा यह भी कि स्यात् 'महावीर चरित' को प्रस्तुति के लिए भी स्वीकार कर लें। यूँ भी भास, शूद्रक, कालिदास, अश्वघोष, श्रीहर्ष जैसे उँगलियों पर गिने जाने योग्य नाम ही तो हैं जिनके नाटक मंचित होते हैं तथा नाट्य के प्रतिमानों की पूर्ति करते वा नए प्रतिमान गढ़ते हैं।

यूँ तो भास ही 'नान्द्यन्ते तत: प्रविशत सूत्रधार' कहकर रूपक के आरम्भ में ही नाट्यशास्त्र की सीमा लाँघ जाते हैं...मंच पर युद्ध और मृत्यु की रचना करते हैं...फिर भी महान रचेता हैं वह। महाकवि कालिदास तो अनुपम हैं ही। अन्य भी वंदनीय, वरेण्य हैं पर आर्य सोमदत्त ध्यान दें तो पाएँगे कि मेरा रूपक इन सबके अनेक नाटकों से कनीयस (कमतर) नहीं प्रशस्त (बेहतर) ही ठहरेगा।

पर क्या पता वह इसे किस भाव से, किस मन:स्थिति में पढ़ें। यूँ भी सबकी रुचि अलग-अलग होती है। अनेक उत्तम रचनाएँ इसलिए भी उपेक्षित रह जाती हैं कि गुणी दृष्टि तक नहीं पहुँचतीं अथवा भिन्न दृष्टि के सामने पड़कर रह जाती हैं।

सूर्योदय से प्रहर भर समय बीता तो श्रीकंठ ने धनंजय को बताया, "रात में आर्य सोमदत्त ने मुझे उपाहार साथ लेने को कहा है।"

"ओ...ओ,...यह बात तुम्हें रात ही भंडारी को बतानी चाहिए थी कि रसोई में तुम्हारे भाग का उपाहार न पकवाएँ...इसे मुझे सुनाने से क्या प्रयोजन!" स्वभाव के अनुरूप उत्तर दिया धनंजय ने।

"अरे हाँ, वहाँ बताना होगा ताकि अन्न का ह्रास न हो। प्रिय धनंजय! मैं जा रहा हूँ तो तुम मेरी ओर से भंडारी को निवेदन कर दोगे ना!"

"यह भी बता दूँ कि उपाहार कहाँ जाकर ग्रहण करोगे?"

"अरे नहीं! हम अभी भंडारी जी की प्रकृति से परिचित नहीं हैं। जाने क्या अनुमान लगाने लगें। नाट्यवालों के प्रति रूढ़िग्रस्त हैं बहुत से लोग। स्वयं मेरा परिवार ही।"

"ठीक है।"

"एक परामर्श तुमसे चाहिए। अपने नाटक पर मैं उनका अभिमत जानना चाहता हूँ तो साथ ले जाऊँ क्या?"

"काष्ठ पेटिका दबाकर तो ले नहीं जा सकते। तो बंधु, पहले उनसे चर्चा कर लो।"

"दो ही दिन का समय है हमारे पास। सुना है तीसरे दिन हमारा सार्थ ब्रह्म मुहूर्त में ही उज्जयिनी की ओर प्रस्थान करेगा।"

"तुम क्या यहीं नाट्यदल के साथ ठहरने की इच्छा रखते हो?"

"आर्य सोमदत्त के साथ सीखने को बहुत मिलेगा किन्तु यह तब उचित होगा जब उनकी ओर से प्रस्ताव मिले। उज्जयिनी मैं जा ही इसलिए रहा हूँ कि वहाँ कालप्रियानाथ का विश्रुत रंगमंच है...अनेक गुणी हैं वहाँ। वहाँ बहुत सम्भावनाएँ हैं। मेरी इच्छा ही है कि एक बार कालप्रियनाथ के प्रांगण में मेरे नाटक का अभिनय हो," श्रीकंठ की आँखों में कोई स्वप्न सा तैरने लगा।

"तुम आर्य सोमदत्त से चर्चा करना...वह रुचि प्रकट करें तो पेटिका उनके मंडप में रख आना। वह या उनकी पुत्री में से कोई न कोई तो पढ़ ही लेगा," मुस्कराते धनंजय उपाहार के लिए खड़े हो गए।

"मैं भी चल रहा हूँ," कह श्रीकंठ साथ हो लिए।

नाट्यदल के डेरे यहाँ से कुछ ही दूरी पर हैं। इससे एक लाभ यह भी है कि सार्थ की सुरक्षा में नाट्यदल की भी सुरक्षा हो जाती है। आर्य सोमदत्त के मंडप के आगे प्रहरी की भाँति बैठा रहने वाला श्वान आज श्रीकंठ को आता देख गुर्राया या भूँका नहीं। कदाचित् उसने उन्हें दल के सदस्य की भाँति स्वीकार कर लिया था। हाँ सिर उठाकर एक बार तीक्ष्ण दृष्टि से देखा अवश्य...फिर आश्वस्त हो आँखें मूँदकर ऊँघने लगा।

"आर्य सोमदत्त हैं?" श्रीकंठ ने बाहर से अपने आने की सूचना दी।

"हाँ...आ जाओ।"

भीतर सोमदत्त एक गावदुम का सहारा लिए, दोनों हथेलियाँ सिर के पीछे लगाए अधलेटे से कुछ सोचने की मुद्रा में बैठे थे। श्रीकंठ ने उन्हें प्रणाम किया तो, 'आयुष्मान भव, यशस्वी भव' का आशीष देते हुए कुछ ऊँचे स्वर में कहा, "माधुरी! बेटी देखो तो श्रीकंठ आए हैं।"

श्रीकंठ ने लक्ष्य किया कि मंडप के भीतर पाट (जूट) पट तानकर दो भाग किए गए हैं। पहली बार इस ओर ध्यान नहीं गया था उनका। अब समझ में आया कि पट के दूसरी ओर माधुरी के लिए स्थान बनाया गया है। सोमदत्त के संकेत पर वह उनके निकट बैठ गए।

"कितने दिन और हैं आप लोग यहाँ?" सोमदत्त ने बात चलाई।

"सुना है कि दो दिन पश्चात् प्रस्थान है। आप कब तक रहेंगे?" उत्तर के साथ प्रश्न जोड़ा श्रीकंठ ने।

"यहाँ रुद्रपुर के अधीश्वर राजा वसुमित्र विदिशा से लौट आएँ तो एक दिन प्रस्तुति दिखाकर उनकी उदारता का लाभ लेने का विचार है। दो-चार दिन में स्यात् लौट आएँ वह। यह भी संयोग ही है कि यहाँ सार्थवाह सुमति से भेंट करने का अवसर मिला। उन्होंने दस स्वर्ण मुद्राओं का सहयोग देना स्वीकार किया है। आज वहाँ पहुँचकर ले आना है...हँ हँ...हँ हँ...," हँसे सोमदत्त, "नाटक वालों का जीवन-नाटक ऐसे ही चलता है। झोली भरती नहीं, सदा पसरी ही रहती है। हाँ उज्जयिनी पहुँचकर वहाँ क्या करना है तुम्हें?"

"छोटे मुँह बड़ी बात होगी आर्य यह कि महाकाल के प्रांगण में अपने नाटक का प्रदर्शन करने की अभिलाषा है।"

"मेरा अभिवादन स्वीकार करें भट्टाचार्य," श्रीकंठ के कानों में मधु की बूँदें सी बरसीं, "आपका स्वागत है।"

श्रीकंठ ने एक प्रीतिकर दृष्टि माधुरी की ओर डाली और हाथ जोड़ सिर झुकाकर अभिवादन स्वीकार किया।

"आज के उपाहार में क्या है पुत्री?" सोमदत्त ने जानना चाहा।

"पत्र-पकौड़ी हैं, झारा है तथा अतिथि के लिए जीरा-छाछ विशेष है। तिलकूट तो रहेगा ही," माधुरी ने विवरण दिया।

"तो ले आओ विलम्ब किए बिना। मुझे भी सार्थपति के यहाँ जाना है। दान, पारितोषिक लेने में विलम्ब करो तो दाता को भारी हो उठता है अथवा विस्मृत हो जाता है," कह हँसने लगे सोमदत्त।

श्रीकंठ ने लक्ष्य किया कि इस हँसी में कोई विवश-विलाप थरथरा रहा है। इस विलाप का अनुभव कदाचित् माधुरी को भी हुआ कि उसके चेहरे पर चमकती उल्लास की चन्द्रिका एकाएक मन्द हो गई। कुछ क्षण वह पिता की ओर देखती रही फिर द्वार-पट उठाकर बाहर निकल गई।

"समझ गए ना श्रीकंठ! इसे मेरा झोली फैलाकर द्वार-द्वार पहुँचना रुचता नहीं है। कचोट क्या मुझे नहीं होती, पर धन के बिना जीवन चल कहाँ पाता है—नाटक भी नहीं चलता। कुछ आचार्य कहते हैं कि जन-सहयोग से, जन के साथ, जन के बीच नाट्य होना चाहिए। सुनने में अच्छा लगता है...करने में सन्तोष भी मिलता है, पर नाट्य में कला की परख और आनन्द के लिए समय और समझ दोनों आवश्यक हैं। आजीविका अथवा पारिवारिक आवश्यकताओं की पूर्ति के लिए दिन-रात जुटे, श्रम करते व्यक्ति को सूक्ष्म कला के रस-सीकर (फुहार) से सिक्त आनन्द में सराबोर होने का अवकाश नहीं मिलता। अपनी चिन्ता, दुख, दंश, पीड़ा, अभाव भुलाने के लिए उसे मनोरंजन चाहिए। इसलिए वहाँ स्वाँग, भाँड़, प्रहसन, लोकलीला, कथा-

गायन जैसे नाट्यरूपों का ही निर्वाह और पोषण या कहूँ कि जीवन सम्भव है।"

"अर्थात् नाटक को थोड़े से प्रबुद्ध दर्शक ही चाहिए होते हैं?" श्रीकंठ ने प्रश्न किया।

"स्वर्ण का गुण और मूल्य कसौटी पर घिसे जाकर ही परखा जा सकता है इसीलए जन प्रबुद्ध हों यह आवश्यक है पर उनमें या उनके साथ कुछ उदार श्रीमान भी होने चाहिए। संख्याबहुल जन की उपस्थिति यों आवश्यक है कि प्रबुद्ध सहृदय वहीं से विकसित होते हैं, दूसरे नाट्य का प्रदर्शन रंगक्षेत्र में उपस्थित दर्शकों की संख्या से ही खिलता है। अधिक दर्शकों की प्रतिक्रिया प्रशंसा से प्रस्तुति की उत्कृष्टता बढ़ती है।

शास्त्र और परम्परा में नाट्य को मंच व दर्शकों के द्विपक्षीय सम्बन्धों के आलोक में बूझा गया है। कलाकार की कला भावक को रस, आनन्द की प्रतीति कराती है...तो रसिक-भावक दान, भेंट अथवा पुरस्कार के रूप में पारिश्रमिक चुकाता है। इस प्रकार कलाकार दर्शकों की संवेदनात्मक, भावात्मक भूख को सन्तुष्ट करने के साथ-साथ, कला की समझ को सुधारने के लिए भी बाध्यकारी होता है।"

सोमदत्त कहीं दूर देखते हुए से बोले जा रहे थे और श्रीकंठ एकटक ताकते हुए उन्हें सुन रहे थे। तभी एक कटौती में चिकनी मिट्टी के दो पात्रों में भरकर आए झार और जीरा छाछ तथा पलाश के अम्लान (ताजा) पत्तों से ढकी पकौड़ियों की सुगन्ध मंडप में भर उठी। कठौती में एक ओर छाछ व रस पीने के लिए भी पलाश के ही द्रोण (दोना) तथा पकौड़ियों के लिए धुले हुए पत्ते भी रखे गए थे।

"उपाहार कहाँ लगाऊँ बापा," माधुरी ने सौम्य, स्निग्ध स्वर में पूछा।

"एक पट बिछाकर यहीं लगा लो तीन आहार! तिलकूट है ना?"

"है बापा, आपका प्रिय चबैना कैसे भूल जाऊँगी," कहते हुए माधुरी ने एक ओर तहाकर रखे वस्त्र का टुकड़ा बीच में बिछा दिया। यह मंच के अन्तरपट का ही एक टुकड़ा था जो भोजनपट (दस्तरख़्वान) के रूप में प्रयुक्त हो रहा था।

"प्रस्तुति के दिनों में सबका आहार, उपाहार सामूहिक रूप से ही पकाया जाता है," बताया सोमदत्त ने, "यहाँ वर्णभेद नहीं है। सबका एक ही कर्म है तो वर्ण भी एक है। हमारे अनुष्ठान में अलग-अलग चूल्हे-चौके का निर्वाह अव्यावहारिक है। तभी तो कठधर्मी हमें वर्णहीन कहते हैं।"

उपाहार परोसती माधुरी एकाएक हँस पड़ी तो श्रीकंठ मुग्ध से उसकी ओर देखने लगे।

"मैंने कुछ अनुचित कहा क्या पुत्री! जो तुम...।"

"नहीं बापा! मुझे हँसी यूँ आई कि स्मरण हो आया कि हमारे यहाँ कभी-कभी पुरुष को स्त्री एवं स्त्री को पुरुष का अभिनय करना होता है।...फिर तो हमारे यहाँ

स्त्री-पुरुष का भेद भी नहीं होना चाहिए...पर यह है।

यह भी कि नाटक करते-करते क्या हम लोग किसी नाटकीय संसार और समय में नहीं जीने लगते? भूल जाते हैं कि नाटक कल्पना प्रसूत वास्तविकता है। जीवन कल्पना की भाँति कोमल नहीं प्रायः कटु, कठोर होता है...।"

श्रीकंठ आश्चर्य से माधुरी का मुँह ताकने लगे कि उन्होंने जिसे मात्र सुन्दर, भोली-युवती समझा था वह तो...? वह तो। वह मन ही मन माधुरी के लिए कोई उचित विशेषण खोजने लगे थे।

"आरम्भ करें भट्टाचार्य जी! लाते हुए पकौड़ियाँ ताती से कुनकुनी तो हो ही गई हैं, अब और विलम्ब होगा तो सिअरा जाएँगीं...स्वाद छीज जाएगा," फिर एक अर्थपूर्ण मुस्कान के साथ पूछा, "यहाँ की बोल-चाल के शब्दों का संगत प्रयोग किया न मैंने! उच्चारण दोष तो नहीं है?"

कुछ लज्जित होते श्रीकंठ बोले, "आप संवाद के उच्चारण से सम्बन्धित मेरी उस टिप्पणी का बार-बार उल्लेख करती हैं। मैंने तो आर्य के कहने पर सामान्य सी बात कही थी। वैसे भी आपकी ही भाँति यह क्षेत्र मेरे लिए भी नया है। यहाँ की भाषा में कोई गति नहीं है मेरी। बस अपने देश से यहाँ तक चूँकि पैदल यात्रा की है तो स्थान-स्थान की व्यावहारिक भाषा समझने में कठिनाई नहीं हुई। मैं भी इन बोलियों, भाषाओं के अनेक शब्द, विन्यास, लय, भंगिमा को स्मरण में रखता, सहेजता रहा हूँ।"

"ओह, वह तो परिहास में मेरे मुँह से निकल गया। क्षमा करें। नहीं जानती थी कि इतने से आपको क्लेश हो सकता है," क्षमा याचना माधुरी की आँखों में भी थी।

"नहीं.. नहीं। ऐसा न सोचें। वो स्यात् ऐसा है कि मेरा स्वभाव ही बन गया हो कि...। कदाचित् अतीत मेरा पीछा करता रहता है। परिवार में निर्धनता तो सदा से थी...पर विद्या और कुल का गर्व नहीं छूटता था। उस पर भी मैंने सजातीयों की आँखों में ईर्ष्या पाई या दया या तिरस्कार। नाट्य के प्रति विमोह (लगाव) ने उपेक्षित ही कर दिया।"

"किन्तु मैं तो बहुत आदर करती हूँ आपका। मेरी आँखों में देखिए। कदाचित् दिखेगा भी," कह आँखें चौड़ी कर श्रीकंठ की आँखों-झाँकती हुई मुस्कराई माधुरी।

"ओ हो, तुम दोनों तो वार्तालाप में उलझ गए। उपाहार प्रतीक्षा में है तथा मुझे भी सार्थपति के यहाँ जाना है," आर्य सोमदत्त ने अपनी उपस्थिति का ध्यान कराया।

माधुरी एवं श्रीकंठ सजग हो उपाहार ग्रहण करने लगे।

"श्रीकंठ! मैं तुम्हारा रूपक पढ़ना चाहूँगा। अच्छे, नए रूपकों का अभाव प्रतीत होता है मुझे। श्रीहर्ष के पश्चात् कोई अच्छा नाट्य-कवि मेरे पढ़ने-सुनने में नहीं आया। मैंने श्रीहर्ष की 'रत्नावली' का अभिनय योजित किया है अस्तु...।

यदि तुम्हारा नाटक अनुकूल हुआ और लगा कि इसका अभिनय होना चाहिए

तो हम करेंगे भी। पर अभ्यास और प्रथम प्रयोग के अवसर पर तुम्हारी उपस्थिति हो तो श्रेयस्कर रहेगा। तुम सार्थ के साथ उज्जयिनी जा ही रहे हो, हम भी एक-दो स्थानों पर पड़ाव करते हुए वहाँ पहुँचेंगे। बन पड़ा तो वसन्तोत्सव में वासवदत्ता (स्वप्नवासवदत्तम्) के अभिनय संयोजन का भी विचार है। आगे तो सब 'महाकाल' की इच्छा है। उसी बीच या उसके पश्चात् तुम्हारे रूपक पर चर्चा हो लेगी। मैं पढ़ूँगा...माधुरी पढ़ेगी और स्थितियाँ अनुकूल हुईं तो 'महाकाल' के चरणों में तुम्हारे नाटक की प्रस्तुति भी निवेदित हो सकेगी। अच्छा, मुझे तो चलना है अब...माधुरी, तुम ये सब समेट लेना," आर्य सोमदत्त खड़े हुए।

"तो फिर मैं भी अपने डेरे की ओर निकलता हूँ," श्रीकंठ भी खड़े हो गए।

"आओ फिर," सोमदत्त ने अपनी चोब (छड़ी) खूँटी से उतार कर हाथ में ले ली।

डेरों से निकलकर सार्थपति सुमति के मंडप की ओर जाने से पूर्व सोमदत्त ने श्रीकंठ के कन्धे पर हाथ रखा, "उधर पाकड़ के पेड़ तले एक चौंतरा है। वहाँ बैठते हैं घड़ी भर।"

श्रीकंठ कुछ समझ न पाए। कुछ पूछा भी नहीं जा सकता था, बस साथ चल पड़े उनके। यह स्थान नगर की ओर जाने वाले मार्ग से विपरीत दिशा में पड़ता है अतः सूना ही था। नीचे खाई की ओर से खट् खच् खट् खच् जैसे प्रहार की आवाज़ अवश्य आ रही थी जिससे लगता था कि उधर कोई लकड़ी काट रहा है।

दोनों सीढ़ियाँ चढ़ चौंतरे के ऊपर पहुँचे। सोमदत्त पेड़ से टेक लगाकर बैठना चाहते थे पर देखा कि वहाँ काले चींटों का जमाव है और छत्ता भी, तो थोड़ा हटकर बैठ गए और श्रीकंठ को भी बैठने का संकेत किया।

श्रीकंठ के बैठने पर कुछ सोचते हुए कहा, "अन्यथा न लेना इसे, हमारा मात्र दो दिन का परिचय है। आज को भी जोड़ लो तो तीसरा दिन हुआ।

"मुझे लगा कि नाट्य के प्रति तुम्हारा सम्मोह ही नहीं, उल्लास और समर्पण भी दिखता है। वस्तुतः यही मेरी चिन्ता का विषय है।"

"आर्य! इसमें चिन्ता की क्या बात है?" धीरे से पूछा श्रीकंठ ने।

"बात है, इसीलिए तो मैं तुम्हें इधर एकान्त में लाया हूँ। यह कहने, प्रत्युत आग्रह करने कि नाटक लिखो...अपने पूरे ज्ञान, पूरी सामर्थ्य का उपयोग करते हुए लिखो पर नाटक में धँसो मत! उसमें जियो नहीं।"

"सो क्यों?"

सोमदत्त ने एक गहरी साँस खींचकर छोड़ी, "क्योंकि इसमें यश देर से मिलता है पर उपहास, कटाक्ष, निन्दा तुरन्त। धन आवश्यकता भर ही मिल पाता है और ये दोनों अर्थात् यश व धन भी प्रायः बहुत कम लोगों को प्राप्त होते हैं। यहाँ बस थोड़ा-सा सन्तोष है...शेष अभाव ही अभाव है।

तुम युवा हो। श्रेष्ठ ब्राह्मण कुल में जन्म लेकर वेद-वेदांग की शिक्षा पाई है

और जैसा कि मैंने जाना, तुमने पीड़ा भी सही है अतः मेरा परामर्श है कि किसी गुरुकुल में आचार्य बनकर शिक्षा देते हुए सुख का जीवन अपनाओ।"

"देव! उपाचार्य तो मैं चन्द्रपुर के गुरुकुल में भी रहा हूँ। विवाह भी हुआ पर समाज में जिसे सुख कहा जाता है, वह नहीं मिल पाया मुझे। माँ के दुलार को छोड़ दूँ तो पितृसुख भी नहीं मिला। मैंने सदैव उनके आदेश और इच्छा का मान रखने का प्रयास किया—वैदिक नियम, संस्कार ग्रहण किए। पुरोहित और आचार्य के उपयुक्त शिक्षा ग्रहण की...विहित विधि निषेध भी स्वीकार किए किन्तु वहाँ मेरी मात्र नाट्यरुचि भी स्वीकृति योग्य नहीं मानी गई। सुख स्यात् मेरे भाग्य में नहीं है तो मैं दूसरों को सुख पहुँचाने वाले नाट्य से क्यों विलग होऊँ?" श्रीकंठ ने स्पष्ट किया।

"अब मैं तुम्हें कैसे समझाऊँ! बात यह है कि तुम्हारी तरह मैं भी मंच की चमक, छटा, सौन्दर्य, चारुता से आकर्षित हो इससे आ जुड़ा था। लगा था, बहुत कुछ है इसमें...मैं भी पाऊँगा। मैंने पाया भी। पर उम्र के इस पड़ाव पर पहुँच कर पाता हूँ कि चिन्ता के अतिरिक्त मेरी मुट्ठी में कुछ नहीं है।

मैं जो मंच पर पाँव पटक कर मेघ जैसी गर्जना के साथ अपने संकल्प से पृथ्वी को हिलाने का आभास देता हूँ...अपनी गति, भंगिमा, स्वर में ऐश्वर्य भरकर इन्द्र को लज्जित करने का अभिनय करता हूँ, श्रीकंठ! वही मैं, संसार के वास्तविक मंच पर नितान्त हीनबल हूँ। जो आखेट होने से बचने के लिए प्रतिरोध भी नहीं कर सकता...बस भाग ही सकता है।

"एक कहानी सुनाता हूँ तुम्हें! अधिक पुरानी नहीं है। कुछ ही समय पहले की बात है कि कान्यकुब्ज देश के ब्रह्मभूमि क्षेत्र में वेदवेत्ता, यज्ञाग्रही, श्रोत्रिय देवव्रत नाम के ब्राह्मण थे। विद्यापीठ में वेद विद्या के आचार्य थे वह। वहाँ विद्यापीठ में देश भर के स्नातक वेद, शब्द, चिकित्सा, तंत्र आदि का अध्ययन करने आते थे।

देवव्रत का सोमव्रत नाम से एक पुत्र था। सोमव्रत ने उसी विद्यापीठ में शिक्षा पाई जिसमें उसके पिता अध्यापन करते थे। वेद शास्त्र की नियमित शिक्षा के पश्चात् देवव्रत ने अपने पुत्र को वेद-वेदांग में विशिष्ट प्रवीणता प्राप्त करने दक्षिणापथ के और भी श्रेष्ठ, विश्रुत विद्यापीठ में भेजा। कृष्णातट स्थित उस विद्यापीठ से कला-प्रभाग भी संलग्न था जिसे नृत्य, संगीत, नाट्य आदि ललित कलाओं के उच्चस्तरीय केन्द्र के रूप में जाना जाता था।

"यहाँ पहुँच कर सोमव्रत ने वेदांग के स्थान पर नाट्य को चुन लिया। श्रीकंठ ध्यान से सुन रहे हो ना!"

"हाँ देव!"

"सोमव्रत के इस परिवर्तन की सूचना जब पिता तक पहुँची तो उन्होंने सोमव्रत को घर लौट आने का सन्देश पहुँचाया। सोमव्रत उन दिनों एक छोटी-सी भूमिका के अभ्यास में व्यस्त था... अपने प्रदर्शन को श्रेष्ठतर बनाना चाहता था, इस कारण शीघ्र

न लौट सका तो पिता स्वयं दक्षिणापथ के विद्यापीठ चले आए। सबके समक्ष खूब बुरा-भला सुनाकर प्रताड़ित करते हुए घर लौट पुरोहिती कर्म सम्हालने समादेशित किया। सोमव्रत तब नाट्य के साथ मंच और जीवनोपयोगी शस्त्र शिक्षा भी लेने लगा था। पिता की दृष्टि में दोनों ही कर्म ब्राह्मण के लिए वर्जित थे।

सोमव्रत पिता को ना तो कह नहीं सकता था अतः उसने मौन साध लिया। पिता गरजते रहे...युवा पुत्र पर बरसे भी पर यह मौन न टूटा। पिता जान गए कि यह मौन उनके कहे की स्वीकृति में नहीं, अस्वीकार का है। हार-थककर लौटते पिता के चेहरे पर क्रोध तो था ही, दीनता भी थी।

विद्यापीठ में सोमव्रत ने कुछ नए प्रयोग किए—गायन तो था ही नाटक के साथ नृत्य भी नियोजित किया। इस प्रयोग को सराहना मिली तो युद्ध और द्वंद्व, रथ-दौड़, नौका-चालन के दृश्य भी मंच पर दिखाए। नूतन प्रयोगों के लिए सोमव्रत की ख्याति फैलने लगी। सोमव्रत का नाट्य के प्रति उन्माद बढ़ने लगा। इन्हीं दिनों उसकी माहिष्मती यात्रा हुई।

माहिष्मती में महाराज दिव्यसेन के राज्यारोहण की वर्षगाँठ पर 'उरुभंगम्' का नाट्याभिनय होना था। सिद्ध कलावंत मन्मथदेव उसमें दुर्योधन व भीम के बीच गदायुद्ध के दृश्य योजित करना चाहते थे। इसी दृश्य तथा श्रीकृष्ण द्वारा चक्रगति से रथ चालन दिखाने हेतु उन्होंने सोमव्रत को बुलाया था। सोमव्रत ने गदायुद्ध को गति, परिचालन, प्रहार एवं प्रतिरक्षा (बचाव) की ऐसी त्वरित व मन्द आक्रामकता में निबद्ध किया था कि प्रेक्षक की साँस रुकी रह जाती थी। कलाकार मंच पर ऐसी युक्ति के साथ मुद्रा, भंगिमा विक्षेप, अंगन्यास (पैतरा) रच देते कि दर्शकों के सामने महाभारत का दृश्य साक्षात हो उठता।

माहिष्मती में 'उरुभंग' के इतने प्रदर्शन हुए कि अभिनेता मार्ग चलते पहचाने जाने लगे थे।

मन्मथदेव अपने नाम के अनुरूप ही सुदर्शन थे। उनकी पुत्री थी चारुशीला—अनिंद्य सुन्दरी एवं नृत्यपटु। उसकी सहजगति में ही लास्य के अर्थ स्फुरित होने लगते थे। पायल के घुँघरुओं से बोल फूटते थे।" कहीं दूर देख रहे थे सोमदत्त जैसे किसी व्यतीत में नहा रहे हों, रेखा के उस पार जहाँ पृथ्वी और आकाश मिलते हैं, जहाँ दृष्टि की सीमा समाप्त हो जाती है। ज्ञानियों ने जिसे क्षितिज के पार कहा है। जहाँ स्यात् किसी अन्य आकाश की धरती हो...।

"आगे?"

सोमदत्त श्रीकंठ की आवाज़ सुनकर किसी स्वप्न से जागने की भाँति लौटे।

"अभिनय के प्रायः सभी प्रदर्शनों में सोमव्रत मन्मथदेव के साथ रहा तो चारुशीला से उसका परिचय प्रगाढ़ होता गया। यह छिपा न रहा मन्मथदेव की दृष्टि से। उन्होंने दोनों को विवाह के बन्धन में बाँध दिया।

सोमव्रत उनके नाट्यदल का ही अंग बन गया और चारुशीला से उसे एक पुत्रीरत्न की प्राप्ति हुई।

सन्तानोत्पत्ति के पश्चात् चारुशीला के अंगों की कान्ति, कनमीयता और भी बढ़ गई। नृत्य में वह चपलता कि लोग उसे उर्वशी, रम्भा की संज्ञा देते थे। महाराज की ओर से उसे राजनर्तकी का पद स्वीकार करने हेतु प्रस्ताव आया किन्तु उसने विनम्रतापूर्वक अस्वीकार कर दिया कि राज्याश्रय में उसकी कला एक ही स्थान पर ठहरकर रह जाएगी।

सब कुछ अच्छा चल रहा था...हरेक वस्तु अपने स्थान पर व्यवस्थित थी। दैनन्दिन सुविधाओं के बीच भी यदा-कदा कठिनाई तो होती ही है—सब कुछ नितान्त सहजता, सरलता से प्राप्त होता रहे तो जीवन में रोमांच नहीं बचता। पर विधाता को सोमव्रत का इतना सुख स्यात् स्वीकार नहीं था," सोमदत्त साँस खींचकर ठहर से गए।

कुछ क्षण पश्चात् बताने लगे, "एक नगर में मन्मथदेव का नाट्यदल 'शांकुतलम्' का प्रदर्शन कर रहा था। शकुन्तला के रूप में चारुशीला का अभिनय इतना जीवन्त था कि नगर में उसका सामान्य भ्रमण भी सम्भव न रहा...लोग शकुन्तला, शकुन्तला पुकारते उसे घेर लेते। नाट्यदल के शिविर-द्वार पर रसिक दर्शक प्रात: से आकर बैठ जाते कि शकुन्तला की झलक भर मिल जाए।

इससे असुविधा तो हो रही थी पर पुरस्कार व पारिश्रमिक के रूप में दल की झोली भी भर रही थी। वैसे यहाँ चार दिन ठहरने का विचार बनाया था किन्तु दिन-प्रतिदिन बढ़ते दर्शक समूह एवं प्रत्याशा से अधिक प्राप्ति के चलते वहाँ आठ दिन बीत गए।

मन्मथदेव वहाँ से एक-दो दिन में आगे चलने की सोच ही रहे थे एवं इसकी सूचना भी उन्होंने नगरपाल व गढ़पति को पहुँचा दी थी ताकि वह राज्य की सीमा तक दल की सुरक्षा का प्रबन्ध कर सकें। इसी दिन उनके पास गढ़पति का सन्देश आया कि चारुशीला के नृत्य का एक आयोजन दुर्ग में उनके आवास पर भी होना चाहिए।

"राज्याधिकारी की इच्छा हो या अनुरोध, वह आज्ञा का ही एक रूप होता है। दुर्ग के भीतर सभी कलाकारों के भोजनादि की भी व्यवस्था की गई। यहाँ तक कि गाड़ीवानों, प्रहरियों के लिए भी शिविर-स्थल पर भोजन-सामग्री भेजी गई। सबको यथायोग्य उपहार भेंट किए गए...विदा किया गया। चारुशीला को विशेष शिविका में बिठाकर विदा करने की व्यवस्था की।

पूरा दल अपने पड़ाव पर लौट आया किन्तु गढ़पति की पत्नी के साथ बैठकर आहार ग्रहण करने गई चारुशीला की शिविका नहीं आई थी। साथ के लिए छोड़े गए शिविर के दो लोग भी न लौटे थे। पुत्री माँ माँ की रट लगाए थी। प्रहर रात्रि तो

यूँ भी बीत गई थी...घड़ी-दो घड़ी और बीतीं पर शिविका न लौटी।

एक रक्षक को साथ लेकर सोमव्रत पुनः दुर्गद्वार पर पहुँचे। द्वार-रक्षकों को बताया...अनुनय-विनय की पर उनका एक ही उत्तर था कि बिना दुर्गपाल की अनुमति के इस समय द्वार नहीं खुल सकता। सोमव्रत ने दुर्गपाल तक सूचना पहुँचाने का निवेदन किया...चीखे-रोये पर दुर्ग के कपाट न खुले।

वह जैसे कोई भीषण कालरात्रि थी। सोमव्रत के चारों ओर सायं-सायं करती हवा में अँधेरे में डूबे दुर्ग पर अट्टाहास करते प्रेतों के साये डोलते रहे थे। ज्यों-त्यों करके भोर हुई। दुर्गद्वार खुला जिसके साथ ही शिविका में चारुशीला की मृत देह तथा यह सूचना थी कि असावधानी से या जाने कहीं उलझकर अथवा किसी अन्य कारण से वह तिमंजिले छज्जे से नीचे गिर गई। इस दुर्घटना पर बहुत खेद है गढ़पति को। स्वयं को अपराधी सा मानते हुए वह लज्जित हैं कि आपसे मिल पाने का साहस भी नहीं जुटा पाए।

वह क्षण सोमव्रत के लिए प्रलय की सूचना लेकर आया था। सूर्य पूरी तरह उग भी न पाया था कि अस्त हो गया। गहन तिमिर में दृष्टि अपनी शक्ति खो चुकी थी...कानों में भयाक्रान्त ध्वनियों का झंझावात था। हिलोरें लेती व्यथा में सोमव्रत को लग रहा था जैसे वातावरण में प्राणवायु न रही हो एवं आकाश आसन्नमृत्यु मछली की भाँति मुँह खोले छटपटा रहा हो।"

कहते-कहते सोमदत्त चुप हो रहे। वृक्ष चुप, पत्ते स्थिर थे। झुकी हुई टहनियों के आगे कहीं गोह बोल रही थी तथा एक बाज आकाश में तैरता हुआ अपना आखेट खोज रहा था। तीतर के बच्चों की तरह भूरे मटमैले बादलों के गुच्छे यहाँ-वहाँ छितराए थे।

"एक बात पूछूँ आर्य?" हिचकिचाता स्वर था श्रीकंठ का।

"हूँ...।"

"क्या मैं आर्य सोमव्रत के सामने हूँ?"

सोमदत्त की आँखों से झर-झर झरना खुल पड़ा।

6

सार्थवाह सुमति का शिविर उठने की तैयारियाँ हो उठीं। बैलगाड़ियों के पहिये, धुर, पटरी, जुआ, कीलकाँटे, रस्सी आदि कसे जाने लगे। डोली, हयन (छप्परगाड़ी) रथ, काँवर आदि सँवारे जाने लगे। लगता था कि अश्वपति प्रभासमल के आते ही आवश्यकतानुसार अश्व क्रय करके आगे निकल लिया जावेगा।

नाट्यदल अभी वसुमित्र के लौट आने की प्रतीक्षा में था। आते हुए शीत का मध्याह्न अपने कुनकुनेपन के साथ थोड़ा अलसाया हुआ-सा रहता है। इसी समय वह स्त्री आर्य सोमदत्त का मंडप पूछती हुई आई थी। चूँकि प्रवेश द्वार के निकट अगला डेरा मंजरी व चन्द्र का ही है अतः हर आगंतुक का सामना प्रायः मंजरी से ही होता है।

"कौन हो बहन, कहाँ से आई व किसे खोज रही हो?" मंजरी के अपने निश्चित प्रश्न थे।

"राजप्रासाद की सेविका हूँ बहन। अन्तःपुर की राजमल्लिका (रानी) का आर्य सोमदत्त के लिए सन्देश है," अपने आने का उद्देश्य कहते हुए स्त्री ने मंजरी को देह तौलती-सी दृष्टि से देखा।

मंजरी मंच की नटी तो है ही, उसने जन्म भी करतब नटों के परिवार में लिया है, जिनकी जीविका का आधार ही अपने कमाये हुए शरीर से ग्राम, नगर, पुर, पण्य, वीथियों में शारीरिक कौतुक दिखाना होता है। आँखें खोलने के साथ ही उसने अपनी माँ को तनी हुई रस्सी पर झूलते, नाचते देखा है। स्वयं उसे भी तोतली बोली के साथ ही गुलाटी, कूद, मरोड़, चकरी, बरत जैसे खेल सिखाए जाने लगे थे। किशोरावस्था से ही उसने पुरुषों, युवकों की लोलुप आँखें पढ़ी हैं। पारितोषिक लेते हुए लोगों के उष्ण स्पर्श में कामुक स्पंदन अनुभव किया है। उसे सिखाया गया है कि अधिकाधिक प्रतिदेय (इनाम) खींचने के लिए कैसे रिझाना व स्वयं को कैसे बचाना होता है। मंजरी ताड़ गई कि यह स्त्री उसे तौल रही है तो सजग होकर बोली, "बहन, राजमहलों से दूत आते तो सुने हैं, दूती को पहली बार देख रही हूँ," कह वह खिलखिला पड़ी।

मंजरी को इतने ऊँचे स्वर में हँसता सुन बालिका को गोद में उठाए चन्द्र, "क्या हुआ' कहता डेरे से बाहर आया तथा मंजरी के निकट अपरिचित स्त्री को खड़ा देख झेंप गया।

"यह मेरे पति हैं," स्त्री को बताया मंजरी ने।

"ओह, हाँ तो आर्य सोमदत्त कहाँ होंगे?"

"वह जो मंडप है ध्वज वाला।"

"जिसके आगे श्वान बैठा है?"

"हाँ, वही।"

"श्वान कटखना तो नहीं है?"

"नहीं, वह मात्र घुर्राएगा। यूँ प्रशिक्षण उसे भभोड़ने का भी मिला है।"

"परिहास बहुत अच्छा जानती हो बहन," होंठों पर गूढ़ मुस्कान लाकर स्त्री आर्य सोमदत्त के मंडप की ओर चली गई तथा और कुछ ही समय में बाहर निकल आई।

"आर्य से भेंट हो गई?" लौटकर जाती स्त्री से पूछा मंजरी ने।

"हाँ," स्त्री ने आश्वस्त उत्तर दिया।

मंजरी अपने डेरे में गई। बेटी को गोद में लेकर घुटनों पर झुलाते हुए मंजरी ने पति से पूछा, "तुमने इस स्त्री को देखा?"

"हाँ, देखा तो था।"

"उसे ध्यान से देखा...आँखों में झाँककर?"

"किसी स्त्री की आँखों में झाँकने का तुम अवसर ही कब देती हो," चन्द्र ने परिहास में कहा।

"हँसने की बात नहीं। मुझे लगता है कि यह स्त्री सामान्य नहीं है। अच्छा! आर्य से पूछ कर ज्ञात करो कि यह क्या सन्देश लेकर आई थी?"

"मैं कैसे पूछ सकता हूँ। उचित होगा या समझेंगे अथवा हमारे जानने योग्य हुआ तो आर्य स्वयं ही बताएँगे। अधिक उत्सुकता है तो स्वयं जाकर माधुरी से जान लो कि स्त्री क्या सन्देश लाई है।"

"ठीक है...मैं पूछ लूँगी," कह वह बेटी को दूध पिलाने लगी।

इन दिनों दिनमान क्रमश: घटते हुए छब्बीस घटी के निकट आ पहुँचा था अर्थात् दिन रात्रि से कोई सात घड़ी छोटे हो गए थे। भास्कर दक्षिणायन से उत्तरायण की ओर बढ़ रहे थे। मध्याह्न भोजन के पश्चात् ही संध्या की आहट सुनाई पड़ने लगती है। नाट्य प्रदर्शन का यह तीसरा ही दिन है। एक सप्ताह का प्रदर्शन हर स्थान पर होता ही है। उसके पश्चात् और रुकना हो तो नाटक बदल दिया जाता है ताकि दर्शकों में ऊब, अरुचि न पैदा हो।

नाट्य दल के सदस्य गोधूलि बेला में ही प्रेक्षागृह की ओर चल पड़े। डेरों पर रक्षक, चालक, सूपकार (रसोइया) जैसे कर्मकर ही रह जाते हैं जो अलाव जलाकर कलाकारों के लौटने की प्रतीक्षा करते हैं। रात्रि भोजन देर में ही हो पाता है।

निश्चित समय पर नाटक आरम्भ हुआ। वसुमित्र के विमातृ भ्राता आज पुन: अभिनय देखने आए थे। आज उन्होंने प्रचुर पारितोषिक भी कलाकर्मियों को वितरित किए। माधुरी को मुक्ताहार भेंट में मिला। सभी लोग प्रसन्न थे पर मंजरी ने लक्ष्य किया कि आर्य सोमदत्त के चेहरे पर उत्फुल्लता तथा पैरों में वह चपलता नहीं है जो सफल प्रदर्शन के पश्चात् प्राय: देखने को मिलती है। मंजरी अपने पति को एक कोने की ओर ले गई।

"चन्द्र! मुझे लगता है कि आर्य किसी न किसी कारण से खिन्न हैं। कहीं इसके पीछे वह स्त्री तो नहीं जो मध्याह्न में डेरों पर आई थी," मंजरी ने आशंका प्रकट की।

"आज तो सब लोग प्रसन्न हैं। राजा ने मुक्त हस्त पुरस्कार बाँटे हैं," चन्द्र के चेहरे पर भी प्रसन्नता थी।

"जो हो...तुम्हें पता लगाना है कि वह स्त्री कौन थी। सम्भव है—आर्य उससे परिचित हों।"

"वैसे तो उचित नहीं है पर तुम कह रही हो तो पूछूँगा आर्य से। किन्तु यह कल प्रातः ही होगा," कह चन्द्र अपने कार्य में लग गया।

डेरे की अगली सुबह भी प्रतिदिन की भाँति थी। आर्य सोमदत्त स्नान के लिए पयस्विनी की ओर निकल रहे थे तो चन्द्र साथ हो लिया। सोमदत्त का सदैव ऊर्जस्वित रहने वाला मुखमंडल इस उदयबेला में भी किसी संशय में घिरा-सा लग रहा था।

"देव! अन्यथा न लें...एक धृष्टता कर रहा हूँ," संकोच से चन्द्र बोला।

सोमदत्त ने पीछे मुड़कर चन्द्र की ओर देखा और ठहर गए, "ऐसी क्या बात है चन्द्र। तुम तो हमारे दल के उदयन हो...कहो जो कहना है," मुस्कराने का प्रयास करते हुए सोमदत्त ने कहा।

"देव, बात यह कि मंजरी ने...मेरा आशय है कि कल कोई स्त्री आपको पूछती हुई आपके मंडप की ओर गई थी। हमारे डेरों पर नागर स्त्रियाँ प्रायः आती नहीं हैं...सो भी अकेले। तो मंजरी...आप जानते ही हैं कि स्त्रियाँ स्वभाव से शंकालु होती हैं। उसने जानना चाहा है कि वह स्त्री कौन थी?" रुक-रुककर चन्द्र ने वाक्य पूरा किया।

"चन्द्र, मैं इधर से लौटूँ तब मंजरी को मेरे पास भेज देना," कह सोमदत्त आगे बढ़ गए।

सुमति के पास सूचना आ गई थी कि अश्व व्यवसायी प्रभासमल सायं से पूर्व ही रुद्रपुर पहुँच लेगा अतः सुमति ने सभी को आगे के लिए चलने की सूचना दे दी थी। आज हाट लग ही रही है...कल सामग्री का लदान व अन्य उद्यम तथा उसकी अगली भोर में प्रस्थान।

श्रीकंठ व धनंजय को तो कोई तैयारी करनी नहीं है। धनंजय के पास छोटी-सी पोटली है तथा श्रीकंठ के पास पोटली के साथ पेटिका, पर वह दुविधा में थे। उन्हें सार्थ के साथ उज्जयिनी अथवा आर्य सोमदत्त के साथ नाट्यदल के साथ चलते चलना चाहिए। जाना तो दोनों को अवन्तिका ही है पर नाट्यदल के साथ से उनका नाटक व लेखन का व्यावहारिक ज्ञान समृद्ध होगा। आर्य सोमदत्त के पास ज्ञान और अनुभव का बहुमूल्य कोश है, यह तो स्पष्ट था पर श्रीकंठ के भीतर कोई इच्छा जन्म लेने लगी थी। कुछ इस प्रकार कि नाटक की नायिका के रूप में यदि माधुरी मिल जाए...।

माधुरी की आवाज़ और छवि में कोई इन्द्रजाल सा है। सौन्दर्य, चातुर्य व प्रज्ञा का मणिकांचन और सूत्र सा संयोग है उसके व्यक्तित्व में।

श्रीकंठ माधुरी की दिशा में दौड़ते अपने मन की लगाम बार-बार खींचते... दूसरी ओर मोड़ते, कभी-कभी तो स्वयं को धिक्कारते भी कि विधुर ब्राह्मण होने के नाते उसे कोई अविचार चित्त में नहीं लाना चाहिए फिर भी जाने कैसी व्याकुलता बार-बार निकट आ बैठती।

प्रातः व सायंकालीन संध्या में खूब समय लगाकर मन स्थिर करने की चेष्टा की पर नासिकाग्र पर दृष्टि साधकर जैसे ही वह अपने अन्तर में झाँकते वहाँ मुस्कराती, कनखी से देखती अथवा अधर में अप्सरा की भाँति तैरती माधुरी दिखाई पड़ती। कानों में उसके शब्द मधु की बूँदों जैसे रिसते प्रतीत होते।

मन को थामने के प्रयास में ही वह कल नाटक देखने भी नहीं गया था। धनंजय के आने तक यूँ ही डेरे के भीतर-बाहर होता घूमता रहा। श्रावकों को तो मात्र थोड़े से आहार तथा आश्रय के अतिरिक्त किसी से कोई मयामोह, सगापन ही नहीं है। नाटक में भी उनकी कोई रुचि नहीं जिसे देखने के लिए वह समय व्यय करें जिसमें जप किया जाना चाहिए।

अभी प्रहर भर भी रात न बीती होगी कि धनंजय अभिनय देख लौट आया। श्रीकंठ उसे मंडप के बाहर ही मिल गए, "अरे यहाँ हो। अभिनय देखने भी नहीं पहुँचे," धनंजय ने पूछा।

"यूँ ही मन जाने कैसा-कैसा हो रहा है।"

"हाँ, कवियों के मन का क्या...जाने कब कैसा हो उठे। वैसे आज तुम्हारी वह नायिका भी मंच पर नहीं दिखी। सम्भव है उसका मन भी कैसा-कैसा हो गया हो। नाटक भी आज दूसरा था...छोटा-सा।"

श्रीकंठ चौंके, "तुम्हारा कहना क्या यह है कि माधुरी नाटक में नहीं थी?"

"निश्चय ही नहीं थी। मैंने एक कलाकार से पूछा तो ज्ञात हुआ कि अस्वस्थ है।"

"सम्भव है, असावधानी के कारण शीतबाधा हो गई हो...ज्वर चढ़ गया हो।"

"पता नहीं। यूँ स्त्रियों की कुछ अलग व्याधियाँ भी होती हैं। ऐसे में स्यात् सीता-माता जैसे पूज्य, पवित्र चरित्र का अभिनय किया जाना वर्जित हो।"

"नाट्यशास्त्र में तो कदाचित् इस प्रकार का उल्लेख नहीं है। हो सकता है किसी व्याख्या में कहीं कहा गया हो। नाट्य तो प्रकृति की भाँति नैरन्तर्य का अनुगामी है। अब तो प्रातः मंजरी से ही कुछ जाना जा सकता है।"

बातचीत करते दोनों अपने आश्रय-मंडप में प्रविष्ट हुए। धनंजय का आहार श्रीकंठ ने लाकर रख लिया था। भोजन के पश्चात् धनंजय तो सो गया पर श्रीकंठ की रात्रि खंड-खंड दुःस्वप्नों की निद्रा में बीती।

मध्याह्न पूर्व वह नाट्यदल के घेरे में पहुँचे। वहाँ मंजरी तो न दिखी, हाँ, चन्द्र कोई रस्सी ऐंठ रहा था। श्रीकंठ को देखते खड़े हो उसने अभिवादन किया, "आचार्य की वन्दना करता हूँ।"

"मैं आचार्य नहीं हूँ चन्द्र! सच पूछो तो कुछ भी नहीं। हाँ मुझे अपना मित्र मान सकते हो," श्रीकंठ की आवाज़ में अपनापन झलक रहा था।

"आप रात्रि को नाटक देखने नहीं आए! हम लोगों ने अलग नाट्य किया

था—युद्ध का। ऐसे नाट्य में मेरी विशेष भूमिका रहती है। पैंतरे दिखाने, उछलने-कूदने का काम होता है ना," चन्द्र हँसने लगा।

"मैंने सुना है कि माधुरी देवी अस्वस्थ हो गई हैं," संकोच के उबरकर पूछा श्रीकंठ ने।

"हाँ, तभी तो नाटक बदलना पड़ा।"

"अब स्वस्थ हैं?"

"मंजरी गई है उधर। माधुरी बहन आज अपने मंडप से बाहर नहीं आई हैं। आर्य सोमदत्त भी कुछ चिन्तित दिखे। लो! मंजरी आ रही है...उसी से पूछ लो।"

मंजरी ने पास आकर श्रीकंठ से पूछा, "आप आर्य से भेंट करने आए हैं?"

"हाँ, सुना है कि माधुरी देवी अस्वस्थ हैं।"

"हाँ, कुछ समय पूर्व एक स्त्री आई थी। माधुरी के स्वास्थ्य के बारे में पूछने। कल भी आई थी। कहा था—राजसेविका है। आज स्वयं को रोगहारी (वैद्य) बताकर परीक्षण करना चाहती थी माधुरी बहन का। मैंने ही उसे ज्यों-त्यों करके जैसे-तैसे टाला कि हम लोग अपरिचितों से परीक्षण या चिकित्सा नहीं कराते," चिन्ता की छोटी-सी लकीर मंजरी के माथे पर भी खिंची दिखी।

"मैं आर्य सोमदत्त से मिलूँ?" श्रीकंठ थे यह।

"आप क्या वैद्य हैं?" उद्विग्नता के बीच भी मुस्करा पड़ी मंजरी।

श्रीकंठ झेंपकर दूसरी ओर देखने लगे।

"आपके वह मित्र कहाँ हैं आज?" उसी मुस्कान के साथ पूछा मंजरी ने।

"कौन मित्र?" किसी सोच में डूबे से श्रीकंठ ने प्रश्न किया।

"वही जो खड्ग लटकाए आपके साथ घूमते रहते हैं। खड्ग चलाना भी जानते हैं या यूँ ही ऐंठ दिखाने के लिए है?"

"मैंने उसका युद्ध कौशल या खड्ग लाघव तो नहीं देखा, क्योंकि इसी यात्रा में उससे परिचय हुआ है। पर इतना जानता हूँ कि साहसी है। शस्त्रजीवी है तो शस्त्रपटु भी निश्चय ही होगा।"

"तो ठीक है, आज परीक्षण कर लेते हैं। चन्द्र से स्पर्द्धा करवाती हूँ उसकी। पता चल जाएगा कि कौन कितने पानी में है," मंजरी की मुस्कान और भी चौड़ी हो गई।

संध्या के समय सार्थवाह के डेरे में हलचल बढ़ गई। प्रभासमल आ पहुँचा था। उसके दल में पचास से अधिक अश्वारोही थे तथा प्रत्येक के साथ दो अश्व जुड़े थे। इस प्रकार शताधिक अश्व विक्रय के लिए साथ थे।

प्रभासमल ने सार्थवाह के डेरे में बगल में ही पड़ाव कर लिया। तम्बू तानने के लिए भूमि का शोधन कर बुहारने, खूँटे गाड़ने का क्रम आरम्भ हो गया था। इसी हलचल के मध्य चन्द्र आकर धनंजय को बुला ले गया। धनंजय जब लौटा तो विचार में डूबा हुआ व किंचित गम्भीर था।

नाटक आज भी हुआ। सुमति व प्रभासमल दोनों के दल में पहर रात बीतने पर भी हलचल बनी रही—एक खेमा लग रहा था—एक जाने की तैयारी में था। रात का तीसरा पहर बीतने का पहरुआ बोलने पर धनंजय ने श्रीकंठ को हिलाकर जगाया। श्रीकंठ ने देखा कि वह कहीं जाने को प्रस्तुत है—पोटली पीठ पर बाँधे और खड्ग कसे हुए। श्रीकंठ की नींद दूर भाग गई, "कहीं जा रहे हो क्या?"

श्रीकंठ का कन्धा पकड़ धनंजय ने खड़े होने का संकेत किया और मंडप से बाहर ले आया, "ध्यान से सुनो! अभी मैं कहीं निकल रहा हूँ। प्रकाश होती ही सार्थ भी चल देगा। तुम सार्थ के साथ उज्जयिनी पहुँचना। मैं वहीं आकर तुमसे मिलता हूँ।"

"पर इस समय जा कहाँ रहे हो?"

"मिलने पर सब कुछ बता दूँगा तुम्हें। अभी जानना आवश्यक नहीं है। हाँ, मार्ग में सार्थ के साथ ही रहना...। इधर भी बहुत घना वन-प्रांतर सुना है...हिंस्र पशुओं से भरा हुआ।"

"किन्तु अभी तो रात्रि-शेष है और कहीं जा रहे हो तो वन तुम्हें भी पड़ेगा ना?"

"मेरे पास खड्ग है और मैं इसका प्रयोग जानता हूँ। फिर अकेला भी नहीं हूँ। अब प्रश्न-प्रतिप्रश्न मत करो। चलता हूँ। जय हो देव की," कहता धनंजय निशान्त के अँधेरे में आगे बढ़ गया।

7

सकारे से ही सार्थ का संचरण आरम्भ हो गया। भारवाही शकट, वाहन निकाले जाने लगे। सार्थपति सुमति ने श्रीकंठ के पास आर्य सोमदत्त का सन्देश भिजवा दिया था कि उनसे अब उज्जयिनी में भेंट होगी अत: श्रीकंठ सार्थ के साथ वहीं पहुँचें।

श्रीकंठ कुछ समझ न पा रहे थे। उन्हें इतना भी अवसर न मिला, न दिया ही गया कि वह आर्य सोमदत्त से मिल सकें। भोर के इस अलस समय में वह नाट्यदल के डेरों में जाकर किसी से मिल भी नहीं सकते। अब तो उज्जयिनी पहुँचकर भेंट हो सकती है।

यह मार्ग सचमुच ही गहन कान्तार के बीच से होकर है। बीच-बीच में कुछ छोटी, कुछ मँझोली नदियाँ हैं तो यात्रा की दृष्टि से सुविधाजनक भी है कि जल, जलावन, चारा, छाँह सहज ही सुलभ हो जाते हैं, पर यही सुलभता दस्यु-दलों, हिंसक जीवों के आश्रयस्थलों का भी कारण है।

श्रीकंठ अनेक आशंकाओं में डूबे थे—इतने अँधेरे में धनंजय कहाँ निकला है, क्यों निकला है, साथ कौन है? उसे कुछ भी तो पता नहीं है।

यात्रा में दिन के पूर्वार्द्ध का बहुत महत्त्व है क्योंकि पूरे दिन की दो-तिहाई यात्रा मध्याह्न के टिकाव तक पूरी करनी होती है। रात्रि के पूर्व किसी चट्टी या जनवास तक पहुँचना होता है ताकि बसाहट के निकट की सुरक्षा व दूध, साग-भाजी जैसी वस्तुएँ भी उपलब्ध हो सकें। अभी दिन प्रहर भर चढ़कर कुछ ही आगे बढ़ा होगा कि रुद्रपुर की ओर से तीव्रगति में आए अश्वारोही सैनिकों ने आगे बढ़ सार्थ को रोक लिया।

सार्थ रक्षकदल तुरन्त सावधान हो भिड़ने को ही था कि दलनायक आगे आया, "हम रुद्रपुर के सैनिक हैं—यह देखिए पटका और राजचिह्न मुद्रित कृपाण।"

अब सार्थ रक्षकदल का प्रमुख आगे बढ़ा, "आपने सार्थ को क्यों रोका है नायक महोदय?"

"रुद्रपुर में ठहरे नाट्यदल से दो युवतियाँ निकलकर भागी हैं। कहीं वे तुम्हारे सार्थ के साथ तो नहीं?"

"हमारे साथ में कुल छह स्त्रियाँ हैं। ये सभी रसोईदार के साथ ही पाककर्मिणी (महाराजिन) हैं। इनमें युवती भी कोई नहीं है। आपमें से कोई भी एक या आप स्वयं सत्यापन कर सकते हैं।"

"कोई वेष बदलकर?"

"सम्भव ही नहीं है। हमारी वृत्ति इसी की है नायक! बहुत सावधानी रखनी पड़ती है हमें। पर नाट्यदल की युवतियों के लिए आपको इतनी चिन्ता क्यों करनी पड़ रही है। इनके यहाँ भागना, लौटना होता ही रहता है।"

"रुद्रपुर आने वाले समूहों या व्यक्ति ही क्यों न हो...उनकी सुरक्षा का दायित्व निभाना होता है ना! राजन् विदिशा से लौटकर यह सुनेंगे तो कोप करेंगे अत: राजकुँअर की आज्ञा है कि दोनों युवतियों को पकड़कर उनके समक्ष प्रस्तुत किया जावे।"

"ठीक है, मैं सार्थपति से बूझे लेता हूँ, फिर आप जैसे चाहें देख लें। व्यवसायी कभी राजाज्ञा, राज्यहित की अवज्ञा नहीं करता, क्योंकि उसे तो सदैव के लिए व्यवहार बनाए रखना होता है।"

दलनायक कुछ क्षण सोचता रहा और बोला, "हाँ, सार्थपति सुमति तो प्रतिवर्ष यहीं होकर आते-जाते हैं। नरेश से आत्मीयता है उनकी। वह छिपाव क्यों करेंगे?" उसने साथी सैनिक को आगे बढ़ने का संकेत किया और वे अश्व दौड़ाते हुए आगे चले गए।

इस घटना का श्रीकंठ को रात्रि विश्राम के समय पता चला। यद्यपि उसने मार्ग में अश्वारोहियों को आते देखा था। सार्थ कुछ समय के लिए रुका भी था, किन्तु वह एक तो माधुरी की स्मृति में, दूसरे इस विचार से कि उज्जयिनी पहुँचकर वह कहाँ ठहरेगा...धनंजय से कहाँ भेंट होगी जैसी चिन्ताओं में था। अब उसे धनंजय

का साथ न होना भी कहीं कचोट रहा था। छोड़े से ही दिनों में धनंजय ने श्रीकंठ की आवश्यकताओं में स्थान बना लिया है। यों तो श्रीकंठ ने पद्मपुर से विंध्य तक की यात्रा अकेले ही तय कर ली थी पर चार दिन धनंजय के साथ रह लेने के पश्चात् अकेले एक दिन काटना भी दूभर हो रहा था।

रात्रि भोजन के समय पारस्परिक चर्चा में ही उसने सुना था कि नाट्यदल से दो युवतियाँ कहीं चली गई हैं। या तो उन्हें कोई अपहृत कर ले गया या वे स्वयं ही...। पर अनजान प्रदेश में अकेली युवतियाँ अरक्षित कैसे भाग सकती हैं। कोई न कोई पुरुष तो साथ होगा ही। निश्चय ही उनका अपहरण हुआ या वे अपने प्रेमियों के साथ भागी होंगी।

श्रीकंठ का माथा ठनका। धनंजय भी तो निकला है, रात के अंधेरे में। कहीं वह तो...? और उन युवतियों में माधुरी भी तो नहीं है?

पर माधुरी के हाव-भाव से इसका कोई संकेत नहीं मिला कि धनंजय के प्रति उसका आकर्षण है। धनंजय को भी माधुरी से मिलने का कोई प्रकट अवसर नहीं मिला न उसके बातचीत अथवा व्यवहार में ऐसा कोई संकेत मिला। तो क्या किसी अन्य ने अपहरण किया और किसी लोभवश धनंजय उसमें शामिल हो गया?

श्रीकंठ की विकलता बढ़ गई। भोजन में रुचि न रही एवं दिन भर की थकान होने पर भी वह सो न सका। जब भी झपकी लगती—कोई दुःस्वप्न आकर उसे घेर लेता और उत्तप्त हो जाग जाता वह।

तीन दिन चलकर सार्थ अगले पड़ाव पर पहुँचा। सार्थ का क्रम ही यही है कि हर पड़ाव पर विक्रय करो तथा वहाँ का उत्पाद क्रय कर आगे बढ़ो।

श्रीकंठ के दिन बिताए नहीं बीत रहे थे। कोई विरक्त, विरूप, आतुर पीड़ा उसके भीतर धँसती चली आ रही थी व समय किसी समतल पठार की भाँति उसके सामने आ पसरा था। भोजन, शयन, संध्या, पूजा-घटिका-यंत्र की भाँति अपने आप होते चले जा रहे थे। लिखने, नया जोड़ने अथवा पुराने को पलटने की इच्छा ही जैसे कहीं दूर जा बैठी थी—जब माधुरी, आर्य सोमदत्त या धनंजय का स्मरण हो आता तो वह सिर झटककर स्मृति को दूर फेंक देता।

सार्थ को मकर संक्रांति तक उज्जयिनी पहुँचना है। रुद्रपुर से चले एक पखवारा हो गया, इतने दिनों में कोई ऐसा न था जिससे श्रीकंठ बात करके यत्किंचित् समय बिता सके। रहना अब भी जैन श्रावकों के साथ ही होता है किन्तु वे दोनों श्रीकंठ से दूरी बनाए रखते। उन्हें उज्जयिनी पहुँचने की न कोई शीघ्रता थी न उत्सुकता। समय जैसे उनके लिए स्थिर था। आस-पास क्या घट रहा है, क्यों घट रहा है इससे उन्हें कोई प्रयोजन नहीं। वे दैनन्दिन चर्या के साथ समय के श्यामपट पर जप के आखर लिखते-पोंछते रहते।

अवन्तिका तक पहुँचते-पहुँचते श्रीकंठ सार्थ के साथ अपने आपसे भी इतना

उकता गए कि उन्हें लगने लगा कि भोजन करने, सोने, चलने जैसी जैविक क्रियाओं के अतिरिक्त उनके जीवन में कुछ भी नहीं है। यदा-कदा विचार उठता कि फिर उनके होने का क्या प्रयोजन है। सार्थ में सबके अपने-अपने समूह थे। सार्थ जीवन का अभ्यास कदाचित् इन सबके स्वभाव में शामिल हो गया है।

आद्रा नक्षत्र की समाप्ति या पुनर्वसु के आरम्भ होने के पूर्व ही, चातुर्मास आरम्भ होने तक सभी वाणिज्यदल प्रायः अपने-अपने मूल स्थान पर लौट आते हैं। पोतवणिक भी अपनी फेरी स्थगित कर लेते हैं। दीपोत्सव के बाद अन्नकूट कर सार्थवाह, आपणिक, बनजारे अपने-अपने व्यापारिक मार्गों पर निकल पड़ते हैं। उज्जयिनी व्यापारिक मार्ग के केन्द्र में है। यहाँ एक मार्ग पाटलिपुत्र से सहजात, प्रयाग, पद्मावती, देवसम (देवास), उज्जयिनी, दशपुर से होता हुआ भृगुकच्छ (भड़ौंच) तक जाता है। जहाँ समुद्री मार्ग के व्यापार की बड़ी-बड़ी आढ़ते (गद्दियाँ) हैं। किन्तु सुमति अपना सार्थ उज्जयिनी तक ही लाते हैं।

सार्थ तो अपने निर्धारित स्थान पर आ ठहरा पर श्रीकंठ के सामने समस्या थी कि अब कहाँ, किस ओर जाएँ—इसी असमंजस में वह इतने दिनों तक साथ रखकर भोजनादि की व्यवस्था करने वाले सार्थपति सुमति को धन्यवाद ज्ञापित करने पहुँचे।

"कहाँ जाओगे विप्रवर! इस महानगरी में कोई आश्रय-स्थल या परिचित है?" पूछा सुमति ने।

"मेरा तो यहाँ बस महाकाल और पुण्यसलिला शिप्रा से ही परिचय है," सूखी हँसी के साथ कहा श्रीकंठ ने।

"चाहो तो मैं कुछ दिनों के लिए आपके ठहरने का नियोजन कर सकता हूँ।"

"और कुछ दिनों पश्चात?"

"फिर तो महाकाल ही जानें। मनुष्य को अपने ही पाँवों पर खड़ा होना पड़ता है," श्रीकंठ की आँखों में आँखें गड़ाकर सुमति भी मुस्कराए।

"तो फिर स्वयं को आज से ही क्यों न सौंप दूँ महाकाल के हाथों में, और प्रयास करूँ अपने पाँवों पर खड़े होने का...।"

"विचार उत्तम है," कह सुमति हाथ जोड़ खड़े हो गए तथा दाहिनी ओर गद्दी पर बैठे वित्तपाल (रोकड़िया) से बोले, "विप्रवर को पाँच रौप्य मुद्राएँ देकर विदा कीजिएगा।"

इस स्थिति में भी श्रीकंठ चिंहुककर सतर्क हुए। यह भेंट भिक्षा जैसी प्रतीत हुई। अचकचाए तो अवश्य पर सार्थपति सुमति का निरपेक्ष सहयोग स्मरण कर ना न कर सके। लगा कि 'ना' कहना इस सहृदय व्यक्ति का अपमान होगा जो लाभ-हानि की कौड़ी दमड़ी चिट्ठा (हिसाब) रखकर भी अपने स्तर पर विनम्र व उदार है।

इसके पश्चात् श्रीकंठ स्वर्णशृंगा अवंति के दोराहे पर खड़े थे, 'एक मार्ग जो विशाल भवनों, समृद्ध पण्य, राजमहालय, राजन्यवीथी वाले जनसंकुल नगर के

भीतर धँसाता है...यहीं से कोई मार्ग महाकाल की ड्योढ़ी तक ले जाएगा। इसी नगर में कहीं रंगशालाएँ होंगी। महाभट्ट, सूत्रधार, अभिनेता, अभिनेत्रियों से सम्पन्न नाट्यदल होंगे।

दूसरा तो वह है ही जो नगर से बाहर की ओर निकलता है—जिस पर कोई कृतकार्य होकर लौटता है तो कोई निराश होकर। कोई थैली भरकर...कोई गाँठ का सब गँवाकर।

श्रीकंठ के सामने भी दो विकल्प हैं कि कन्धे पर लदी काष्ठपेटिका को उसके भीतर सुरक्षित रखे 'महावीर चरित्' सहित शिप्रा में प्रवाहित कर साधु-संन्यासियों के बीच कहीं धूनी रमा ले अथवा महाकाल के हवाले होकर काव्य के रंगमंच पर अपनी उपस्थिति प्रदर्शित करने का प्रयास करना। यहीं कुछ दिन में आर्य सोमदत्त तथा माधुरी आ जाएँगे। धनंजय ने भी यहीं मिलने को कहा था अत: श्रीकंठ को भीतर ही धँसना चाहिए।

रौप्य मुद्राएँ अपने साथ सुरक्षा की चिन्ता भी ले आई थीं। अनजान नगर, जिसकी भूषा अलग, भाषा अलग। प्रकट है कि यहाँ स्वागत, उपकार, छल और ठगी की शैली भी भिन्न होगी। धन पास न हो तो ठगे जाने, लूटपाट का भय नहीं होता पर अब तो उसके पास है। धन की चिन्ता ने अपने जीवन व जगत के प्रति हुई उदासीनता और व्यर्थता से श्रीकंठ का ध्यान हटा दिया।

काष्ठपेटिका को कन्धे पर सँभाले घूमते श्रीकंठ ने एक नागरिक से महाकाल के मन्दिर का मार्ग पूछा। यह संयोग ही था कि जहाँ वह खड़े थे, वहाँ से मन्दिर का शिखर दिखाई देता था।

नागरिक ने पूछने वाले को ध्यान से देखा व पूछा, "कहाँ से पधारे हो बन्धु?"

"मैं विदर्भ से हूँ।"

"तीर्थयात्री हो?"

"निश्चय ही यह नगर मेरे लिए तीर्थ है—महाकाल का साकार विग्रह...विद्या और कला की पुण्यभूमि।"

"कवि हो?" नागरिक मुस्कराया।

"गुरुकुल में कुछ लोग मुझे यह सम्बोधन भी देते थे पर मैं जानता हूँ कि कवि होना इतना सहल नहीं है।"

"ओह ठीक है... तो देखिए, वह जो शिखर दिखाई दे रहा है ना, वही जिसके ऊपर पाशुपत ध्वज फहरा रहा है—वही है महाकाल मन्दिर। सीधे चलने पर आगे पीपल का वृक्ष है। वहीं से बाएँ मार्ग पर मुड़ जाइए, सीधे महाकाल के प्रांगण में जा पहुँचेंगे।"

आगे कोई कठिनाई न थी। प्रांगण प्रचुर विस्तार लिये हुए है। अनुमान लगाया जा सकता है कि यहाँ विविध आयोजन होते होंगे। पूर्व दिशा में तीन ओर से सीढ़ियों वाला चत्वर (चबूतरा) बना है जिसके चारों कोनों पर स्तम्भ व पृष्ठ में तीन द्वार की

भित्ति खड़ी कर ढलवाँ छत डाली गई है। एक और कक्ष भी इस छत से जोड़ा गया है।

श्रीकंठ ने काष्ठपेटी उतारकर नीचे रखी व महाकाल की देहरी पर माथा टेक साष्टांग प्रणाम किया। भीतर से शिव पंचाक्षर स्तोत्र की मधुर ध्वनियाँ बाहर तक आ रही थीं—'नागेंद्र हाराय त्रिलोचनाय भस्मांगरागाय महेश्वराय। नित्याय शुद्धाय दिगंबराय तस्मै न काराय नमः शिवाय॥ मन्दाकिनी सलिल चन्दन चर्चिताय,'... घुटनों के बल बैठ, हाथ जोड़ नेत्र बन्द किए श्रीकंठ ने। उसे कोई ऊर्जा सी अपने भीतर संचरित होती अनुभव हुई। क्षण भर को क्लांति व नैराश्य पोंछकर जैसे जीवन आँख खोलने लगा हो। श्रीकंठ खड़े हुए। भीतर जाकर अपनी पेटिका एक पुष्प विक्रेता के निकट रख उन्होंने प्रकट महाकाल के दर्शन किये तथा मन्दिर से बाहर निकल आए।

अब वह पुनः वैसे ही अकेले थे—अपनी पोटली और पेटिका के साथ, जैसे वह अपने गृह, अपने जनपद से निकले थे। एकाएक उनका ध्यान अपने वस्त्रों की ओर गया। इतनी लम्बी यात्रा में उनका परिधान ही कुछ का कुछ हो गया था। रंग-रूप भी कुछ न कुछ बदला होगा—सोचा उन्होंने। कोई परिचित ही मिल जाए तो उसे पहचानने में भी समय लगे। इस प्रसिद्ध, सुसंस्कृत नगर में भिखारी सा यह भेष ठीक नहीं है। स्मरण हो आया कि उनकी गाँठ में तो पाँच रौप्य मुद्राएँ बँधी हैं।

सर्वप्रथम तो यह काष्ठपेटिका सुरक्षित स्थान पर रखी जाए। इसे कन्धे पर लादे हुए घूमा नहीं जा सकता। कदाचित् यहाँ निकट कोई पांथागार हो जहाँ पेटिका रखी जा सके। उन्होंने एक फूल बेचने वाली मालिन से पांथागार के बारे में पूछा। मालिन ने उत्तर देने के स्थान पर प्रश्न कर दिया, "कहाँ से आए हो पथिक?"

"आया तो दक्षिण देश से हूँ।"

"इस पेटिका में क्या कोई विक्रय योग्य वस्तु है?"

"नहीं, विक्रय के लिए नहीं है।"

"वस्त्र तो हो नहीं सकते इसमें, क्योंकि होते तो तुम इतने जीर्ण-शीर्ण वस्त्र क्यों पहनते? अच्छा मुझे भले न बताओ पर पूछगाछ तो पांथागार का प्रबन्धक भी करेगा। बहुत बार लोग पेटिका में विषैले जीव छिपा के आते हैं। पर मैं तुम्हें एक बिन माँगा सुझाव दे सकती हूँ वह यह कि यदि तुम्हारी गाँठ में धन है तो श्रेष्ठिवासा की ओर चले जाओ। उधर ऊँचे भाटक (भाड़ा) वाले, मध्यम स्तर के तथा सेवकों वाले सामान्य तीनों प्रकार के पांथागार मिल जाएँगे और यदि निःशुल्क रहना है तो किसी धर्मस्थल के पंडे, पुजारी को पटा लो—वहाँ आश्रय के साथ भोजन भी निःशुल्क मिल सकता है। यदि ब्राह्मण हो तो सोने में सुहागा, न भी हो तो तुम्हारे रूप-विग्रह की दीनता सुदामा सी है, इसलिए कुछ समय के लिए कपट-ब्राह्मण का ढोंग कर लेना। कुछ दिन कट जाएँगे। यह महाकाल की नगरी है...यहाँ भाँति-भाँति के गण निवास करते हैं।"

चटपटी बातें करने वाली मालिन श्रीकंठ को सुजान लगी अतः कह दिया, "देवी! आप तो विदुषी प्रतीत होती हैं।"

मालिन होंठों पर चौड़ी मुस्कान लाकर बोली, "प्रशंसा के लिए धन्यवाद पथिक, पर यह जान लो कि इस नगरी में हम जैसे सुजान फूल बेचते हैं।"

"यह तो बड़ा सुगन्धित, सुकोमल व्यवसाय है।"

"सो तो है, पर इतने से पेट ही भर पाता है। उस पर भी लोग मोलभाव करते हैं तो यह सुकोमल व्यवसाय चुभने लगता है।"

"आपके पुष्प महाकाल की शोभा बनते हैं, यह सुख क्या कम है देवी?"

"यह महानगरी है पांथ बन्धु! यहाँ देवोपहार, भेंट, भोग में भी मोलतोल होता है। लाभ-हानि का गणित लगाया जाता है। अच्छा, ये छोड़ो। तुम्हारे मस्तक का चन्दन बता रहा है कि तुम गर्भगृह से दर्शन कर लौटे हो, इसलिए अब पुष्पमाला तो लोगे नहीं। पत्नी या प्रेयसी भी साथ नहीं कि उसके लिए वेणी क्रय करो, तो मेरे लिए अनुपयोगी ठहरे तुम। हाँ, दूरदेस से आए हो तो स्थान न्याय से इस नगर के अतिथि ठहरे तो मैंने पांथशालाओं के बारे में बता दिया। अब जहाँ चाहो वहाँ पधारो," पिंड छुड़ाने के स्वर में मालिन ने कहा।

"हाँ, जाना ही है पर क्या प्रहर-दो प्रहर के लिए अपनी इस पेटिका को यहाँ रख सकता हूँ? बोझ लिये कहाँ फिरूँगा। बस मुझे परिधान पण्य के बारे में और बता दें कि किस ओर तथा कितनी दूर है? मुझे एक उपरीय व उत्तरीय क्रय करना है।"

"मैंने पहले ही पूछा था कि पेटिका में क्या है? कोई मूल्यवान अथवा चोरहटिया वस्तु तो नहीं है?"

"मूल्यवान तो है पर चोरी की नहीं है। मूल्य भी या तो मेरे लिए है अथवा किसी गुणीजन के लिए। शेष के लिए तो यह वृथा अवशिष्ट (रद्दी) ही है।"

"पर इसमें है क्या?" झल्लाकर पूछा मालिन ने।

श्रीकंठ ने दबे से स्वर में कहा, "इसमें नाटक की प्रति है।"

"अरे ए ए! नाटक है," मालिन का स्वर नम्र हो आया, "किसका नाटक है? महाकवि कालिदास का है अथवा कोई और...?"

"आप महाकवि के नाटकों के बारे में जानती हैं," चकित होते श्रीकंठ ने प्रश्न किया।

"लो, इनसे पूछो! सामने के इसी प्रांगण में कितनी बार तो अभिनय होता है उनका। औरों के नाटकों का भी होता है। नायक-नायिकाओं, सखी-सहेलियों की सज्जा के लिए वेणी और माला प्रायः मैं ही गूँथती हूँ," बताते हुए मालिन के चेहरे पर आत्मगौरव झलक आया।

"तब तो आप यहाँ के नाट्याचार्यों से भी परिचित होंगी?"

"अवश्य ही परिचित हूँ—आचार्य क्षेमदत्त, आर्य प्रवीर चन्द्र, नृत्य आचार्य

नारायण कृष्ण को जानती हूँ। शकुन्तला का अभिनय करने वाली मधुमिता को और पूरी उज्जयिनी में बसन्तसेना के नाम से ख्यात रेवा तो दैनन्दिन शृंगार के लिए भी पुष्पहार, कर्णपुष्प, वेणी आदि यहीं से मँगाती हैं...।"

"अर्थात् मैंने अनुमान से आपको विदुषी जाना, वो असंगत नहीं था। अब तो यह पेटिका मैं आपके संरक्षण में छोड़ रहा हूँ...लौटकर लूँगा," श्रीकंठ ने मुस्कराकर आत्मीयता प्रकट की।

मालिन भी हँसी के साथ बोली, "अच्छा मखनी (चुपड़ी) बातें न करो। पेटिका रख दो यहाँ...सुरक्षित रहेगी।"

श्रीकंठ ने कृतज्ञता में हाथ जोड़े और आगे बिना कुछ कहे पेटिका व पोटली को वहीं छोड़ परिधान पण्य के लिए बढ़ लिया।

उज्जयिनी के पण्य को देख वह चकित था। उसने विदर्भ की राजधानी देखी है, इस सुदूर यात्रा में अनेक पुर, नगर, राजधानियों से गुजरा है—विविध छवियों, विशेषताओं वाले स्थान देख लिए हैं किन्तु अवन्तिका जैसा पण्य नहीं देखा। कितने ही प्रकार की वेशभूषा धारण किए...परस्पर अपनी-अपनी भाषा बोलते वणिक, सार्थवाह, मध्यस्थ, विपणक मोल-तोल में सक्रिय थे। पण्य में अभी भीड़ तो न थी पर लगता था कि जनसमूह बढ़ता जाएगा। श्रीकंठ को अनुमान हुआ कि यह थोकदारी का पण्य है तो एक पणि (दुकान) के आगे खड़े व्यक्ति से पूछा, "बन्धु! यहाँ स्फुट (फुटकल) वस्त्र का पण्य किस ओर है?"

व्यक्ति ने श्रीकंठ पर सरसरी दृष्टि फेंकी—"दैनन्दिन उपयोग के वस्त्र क्रय करना है?"

"हाँ।"

"यहाँ से आगे दाहिनी ओर गलियारा है...उसमें प्रवेश कर जाओ। आगे छुट्टे वस्त्रों का पणि है। चौहट्टे पर ढेरियाँ लगी होंगी...आसनियाँ हैं...हटवार हैं।"

श्रीकंठ ने गलियारे में प्रवेश किया तब धनंजय का स्मरण हो आया कि वह साथ होता तो पण्य के बीच बहुत सुविधा रहती। लोक-व्यवहार में कुशल है धनंजय। कितने दिन हो गए। दोनों के पास कोई सूत्र भी नहीं कि एक-दूसरे को खोज सकें... जाने वह कहाँ किस स्थिति में होगा?

गलियारे से निकल वह चौहट्टे (चौक) पर पहुँचे। वहाँ अलग-अलग परिधानों के ढेर लगे थे। कुछ विक्रेता अभी अपने गट्ठर, पेटियाँ खोल रहे थे। सिर परिधान, कटि, मध्यभागीय, अन्तर्परिधान—विविध रंगी वेशभूषाएँ, विभिन्न ढेर, छोटी-बड़ी हट्टियों में उत्सवी वस्त्र, साधुवेश, गणवेश फैले लटके थे। चन्द्रपुर का पण्य यहाँ की तुलना में बहुत छोटा है।

श्रीकंठ ने एक अँगरखा उठाया, देह पर नापा और क्रय कर लिया। इसी भाँति एक उत्तरीय, कछौटा तथा एक धोतिका भी ले डाली व सबको एक पटवस्त्र में

बाँधकर शीघ्रता से महाकाल मन्दिर की ओर लौटा। उसके पास अब भी तीन रौप्य दस आणक व इतनी ही कपर्दिका (कौड़ियाँ) शेष थीं। निश्चय ही अब भी यह इतनी आश्वस्तिदायिक राशि थी जिसके सहारे महीनों बिताए जा सकते हैं। एक काषाय मुद्रा में दो भार कनक (गेहूँ का आटा) इतना ही तंडुल (चावल) इससे डेवढ़ा ज्वारी तथा बाजरा (रोटका) का चूर्ण सहजता से उपलब्ध है। द्विदल (दाल) इससे दूने मूल्य में है। एक ब्राह्मण को इसके पश्चात् तो भोजन सुस्वादु बनाने हेतु थोड़ा-सा लवण एवं तीखेपन के लिए थोड़ी मिरच चाहिए होती है। पकाने के लिए मिट्टी की हाँडी व सेंकने के लिए मिट्टी का तवा। उदर भरने के लिए इतनी ही सामग्री तो चाहिए।– सोचता हुआ श्रीकंठ महाकाल मन्दिर पर आ गया। अपनी पेटिका सम्हाली व कहा, "क्या मैं अपने लिए सहृदया देवी का नाम जान सकता हूँ?"

"भाषा का इतना अलंकारिक प्रयोग न करो बन्धु! जीवन हो या भाषा, दोनों का प्रवाह जितना सहज हो उतना ही अच्छा। वैसे मेरा नाम जानने से तुम्हें क्या प्रयोजन? तथा किसी अपरिचित को मैं अपना नाम क्यों बताऊँ? यूँ मेरा ढोलना (पति) अविश्वासी नहीं है, फिर भी तुम्हें नाम लेकर पुकारने का अवसर क्यों दूँ?"

"अन्यथा न लें बहिन! नाटक वालों के साथ होकर भी मैं नैष्ठिक ब्राह्मण हूँ। मेरे मन में कोई विकार, स्वार्थ नहीं है। नाम इसलिए पूछा कि यहाँ रहकर मुझे बहुत कुछ जानना-सीखना है। मेरा इधर आना-जाना होता ही रहेगा। किसी से परिचय नहीं मेरा। यूँ मानिए कि इस नगर में अभी बस आपसे भेंट हुई है—आप मुझे सदय, सुमति प्रतीत हुई हैं। फिर आपका परिचय अनेक नाट्याचार्यों, नाटक वालों से है। आपके माध्यम से उनसे मेरी भी भेंट हो सकती है।"

"पहले अपने लिए आश्रय खोजो। आगे मिलोगे तो नाम भी जान जाओगे। अपने पति से मित्रता करा दूँगी तुम्हारी। ठीक है? महाकाल तुम्हारा कल्याण करें।"

तभी वासन्तियों का एक झुंड वहाँ आ गया। उनमें से एक वसन्तक (मसखरा) बोला, "ऐ भावज! ये नया देवर कहाँ से पकड़ लाई? हमें तो तू अपनी हँसी तौल-तौल कर देती है और इस पर बिना मोल के ही लुटाए जा रही है।"

पहले की बात दूसरे ने लपक ली, "अरे कुछ नहीं, भार ढोने और गृहकार्य के लिए निबद्ध कर लिया है बेचारे को। फागुन आ रहा है...वसन्त सज रहा है। इन दिनों मालाकारों के यहाँ सेवकों की आवश्यकता होती है।"

"हूँ...है तो पूर्ण वयस्क पर रूप और आकार से ऐसा प्रतीत होता है जैसे वर्षों से विरह ताप में जलता रहा हो।"

तीसरा वासन्तिक बीच में कूद पड़ा, "अरे हटो रे, तुम सब तो चंड-भंड हो। उज्जयिनी में आकर कोई भी आप्त-तप्त नहीं रहता। भगवान महाकाल त्रय ताप हारी हैं। यहाँ इस बन्धु के मदन-ताप का भी शमन हो लेगा," वह खी-खी कर हँसने लगा।

मालिन ने पास रखी पतले बाँस की दंडिका उठाई और बनावटी क्रोध से

बोली, "यहाँ से जाते हो कि पीठ पर जमाऊँ एक-एक। तुम लोगों को कोई काम तो है नहीं, यूँ ही निखट्टू बिहारी बने घूमते हो। यह बेचारा यहाँ नया है, यहाँ के व्यवहार से अपरिचित है और तुम जैसा विदूषक नहीं—कवि है। इससे न उलझना अन्यथा मैं सचमुच ही मारूँगी।"

पहले वाले ने मुस्कराकर कहा, "अच्छा भावज, हमारे कंठ में चार पुष्पमाला ही डाल दे।"

"माला तो मैंने अपने पति के गले में डाल दी। तुम्हारे तो शव पर डालूँगी। लो उठाओ और भागो यहाँ से," मालिन ने चार मालाएँ वासन्तकों की ओर उछाल दीं।

वासन्तिक एक-दूसरे को धौल-धप्पा करते, गुदगुदाते, खिलखिलाते महाकाल मन्दिर के पार्श्व की ओर निकल गए। श्रीकंठ विमूढ़ से उन्हें ताक रहे थे।

"सुनो!" मालिन के स्वर पर श्रीकंठ ने उसकी ओर देखा।

"अपनी पेटिका नीचे रख कुछ देर बैठ लो यहाँ। मेरा नाम मालिनी है...चम्पक मालिनी। तुमने कुछ खाया?"

"नहीं, अब तक अवसर ही न मिला।"

"मेरे पास अपना मध्याह्न भोजन है। रोटका (बाजरा) के चूर्ण में तिल और गुड़ मिलाकर सेंके गए रोट हैं...शोधी हुई मिर्च के साथ। बहुत स्वादिष्ट होता है यह आहार। खाना चाहोगे?"

"ब्राह्मण को स्वादिष्ट भोजन मिल जाए तो माना जाता है कि वह कृतकृत्य हो गया। आप तो देखती होंगी कि नाटकों में विदूषक प्रायः ब्राह्मण होता है...वह भी पेटू या भोजन भट्ट। पर मैं खा लूँ तो आपके लिए क्या बचेगा?"

"किसी आत्मीय या अतिथि के चेहरे पर तृप्ति देखकर ही स्त्री का पेट भर जाता है। तुम पुरुष लोग यह नहीं समझ पाओगे। यूँ भी मैं घर पर सवाया भोजन बनाती हूँ और सवाया लेकर निकलती हूँ। तुम तो कवि हो...। जानते हो कि पूरे से भी आगे सवाए का चलन क्यों है? अरे बन्धु! ये किसी के साथ बाँटने के लिए होता है," अपनी स्वभावगत मुस्कान के साथ कहा मालिन ने।

श्रीकंठ बोले, "पुनः प्रमाणित हुआ कि आप सचमुच विदुषी हैं।"

"अरे रहो...रहो। मैंने पूर्व में ही कह दिया है ना! कि मखनी बातें न करो। थोड़ी पेटपूजा कर लो तो आश्रय की खोज में भटकने के लिए शक्ति मिलेगी," कहती मालिनी ने बाँस की टोकरी में रखी पोटली निकाली और पास ही रखे पात्र के जल से हाथ धोकर, आँचल से पलाश का पत्ता पोंछ उस पर चार मीठे रोट मिर्च के साथ रख दिए।

"लो, तुम भी हाथ धोओ।"

"आप इतनी शिष्ट हैं एवं ये जो लोग अभी आए थे वे कितनी निर्लज्जता व फूहड़पन के साथ बात कर रहे थे। आपने उसको अनदेखा किया।"

"अरे ऐसे वासन्तिकों की टोलियाँ तो तुम्हें स्थान-स्थान पर दिखेंगी। ज्यों-ज्यों होलिका उत्सव निकट आता जाएगा—ये वासन्तिक, विट मनोविनोद के लिए वीथियों, मार्गों पर विचरण करने लगेंगे। कवि, गायक, नर्तक भी शामिल हो जाते हैं इनमें। कला-मर्मज्ञ, गणिकाएँ भी आ मिलती हैं इनके साथ। महाकाल का प्रांगण तो मुक्त क्षेत्र है। इस आँगन में योगी हो या भोगी...वेश्या हो या विद्वान सबको निर्विकार, निर्विशेष होकर नाचना होता है।"

श्रीकंठ आश्चर्य में चम्पक मालिनी का मुँह ताकने लगे।

"इधर क्या देखते हो, खाओ।"

"देख रहा था कि जीवन का इतना गूढ़ रहस्य आपने इतनी सरलता से कैसे कह दिया?"

"रहस्य...? रहस्य काहे का। ये सब तो मैं अपनी आँखों के आगे होता देखती हूँ। ओ खाओ भी, आश्रय खोजना है तुम्हें। हाँ, पेटिका को यहाँ छोड़ सकते हो... इससे असुविधा होगी। आश्रय मिलने तक तुम रात्रि विश्राम भी इसी ठिये पर कर लेना। शयन-आरती के पश्चात् हम इस ठिये को बन्द कर जाते हैं...। ठीक है!"

8

एक माह से अधिक हो गया है यहाँ श्रीकंठ को। उज्जयिनी पहुँचकर तीन रातें उन्हें चम्पक मालिनी के ठिये पर ही बितानी पड़ी थीं और तब नगर से हटकर शिप्रा के पार यह स्थान मिला। स्थान क्या आश्रम की छप्पर वाली कुटिया है सो भी आश्रम संचालक धुव्र शर्मा ने श्रीकंठ के ब्राह्मणत्व की पूरी परीक्षा लेने के पश्चात् ही उपलब्ध कराई थी। बदले में उन्हें अन्तेवासी छात्रों को ऋचाओं, सूक्तों का अभ्यास कराना होता है।

यूँ छात्रों की संख्या अधिक नहीं है। ये सभी आस-पास पाँच-दस कोस की दूरी पर स्थित गाँव के निम्नवित्त या अभावग्रस्त ब्राह्मण परिवारों से आए हैं। श्रीकंठ का जीवन भी अभावों के झूले पर झूलता हुआ ही आगे बढ़ा है अत: इन छात्रों के प्रति उनके मन में स्वाभाविक सहानुभूति है। यजुर्वेद तो उन्हें कंठस्थ है ही, ऋग्वेद की ऋचाओं के सस्वर पाठ में भी उनकी प्रवीणता है। इसलिए बेमन से रटने वाले बालक कुछ ही दिनों में रुचिपूर्वक सीखने लगे। सस्वर पाठ से आश्रम का वातावरण पवित्रता में भरकर मुखरित होने लगा।

पहर दिन चढ़े तक अध्यापन के पश्चात् वह अपनी कुटिया में आ जाते और काष्ठपेटिका खोलकर अपने ही लिखे पृष्ठों को उलटते-पलटते रहते। छात्रों के

लिए पकाये गए आहार में से ही उनका भाग यहीं कुटिया में आ जाता। ध्रुव शर्मा उनके कार्य से सन्तुष्ट होते जा रहे थे। मध्याह्न के पश्चात् खाली समय में वह नगर की ओर निकल जाते। उज्जयिनी में इन दिनों उत्सवों की भरमार है। अभी होलिकोत्सव बीता ही है कि रंग-पंचिका आरम्भ हो गया। वसन्तोत्सव, मदनोत्सव के ठाठ खड़े किए जाने लगे। प्रतिदिन कहीं न कहीं, कोई न कोई नाट्य, प्रहसन देखने-सुनने में आता है। कदाचित् इसी प्रवृत्ति को लक्ष्य करके कालिदास ने कहा होगा, "उत्सव प्रिया: खलु मानवा:'—मानव स्वभाव से ही उत्सव प्रिय होता है। प्राचीन काल में इन उत्सवों को समाज कहा जाता था। वस्तुत: एकत्रित जनसमुदाय ही समाज है और जहाँ या जिसमें समाज एकत्र होता है—वही 'समज्या' है। इस प्रकार सोचते हुए श्रीकंठ का चिन्तन पुराणेतिहास की अस्पष्ट घटनाओं में प्रवेश करने लगता। वाल्मीकि रामायण में कई स्थानों पर समाज-विषयक उल्लेख हैं। लक्ष्मण जी ने अयोध्या को 'आरामोद्यानों से सम्पन्न तथा समाजोत्सव शालिनी' कहा है—"आरामोद्यान सम्पन्ना समाजोत्सव शालिनीम्'। वाल्मीकि ने तो यह भी कहा है कि उपद्रव और अराजकताग्रस्त देश में अव्यवस्था के चलते उत्सव नहीं हो पाते। इस उज्जयिनी में उत्सव ही उत्सव हैं। विचित्र नगर है यह। महाकाल तो बिराजते ही हैं—काल भैरव भी हैं यहाँ। गढ़कालिका, हरसिद्धि जैसी देवियाँ हैं तो शनिपीठ भी है तथा नटराज श्रीकृष्ण की शिक्षाभूमि सांदीपन आश्रम भी।

श्रीकंठ हर तीसरे-चौथे दिन महाकाल मन्दिर की ओर अवश्य जाते हैं। चम्पक मालिनी से उन्हें प्रांगण में होने वाले नाट्य प्रयोगों की सूचना मिल जाती है। आज भी वह महाकाल की पौड़ी पर सिर रखकर वन्दना करने के पश्चात् चम्पक मालिनी की पुष्प हट्ट पर पहुँचे। वहाँ मालिनी के स्थान पर उसका पति व छह-सात वर्षीय बालक मिला। पति माला गूँथने व पुत्र स्तवक (पुष्पगुच्छ) बनाने में व्यस्त थे। श्रीकंठ वहाँ पहुँच खड़े हुए तो ग्राहक आने के अनुमान से पति ने बिना देखे ही पूछा, "क्या चाहिए?"

"आज मालिनी बहन नहीं है क्या?"

मालिनी के पति हरिकेश ने सिर उठाया, "अरे कवि जी आप! आइए...बिराजें। वह अभी घड़ी भर पहले ही अमात्य के महालय की द्वारसज्जा करने गई है। वैसे यहाँ बहुत काम है पर राजपुरुषों के बुलावा की अवज्ञा कैसे की जा सकती है। आप तो इधर बैठिए," माली हरिकेश ने खजूर के पत्रों से बुनी चटाई अपने दाहिनी ओर बिछा दी।

"बन्धु! प्रांगण में ये पताका क्यों बाँधी जा रही है? पुष्पमंजरियाँ, स्तवक पुष्पघट रखे हैं, चारों दिशाओं में। मार्ग में भी मैंने देखा कि एक हाथी पर सवार व्यक्ति घंटा बजाते हुए गोधूलि उत्सव में सम्मिलित होने आमंत्रित कर रहा था।"

"कवि जी! प्रांगण में कोई उत्सव है। सरस्वती पंचमी से ही यहाँ उत्सवों का

क्रम आरम्भ हो जाता है। सबसे पहले घंटा निबन्धन होता है—सामूहिक नृत्यगान से। यहीं इसी प्रांगण में। बाद में गोष्ठी समवाय में विद्वान जाने किन-किन कलाओं पर क्या-क्या शास्त्रार्थ करते हैं। ये आचार्य लोग कभी-कभी तो इतने उत्तेजित हो जाते हैं जैसे अभी भिड़ जाएँगे। अच्छा है कि इनके पास जीभ के अतिरिक्त कोई अस्त्र-शस्त्र नहीं होता,"—कह हरिकेश हँसने लगा, "वैसे हमारा माला गूँथना, स्तबक निर्माण, मंडपन, पुष्पसज्जा भी कला है। इसके लिए मालिनी अनेक बार पुरस्कृत हुई है—अवंति नरेश के हाथों से भी। तभी तो राजपुरुषों के अनुचर पुष्प-सज्जा के लिए यहीं आ खड़े होते हैं। बहुधा ये लोग भूल भी जाते हैं कि किसी ने इनके यहाँ सज्जा की है। इनके पास सीधे पहुँचकर अपने श्रम व सामग्री का मूल्य भी तो नहीं माँग सकते। क्या कहें।

"महाशिवरात्रि बीतते ही समापानक आरम्भ हो जाते हैं जो मदनोत्सव तक चलते हैं।"

"हाँ, सो तो है। समापानक सुरापान से जुड़ा है। शास्त्रों में उल्लेख है शुक्राचार्य भी पहले सुरापान के अभ्यस्त थे किन्तु बाद में इन्होंने ही इसे वर्जित बताया। हमारे उपनिषद में जिन पाँच को पतित कहा गया उनमें एक मद्यप भी है, 'स्नेतो हिरण्यश्च सुरा पिबंश्च गुरोतल्पमावस ब्रह्महा चैते पतन्ति चत्वार: पंचमश्चाचरंस्तैरिति'।" (अर्थात् सुवर्णचोर, मद्यप, गुरुस्त्रीगामी, ब्रह्महत्यारा तथा पाँचवाँ इनका साथ देने वाला)

"शास्त्रों की बात आप जानें, मैं तो देखता हूँ कि यहाँ तो सम्भ्रान्त वर्ग की कुलवधुएँ भी सुरापन करती हैं। श्रेष्ठि वर्ग की ललनाएँ भी इनमें शामिल होती हैं। इनको देख सेवक, सेविकाएँ तथा अन्य वर्गों के पुरुष सुरा का सेवन करते हैं। इन दिनों आप भैरवगढ़ की ओर निकल जाओ तो पयस्विनी के किनारे-किनारे मद्य-आसवन के अनेक स्थल दिखाई दे जाएँगे जहाँ मदिरा काढ़ी, खींची, चुआई जाती है।

"काल भैरव के दर्शन को तो मैं गया हूँ किन्तु इस ओर मेरा ध्यान नहीं गया।"

"अरे आप तो ब्राह्मण हैं ना! मालिनी ने बताया मुझे...।"

"हमारे कुल में सुरा का स्पर्श भी नहीं करते...मेरा कुल सोमपायी है किन्तु मैं इसके विषय में जानना चाहता हूँ। एक कवि के लिए अच्छे, बुरे ग्राह्य और त्याज्य दोनों पक्षों का ज्ञान आवश्यक है।"

हरिकेश बोला, "एक बात कहूँ कवि जी! सुरा और स्त्री दो रत्न ऐसे हैं जिन्हें सेवन किए बिना देवता भी नहीं जान सकते। वैसे मैं सामान्य बोध करा सकता हूँ। मेरा पड़ोसी मद-विक्रेता के यहाँ काम करता है। आश्चर्य होता है कि उसने कभी मद-सेवन नहीं किया पर उसे हर प्रकार के मद के गुण, धर्म, रूप की पहचान है। अहा, देखो वह आप ही इसी ओर आ रहा है। महाकाल आज कृपालु हैं आप पर,"

ज्यों ही वह निकट पहुँचा हरिकेश ने स्वागत किया, "आओ मित्र! अभी तुम्हें ही स्मरण किया था," हरिकेश ने एक अन्य चटाई उसकी ओर बढ़ा दी।

"मुझे स्मरण करने के लिए ऐसा कौन सा आकस्मिक कार्य आ पड़ा। हम तो प्राय: नित्य ही मिलते हैं," आगंतुक ने बैठते हुए कहा।

"ये हमारे बन्धु हैं—श्रीकंठ जी। कवि हैं। कुछ दिनों पूर्व ही अवन्ति में आए हैं तथा जिनसे इनका प्रथम परिचय हुआ यहाँ—वह मेरी पत्नी निकली," हँसकर परिचय दिया हरिकेश ने, "तो ये धर्मबन्धु हुए मेरे। यह मद, मदन व मदनिका के बारे में जानने को उत्सुक हैं। मद के बारे में तुमसे अधिक ज्ञाता मेरे परिचितों में तो कोई है नहीं।"

"इसमें क्या कठिनाई है, अभी चलें मेरे साथ अथवा संध्यादीपन के समय हमारी मधुशाला पर आ जाएँ, वही मद-बेला भी होती है।"

"संक्षेप में यहीं बताओ। ये वहाँ नहीं जा सकते। विप्र हैं...आश्रम में पढ़ाते हैं।"

"ओह, क्षमा करें विप्रदेव! मुझे ज्ञात नहीं था," हरिकेश का पड़ोसी विनत हो आया।

"बताइए! क्या जानना चाहेंगे?"

"इतना ही कि मदिरा कैसे बनती है व कितने प्रकार की होती है?" श्रीकंठ संकोच में थे।

"विप्रवर! मद, मदिरा का बनाना आसवन विधि से होता है जिसे सुनने के साथ देखकर ही जाना जा सकता है। आप समय निकाल लें किसी दिन। इन दिनों तो अनेक स्थानों पर समापानक, पानगोष्ठियों के आयोजन हो रहे हैं। गोष्ठियों में मधु बालाएँ, जो मधु, मैरेय, सुरा और आसव आदि मद्यों को पान की रुचि व स्वाद बढ़ाने वाले लवण पाक (नमकीन) फल, शाक, तिल कषाय, खट्टे रसों की स्वादिष्ट चखौती के साथ नागर जनों को पिलाती व आग्रह करने पर साथ भी देती हैं।

यूँ जानिए कि महुआ के पुष्पों से तैयार मदिरा को माध्वीक कहा जाता है। जिस मद्य में मेष के सींगों का काढ़ा, गुड़, पिप्पली, मिर्च व त्रिफला हो उसे मैरेय जानो। कपित्थ अर्थात् कैथ के गूदे में शीरे के समानुपाती योग से आसव तैयार होती है—वल्कल, चावल, गुड़ से बनाई हुई मदिरा का नाम सुरा है। कदंब पुष्पों के साथ आसवित गुड़ व कंद से कादम्बरी एवं ईख या गुड़ मात्र से बनी मद्य कपिशा है।

एक मीठी मदिरा है जिसका उन्माद उग्र, उच्छृंखल, असंयमित नहीं होने देता। यह मधु से बनती है और नाम है माधुरी।"

माधुरी ई! माधुरी मदिरा का नाम है?" चौंक पड़े श्रीकंठ...जैसे किसी ने दुखती रग पर हाथ रखा हो।

"हाँ, मदिरा का भी नाम है। अधिक मूल्य चुकाना होता है इसके लिए पर स्वादिष्ट, स्वास्थ्यवर्धक होती है।"

"ओह...अच्छा मित्र, इस बोध व सूचना के लिए धन्यवाद!" कह श्रीकंठ खड़े हुए, "फिर भेंट करूँगा।"

"अरे कवि जी, कहाँ चले? अभी तो आप घड़ी भर भी नहीं बैठे। क्या कोई भूला हुआ कार्य स्मरण हो आया?" श्रीकंठ के एकाएक उद्विग्न व आतुर हुए चेहरे को देख हरिकेश ने पूछा।

"हाँ बन्धु, ऐसा ही कुछ है। और हाँ पुनः आपको स्मरण दिला दूँ कि कहीं आर्य सोमदत्त के दल या नाटक की सूचना मिले तो मुझे तुरन्त अवगत कराएँ।"

"कैसे भूल सकता हूँ...आप हर बार ही स्मरण दिलाते हैं," हरिकेश ने कहा।

चलते-चलते श्रीकंठ मुड़े, "हाँ मित्र! मैं आपका नाम तो जान ही न पाया जबकि ज्ञान ले लिया," श्रीकंठ ने खेद प्रकट किया।

"कोई बात नहीं कवि जी, मेरा नाम सहदेव है। मेरे लिए तो आज का दिन शुभ हो गया कि आपसे भेंट हुई अन्यथा मुझ जैसों का समय तो मद्यपों की ही संगति में बीतता है," विदा में सहदेव खड़ा हो गया।

श्रीकंठ अब नगरमध्य की ओर बढ़े जा रहे थे। कहाँ? यह तो चित्त में कुछ स्थिर न था। एकाएक आए माधुरी नाम ने उन्हें अस्थिर कर दिया था। सिर पर फागुन के तीसरे प्रहर का घाम था—तीक्ष्ण पर असह्य नहीं। पण्य में क्रेता-विक्रेताओं की भीड़ का घमरौल फैला था पर श्रीकंठ माधुरी की चिन्ता में घिरे थे—मदिरा भी माधुरी? माधुरी तुम कहाँ-कहाँ व्याप्त हो!

माधुरी मदिरा उन्होंने चखी तो क्या देखी भी न थी। सुनी भी आज पहली बार है। एक बार मन हुआ कि कहीं चखकर देखी जाए पर उन्होंने स्वयं को रोक लिया। वैसे अब तक आर्य सोमदत्त को उज्जयिनी आ जाना चाहिए था। किन्तु जैसा कि रुद्रपुर के सैनिकों ने सार्थ को रोककर नाट्यदल से दो युवतियों के भागने की सूचना दी थी तो निश्चय ही वह आहत अशान्त होंगे। धनंजय भी उसी रात गया था—यह कहकर कि उज्जयिनी में भेंट होगी तो उसका भी अभी तक कोई सूत्र नहीं है। और माधुरी?...आह, ऐसा लगता है कि महाप्रवाह के थपेड़े में हर कोई बिखर गया है व इस महानगर के मध्य श्रीकंठ उतना ही अकेला रह गया है जितना कि पद्मपुर से निकलते समय था। मात्र 'महावीर चरितम्' की पूँजी ही उसके पास है तथा उसे भी परखने वाला कोई नहीं मिल पाया है। पूरा महीना बसेरा खोजने और उदर भरने के उद्यम में ही चला गया। अभी तक किसी नाट्याचार्य, नाट्यगुरु, नर्तक, रंगचर से भी भेंट नहीं हो पाई है।

इन्हीं चिन्ताओं में मगन वह पँसरहट्टा से निकलते हुए कँसरहट्टा (बर्तन बाजार) आ गए। यहाँ हर पणि के भीतर बाहर ठक्-ठक्, टिन्-टिन् का रोर सुनाई दिया तब ध्यान आया कि वह कहाँ आ गए हैं। घाम की तीव्रता अब कुछ कम हो गई थी। स्थान-स्थान पर काँसा, ताँबा, पीतल, जस्ता आदि के छोटे-बड़े पात्र

रस्सी की जालियों वाले खरीता या सन के बोरे में भर-भरकर ऊँटों, गधों, बहलियों शकटिकाओं पर अन्य नगरों, कस्बों, गाँवों के लिए लादे जा रहे थे। कसेरों के मुहल्ले की सारणी (सड़क) आगे त्रिपथ (तिराहा) से जाकर जुड़ती है जहाँ से एक मार्ग नगर के बाहर की ओर जाता है तथा दूसरा छोटा-सा मोड़ लेकर दो भागों में बँट जाता है। बाईं ओर वस्त्रों की बड़ी मंडी तथा उसी से लगे सामान्य मूल्यों वाले विक्रय-स्थल और फड़ हैं जहाँ मध्य व निम्नवर्गीय क्रेता-विक्रेताओं के मोल-भाव, पटाने-चुकाने की झाँय-झाँय किचकिच गूँजती रहती है। इसके ठीक दूसरी ओर अवन्तिका का वह क्षेत्र है जिसमें वीथियाँ तो सँकरी हैं पर स्वर्ण, रत्न, मणि-माणिक्य विक्रेताओं की बड़ी-बड़ी गद्दियाँ हैं। संसार का कोई ऐसा रत्न नहीं है जो इस चतुर्भुजी पण्य में क्रेता को उपलब्ध न हो सके। यहाँ अधिक भीड़-भाड़ नहीं रहती। प्रत्येक वीथिका के मुहाने पर सशस्त्र रक्षक नियुक्त रहते हैं। श्रेष्ठियों के व्यक्तिगत रक्षक अलग हैं। यहाँ अधिकृत व्यक्ति के अतिरिक्त कोई भी घातक अस्त्र-शस्त्र लेकर प्रवेश नहीं कर सकता। माधुरी की स्मृति एवं अपने नाटक के मंचन की कल्पना में डूबते-उतराते श्रीकंठ वहीं जा पहुँचे। वह पहली बार इस स्थान पर पहुँचे थे। स्वयं में डूबे हुए श्रीकंठ को एक हाथ ने कन्धा पकड़कर रोक लिया, "इधर कहाँ, किसके पास जा रहे हैं विप्रवर!" सशस्त्र रक्षक ने विनम्रतापूर्वक पूछा।

श्रीकंठ क्षण-भर को अकबकाए इधर-उधर देखते रहे। रक्षक उन्हीं की वय का सुगढ़ देहयष्टि वाला युवक था। उसी से पूछा, "ये कौन सा स्थान है?"

"आप रत्नवीथी के प्रवेश पर हैं। किसी श्रेष्ठी ने बुलाया है आपको?"

"ओह मैं! क्षमा करें सैनिक बन्धु, मैं बस यूँ ही यहाँ आ निकला। इस नगर के मार्गों से परिचय नहीं है मेरा।"

"आपको जाना कहाँ है?"

"महाकाल के प्रांगण से चला था, वहीं पहुँचना होगा क्योंकि मेरे आश्रय का मार्ग वहीं से जाता है।"

सैनिक श्रीकंठ के उत्तर को समझ नहीं पाया—महाकाल से चलकर वहीं फिर से पहुँचना...वहीं से मार्ग जाता है। फिर भी उसने बताया, "महाकाल मन्दिर तो आप एक कोस पीछे छोड़ आए हैं।"

"अच्छा, आगे क्या है?"

"आगे तो रत्नवीथी है...। उसके आगे वाणिज्यकों के विश्रामालय और आवास हैं। और आगे बढ़े तो राज आवास आरम्भ हो जाते हैं...राजमहालय है। महामात्य, सेनापति, महादांडिक आदि के आवास हैं, जिनके चतुर्दिक महास्पद, आस्पद, आयुक्त, उपास्पद इत्यादि का आवासीय क्षेत्र है। मनोरंजन गृह हैं...विद्यापीठ, कला-निकेतन है। योजन भर के विस्तार में यही सब कुछ है। यहाँ रत्नवीथी में तो

वही आते-जाते हैं जिन्हें मूल्यवान रत्न क्रय, विक्रय करने होते हैं। वैसे यदि आप भ्रमण करना चाहें तो कर लीजिए।"

"इधर कोई आचार्य, विद्वान, पंडित रहते हैं क्या?"

"महाराज, इस ओर विद्वान नहीं धनवान रहते हैं," कहते हुए सैनिक मुस्कराया। "आचार्य विद्वान या तो विद्यार्थियों के बीचे मिलेंगे या...'

"या...?"

"या आ आ महाराज! ये फगुनाए दिन हैं तो इन दिनों विद्वान नगर की वसन्तसेना रेवा की अतिथिशाला में मिल सकते हैं," सैनिक चेहरे पर गम्भीरता लाकर बोला।

"और देवी रेवा की अतिथिशाला किधर है?"

"राजमार्ग पर पहुँच जाइए...कोई भी बता देगा। पर आप न रथ पर सवार हैं न पालकी में बिराजे हैं। अंग पर आभूषण नहीं, वेशभूषा भी...?"

अब तक दूसरा रक्षक भी निकट आ पहुँचा, अपने साथी को बरजता हुआ श्रीकंठ से बोला, "ब्रह्मचारी जी! यह विनोदी स्वभाव का है...इसकी बातों पर ध्यान न दीजिएगा। फागुन की मादकता मनुष्य तो क्या प्रकृति में भी छलक रही है। वस्तुतः रेवा अवंति राज्य की प्रसिद्ध नायिका हैं। इन दिनों उनके यहाँ समवाय होते हैं—गोष्ठी समवाय। इनमें भद्रलोक, गुणी, कलावंत सम्मिलित होते हैं। यह आप और मुझ जैसे सामान्य जन का विषय नहीं है।"

श्रीकंठ ने इस रक्षक के चेहरे पर दृष्टि ठहराई, "मित्र! यह सच है कि भद्रलोक के पास कला-आस्वादन की अधिक सुविधा, अधिक अवसर होते हैं। उनमें कला-विवेक, बोध और शालीनता भी होती है कुछ के पास, पर कला का जीवन सामान्य-जन के सामान्य विवेक और ग्राह्यता पर ही निर्भर होता है। महाकवि कालीदास, भास, अश्वबोध, शूद्रक आदि को समय कब का निगल गया होता यदि वे महामहों के भद्रलोक की महत्ता में घिरकर रह जाते। महान षटदर्शन की वैचारिकी दर्शन-ग्रंथों के कारण नहीं, रामायण-महाभारत जैसे चरित काव्यों में उतरकर ही पल्लवित-पुष्पित हुई है। साहित्य, संगीत हो या नृत्य अथवा कोई अन्य कलारूप भवनों में सीमित होने पर वह कालपात्र की सामग्री होकर रह जाता है।"

दूसरा रक्षक चकित हो श्रीकंठ का मुँह ताकने लगा, "आप किसी विद्यापीठ के आचार्य हैं?"

श्रीकंठ होंठों पर सूखी मुस्कान ले आए, "अभी तो कुछ नहीं हूँ पर मेरी आजीविका का श्रोत यही है। यहाँ के गुणीजनों से मिलने की इच्छा लेकर तो मैं भी आया हूँ।"

"ओह, फिर तो आप अनमेल क्षेत्र में आ गए हैं। इधर तो व्यापार होता है—वस्तु से लेकर मनुष्य तक का। वैसे मनोरंजन अथवा प्रदर्शन के लिए श्रेष्ठी भी काव्यसमाज, कला-उत्सव जैसे आयोजन करते हैं। रेवा जैसी नायिकाओं के

उत्सव में उपस्थित होने, उन्हें अपने आयोजन में बुलाने की उत्सुक उदारता भी देखी जाती है इनमें।"

"लगता है आपकी भी रुचि है—साहित्य कला में," पूछा श्रीकंठ ने, "नाटक देखते हैं?"

"अवसर और समय मिलता है तो अवश्य देखते हैं। कवियों को भी देखा, सुना है। चारण, गायक, परिहासिक (मसखरे) बहुरूपिया नगर में घूमते ही रहते हैं।"

"और यहाँ भी तो एक श्रेष्ठिपुत्र हैं कवि, जो अपने अभिवादन का उत्तर मुस्कराकर देते हैं," पहले रक्षक ने दूसरे से कहा।

"हाँ, वह भी हैं।"

"मैं यहाँ तक आ ही गया हूँ...तब उनसे मिल सकता हूँ?" श्रीकंठ ने जानना चाहा।

"वह बड़े रत्न-व्यवसायी के पुत्र हैं तो रथिका में आते हैं। नायिका के साथ उद्यान-गमन करते हैं। आप जानते हैं उद्यान-गमन क्या है?"

"हाँ, नगर से बाहर अपने या अन्य के उद्यान में मनोविनोद ही उद्यान-गमन है," श्रीकंठ ने बताया।

"हम लोगों का सीधा सम्बन्ध नहीं है। इनके सम्बन्ध बराबर वालों या राजपुरुषों से रहते हैं। वैसे व्यवसायी व्यवहारकुशल होता है पर हमारा दायित्व तो यहाँ मात्र अराजक तत्त्वों से सुरक्षा बनाए रखने तक सीमित है," दूसरे रक्षक ने बताया।

"वैसे मित्र! आपसे बात करते हुए लग रहा है कि आप...! मेरा एक मित्र है...यात्रा के बीच उससे भेंट हुई थी। क्षत्रिय है वह...परम्परागत शस्त्रजीवी। अपने शस्त्र व शस्त्रलाघव पर उसे जो विश्वास है वह उसकी भंगिमा व व्यवहार से प्रकट होता है। आपके शब्द-व्यवहार में शस्त्रधारी की तीक्ष्णता नहीं, विवेक की छाप है तो...।"

रक्षक थोड़ा असहज प्रतीत हुआ, बोला, "इसमें न मेरा कोई गुण है न दोष। यह तो इस नगर और महाकाल की प्रभाव है जहाँ स्वयं सरस्वती भूतभावन के सामने खड़े होकर अपना वरदान बाँटने की अनुमति माँगती हैं। महाकाल की इच्छा हुई तो श्रेष्ठिपुत्र से मिलने का संयोग जुड़ ही जाएगा। आप रत्नवीथी का भ्रमण करना चाहें तो कर लीजिए," कह दूसरा रक्षक अपने स्थान की ओर लौटने लगा फिर मुड़कर बोला, "मैं आपकी भेंट कराने का प्रयास करूँगा किन्तु तब आपको सूचना कहाँ और कैसे पहुँचाऊँ?"

"मन्दिर के निकट पुष्प विक्रेता चम्पक मालिनी की पीढ़ी है। मैं मध्याह्न पश्चात् प्राय: वहाँ पहुँचता हूँ। सूचना भी वहाँ छोड़ देंगे तो मुझे मिल जाएगी।"

श्रीकंठ वहाँ से लौट आए। कदाचित् इस श्रेष्ठिपुत्र से भेंट करने पर कोई मार्ग खुले। मालिनी अब तक उनकी किसी नाट्यआचार्य अथवा रंगकर्मी से भेंट

न करवा सकी थी। यूँ वह उसकी भी व्यस्तता को जान गए थे—सूर्योदय से मुहूर्त भर पूर्व तो उसे पुष्प, पत्र, दूर्वादि की झल्ली (बड़ा टोकरा) सिर पर लादकर अपनी पीढ़ी पर आ जाना पड़ता है। साथ में हरिकेश भी बहँगी पर भाँति-भाँति के पुष्पों की झल्लियाँ, कंडोल (टोकरे) डला, पिटारी एक के ऊपर एक जमाकर लाता है। इससे पूर्व रात में ही मालिनी को घर बुहार, स्नानकर प्रातः आहार भी पकाना होता है। मध्याह्न में लौटकर पुनः भोजन पकाना, फुलवाड़ी जाना अंधेरा होने तक लौटने के बाद वही गृहकार्य...सोने से पूर्व फूलों को सहेजना... जाने कितने तो कार्य करने होते हैं उसे। महाकाल न स्वयं अपने लिए कोई दिन अवकाश लेते हैं न उसे लेने देते हैं। कोई रानी, श्रेष्ठानी तो है नहीं कि परोपकार के लिए समय ही समय हो। वह उतना ही उपकार तो कर सकेगी ना जितना काम करते-करते सम्भव हो सके।

रंगपंचमी के एक दिन पहले अर्थात् चैत्रकृष्ण चतुर्थी जिसे चैती चतुर्थी कहा जाता है, को श्रीकंठ जैसे ही मालिनी की पीढ़ी या पुष्पहट्ट पर पहुँचे तो हरिकेश ने बताया, "बन्धु! मालिनी दो दिन से आपके बारे में पूछ रही है। आज भी आपकी प्रतीक्षा में विलम्ब से घर गई है। उसके पास आपके लिए कोई सन्देश है।"

"सन्देश!" श्रीकंठ उत्सुक हो उठे, "किसका सन्देश है, क्या है सन्देश में?"

हरिकेश हँसा।

"अरे बन्धु! वह किसी प्रिया का सन्देश नहीं कि कालिदास के यक्ष की भाँति व्यग्र हो गए। रत्नवीथी से कोई सैनिक आया था—वही कह गया है कुछ। पूरा सन्देश तो मालिनी ही बता सकती है या वही सैनिक। अब मालिनी तो कल भोर में यहाँ आएगी।"

"हाँ, पर उस सैनिक का सन्देश जाने क्या हो! और अधिक विलम्ब पर कहीं निरर्थक न हो जाए।"

"तो फिर आप मेरी फुलवाड़ी चले जाइए, मालिनी वहीं मिलेगी। गढ़कालिका के मार्ग पर किसी से भी हरिकेश की फुलवाड़ी पूछ लीजिएगा। वैसे एक पहचान यह भी है कि वाड़ी में प्रवेशद्वार के दोनों ओर अशोक के वृक्ष हैं। मेरा पालित मोर द्वार के पास ही घूमता रहता है। बत्तखों की घर्र-घें-घर्र भी दूर से सुनाई पड़ जाती है। सम्भव है द्वार पर आपको मेरा श्वान भी उपस्थित मिले पर आप मालिनी को पुकार लेना। मढ़ैया द्वार से लगी ही है।"

श्रीकंठ तुरन्त वहाँ से पलट लिए पर विचार आया कि हरिकेश की फुलवाड़ी जाने कितनी दूर होगी। इससे सरल यही है कि रत्नवीथी पहुँचा जाए। सैनिक तो वही होगा जिससे रत्नवीथी के प्रवेशद्वार पर भेंट हुई थी। इस समय सूर्य भगवान का रथ ढलान के निकट जा पहुँचा था अतः आते हुए वसन्त की दोपहरी में धूप का उग्र हो जाने वाला स्वरूप मन्द हो चुका था। आशंका यही थी कि सैनिक न मिला तो

लौटकर फुलवाड़ी ही जाना पड़ेगा। वह रत्नवीथी पहुँचे और संयोग से सैनिक अपनी चौकी पर बैठा दिख गया। वस्तुत: वीथी के दोनों ओर छोटे से रक्षा-मंडप व उनके आगे पत्थर की चौकियाँ बनी हैं जिन पर बैठकर भी चौकसी की जा सकती है।

श्रीकंठ लम्बे डग भरते उसके निकट पहुँचे, "जय महाकाल की मित्र! मैं..."

"अरे आप! आइए, इधर बैठिए," उसने खड़े होकर श्रीकंठ को उसी चौकी पर बैठाया, "आपको सूचना मिली होगी!"

"हाँ, इतनी कि आपने कोई सूचना पहुँचाई है। वस्तुत: जिस देवी को आपने सूचना दी, वह स्वयं मुझे नहीं मिल पाई हैं अभी...।"

"कोई बात नहीं। सूचना यही है कि कल रंगपंचमी के अवसर पर हमारे श्रेष्ठिकवि के उद्यान भवन पर समापानक व गोष्ठी समवाय है। आप इसे गोष्ठी विहार भी कह सकते हैं, क्योंकि खान, पान के साथ इसमें काव्य-चर्चा आदि भी होती है। आप ठीक समय से आए। मैं श्रेष्ठिपुत्र से आपकी भेंट करवा सकता हूँ, क्योंकि अभी वह अपनी गद्‌दी पर हैं। शेष आप जानें," इसके साथ ही सैनिक ने अपने साथी को आवाज दी, "पुरंदर! मैं कुछ ही बेर में आता हूँ...तब तक ध्यान रखना।"

"मैं आपको किस नाम से पुकारूँ बन्धु! मेरा नाम श्रीकंठ है।"

"मुझे तिलकराज कहते हैं," आगे चलते हुए सैनिक ने बताया।

"क्षत्रिय ही होंगे। उस दिन मैंने..."

"हाँ, उस दिन आपको नहीं लगा था कि मैं क्षत्रिय हूँ...कर्म से तो हूँ ही।"

"अर्थात् जन्म से नहीं हैं?"

"मैंने शस्त्र विद्या सीखी है...शस्त्र विद्या का शिक्षक रहा हूँ...अब यही मेरी आजीविका है। आजीविका बनाए रखने के लिए मेरा क्षत्रिय बने रहना आवश्यक है। यूँ उज्जयिनी में पेट तो शिखा, सूत्र, तिलक सजाकर भी भरा जा सकता है जो मुझे स्वीकार नहीं। तो महाराज! चूँकि आप आचार्य हैं, कवि हैं इसलिए आपमें मेरी रुचि बनी।"

"ओह क्षमा करें। मैंने यूँ ही पूछ लिया। आपको देख मुझे धनंजय का स्मरण हो आया। क्षत्रिय है...मार्ग में मित्रता हो गई। उसने कहा था कि उज्जयिनी में मिलेंगे। कदाचित् वह मुझे नाट्य-प्रदर्शनों के समूहों में खोजता रहा होगा।"

श्रेष्ठि की गद्‌दी पर पहुँच गए थे दोनों। गद्‌दी पर नियुक्त रक्षक तिलकराज को पहचानता है। अत: तिलकराज ने उसी से श्रीकंठ की भेंट कराने के लिए कहा। कुछ ही देर में भीतर से श्रीकंठ के लिए बुलावा आया तो तिलकराज लौट लिया।

श्रेष्ठिपुत्र गद्‌दी के अग्रिम कक्ष में ही बैठा था। उसने खड़े होकर श्रीकंठ को पीठिका पर आसन देते हुए सेवक को शीतल जल लाने की आज्ञा दी फिर मुस्कराया, "हाँ कहें। कहाँ से पधारे हैं और किस हेतु कष्ट किया है?"

श्रीकंठ को यहाँ भी अपना परिचय दोहराना पड़ा।

"ओह, नाट्य तो प्रबन्ध विधा है—दृश्य काव्य। उसमें गति नहीं है मेरी। हाँ—रस-प्रबन्ध, कविता कामिनी से लगाव-जुड़ाव है। कल सायंकाल हमारे उद्यान में गोष्ठी समवाय है। आप चाहें तो उसमें सम्मिलित हो सकते हैं...किन्तु...उ.उ?" कोई तौलती सी दृष्टि श्रेष्ठिपुत्र ने श्रीकंठ पर घुमाई, "जैसा कि ज्ञात हुआ कि आप वेदवेत्ता आचार्य हैं। यह आयोजन वसन्त के मुक्त या कहना चाहिए कि उन्मुक्त स्वागत का अभिकल्प होगा, उसमें आप कदाचित्...मेरा आशय है कि अन्य अतिथि जो प्राय: अपनी-अपनी अन्या या पोषित नायिकाओं को लेकर सम्मिलित होंगे। क्या आपके साथ किसी नायिका का होना सम्भव बनेगा?"

श्रीकंठ के स्मरण में एकाएक माधुरी आ गई। चेहरे पर क्षण भर के लिए चिन्ता व विकलता की छाया उतरी फिर वह सँभले, "यहाँ मेरा एक माह से अधिक समय तो छोटा-सा ठाँव-ठिकाना खोज पाने में बीत गया। मेरा किसी नायिका से कोई परिचय नहीं है। यहाँ आकर एक प्रसिद्ध नायिका के बारे में सुना है जिसे वसन्त-सेना कहा जाता है। मैं उसका अभिनय भी नहीं देख पाया अब तक।"

"आप रेवा का उल्लेख कर रहे हैं? आमंत्रित किया है कल के लिए उन्हें भी। अनेक श्रीमन्त, आस्पद, श्रेष्ठि आएँगे। मैं सोच रहा हूँ कि आपको कैसे?... अच्छा, आपकी किसी प्रकार के गायन...वादन में गति है? राग-रागिनी में जैसे गांधार, गूजरी, सारंग, हिंडोला, पीलू, विहाग आदि। अथवा ग्रामगीत ही—फगुआ, विरहा, रसिया," श्रेष्ठिपुत्र ने जानना चाहा।

"गीत-संगीत निश्चय ही नाट्य का अत्यन्त महत्त्वपूर्ण अंग है...मैं उसका आस्वाद, आनन्द ले सकता हूँ...उसकी रोचकता, कटुता, तीक्ष्णता, काषायपन को समझ व पहचान सकता हूँ। गीत रच लूँगा पर उसके लिए तान, बन्दिश, निबंध आदि का संज्ञान नहीं है मुझे," बताया श्रीकंठ ने।

"आप कवि हैं तो कोई द्विपदी, त्रिपदी या चतुष्पदी सुनाइये।"

"यहाँ...?" श्रीकंठ संकोच में पड़ गए।

"हाँ, हम यहीं तो बैठे हैं...सुनाइए। और मेरे पास आज समय कम है, उद्यान जाकर कल की सज्जा व्यवस्था देखनी है।"

काव्य के प्रति श्रेष्ठिपुत्र के इस अगम्भीर आचरण से मन ही मन क्षुब्ध हुए श्रीकंठ। मन हुआ कि विनम्रता के साथ खड़े होकर बाहर निकल जाएँ पर धीमानों के समाज से परिचय के इस अवसर को वह हाथ से निकलने नहीं देना चाहते थे। बोले, "अच्छा सुनिए! मेरे ही रूपक 'महावीर चरितम्' से ही एक श्लोक है—

अमोघमस्त्रं क्षत्रस्य ब्राह्मणानां अनुग्रह:।
दुरासदं च तत्तेज: क्षत्रं यद ब्रह्म संयुतम्॥

"इसमें रावण का मंत्री माल्यवान, जो रावण का नाना भी है, कहता है कि—राम

का सबसे अमोघ अस्त्र ब्राह्मणों के आशीर्वाद हैं। क्षात्रतेज के साथ जब ब्रह्मतेज मिल जाता है तब बड़ा दुर्धर्ष हो जाता है।"

श्रेष्ठिपुत्र हँसने लगा, "आचार्य जी! समवाय समापानक रसप्रिय सामाजिकों के आमोद व मनोरंजन के लिए होते हैं। वहाँ नीतिशास्त्र नहीं पढ़ाया जाता। वहाँ तो कुछ सौदर्य, शृंगार का मिलन-विछोह जैसा होना चाहिए। जैसे यह कि—

यस्यैव व्रणस्तयैव वेदना भणति तज्जनोऽलीयम्।
दन्तक्षतं कपोले वध्वा वेदना सपत्नीनाम्॥

[जिसको घाव होता है उसी को वेदना होती है, यह कथन झूठ है, क्योंकि दंतक्षत (पति द्वारा किया हुआ) वधू के गाल में है (जिसे देखकर) वेदना सपत्नियों को होती है।]

अथवा यह कि—

धन्याऽसि या कथयसि प्रिय संगमेऽपि
विस्त्रब्धचाटुकशतानि रतान्तरेषु।
नीवीं प्रति प्रणिहिते तु करे प्रियेण
सख्यः सयामि यदि किंचिदपि स्मारामि॥

[सखी तुम धन्य हो (व्यंग्य) जो प्रिय से मिलने और सुरति के समय भी मीठी-मीठी बातें कह लेती हो। मैं तो सौगन्ध खाकर कहती हूँ कि प्रिय के द्वारा मेरे नाड़े की ओर हाथ बढ़ाते ही मुझे तो कुछ भी स्मरण नहीं रहता है।"]

दोनों छंद सुनाकर वणिकपुत्र मुस्कराता हुआ श्रीकंठ को देखने लगा।

श्रीकंठ की भौहें सिकुड़ गईं—"क्षमा करें श्रेष्ठिवर! निस्सन्देह शृंगार प्रमुख रस है—कोई-कोई इसे रसराज भी कहते हैं किन्तु मुझे लगता है कि आपका पहला पद असंगति तथा दूसरा व्यतिरेक काव्यगुण का विलास पक्ष ही प्रस्तुत करते हैं।"

श्रेष्ठिपुत्र का चेहरा खिल गया, "वही तो...वही तो। सचमुच मेरी कविता का मर्म जान लिया आपने। कल मैं इसी शृंखला के और भी छंद सुनाऊँगा। आप अवश्य आइएगा। मैं द्वारसेवकों को कह दूँगा कि आपको रोकें नहीं। पर आपकी यह वेशभूषा!"

"मेरी यही वेशभूषा रही है," निरपेक्ष भाव से श्रीकंठ ने कहा।

"कोई बात नहीं। भूषा, भाषा और भोजन वैसा ही होना चाहिए जैसा समाज हो। अभी आपके पास समय है—अवसर के अनुकूल कुछ छंद लिख अथवा कंठस्थ

कर लीजिए क्योंकि पूरे चैत्रमास भर कहीं-न-कहीं आयोजन, उत्सव चलते रहेंगे। मुख्य वसन्तोत्सव दो हैं—प्रथम चैत्रमास भर कहीं-न-कहीं द्वादशी तक एवं दूसरा चैत्र-शुक्ल दशमी तथा एकादशी को होकर द्वादशी से पूर्णिमा तक मदनोत्सव के रूप में बदल जाता है," मदनोत्सव के लिए उत्सुक आवेग श्रेष्ठिपुत्र के स्वर में उभर आया था।

श्रीकंठ के लिए काव्य व्यवहार का यह नया अनुभव था। नितान्त नैष्ठिक परिवार में जन्म लेकर पले-बढ़े श्रीकंठ के अध्ययन, अध्यापन का समय भी वेदमंत्रों के उच्चारण, शास्त्रविलोकन, काव्य-अनुशीलन व होम यज्ञादि की पवित्र धूम्र के साहचर्य में बीता है। उनके परिवार, कुटुम्बी, स्वजन, स्वकीय यहाँ तक कि पत्नी ने भी प्राण त्यागकर इस कारण उनका साथ छोड़ दिया था कि श्रीकंठ ने ब्राह्मण के लिए वर्जित कुशीलवों का संग स्वीकार किया। नटकर्म से जुड़े। पर महानगर के इस भद्रलोक में तो...।

"तो आप आ रहे हैं ना!" श्रेष्ठिपुत्र ने पूछा।

"यदि समवाय में सम्मिलित होने के लिए स्वयं को उपयुक्त बना सका तो अवश्य पहुँचूँगा।" कहकर वह खड़े हुए और विदास्वरूप हाथ जोड़ गद्दी के बाहर निकल आए।

खोज भरपूर की

9

पूरी उज्जयिनी रस, रास और रंगों में सराबोर हो रही थी—मद और मदिरा का उन्मुक्त प्रवाह था। आश्रम संचालक ध्रुव शर्मा स्वयं भी संध्या के समय बूटी छानने के लिए आश्रम के निकट बहती शिप्रा की सीढ़ियों पर जा बैठता। इसे वह कभी सोमरस कभी शिवप्रिया कहता व सिद्धिदात्री बताकर श्रीकंठ को भी भंग की तरंग पर सवार होने को उत्साहित करता।

आश्रम के छात्रों को भी वह छोटी-छोटी विजया बटी (गोली) बाँट देता। एक छात्र तो जाने कैसी या कितनी बटी निगल गया कि उसे प्राण के लाले हो गए। वह तीन दिन में स्वस्थ हुआ। छात्र की चिन्ता में श्रीकंठ भी तीन रात सो नहीं पाए। उन्हें पता है कि छात्र निर्धन परिवारों से यहाँ आए हैं कि कुछ सीख-साखकर पांडित्य कर्म से उदर पोषण कर सकें। उन्हें यथासम्भव शिक्षित करना श्रीकंठ अपना धर्म मानते हैं। आश्रम संचालक को शिक्षा से कोई प्रयोजन नहीं। आश्रम उसके अनुदान व दान पाने का साधन मात्र है।

श्रेष्ठिपुत्र के समवाय समापानक में श्रीकंठ सम्मिलित नहीं हुए। वहाँ जाने की इच्छा तो थी कि वहाँ रेवा से भेंट हो जाए तो कदाचित् उसके नाटक का मंचन होने के लिए कोई मार्ग मिले। अभी तक यहाँ उसका नाटक किसी ने पढ़ा भी नहीं है। श्रीकंठ ने एक काम अवश्य कर लिया। वह था, 'महावीर चरितम्' की एक और प्रति लिखी जाना। इसके दो विद्यार्थियों की हस्तलिपि बड़ी सुलेख है। वह उन्हें एक-एक पृष्ठ प्रतिलिपि के लिए दे देता। दूसरी प्रति से यह सुविधा होगी कि किसी को पढ़ने के लिए दी जा सकती है।

होलिका दहन के पश्चात् शीत जैसे-जैसे घट रहा था, रात्रिकालीन उत्सव बढ़ते जा रहे थे। धन व मान की इच्छा से स्थानीय ही नहीं नगर व राज्य से बाहर के भी नर्तक, कथागायक, कलावंत, चित्रकार, धनुर्धर, आशुकवि, ऐंद्रिजालिक, गन्धी आदि मन्दिरों पांथशालाओं पर आ ठहरे थे और दिन भर पण्य के त्रिपथ, चतुष्पथों अथवा चौक, मंडी, मेलों के बीच स्थान छेंककर अपनी कलाओं का प्रदर्शन करते थे।

श्रीकंठ ने पढ़ा तो है किन्तु अनुभव न हो पाया था कि वसन्तकाल में प्रकृति भी

अपनी पुरानी सज्जा उतारकर नया श्रृंगार करती है। वातावरण गुलाबी गन्ध बिखेरता हुआ हवा में मादकता भर देता है। आम बौराने, कोकिला स्वर सजाने लगती है। प्रत्येक दिशा में रंग उड़ाता मधु छलकता है।

अवंति के नागरी उत्सव में कृषक भाग नहीं ले पाते। यह उनके चैती उपज— अन्न, दाने, दलहन, तिलहन की फसल काटने, निवहने, उगाहने का समय होता है। कहीं बादल का एक टुकड़ा भी आकाश में आ पहुँचे तो ऐसी आशंका घिर आती है कि जैसे शत्रुसेना की कोई टुकड़ी टोह लेने आ पहुँची हो। ऐसे में रागरंग परे सरकाकर खेतों में बिखरा अन्न समेटने के अभियान में जुट जाना होता है। नगर जनों के आमोद में ऐसा कोई व्यवधान नहीं है।

कल श्रीकंठ यूँ ही दृश्य देखते तिलकराज से मिलने जा रहे थे। वह उन्हें निर्मल हृदय प्रतीत हुआ है। उस स्थान से सीधा मार्ग दास-पण्य होकर निकलता है किन्तु वह उधर जाने से बचते हैं। स्त्री-पुरुषों का पशुओं की भाँति क्रय-विक्रय उन्हें उद्विग्न कर देता है। पण्य में खूब भीड़ थी। पुरुष, महिलाएँ, तरुणों के झुंड। वस्त्राभरणों से सज्जित कुमारिकाएँ भी अपनी समवयस्कों अथवा रक्षकों के साथ वस्त्र आभूषण, प्रसाधन सामग्री आदि क्रय करती हुई भ्रमण कर रही थीं। इससे एक बात स्पष्ट थी कि अवंतिका में अराजकता तो नहीं है। नट नर्तक कलाएँ दिखा रहे थे। कहीं बाँसुरी, वीणा, मृदंग की जोट (प्रतियोगिता) थी तो कहीं जुगलबन्दी। एक स्थान पर ऐंद्रजालिक चमत्कार दिखा रहा था। उन्हें कभी-कभी लगता कि इस नगर में अति उत्सवप्रियता है। किन्तु एक बड़े समुदाय की जीविका भी इन्हीं उत्सवों पर निर्भर है।

पण्यपथ के दोनों ओर अनेक स्त्री-पुरुष पताकाएँ, पुष्प, स्तबक, दूर्वा, दधि जैसी मांगलिक वस्तुएँ बेच रहे थे तो कुछ स्थानों पर मदिरा भांड भी सजाए जाने लगे थे। कदाचित् किसी रात्रिकालीन आयोजन की सन्नद्धता है यहाँ, सोचा श्रीकंठ ने।

तिलकराज आज अधिक सावधानी से रत्नवीथी में आते-जाते लोगों पर दृष्टि बनाए था कि उसे श्रीकंठ दिखाई दिए। उसने अपने स्थान से ही पुकारा, "कवि महाशय! ओ कवि महाशय!" पण्य में इतना रोर भरा था कि दस पग की दूरी पर भी किसी को सुन पाना कठिन था। संयोग से श्रीकंठ ने भी तिलकराज को देख लिया। वह किनारे के एक खाली स्थान से आगे बढ़े ही थे कि वृहन्नलाओं के दल ने घेर लिया, "आए हाए पंडा जी, इस रत्नवीथी में किसे खोजने आए हो...किसी नायिका ने यहाँ मिलने का वचन दिया है कि सन्देश भेजा है? तुम अवंति के तो नहीं लगते। मेरा अनुमान सही है ना!" एक ने हाथ नचाते हुए पूछा।

"हाँ, मैं यहाँ का नहीं हूँ...दूर देश का हूँ," श्रीकंठ ने पीछा छुड़ाना चाहा।

"हाँ आँ तभी तो च्च च च्च। बिचारे ब्राह्मण ने जाने कितने दिन से स्त्री

का सुख नहीं पाया है। मदन वेदना का मारा रत्नवीथी में आ गया। किसी रूपाजीवी के लिए उपहार क्रय करना है?" दूसरे वृहन्नला ने अश्लील ढंग से आँख मिचकाई।

श्रीकंठ ने ऐसी स्थिति का कभी सामना नहीं किया था। उन्हें सदैव शिष्ट सम्मानपूर्ण व्यवहार मिलता रहा है। नैतिकता इनके अंग से वस्त्र की भाँति जुड़ी रही है। और ये निर्लज्जता प्रदर्शित कर रहे हैं। विवश से बोले—"शिष्टाचार की सीमा न लाँघो बन्धु!"

दूसरा वृहन्नला अब अपने साथियों से बोला, "अरे, ये ब्राह्मण तो मुझे अपना बन्धु बता रहा है। कितना शुभ दिन है आज कि हमारे परिवार में एक और बन्धु आया।"

आते-जाते लोग इस मनोरंजक दृश्य पर खी-खी कर रहे थे, तभी तिलकराज आ पहुँचा। उसने लोगों पर आँखें तरेरीं, डपटा तथा वृहन्नलाओं से कहा, "आचार्य जी से अशोभनीय परिहास करते हो! जाइए आप लोग अन्यथा मैं स्थानपति (थानेदार) से तुम्हारी प्रताड़ना कराऊँगा।"

"अए हए! तुम बीच में क्यों कूद रहे हो। ये स्वयं हमारे बन्धु बनने के इच्छुक हैं तो हमें देख लेने दो कि ये हमारे बन्धु होने योग्य हैं भी अथवा नहीं!"

राजतिलक ने एक ताम्रमुद्रा वृहन्नला के हाथ पर रखी, "लो, हो गया तुम्हारा नेग। जाओ अब, अन्यथा तुम्हारा इधर आना बन्द कर दूँगा। सोच लो, कितनी हानि रहेगी तुम्हारी।"

"ऐ हे! हम तो इस बेचारे के लिए ही चिन्तित हैं। देखते नहीं मदन-ज्वर में कैसा रंग-रूप हो रहा है बेचारे का।"

"ऐसे बलिष्ठ, टनाटन युवक की कितनी दयनीय दशा है...हाय!"

ताली फटकारते, खिलखिलाते वृहन्नला आगे चले गए। तिलकराज श्रीकंठ को अपनी चौकी की ओर खींच ले गया, "वह तो मैंने देख लिया अन्यथा ये जाने कब तक तुम्हें उपहास का पात्र बनाए रखते।"

तिस पर प्रहर भर रात्रि बीतते ही मधुनैश के हुल्लड़ आरम्भ हो जाएँगे। मधुपायी झुंड बनाकर अश्लील गीत गाते हुए गली-गली घूमेंगे। तुम्हें बुरा लगेगा किन्तु यहाँ कोई बुरा नहीं मानता। इन गीतों में भी सम्बन्धों का पूरा ध्यान रखा जाता है। सारे गीत समाज-स्वीकृत यौन-व्यवहार तक सीमित रहते हैं। किसी गीत में शिष्ट अश्लीलता की कोई नई उद्भावना, नई उड़ान, कल्पना या विन्यास हो तो उस गायक कवि को पुरस्कृत भी किया जाता है। यह सब देखना-सुनना चाहो तो मेरे साथ रह सकते हो। मैं तीन प्रहर रात्रि बीतने तक रहूँगा।"

"हाँ, देखना-सुनना तो यह भी चाहिए। शास्त्रानुसार कवि के अनुभव के लिए कुछ भी या कोई वर्जित प्रदेश नहीं है। पर मेरा आश्रम पहुँचना आवश्यक है अन्यथा

छात्र चिन्तित होंगे। संचालक भी जाने क्या सोचें? आश्रम यहाँ से दूरी पर भी है।"

"हाँ, मैंने बाहर से देखा है उसे। एक परिचित रहता है मेरा उधर ही। मेरी यह व्यस्तता अगले तीन दिन तक रहेगी। यही सेवावृत्ति की विवशता है।"

तिलकराज से विदा माँगकर चला आया था श्रीकंठ। न चाहते हुए भी वह दो बार दासपणि की फेरी भी लगा चुके हैं। वहाँ दास-दासियों की नई खेप आई हुई है। ये व्यापारी अवंति में एक-एक पखवारे तक ठहरते हैं तथा अपने आने व ठहरने की सूचना साँड़नी सवारों के माध्यम से सौ-सौ कोस दूरी तक के नगरों, कस्बों, ठिकानों तक पहुँचाते हैं ताकि इच्छुक लोग गृहदास, कमेरे, चाकर, किंकर, चेटी, बाँदी, सैरंध्री, सहेली भृत्य आदि के लिए लेवाली कर सकें।

श्रीकंठ ने दास-दासियों के मूल्य, देश और समाज के विषय में जानने व उनकी दुर्दशा का आकलन करने का प्रयास भी किया किन्तु मूक पशुओं की भाँति बंधक और विवश स्त्री, पुरुष, युवा, युवती यहाँ तक कि कुछ बालक-बालिकाओं को भी वहाँ देख वे व्यथित व उद्विग्न हो जाते हैं। उन्हें धनंजय का स्मरण हो आता है। कल्पना करते हैं कि कोई धनंजय सा साहसी अपने कुछ साथियों के साथ इस दास-पण्य पर आ टूटेगा तथा सभी बंधकों को मुक्त कर देगा।

दूसरे दिन इसी कल्पना में डूबे से वह एक चौंतरे पर खड़ी की गई युवती को देख रहे थे कि एक बन्धुल (दलाल) उनके निकट आया व व्यंजनापूर्वक पूछा, "इसके प्रति आपकी रुचि है क्या उपाध्याय महोदय! यह रत्न आश्रम के लिए नहीं, निलय, निवास अथवा भवन के लिए है। कहें तो आपके योग्य बाला दिखाऊँ?" बन्धुल अश्लील ढंग से हँसा।

श्रीकंठ ने स्वयं को इस समय बहुत अपमानित, अशक्त अनुभव किया। निश्चय ही शस्त्रविद्या वह नहीं जानते किन्तु मल्लक्रीड़ा उन्हें बाल्यावस्था से ही प्रिय रही है। उनकी शारीरिक गढ़न भी इसके अनुकूल है तथा वह इसमें कुशल भी हैं। पर शैशव से ही कोई ग्रंथि उनके मन में आ बनी है कि वह अपनी उपेक्षा या उपहास सहन नहीं कर पाते। यद्यपि जीवन-स्थितियाँ ऐसे मान या स्वाभिमान के प्रतिकूल ही रहती चली आई हैं...किसी उत्तेजना का दुष्परिणाम प्रायः भोगना भी उन्हें ही पड़ा है। अतः स्वयं पर संयम रखते हुए वह आगे बढ़ने लगे।

किन्तु बन्धुल जान गया था कि यह ब्राह्मण स्थानीय न होकर किसी दूर-देश से आया नया आदमी है...अकेला भी। इसलिए बच रहा है। वह मसखरों सा हाथ नचाता, मटकता हुआ श्रीकंठ के निकट पहुँचा व उपहास में रस लेता हुआ बोला, "अरे रे! रूठ के क्यों जा रहे हैं महाशय!" बन्धुल ने हाथ पकड़ा, "बताइए तो कि दासी किसके लिए चाहिए...स्वयं के लिए या अपने किसी स्वामी के लिए?"

श्रीकंठ ने बन्धुल का हाथ झटक दिया, "बहुत ढीठ, असभ्य हो तुम।"

"अरे ऐ ऐ! देखो, क्रोध न दिखाओ। क्रोध ब्राह्मण को शोभा नहीं देता। आपको स्त्री चाहिए न। उपलब्ध करा दूँगा। घर से कब निकले? कितने दिन से स्त्री सुख नहीं लिया—बताइए तो महाराज!"

"तुम मर्यादा लाँघ रहे हो," श्रीकंठ का स्वर कठोर हो गया।

"अच्छा-अच्छा इधर आओ। तुम्हारी रुचि इसी स्त्री में है तो यही सही। दास वणिक मेरा व्यवहारी है। प्रतिवर्ष आता है यहाँ। मैं इस स्त्री को तुम्हें एक रात्रि के लिए उपलब्ध करवा दूँगा।"

इस धृष्टता पर स्तब्ध थे श्रीकंठ। महाकाल की नगरी में उपहास, परिहास इस स्तर तक गिर सकता है, ऐसी कल्पना भी न थी उन्हें। परिहास का स्वाद चुभलाने में बन्धुल के दो और परिचित या साथी सम्मिलित हो गए। प्रकट था कि इस पण्य में उनका प्रभाव है। तीनों श्रीकंठ को उस युवती के पास ले जा पहुँचे। श्रीकंठ ने युवती की ओर देखा तो उसकी आँखों में भयभीत हिरणी सी कातरता दिखी।

तभी बन्धुल ने युवती का वक्ष उघाड़ दिया व स्तन को तर्जनी से कोंचता हुआ बोला, "देखो तो कितना पुष्ट स्तन है...कैसा मांसल, चिकना," उसके साथी हो-हो कर हँसने लगे।

इस असह्य अश्लील प्रगल्भता पर श्रीकंठ ने आँखें मूँद लीं। पूरा शरीर जल उठा। एक झपट्टे के साथ उन्होंने बन्धुल की गर्दन पकड़ ली तो बन्धुल की हँसी गों गों में बदल गई। साथ वाले एकबारगी तो समझ ही न पाए कि क्या हुआ फिर ज्योंही गों गों करते साथी की पथराती हुई आँखों को देखा श्रीकंठ की बाँहों से लटक गए। बन्धुल छूट तो गया पर श्रीकंठ की लात के प्रहार से चौंतरे से नीचे जा गिरा था। उसमें उठकर खड़े होने की सामर्थ्य भी न बची थी। वह बस फटी-फटी आँखें दाहिने-बाएँ घुमा रहा था।

दासपणि में इस समय भीड़ तो न थी फिर भी इधर-उधर से लोग कंठ मलते हुए आवाज़ निकालने का प्रयास करते बन्धुल के आस-पास झिमट आए। श्रीकंठ ने बन्धुल के एक साथी को धकेलकर दूसरे को ऐंठ लिया था फिर भी दोनों छूँछे हाथ-पाँव चला रहे थे।

दास-दासियों की निगरानी, नियंत्रण के लिए दास व्यापारी द्वारा नियुक्त सशस्त्र व दंडधारी रक्षक भी हो-हल्ला सुन दौड़कर आ पहुँचे। उनमें से एक ने श्रीकंठ का हाथ तो पकड़ लिया पर उनकी वेशभूषा, तिलक, शिखा देखकर किसी प्रकार से बल प्रयोग का साहस न कर सका।

श्रीकंठ ने इस दंडधर से भी हाथ छुड़ा लिया, पूछा, "आप लोग राज्य के सेवक हैं या...।"

"हमें तो श्रेष्ठि ने इन दास-दासियों की सुरक्षा के लिए रखा है। आप यहाँ आकर उपद्रव क्यों मचा रहे हैं?"

"धिक्कार है तुम्हें और तुम्हारी संरक्षा को जिसमें स्त्री नित्यप्रति इस प्रकार अपमानित होती है," श्रीकंठ अभी भी अज्ञात ताप में झुलस रहे थे।

"क्या कह रहे हैं आप! यह तो व्यवसाय है...सदा से हो रहा है। अब आप जाइए यहाँ से। आपको अच्छा नहीं लगता तो यहाँ आना ही नहीं चाहिए था। यह पण्य साधु-सन्त, ब्रह्मचारियों के लिए नहीं है...दास-दासियाँ श्रीमन्त, सम्पन्न लोगों के उपयोग-उपभोग की वस्तु हैं और ये बन्धुल इस व्यवसाय से ही अपनी आजीविका पाते हैं," रक्षक बोला।

श्रीकंठ जान गए कि यहाँ उनका कोई भी नैतिक तर्क या हस्तक्षेप अनुचित ही माना जाएगा। यहाँ कोई उनका समर्थक नहीं है। यहाँ धर्म भी निर्बल है या मौन होकर अमानुषिकता को स्वीकृति दे रहा है।

एक बार पुनः उन्होंने उस युवती की ओर देखा। उसकी आँखों में पल भर के लिए जीवन कोंधा व फिर से पूर्ववत् पथरा गईं।

एकत्र भीड़ से निकल सिर झुकाए ग्लानि में डूबे वह कुछ पग बढ़े ही थे कि किसी स्त्री का कोमल सम्बोधन सुनाई दिया, "ठहरिए देव!"

मुड़कर देखने पर श्रीकंठ ने पाया कि शिविका के भीतर से एक स्त्री उन्हें हाथ के संकेत से अपनी ओर बुला रही है। वह असमंजस में आ पड़े, "कौन मैं?"

"हाँ आप ही, कृपया इधर आएँ," बुलाया स्त्री ने।

"कहिए," शिविका के निकट जाकर पूछा श्रीकंठ ने।

"इस पर्ण्य के बीच ठहरकर बात करना आपकी प्रतिष्ठा के अनुकूल न होगा। क्या आप घड़ी भर के लिए मेरे साथ चल सकते हैं?"

"पर मैं आपसे नितान्त अपरिचित हूँ। आप मुझे कहाँ और क्यों ले जाना चाहती हैं?"

"संकोच या भय की कोई बात नहीं। मेरा आवास अधिक दूर नहीं है। मात्र आधा कोस की दूरी होगी और आपका भी कुछ छीन नहीं लूँगी मैं।"

"मेरी आपसे कोई शत्रुता नहीं तो मुझे भय क्यों होगा। धन, रत्न मेरे पास है नहीं, जो छीने जा सकें।"

"तो फिर साथ आइए," कह स्त्री ने शिविका वाहकों को चलने का संकेत किया।

श्रीकंठ ने कुछ सोचा और शिविका के पीछे हो लिए। कुछ ही समय पश्चात् शिविका ने द्वारपाल से रक्षित एक ऐश्वर्य-भवन के भीतर प्रवेश किया। भीतर पहुँच शिविका रुकी व उससे भद्र वेशभूषा वाली सुदर्शनी, सौम्य महिला उतरकर श्रीकंठ के पास आई, "सुप्रिया के बसेरे पर आपका स्वागत है...आइए।"

थोड़े से संकोच के साथ श्रीकंठ स्त्री के पीछे हो लिए फिर कहा, "मैं देवी का परिचय जान सकता हूँ।"

"नाम से तो आप परिचित हो ही गए हैं," उस ललित ललाम ने थोड़ा पीछे मुड़कर स्मित के साथ उत्तर दिया।

"किन्तु देवी, मैं समझ नहीं पा रहा हूँ कि मुझ पर इस अहेतुक अनुग्रह का कारण क्या है?"

"आप अधीर क्यों हो रहे हैं। घड़ी भर तो हमारे आँगन में बिता लीजिए।"

अब वे गृहद्वार पर पहुँच गए थे। एक सेविका दौड़ती सी आई और आज्ञा की प्रतीक्षा में सिर झुकाकर खड़ी हो गई।

"वासवी, अतिथि को बरौठे (बैठक) में बिठाओ, मैं आती हूँ," कह वह महिला बाईं ओर मुड़कर निकल गई।

वासवी ने श्रीकंठ को शुभ्र आसन्दी पर बिठाया व दूसरे द्वार से होकर वह भी कहीं ओझल हो गई। पर शीघ्र ही लौटी। उसके हाथों में रजत थालिका (चाँदी की थाली) थी जो उसने श्रीकंठ के आगे काष्ठ आधार पर सजा दी, "जल ग्रहण करें देव! स्वामिनी अभी आती हैं," कह वह पुन: भीतर की ओर चली गई तथा हाथ धोने के लिए दूसरा जल पात्र व कठौती ले आई।

तीसरी बार में वासवी एक अन्य थलिया में मधुरव्य (मिठाई) व द्रोणी में आँवला पाक ले आई। श्रीकंठ बरसों पश्चात् अपने आगे ऐसी खाद्य-सामग्री पा रहे थे। यह सब अप्रत्याशित ढंग से घटता देख वह दुविधाग्रस्त भी थे। हाथ में जल-पात्र लिये खड़ी वासवी ने जब हाथ प्रक्षालन के लिए निवेदन किया तो उन्हें खड़ा होना पड़ा। हाथ धोकर उत्तरीय से हाथ पोंछते वह पीठिका पर आ बैठे। स्पष्ट था कि मिष्ठान्न और पाक उन्हीं के लिए है अत: उन्होंने आँवले की एक फाँक मुँह में डाल ली और धीरे-धीरे चबाने लगे।

सुप्रिया भी लौट आई तो मिष्ठान्न व पाक की वैसी ही थलिका वासवी ने उसके आगे भी लाकर रख दी।

मिष्टी का खंड मुँह में डालकर सुप्रिया बोली, "आपको पहले यह पूरा खाना है इसके पश्चात् जो भी पूछना हो पूछ लीजिएगा। मैं भी कुछ जान लूँगी आपके बारे में।"

दोनों ने धीरे-धीरे उपाहार पूरा किया फिर सुप्रिया बताने लगी, "नाम तो आप जान ही चुके हैं और यह आवास भी मेरा ही है। आज से बारह वर्ष पहले तक बड़े-बड़े श्रेष्ठि, सामन्त यहाँ आना, मेरी ओर से निमंत्रण पाना अपना सौभाग्य मानते थे। स्वयं उज्जयिनी नरेश भी प्राय: मेरा आतिथ्य ग्रहण करते थे। मैं नायिका थी उन दिनों की। मेरे बिना वसन्तोत्सव यहाँ तक कि राजकीय मदनोत्सव भी अपूर्ण माना जाता था। उर्वशी थी मैं अवंति की। मैं अपने बीते समय की जुगाली नहीं कर रही। अतीत का स्वाद भी नहीं चुभलाती मैं। गणवधू होने का पश्चात्ताप भी नहीं मुझे। मैं तब भी जानती थी और अब भी मानती हूँ कि धन, यौवन सदैव साथ नहीं रहता इसलिए

जब तक है तब तक उसका सावधानी से उपयोग, उपभोग करो कि वह दूर तक, देर तक साथ दे। साथ ही कुछ ऐसा कर लो कि कोई आपको आत्मीयता से स्मरण करे। तो...अब आप कुछ अपने बारे में बताइए!" सुप्रिया श्रीकंठ की ओर ताक उठी।

"मैं...! जब से मेरा गृह, जनपद महाल छूटा है, तब से हर स्थान पर बार-बार मुझे अपना परिचय देना पड़ रहा है। कदाचित् नई भूमि पर हर व्यक्ति को अपनी पहचान बनानी ही होती है। आप बस इतना ही जान लें कि मेरा नाम श्रीकंठ है। वेद-वेदांगों का अध्ययन किया है। नाटक में रुचि के कारण घर, परिवार, देश छूट गया। उज्जयिनी में इसलिए हूँ कि महाकाल की यह भूमि साहित्य संस्कृति का तीर्थ है तो स्यात् कालप्रियानाथ के आँगन में मेरे नाटक का अभिनय हो जाए।"

"अहा, तो आप रूपककार हैं...रचेता...स्रष्टा," सुप्रिया के चेहरे पर आत्मीयता का उल्लास आ गया, "अर्थात् कालपति एक बार पुनः मेरे प्रति सदय हुआ है कि एक कलावंत गुणवंत से परिचय हुआ। आह...। आप दास-पण्य में विक्रय के लिए आई युवती के ही अपमान पर जब विचलित हो गए, तभी मुझे लगा कि यह व्यक्ति जो दासी के स्त्रीत्व का भी अपमान नहीं सह सकता वह सामान्य सा होने पर भी अलग है औरों से...। इस प्रकार भिड़ जाना आपके लिए घातक भी हो सकता था। मानव जिंस का व्यवसाय करने वाले स्वभावतः हिंसक व क्रूर हो जाते हैं... फिर यह व्यापार वैध भी तो है। हमारे पूज्य महापुरुषों जैसे श्रीराम की अयोध्या में दास-दासी थे तो श्रीकृष्ण की द्वारिका व हस्तिनापुर के महलों में भी। महात्मा बुद्ध के अनुयायी नरेशों, श्रेष्ठियों के यहाँ भी भवन इनसे भरे पड़े थे।"

"महापुरुषों की अनदेखी से पाप पुण्य नहीं हो जाता देवी! जनकनन्दिनी सीता के प्रति अपराध का परिणाम श्रीराम को अपने ही पुत्रों के हाथों पराजय के रूप में देखना पड़ा था। पाँचाली का अपमान करने वाले धृतराष्ट्रपुत्रों में कौन जीवित रह पाया? और भगवान बुद्ध? उनके अनुयायियों में स्त्री को पंचमकार क्रिया के लिए साधन बना लिया गया है," श्रीकंठ के चेहरे पर उत्तेजना आ गई।

"तो? आप क्या कर लेंगे? वह पाप जिसके लिए राज्य की अनुमति हो...धर्म की अनुमति हो...समाज में मान्यता हो, उसे रोक पाओगे तुम? ओह क्षमा करें, मैं 'तुम' कह गई," सुप्रिया ने गहरी साँस खींची।

"देवी, आपका कहना सही है। मैं न कर पाऊँ...मेरे समय में भले न हो पर काल अनन्त है और पृथ्वी बहुत बड़ी है। यह रुकेगा अवश्य...कोई न कोई होगा तो इसे रोकने वाला। इस आतिथ्य के लिए धन्यवाद," कह श्रीकंठ खड़े हो गए।

"अरे...अरे! आप तो मुझसे पीछा छुड़ाने लगे श्रीकंठ जी। हाँ, हाँ, बैठिये अभी," कनुप्रिया ने खड़े होकर दोनों हाथों से उनके कन्धे दबाते हुए वहीं बैठा दिया, "तुम! ओह...यह बार-बार इसलिए मुँह से निकल जाता है कि वय में मुझसे बहुत कम हो तुम। मैं उतनी वय की दिखती नहीं...पर हूँ। माँ को छोड़कर हर स्त्री

अपनी वय छिपाना जानती है और मेरी जैसी गणनायिकाओं का तो यह धर्म है," हँसने लगी सुप्रिया।

"और श्रीकंठ जी। उज्जयिनी महाकाल का महातीर्थ ही नहीं महानगर व महापण्य भी है। यहाँ मनुष्य के साथ विद्या और कला का भी विक्रय होता है। तुम अभी नहीं समझ पाओगे...इसलिए घूमो...भटको...देखो और समझो। मैंने तो तुम्हें अपना सखा मान लिया है। इस प्रौढ़ सखी के यहाँ तुम कभी भी आ सकते हो," सुप्रिया ने अब वासवी को पुकारा तो वह तुरन्त उपस्थित हो गई।

"वासवी! इनके लिए भंडार से वसन्तोत्सव योग्य सौम्य परिधान निकालकर ले आओ।"

सिर हिलाकर वासवी के जाते ही सुप्रिया ने श्रीकंठ को बताया, "सखे! भद्रलोक में प्रवेश के लिए कुछ टोटका आवश्यक है...प्रदर्शन के रूप में। आँखें पहले व्यक्ति को देखती हैं...रूप को। कला तो बाद में प्रकट होती है।"

वासवी परिधान ले आई तो श्रीकंठ को छोड़ने सुप्रिया सिंहद्वार तक आई। वासवी भी चकित थी कि इतना आदर तो स्वामिनी बस नरेश को ही देती हैं। विदा करते हुए यह भी कहा सुप्रिया ने, "अपना नाटक मुझे भी पढ़वाएँ या सुनाएँ।"

उत्तर में कुछ भी न कह पा बस हाथ जोड़ कृतज्ञता में भरे-भरे से लौट पड़े थे श्रीकंठ। वह पुष्पहट्ट पहुँच इन घटनाओं पर मालिनी से चर्चा करना चाहते थे। इस समय वह अपनी फूलवाड़ी में रहती है पर आज जाने कितने संयोग घटित होने थे कि वह हट्ट पर ही मिल गई।

उन्हें देखते ही चम्पक मालिनी ने उलाहना दिया, "इन दिनों इधर आने का मार्ग ही भूल गए। नाटक की किसी नायिका से भेंट हो गई क्या?"

"मेरा एक छात्र अस्वस्थ हो गया था। दूसरे जिसने तुम्हें मेरे लिए सन्देश दिया उस मित्र ने मेरी भेंट एक श्रेष्ठि पुत्र से कराई जो काव्य को मनोरंजन की वस्तु मानता है। दो दिन से मैं दास-पणि जा रहा था। आज भी गया और...।"

संक्षेप में सारा वृत्तांत सुनाकर श्रीकंठ ने पट से लिपटे वह वस्त्र मालिनी के हाथों में दे दिये जो सुप्रिया ने भेंट किए थे।

"अहो, तो भेंट भी इतनी बड़ी नायिका से...और वह इस प्रकार सहृदय हुई हैं तुम पर। मैं पहचानती हूँ उन्हें। उनकी सेविका आती है इस हट्ट पर। किन्तु अब वह किसी उत्सव में नहीं दिखतीं। हाँ, विशेष पूजा, पर्व आदि पर महाकाल के दर्शन करने आती हैं।"

"उन्होंने पढ़ने के लिए नाटक माँगा है," श्रीकंठ के स्वर में उत्साह झलक रहा था, "मैं नाटक की एक और प्रति बना रहा हूँ। पूरी होते ही पहुँचाऊँगा उन तक।"

"यह तो बहुत ही अच्छा है। वह तुम्हें आश्रय भी उपलब्ध करा सकती हैं। नगर के मध्य ही तो उनका आवास है। तुम्हारा आश्रम बाहर और दूरी पर है। इस

ओर रहोगे तो गुणीजनों से मिलने-बैठने का सुभीता होगा।"

श्रीकंठ का माथा सिकुड़ा, "उन्होंने मुझे आवश्यकता होने पर कभी भी आने को कहा है...आवास विषयक कुछ भी चर्चा नहीं की। यह भी कि मुझे सखा बनाया है, सम्बन्धी नहीं। मेरे लिए भी उचित है कि उनका मान रखूँ। यूँ भी मैं किसी पर भार नहीं बनना चाहता। एक बात है मालिनी बहन! मैं यहाँ वसन्तोत्सव के लिए बड़ी ललक और उत्सुकता देख रहा हूँ?"

"अरे देखना तुम! रंगपंचमी निकल गई। दो दिन में दशमी होगी। नगर में पुष्प व पुष्पाभरणों की माँग बढ़ जाएगी। द्वादशी को शिप्रा-तट पर पुष्प-संगर (युद्ध) रचा जाएगा। उसे अवश्य देखना...कवियों के लिए बड़े काम का है। कवियों में तो बहुत प्रसिद्ध है वसन्तोत्सव...," चम्पक मालिनी ने आँखें नचाईं।

"हाँ, मैंने भी पढ़ा है। उत्सुकता मुझे भी है देखने की। पुष्प-संगर में तुम भी सम्मिलित होगी हरिकेश के साथ?"

इस नासमझी पर चंपक मालिनी पहले तो खूब हँसी फिर बोली, "हम शामिल होंगे? कैसे कवि हो तुम! इतना भी नहीं जानते कि हम इसमें सम्मिलित हो जाएँगे तो मालाओं, पुष्पों, पुष्पगुच्छों की आपूर्ति कौन करेगा? हम तो उत्सव के लिए बहुरंगी सामग्री जुटाने वाले लोग हैं...रंजन के साधन। इन उत्सवों, उत्सवप्रिय श्रीमानों व नागरिकों की शृंगारप्रियता के सहारे ही तो हमारी आजीविका है। अच्छा, तुम्हारे योग्य एक और सूचना है मेरे पास...वह यह कि चैत्रकृष्ण की इस देवकार्य अमावस्या के साथ सोमवती होने का योग जुड़ रहा है। शिप्रा में स्नान कर महाकाल के दर्शन का पुण्य लाभ पाने दूर-दूर से लोग आएँगे। उसी दिन इसी प्रांगण में किसी नाटक का अभिनय भी होना है...कालिदास के नाटक का...।"

"ओह—महाकवि का नाटक! कौन-सा नाटक होगा?"

"नाम सुना तो है...पर! हाँ उर्वशी है कोई," बताया मालिनी ने।

"अच्छा विक्रमोर्वशीय...।"

"हाँ, कदाचित् यही नाम है। कोई बाहर का नाट्यदल है।"

"बाहर का...कहीं आर्य सोमदत्त तो नहीं आ पहुँचे? तुमने दल का नाम नहीं सुना?"

"नहीं..., मैंने पूछा भी नहीं। ये आर्य कौन हैं?"

"तुम नहीं जानतीं, महान नाट्याचार्य हैं वह," श्रीकंठ को माधुरी की स्मृति हो आई, "उनके दल में बड़े कुशल रंगचर हैं," श्रीकंठ के कानों में घंटियों की सम्मोहक ध्वनि बजने लगी, "कहीं से यहाँ अभिनय करने वाले उस दल के बारे में ज्ञात हो सकता है?"

'हाँ, हाँ—कल प्रात: बता दूँगी कि कौन नाट्यदल है...कहाँ से है? महाकाल के एक परिचारक को प्रांगण में होने वाले आयोजनों का पता होता है...पूछ लूँगी।"

"अभी पूछ सकती हो?"

"अभी? इतना आवश्यक है जानना," मालिनी ने यह व्यग्रता श्रीकंठ के चेहरे पर पढ़नी चाही फिर पूछ ही लिया, "उन नाट्याचार्य के दल में तुम्हारा कोई है क्या?"

"प्राय: सभी मेरे परिचित हैं। उन सबसे रुद्रपुर में भेंट हुई थी मेरी। मार्ग में स्थान-स्थान पर नाट्य-प्रदर्शन करते आ रहे हैं। अब तक तो उन्हें आ ही जाना चाहिए था।"

"तो पूछे आती हूँ, तुम थोड़ी देर बैठो," कह मालिनी मन्दिर की ओर चली गई और लौटकर बताया कि यह नाट्यदल तो किन्हीं कीर्तिसेन का है।

"ओह..., अच्छा तो मैं चलूँ...। प्रतिलिपि का कार्य भी पूरा करना है," श्रीकंठ के चेहरे पर पैदा हुआ उत्साह मन्द पड़ गया था।

माधुरी को स्मरण में लिए वह आश्रम लौटे आए। सोचते-विचारते यह भी निश्चित किया कि मदनोत्सव से पूर्व ही वह 'महावीर चरितम्' की प्रति सुप्रिया तक पहुँचा दूँगा। मार्ग में से उन्होंने एक भार अरंडी का तेल भी क्रय किया ताकि रात्रि में दीपक जलाकर भी प्रतिलिपि लेखन किया जा सके।

देवकार्य अमावस्या को वह गोधूलि बेला से पूर्व ही प्रांगण में पहुँच गए। विशाल चत्वर तथा ढलवाँ छत को दो कक्षों वाले मुक्ताकाशी रंगमंच की निर्मिति नाट्यशास्त्र के अनुसार की गई है। आठ हाथ लम्बे तथा छत्तीस हाथ चौड़े भूमि-खंड को प्रांगण से कुछ अलग ही रक्षित किया गया है। श्रीकंठ ने यहाँ अपना नाटक होने की मन ही मन अनेक बार कल्पना की है।

इस स्थान पर उत्सव प्राय: संध्या आरती के पश्चात् आरम्भ होते हैं या इससे पूर्व आरम्भ हुए उत्सव आरती के समय रोकने पड़ते हैं। बीच में रोकने से नाटक का रसभंग होता है। अत: वह आरती के पश्चात् हो आरम्भ किया जाता है। इसमें अभी समय था तो श्रीकंठ दल प्रमुख से भेंट करने रंगशीर्ष की ओर चले गए। जब उन्होंने कीर्तिसेन को अपना परिचय दिया तो उन्होंने भी इस भेंट का 'अहो भाग्य' कह स्वागत किया।

उन्हीं से ज्ञात हुआ कि यह लोग दो दिन के लिए एक श्रेष्ठि के आतिथ्य में रहेंगे। अवंति में परम्परा है कि कोई श्रीमन्त अथवा नागरक—कलाकारों, नट, नर्तक आदि को निर्धारित पुरस्कार या पारिश्रमिक पर कला-कौशल दिखाने के लिए रोकता है...आवास-भोजन-प्रदर्शन की व्यवस्था करता है फिर अन्न वस्त्रादि के साथ मधुर संभाषणपूर्वक उन्हें विदा किया जाता है। यह दल भी यहाँ वसन्तोत्सव तक नाट्य प्रदर्शन करता हुआ उत्सव का आनन्द लेगा उसके पश्चात् दशपुर (मन्दसौर) की ओर जाएगा।

इस त्रोटक (नाटक) की प्रस्तुति श्रीकंठ को प्रभावित न कर पाई। कारण कदाचित् यह भी रहा हो कि उन्होंने 'अभिज्ञान शाकुंतल' की प्रस्तुति देखी है। किसी

रचनाकार की श्रेष्ठतम कृति का रसास्वादन कर लेने पर उसकी अन्य श्रेष्ठतर रचना भी कुछ हेठी लगती है। एक कारण और भी था कि आधे से अधिक स्त्री पात्रों की भूमिका पुरुष निभा रहे थे। यद्यपि उर्वशी, चित्रलेखा तथा औशीनरी की भूमिका वाली कलाकारों का अभिनय पात्रों के अनुकूल रहा किन्तु सहजन्या अप्सरा एवं यवनी परिचारिका के रूप में पुरुष स्पष्ट पहचान में आ रहे थे। इस नाट्य का सबसे महत्त्वपूर्ण पक्ष भरतवाक्य की यह कामना है जिसमें कहा गया है,

परस्पर विरोधिन्योरेकसंश्रयदुर्लभम्।
संगतं श्रीसरस्वत्योर्भूयादुद्भूताये सताम्॥

[जहाँ लक्ष्मी हो, प्राय: वहाँ सरस्वती का अभाव दिखता है और जहाँ सरस्वती (विद्या) हो वहाँ लक्ष्मी का। दोनों का एक स्थान पर होना दुर्लभ है। इसलिए सज्जनों के यहाँ इस संयोग की संगति बने—अथवा एक स्थान पर दोनों का दुर्लभ मिलन सज्जनों के कल्याण के लिए हुआ करे।]

नाटक सुखांत होने पर भी वह अवसाद में घिरे सोच रहे थे, 'ये संसार का प्रांगण ही तो है जिसमें सुखांत-दुखांत के अनेकानेक नाटक चल रहे हैं। काल के महासागर की हहराती लहरों में तिनके की भाँति बहते, उठते, गिरते मनुष्य की बिसात ही क्या है। क्या वह भी एक कृमि, कीट, पतंग नहीं जो मात्र जीवित बने रहने के लिए बहुविध प्रयत्न करने में जुटा रहता है। श्रीकंठ भी तो भटक रहा है—बह रहा है तिनके की तरह या उड़ा जा रहा है डाल से गिरे सूखे पत्र की भाँति। किसके लिए? क्या पाने के लिए? और पाकर भी क्या होगा? ईश्वर के अवतार राम न रहे, कृष्ण न रहे...भगवान महावीर, भगवान बुद्ध भी काल की नदी में बह गए तो मुझ जैसा क्षुद्र जीव काल की शिला पर क्या उकेर पाएगा कि आने वाला समय उसे पढ़ने को उत्सुक हो।'

ऐसे ही खंड-खंड विचारों, स्मृतियों, आशा-निराशा में झूलते हुए जाने कब नींद आई। मालिनी की हट्ट पर ही रह गए थे वह...वहीं सोए थे। नींद तब टूटी जब महाकाल को जगाने वाले गजघंटा की घनघन उज्जयिनी के आकाश में गूँजने लगी।

10

श्रीकंठ के नाटक की दूसरी प्रति तैयार हो गई, जिसे लेकर वह सुप्रिया के आवास पर पहुँचे। इस आवास के सिंहद्वार को मंगलद्वार के नाम से पुकारा जाता है—

"कहिए विप्रवर! क्या चाहिए?" द्वारपाल ने रूखे आदर के साथ पूछा।

"सुप्रिया जी से भेंट करनी है।"

"वह अनामंत्रित से भेंट नहीं करतीं इसलिए कृपया व्यर्थ ही अपना समय नष्ट न करें।"

"किन्तु उन्होंने मुझसे कहा था कि कभी भी किसी भी समय आ सकते हो।"

"कहाँ कहा था...कब?"

"इसी भवन में...कुछ दिन पहले।"

अब द्वारपाल ने उन्हें ध्यान से देखा, "कुछ दिन पहले? यहाँ तो महीनों से कोई बाहरी पुरुष नहीं आया।"

"सो तो नहीं जानता, पर मैं आया था। सुप्रिया जी स्वयं लेकर आई थीं मुझे," असहज होकर श्रीकंठ बोले।

"कहाँ से लाई थीं?"

"दास-पणि से।"

द्वारपाल ने पुनः उन्हें ध्यान से देखा, "पर आपकी वेशभूषा तो ब्राह्मण जैसी है। अच्छा, यहीं ठहरें—मैं पूछता हूँ भीतर। आपके किस परिचय से पूछूँ?"

"कहना कि श्रीकंठ हैं। दास-पणि का उल्लेख मैं कर चुका हूँ," स्वर में कुछ झल्लाहट व तीक्ष्णता आ गई थी।

द्वारपाल के जाने के पश्चात् वह ग्लानि में घिर आए कि द्वारपाल तो सेवक है। वही करेगा जैसी स्वामी या स्वामिनी की आज्ञा होगी। सेवक के प्रति कटु होने से क्या प्रयोजन! उन्हें स्वयं के प्रति खीझ हुई—मुझे यह क्या हो जाता है... मन के भीतर क्या बैठा है, जो छोटी-छोटी बात पर आहत उत्तेजित हो जाता है। यह स्वाभिमान है या अभिमान? अभिमान के लिए मेरे पास अंजुलि भर शिक्षा के अतिरिक्त कुछ है नहीं तथा ब्राह्मण जन्म ही याचना की नियति के साथ होता है तो मँगते का स्वाभिमान क्या?

इतने में द्वारपाल लौट आया और आते ही विनम्रता में झुक गया, "आइए देव! स्वामिनी आपकी प्रतीक्षा में हैं।"

श्रीकंठ का तर्कातर्क वहीं थम गया। अब वह द्वारपाल के साथ उसी कक्ष की ओर जा रहे थे जहाँ कुछ दिन पूर्व पहुँचे थे। भवन की सीढ़ियों पर वासवी ने अगवानी की, "देव का स्वागत है।"

अपने साथ लाई नाट्य प्रति लिये श्रीकंठ बैठे ही थे कि अन्तःद्वार से सुप्रिया ने प्रवेश किया व श्रीकंठ को आदर में खड़े होते देख रोका, "ओह, बैठो-बैठो। तुमसे मेरी आयु कुछ अधिक है तो इसका अर्थ यह नहीं कि मेरे कन्धों पर वृद्धोचित श्रद्धा लाद दो। सखा हो मेरे तुम," मुस्कराई सुप्रिया।

वासवी ने दोनों के आगे काष्ठ आधार पर रजत थालिकाएँ सजा दीं।

"अरे यह सब तो...। मैं...," श्रीकंठ ने संकोच प्रकट किया।

"कम पड़ा तो और भी आएगा। निश्चिन्त हो ग्रहण कीजिए," परिहास किया सुप्रिया ने। "हाँ, मैं भी साथ हूँ तुम्हारे।"

वासवी हाथ धुलाने जलपात्र ले आई थी। श्रीकंठ के पास अब टालने का कोई किन्तु परन्तु न था।

अल्पाहार के पश्चात् सुप्रिया बोली, "तुमने हमारा रमण उद्यान नहीं देखा। उसकी पहले सी शोभा तो नहीं रही है फिर भी आकर्षक लगेगा तुम्हें," वह खड़ी हुई।

"वस्तुत: आपने कहा था...।"

"तुम अपना नाटक लेकर आए हो ना! नए वस्त्र में सुरुचिपूर्वक बाँधी गई इस बकुची को देखकर मैं जान गई कि इसमें तुम्हारी नाट्यकृति है। श्रीकंठ! मैं अवंति राज्य की निपुण निष्णात गणसुन्दरी रही हूँ...सिद्ध और पटु। अनेक विद्याओं के साथ हमें इसका प्रशिक्षण भी मिलता है कि हम रसिक तथा उसके द्वारा लाए गए उपहार का मूल्य भी आँक सकें। इसे यहीं रहने दो, आओ! कल से महोत्सव आरम्भ होने को है। तुम्हें उसे सजग होकर देखना चाहिए। आओ चलो," सुप्रिया के स्वर में आदेश का स्पर्श था।

श्रीकंठ सुप्रिया के पीछे हो लिए।

"कभी कोई रमण उद्यान देखा है तुमने?" स्निग्ध स्वर में जानना चाहा सुप्रिया ने।

"आवश्यकता ही अनुभव नहीं हई...कभी अवसर भी नहीं मिला। मेरा परिवार...।"

"सोमयाग करने वाले, ब्रह्मवादी, पंक्तिपावन ब्राह्मणों का परिवार है। तुम बता चुके हो," टोक दिया सुप्रिया ने, "पवित्रता के इस बोध का बोझ लादकर तुम काव्य के मार्ग पर दूर तक चल सकोगे, इसमें मुझे सन्देह है।"

रमण उद्यान की ओर बढ़ते श्रीकंठ के पाँव उलझे पर वह तुरन्त सँभल गए।

"क्या हुआ?" बिना मुड़कर देखे ही सुप्रिया पाँवों की गति का व्यतिक्रम जान गई।

"कुछ नहीं...कदाचित् पाँव के नीचे कोई व्यवधान आया होगा," डग बढ़ाते हुए श्रीकंठ निकट जा पहुँचे।

"मैं बता रही थी श्रीकंठ कि कवि को सब कुछ जानने के प्रयास में रहना चाहिए। हर अनुभव उसके सृजन का उपादान (कच्चा माल) है। कोई अनुभव वर्जित नहीं कवि के लिए। उसका सजग अनुभव...करणीय-अकरणीय, पाप-पुण्य की तुला पर नहीं तुलता, इसीलिए शास्त्र का उपदेश है, 'वारांगना राजसभां प्रवेश:'—अर्थात् कवि को राजा, सामन्त और वेश्याओं के यहाँ भी आना-जाना चाहिए। लो, हम रमण उद्यान के प्रवेश द्वार पर आ गए।"

श्रीकंठ ने दृष्टि घुमाई—यह एक चौकोर उपवन है जो भवन के पिछले भूभाग में रक्षित है—अशोक, आम, पलाश, हरसिंगार, अमलतास, नीम के वृक्ष बाहर से ही दिख रहे हैं—फूलों व बौर से लदे हुए। प्रवेश पर माधवी, मोगरा व सदाबहार का लतामंडप अर्ध गोलाकार रूप देकर सँवारा गया है। भाँति-भाँति के पुष्पों की सुगन्ध देह में मधुर स्पंदन जगाती है। आगे का अनुपथ दोनों ओर सर्पिल वक्रता में विभाजित कर विचरण मार्ग बनाया गया है। मध्य का उपमार्ग तृण कुटीर तक ले जाता है जिसके चारों ओर दूर्वा की त्रिकोण क्यारियों में विविध प्रजाति के पाटल (गुलाब) वायु के प्रवाह में झूलते हुए अभिवादन करते प्रतीत होते हैं। तुलसी, मल्लिका, चंपा, चमेली, गेंदी, रजनीगन्धा जाने कितने पुष्पों की कलात्मक क्यारियाँ स्वर्ग की प्रतीति देती दिखती हैं। श्रीकंठ की दृष्टि मालती लता पर जा ठहरी जो हरी-भरी होकर भी उदासी ओढ़े लगती है। कहा गया है कि 'मालती विमुखश्चैत्रो विकासी पुष्प सम्पदाम्'—मालती का पुष्प चैत्र या वसन्त में नहीं खिलता।

"इधर चलते हैं," सुप्रिया की आवाज़ ने श्रीकंठ का ध्यान खींचा।

वहाँ जलकुंड में कमल खिल रहे थे व कुमुदिनी स्वयं में सिमटी खड़ी थी। श्रीकंठ को लगा कि जैसे वह कुसुमधन्वा कामदेव के आँगन में आ पहुँचे हों। एकाएक उनकी दृष्टि सुप्रिया की ओर गई जो होंठों पर मुस्कान लिये उन्हीं की ओर देख रही थी।

"उस आम्रकुंज के नीचे बैठते हैं," सुप्रिया ने श्रीकंठ का हाथ पकड़ा। वह मंत्रबिद्ध से साथ में चलने लगे।

आम बौर में इतराया सा डोल रहा था। आसपास थोड़ी खट्टी-सी हरी सुगन्ध फैली थी, "दाएँ जो कुंजकुटीर है ना, वह अवंतिनरेश के प्रिय आमोद-स्थलों में शामिल रहा है। पीछे के गुल्मसमूहों में छुपाछुपी...छिप जाना व एकाएक प्रकट हो भुजाओं में भरना उनका प्रिय कौतुक था," सुप्रिया ने श्रीकंठ को अपनी ओर खींच एक प्रगाढ़ चुम्बन लिया।

श्रीकंठ के अंग-अंग में सनसनाहट दौड़ गई। उनकी भुजाएँ सुप्रिया को आलिंगन-बद्ध करने बढ़ने को हुई कि वह हँसती हुई अलग हो गई, "उर्वशी का अभिनय करते हुए मैं जब मंच पर इस प्रकार चूमती थी तब रंगमंडप में सिसकारियाँ भर जाती थीं—मंच की ओर रजत, स्वर्ण मुद्राएँ...मौक्तिक मालाएँ फेंकी जाने लगती थीं।"

"अब हमें लौटना चाहिए सुप्रिया देवी!" स्वयं को संयम में बनाए रखने में असफल होते श्रीकंठ की शिराओं में रक्त सनसनाने लगा था।

"चलिए...लौट लेते हैं। पर तुम मेरे सखा हो। मैं देवी नहीं, सुप्रिया हूँ तुम्हारे लिए और यह चुम्बन मेरी ओर से उपहार है। भाया कि नहीं...?"

"कदाचित्...विरल है मेरे लिए...अकथनीय अनुभूति। अतः..." काँप रही थी श्रीकंठ की आवाज़।

"तो इस अनुभूति को स्मृति में सँजो लो...शब्दों में व्यक्त करने का उद्योग करो जैसे कि '...शाकुन्तलम्' में महाकवि ने राजा दुष्यंत के मुख से कहलवाया है—

अपरिक्षितकोमलस्य यावत्कुसुमस्येव नवस्य षटपदेन।
अधरस्य पिपासिता मया ते सदयं सुन्दरि गृह्यते रसोऽस्य॥

[आशय—जैसे नए कोमल फूल का रस भौंरा चाव से पीता है, वैसे ही जब मुझ प्यासे को तुम्हारे कोमल अधर का रस पीने को मिल जाएगा, तब मैं तुम्हें छोड़ दूँगा।]

मेरे भी इस चुम्बन में रहस्य निहित है...इसे विकार न मान लेना श्रीकंठ! फिर भी कहना चाहूँगी कि इससे मुझे सुख मिला है। रसाचार्य इसे निष्कपट चुम्बन कहते हैं। यह गणवधू के लिए प्रयोज्य नहीं है," प्रफुल्ल बदन सुप्रिया ने बताया।

रमण उद्यान से लौटते हुए श्रीकंठ दैहिक उत्तेजना पर नियंत्रण पाते जा रहे थे पर इसके पीछे से कोई ग्लानि भी घेर रही थी—'मुझ उच्चकुलीन ब्राह्मण का यह स्खलन?'

पश्चात्ताप आत्मताप में बदलने लगा। उन्हें अपनी पत्नी का स्मरण हो आया जो इतनी शास्त्रबंधक थी कि रतिसुख को भी पतिसेवा के धर्मस्वरूप स्वीकारती रही। सुप्रिया का आज का मुक्त, उदार चुम्बन तथा पत्नी के कर्तव्यपालक चुम्बन में अन्तर तो है। पर क्या और क्यों है, यह न समझ आ रहा था उनको।

"किस सोच में पड़ गए सखा!" सहज स्नेह से पूछा सुप्रिया ने।

"मैं समझ नहीं पा रहा...सोचा नहीं था कि यह सब...प्रस्तुत भी नहीं था।"

"मैंने ही पहले से कहाँ सोचा था। जीवन में सब कुछ सोचा, निर्धारित किया हुआ ही तो नहीं होता। बहुत कुछ यूँ ही एकाएक, निरुद्देश्य भी हो जाता है।"

"किन्तु मर्यादा?"

"हाँ मर्यादा भी होती है—वह धर्म और समाज द्वारा खींची गई रेखाएँ ही तो हैं। हाँ, लक्ष्मण रेखा न लाँघनी चाहिए। अच्छा, यह बताओ श्रीकंठ! जनकसुता सीता द्वारा लक्ष्मण रेखा लाँघना सही था अथवा नहीं?"

"सीधी बात है—वह लक्ष्मण के संरक्षण में थीं। निषेध का पालन करना था उन्हें। निषेध को मानतीं तो हरण न होता उनका।"

"दो बातें हैं कि जब श्रीराम, लक्ष्मण को रक्षा का दायित्व सौंप गए थे तो वह दायित्व उन्होंने मूक, जड़, प्राणहीन रेखा को क्यों सौंप दिया? दूसरी यह कि देश, काल के अनुसार सीता को सावधानियाँ क्यों न बताईं और इन दो के अतिरिक्त

अन्तिम यह कि लक्ष्मण रेखा लाँघे बिना उस स्त्रियों का हरण करने वाले, आततायी रावण के वध का मार्ग कैसे प्रशस्त होता?"

"अहंकारी, अन्यायी, अपहारी, भोगवादी का अन्त तो होना ही था। इस नहीं तो किसी अन्य प्रकार से होता," कहा श्रीकंठ ने।

"सच है। रावण से त्रैलोक्य का समाज पीड़ित था। रावण-वध बड़ा उद्देश्य था इसलिए जानकी जैसी देवी को रेखा लाँघने का दोष, रावण के विनोद-स्थल पर रहने का लांछन तक अपने सिर लेना पड़ा," सुप्रिया ने श्रीकंठ की आँखों में झाँकते हुए कहा।

हतप्रभ, हतोत्तर श्रीकंठ आगे बढ़ लिए। भवन की सीढ़ियों पर ठहरकर सुप्रिया को देखा तो लगा कि रमण उद्यान ले जाने वाली एवं वहाँ से लौटने वाली सुप्रिया में कुछ अन्तर है। पहले की उदास, ठहरी-सी देह में जैसे कोई ध्वनि, कोई हलचल कोई पुकार उभर आई है...जैसे उद्यान से वह पुष्पराग समेटकर लौट रही हो।

दो सीढ़ियाँ चढ़े श्रीकंठ नीचे उतर सुप्रिया की बराबरी में आए, "अब मैं चलूँ?"

"कल द्वादशी है। मदनोत्सव का आरम्भ होगा। उसके अगले दिन क्रीड़ा है। सांध्य समय शिप्रा के तट पर पुष्प संघात होगा और समापन मदन पूजा से। दस वर्षों से मैं इन उत्सवों से दूर हूँ। अब तो राजमहालय से बुलावा भी बन्द हो गया है। इच्छा हुई है कि इस वर्ष देखूँ। मैंने इसके लिए उपक्रम किया है।

"राजोद्यान में कल रति और अनंग के विग्रह (रूपाकार) की स्थापना होगी। दिवा चतुर्थ प्रहर से उत्सव आरम्भ होगा। यहाँ मध्याह्न तक आ जाना। मुझे तो शिविका से ही जाना होगा। रथिका का उपयोग हुए वर्षों बीत गए...एक कोने में उपेक्षित सी खड़ी है। अश्व, अश्वपाल, चालक—पूरा दलबल जोड़ना पड़ता है न रथिका के लिए। इसकी अब आवश्यकता ही नहीं रही है," सुप्रिया के माथे पर कोई विषाद की छाया उतरी और विलीन हो गई।

"और तुम!...अन्यथा न लेना कि यदि तुम्हारा, जैसा मैंने पूर्व में कहा—अहं या स्वाभिमान आड़े न आए तो राजोद्यान में प्रवेश के लिए तुम्हें उस योग्य दिखना ही होगा। विद्या और गुण बोलते नहीं, अवसर पर प्रकट होते हैं। तुम इस भूषा में भी सुदर्शन हो, किन्तु वहाँ के लिए कुछ और भी चाहिए जिससे लोग प्रथमदृष्टया तुम्हारी ओर आकर्षित हों...उत्सुक हों। नए परिधान की आवश्यकता है तुम्हें।"

"मेरे पास कुछ रजत मुद्राएँ हैं...क्रय कर लूँगा," शीघ्रता से बोले श्रीकंठ।

हँसने लगी सुप्रिया, "श्रीकंठ! मैंने अनेक पुरुषों को पढ़ा है। तुम्हें समझना कठिन नहीं है मेरे लिए। परिधान मैं मँगा लूँगी और वे मेरी ही सम्पत्ति रहेंगे, तुम तो बस उत्सव तक उनका उपयोग कर लेना। यह तुम पर कोई उपकार नहीं है, बस मेरा आग्रह है।"

मौन हो वह लौट आए। विचार हुआ कि तिलकराज से भी मिल लें। दास-पण्य

से बचकर निकलते हुए भी उन्हें विक्रय के लिए खड़ी की हुई युवती की कातर आँखों का स्मरण हो आया। मन कुछ देर के लिए अवसाद से भर गया।

तिलकराज आज भी व्यस्त मिला पर उसने आत्मीयता से श्रीकंठ का स्वागत किया।

"बन्धु तिलकराज! एक बात पूछूँ?" कहा श्रीकंठ ने।

"हाँ, यदि उसका उत्तर विस्तार से न देना पड़े। देख रहे हो ना। पण्य में कितनी रेला-पेली है। शिविकाओं से भरा हुआ है पण्य। अभिजात, गण्यमान्य महिलाएँ होती हैं इनमें, तो देखना होता है कि किसी के प्रति कहीं कोई अभद्र, अरुचिकर व्यवहार न हो जाए।"

"मैं जानना चाहता हूँ कि तुम कहाँ से हो? इस नगर के निवासी तो नहीं ही हो।"

तिलकराज ने श्रीकंठ की ओर देखा और मुस्कराने का प्रयास किया, "जहाँ आजीविका मिले वहीं वास, जिससे जीविका चले वही कर्म और जो कर्म वही जाति हो जाती है मनुष्य की।

लगता है तुम मात्र मुझसे मिलने नहीं आए क्योंकि यह तो तुम्हारे लौट पड़ने का समय है। ओ हो...देखो उधर कोलाहल बढ़ रहा है। देखना होगा मुझे। तुम यहीं बैठो अथवा आश्रम के लिए निकल लो। ये उत्सव बीत जाए तो मुझे प्रचुर अवकाश होगा...," कहता तिलकराज उधर ही चला गया जिधर धक्कमपेल हो रही थी। श्रीकंठ को वहाँ से लौटना पड़ा।

दूसरे दिन आश्रम में पठन-पाठन से अवकाश था। मध्याह्न आहार के लिए आज दाल-भात के साथ रोट का मलीदा बनाया गया है। थोड़ा-सा आहार लेकर ही श्रीकंठ को आश्रम से बाहर जाते देख आश्रम व्यवस्थापक ध्रुव शर्मा ने टोका, "कहाँ चल पड़े आचार्य जी! वसन्त का पूरा आनन्द उठा रहे हैं आप। आज कब तक लौटेंगे?"

"आपके नगर में मेरे लिए हर उत्सव नया है। यहाँ खूब उत्सव हैं—साहित्य, संगीत कला के समाज हैं साथ में विशाल, समृद्ध पण्य, देश-विदेश के सार्थवाह...। कितनी तो वेशभूषा, भाषाएँ देखने-सुनने को मिलती हैं। सबसे ऊपर महाकाल की ड्योढ़ी पर माथा टेकना। देर हो जाए तो देव के आश्रय में रात बिता लो," श्रीकंठ ने उचित आदर प्रदर्शित करते हुए बताया।

"सो तो है पर अभी एक रात आप न आए थे तो चिन्ता रही। यहाँ इन दिनों चोट्टा, चकार, उचक्के, लुंठक (छीनः झपट वाले) भी सक्रिय हो जाते हैं। ये भी महाकाल के ही गण हैं," कह वह हा-हा करते हँसने लगे।

"और आप जैसी सुन्दर काया वाले युवाओं के साथ कुछ अन्य अनिष्ट, अलग प्रकार की दुविधाएँ भी जुड़ जाती हैं। यूँ आप विद्वान हैं, सब जानते हैं फिर भी मेरा आपके प्रति दायित्व तो है ही।"

"हाँ, हाँ...दायित्व क्या वरदहस्त है आपका!" कह वह निकल लिए।

नगर में प्रवेश करते ही दो बौद्ध साधु (भिक्कु) बाहर आते दिखे। श्रीकंठ उनकी त्वरा का कारण जान गए...वसन्त जैसे उत्सव तथा उसमें भी उपहास, परिहास, द्यूत, नृत्य, गान आदि वैराग्य प्रधान बौद्ध धर्म के अनुकूल नहीं है अत: धर्म में भिक्षुओं के लिए इनसे दूर रहने का निर्देश है।

आज महाकाल मन्दिर की भी विशेष सज्जा दिखी। प्रांगण को पताकाओं, आम्रमंजरियों से भूषित किया गया है। गेंदा, पाटल, कनेर आदि पुष्पों की झालरें लटकाकर शोभा की जा रही है। कहीं-कहीं रेशमी वस्त्रों के दीर्घपट सुघड़ता से लहरा रहे थे। पूरे प्रांगण की धज ही अलग थी।

चम्पक मालिनी की पुष्पहट्ट की ओर दृष्टि फेंकी तो पति-पत्नी दोनों को माला, स्तबक, पुष्पकंदुक बनाने-बेचने में व्यस्त पाया अत: वह सीधे सुप्रिया के भवन की ओर चल दिए।

सुप्रिया जैसे प्रतीक्षा में ही थी, "हमें राजमहालय के उपवन में चलना है," कहकर उसने नया परिधान पहनने को दिया।

वह जाने कैसी ग्लानि में घिर आए कि 'ओह यह अनुग्रह भी...' उनके माथे पर कुछ रेखाएँ बनीं-बिगड़ीं। किन्तु यहाँ तक पहुँचकर पीछे भी नहीं लौटा जा सकता था। आगे भी कठिनाई है कि सुप्रिया के साथ पाँव-पाँव भृत्य की भाँति चलना न उन्हें स्वीकार है न सुप्रिया ही यह होने देना चाहती है। उसने एक अनुचर की व्यवस्था की है, जो उन्हें राजमहालय के उपवन तक ले जाएगा।

श्रीकंठ को प्रतीत हो रहा था—जैसे वह कोई कठपुतली हैं जिसकी डोरियाँ सुप्रिया के हाथों में हैं। उनके अनेक भय, कुंठाएँ, संस्कार बार-बार उन्हें रोक रहे थे पर उन्होंने स्वयं को सब ओर से समेटकर नियति के हाथों में सौंप दिया।

राजमहालय के द्वार पर उनका पुष्प स्तबक के साथ स्वागत हुआ, "महाकाल के सेवक अवंतिनरेश के अतिथि के रूप में कवि महोदय का स्वागत है।"

अवंतिका की यह विशेषता है कि पुराणकाल से ही यहाँ वेद, विद्या, विचार, विद्वान और विक्रम को आदर देने की परम्परा का निर्बाह किया जाता रहा है। यद्यपि श्रीकंठ ग्लानि में अब भी थे—हर बार उनके पारिवारिक संस्कार, ब्राह्मणत्व का बोध व ज्ञान का प्रच्छन्न गर्व जल में भीगी रस्सी की भाँति ऐंठ कर खड़ा हो जाता है। बाद में उन्हें इनकी व्यर्थता भी समझ में आती है। जानते हैं कि विशेष मानने की प्रवृत्ति मनुष्य के ज्ञान को भी सीमित कर देती है। ऐसा व्यक्ति बस संचित ज्ञान की जुगाली करता रहता है और संसार को आगे बढ़कर जानने का मार्ग स्वयं ही बन्द कर लेता है। पर...? इस पर से उन्हें निरन्तर लड़ना पड़ रहा है।

उनकी आँखें अब रंगभूमि की भाँति सजे प्रमदवन के चौरस विस्तार में सुप्रिया को खोजने लगीं। शताधिक स्त्री-पुरुषों के गुंजान में वह दिखाई न दे पा रही थी।

एक मंच पर गीत-संगीत की जमावट थी जिस पर घन वाद्य, स्वर वाद्य, तंतु वाद्य, पाणि व गन्धर्व वाद्यों को कलाकार रुचिर वेशभूषा में बजाना आरम्भ कर रहे थे। रूप-माधुरी से मंडित सलोनी सुन्दरियाँ अतिथियों को अर्क, दाक्खा, कादंबरी, यवा, माध्वी आदि पेय के चषक निवेदित कर रही थीं। पुष्प मालाओं से सजे महारस के भांड, पानक (पना) फलरस आदि पेय-द्रव्य रजत पात्रों में भरकर स्थान-स्थान पर रखे गए थे। श्रीकंठ ऐश्वर्य का यह मधु-आयोजन देख चकित थे। एक सुन्दरी उनके पास आई, "देव के लिए कौन-सा पेय रुचिकर होगा?" सधा हुआ आमंत्रण देता स्वर।

श्रीकंठ कुछ कह न पाए न कुछ सोच ही सके। सुन्दरी उनके सामने थी और वह इस अयाचित स्थिति से उबरने के प्रयास में थे कि पीछे से कन्धे पर कोई हाथ आया, "अरे, कवि जी! आप भी हैं यहाँ?"

श्रीकंठ ने मुड़कर देखा तो वही श्रेष्ठिपुत्र था जिसने उन्हें शृंगारिक छंद सुनाए थे। इस परिवेश में त्राण के लिए उन्हें इस समय वही वरदान-सा प्रतीत हुआ।

"हाँ हूँ तो..." होठों पर मुस्कान लाने का प्रयास किया श्रीकंठ ने।

"उस दिन आपसे जो...किन्तु यहाँ किसके साथ?" श्रेष्ठिपुत्र का विस्मय छिप नहीं पा रहा था, "आप यहाँ काव्य-प्रदर्शन के लिए आए हैं या मंगलाचरण के लिए। आप ब्राह्मण हैं ना कदाचित्...?"

श्रीकंठ को क्रमशः अनुभव होता जा रहा है कि ब्राह्मण या तो आदरणीय है या दयनीय।...एवं जहाँ पद और धन की प्रभविष्णुता है, उस दृष्टि में तो उपेक्षणीय व निंदनीय भी।

राजभवन के पार्श्वद्वार पर तूर्यनाद हुआ। सिर पर स्वर्णकलश धरे दो सुन्दर, सौम्य ललना दिखीं। उनके पीछे अन्य दो भी स्वर्णकलश लिये थीं। उनके पीछे चन्दन की पालकी कन्धों पर सँभाले अभिराम नायिकाएँ। पालकी में ताम्रपत्रों पर अंकित रति और कामदेव के चित्र हैं। चित्रों पर पुष्पचूर्ण फेंकते स्वयं अवंति नरेश व राजमहिषी थीं। इनके भी पीछे अप्सराओं सी सजी प्रमदाओं का छोटा-सा दल जो नरेश तथा महारानी पर गेंदा, गुलाब की पंखुड़ियाँ बरसाता चला आ रहा था। सुप्रिया इसी समूह में शामिल थी।

उपस्थित सभी स्त्री-पुरुष मार्ग के दोनों ओर पंक्तिबद्ध खड़े हो करतल ध्वनि, कलनाद करने लगे। श्रीकंठ श्रेष्ठिपुत्र की बगल में खड़े थे। रति-मदन की शोभा-यात्रा सामने से निकली तो सुप्रिया ने मुस्कान से श्रीकंठ का अभिवादन करते हुए पलकों से वहीं रुकने का संकेत भी किया।

दोनों चित्र अशोक वृक्ष के नीचे बने मंडप में स्थापित कर नरेश तथा महारानी ने अगरू धूप से मंडप को सुवासित कर सुगन्धसार (इत्र) से भरे दीप उजारे।

तिलक रंजित कर स्वर्णकलशों में लाये हुए चावल, गुड़, मधु, फल और जल

से रति व कामदेवता की पूजा की—

नमः कामाय देवाय देव देवाय मूर्तये।
ब्रह्मा विष्णु-सुशानां मनः क्षोभ कराय वै॥

इसके पश्चात् महारानी ने उसी भाँति नरेश का मस्तक तिलकशोभित किया तथा उन्हीं स्वर्णकलशों के द्रव्य से अभ्यर्थना की। कुलांगनाओं सहित सभी स्त्रियों ने अपने-अपने जूड़ों में आम्रगुच्छ, मंजरी खँचे, बाँधे और उत्सव आरम्भ हो गया।

यहाँ प्रायः सभी नागरजन अपनी पत्नियों, प्रेमिकाओं के साथ उपस्थित हुए थे। श्रेष्ठि अपनी प्रिय नायिका को लेकर आया था। संगीत मंच से राग-वसन्त की मादक स्वरलहरियाँ वातावरण में आमोद भर रही थीं। नागर-जनों के हाथों में मद-चषक थे। सभी मद की तरंग में स्वयं को कामदेव के अनरूप मानने का भ्रम पाले दिख रहे थे...उनकी कामिनियाँ बगल से सटी थीं। इस समूचे समाज में मात्र श्रीकंठ ही थे जिनके न हाथ में चषक था न बगल में कामिनी।

11

रात भर श्रीकंठ को विचित्र से स्वप्न घेरे रहे। झपकी आती और तंद्रा में कभी अवश भाव से दयार्द्र हो उन्हें ताकती पत्नी दिखाई देती तो कभी पत्नी को छेंककर माधुरी आ जाती। एक बार दोनों हाथों से उनका मुख थामे गहरा चुम्बन लेती सुप्रिया भी आई।

कभी वह स्वयं को किसी ऊँचे शिखर से खाई में गिरकर हवा में तैरता हुआ पाते तो कहीं किसी अँधेरी सुरंग में घुसते हुए जिसके आगे कोई प्रकाश की रेखा भी खिंची है।

वह एक भयानक स्वप्न था जब उन्होंने माधुरी को दस्युओं के बीच घिरते देखा। देखा कि माधुरी को बचाने के लिए धनंजय प्राण-पण से जूझ रहे हैं...चन्द्र भी उनके साथ है। श्रीकंठ भी पीछे से वहाँ जा पहुँचे हैं—अपने आ पहुँचने की सूचना देने उन्होंने पूरी शक्ति से आवाज दी, "मैं आ गया हूँ तुम्हारे पास धनंजय! तुम्हारे बल पौरुष और प्रतिज्ञा के साथ हूँ मैं। पर आह! आमने-सामने के इस कठिन समर में बिलकुल निहत्था हूँ।"

स्वेद में डूबे श्रीकंठ की नींद टूट गई। मदनोत्सव की इस रात्रि में वह फिर न सो पाए।

12

आज चतुर्दशी है। दोहददान अर्थात् कामना की पूर्ति का प्रतीक पर्व। प्रमदवन की सज्जा आज भी वही थी—बस पुष्पकलिकाएँ तथा नवपत्रों की झालरें बदलकर नए क्रम में प्रसाधित की गई थीं। आज का विशेष आकर्षण वे तीन परिचारिकाएँ हैं, जिनसे दोहददान कराया जाना है। एक तरुणी को श्रीकंठ बड़े ध्यान से देख रहे थे।

सुप्रिया निकट आई, "उस तरुणी को पहचानते हो?"

"स्यात् कहीं देखा है...पर कहाँ यह स्मरण में नहीं आ रहा। स्यात् कल्पना में हो यह रूप।"

सुप्रिया गूढ़ ढंग से मुस्कराई, "बताऊँगी तुम्हें इसके बारे में—पहले यह बताओ कि तुम कल क्यों नहीं आए। मेरा अनुचर भी वहाँ प्रतीक्षा करता रहा और मैं यहाँ।"

"यहाँ से लौटने के पश्चात् जाने कैसा-कैसा लगता रहा। पूरा दिन भी अबूझ से आत्म-सन्ताप, जुगुप्सा में भरा बीता। शिप्रातट पर होने वाले पुष्प-संगर में भी मन नहीं लगा। उछाह, उमंग अलग भाव है...स्वागतेय भी, किन्तु उसके प्रदर्शन में स्त्री-पुरुष इतने निर्लज्ज व फूहड़ कैसे हो जाते हैं? शिप्रा के तट पर अवंति की सांस्कृतिक परम्परा की ओट में उच्छृंखल धमाल दिखाई दे रहा था। लगता रहा कि मैं तो यहाँ सीखने व अपनी रचना की प्रामाणिकता पाने आया था पर यहाँ तो बस धन, ऐश्वर्य का भदेस, भोग की लिप्सा का महिमामंडन ही देख पाया हूँ," श्रीकंठ के स्वर में निराशा थी।

सुप्रिया की आत्मीयता भरी मुस्कान अब और चौड़ी हो गई, "यह पूरा सच नहीं है श्रीकंठ! जानते ही हो कि धारा के किनारे प्राय: मलिनता, अवांछित वनस्पतियाँ दिखती हैं किन्तु धैर्य से देखो, उसमें उतरो तो पाओगे कि प्रवाह की शक्ति वे धाराएँ हैं, जो मलिनता को भी सिर पर उठाकर बहा ले जाती हैं। और हाँ—यहाँ तुम नरेश के नहीं, राजमहिषी द्वारा आमंत्रित अतिथि हो। कोई पूछ बैठे तो यही बताना। महारानी से मैंने तुम्हारी प्रशंसा की है। तुम नि:संकोच होकर उत्सव का आनन्द लो।"

"पर वह तरुणी जिसे मैंने कहीं...?" जाती हुई सुप्रिया से जानना चाहा श्रीकंठ ने।

"बताऊँगी तुम्हें," आत्मीय गूढ़ मुस्कान के साथ सुप्रिया उधर ही लौट गई, जिधर से आई थी और राजवल्लभाओं के दल में सम्मिलत हो गई।

शोभायात्रा आगे बढ़ी। तीनों तरुणियों में से दो के हाथों में बेंत से बुनी हुई चंगेरी थीं जिनमें पुष्प, अगरु, चन्दन, गुलाल, सुगन्धि आदि सामग्री है तो एक के हाथों की चंगेरी में पुष्पों के बीच छोटा-सा स्वर्ण चषक सजा था। वेणु की स्वरलहरियों पर पाँव रखती तीनों धीरे-धीरे आगे बढ़ रही थीं। वे सबसे पहले अशोक वृक्ष के

नीचे पहुँचीं तथा तीनों ने ही अनंग व रति के चित्रों पर पुष्प अर्पित किए। तरुणियों को अणीय पट (महीन वस्त्र) की चोलनी पहनाई गई थी जिससे उन्नत स्तनों पर चन्दन का लेप झलक रहा था। ताम्रवर्ण के नेत्रों वाली ये युवतियाँ कुवलय (नीला कुमुद) के आभरणों में सजकर कान के ऊपर आम्रमंजरी की मेखला से केशों को बाँधे थीं। देह पर अगरु धूपित कौशेय वस्त्र, लाक्षारसरंजित पाँव, नूपुर समृद्ध पैजनी, फूलों के बाजूबंद, गले में स्वर्णवर्णी गेंदों की माला, कानों में फूलों के कुंडल, मोगरा के फूलों का चन्द्रहार, नाक में मुक्ता-लवंग, फूलों का कटिबंध (करधनी) व कलाई में छल्ले धारण किए थीं।

एक तरुणी ने आगे बढ़कर अशोक वृक्ष पर आरंजित पाँव से प्रहार किया... नूपुर जाग उठे...प्रमदाओं ने उल्लासनाद किया। दल आगे बढ़ा और दूसरी युवती बकुल (मौलसिरी) वृक्ष के निकट पहुँची। उसने स्वर्ण चषक से मदिरा का घूँट भर कर बकुल पर उँडेल दिया। पुनः उल्लास नाद और मधुर हँसी से प्रमदवन गूँज गया। तीसरी का गंतव्य कुरबक वृक्ष था—उसने वृक्ष को तिलक लगाकर अपने आलिंगन में समेटा। इस दोहददान के पश्चात् सभी स्त्रियों ने काम और रति से अपनी इच्छापूर्ति व फूलने-फलने की मनौती माँगी।

तीनों तरुणियाँ लौटीं तो श्रीकंठ ने पुनः ध्यान से देखा, 'हाँ, इसे देखा है। इस युवती को स्वप्न या कल्पना में नहीं, जागती खुली आँखों से ही देखा है। चन्द्रपुर में नहीं देखा, पद्मपुर में भी नहीं। संभव है मार्ग में कहीं देखा हो,' एक स्थान पर खड़े वह इसी ऊहापोह में थे कि कदंब-कंदुक युद्ध आरम्भ हो गया। कुछ गेंदें श्रीकंठ तक भी आ रही थीं।

कोई आधी घड़ी तक फूलों का यह युद्ध चला। क्रीड़ा समाप्त हुई तो एक सुन्दरी परिचारिका ने आकर अभिवादन किया, "महादेवी ने आपको स्मरण किया है देव! आइए!"

कुछ ही क्षणों में वह महादेवी के सामने थे। यद्यपि उन्हें पूर्व में किसी महारानी के सामने होने का अवसर नहीं मिला था फिर भी उन्होंने अपने अध्यवसाय के अनुभव का प्रयोग किया, "महाकाल की कृपा से सम्पन्न, विश्वविश्रुत अवंति राज्य की श्रीशोभा, परमविदुषी महामहिषी को दक्षिणापथ के पद्मपुर से आया, सोमयागी ब्राह्मण पिता नीलकंठ एवं माता जतुकर्णी का पुत्र यह श्रीकंठ सादर प्रणाम करता है," श्रीकंठ ने हाथ जोड़, सिर झुकाकर अभिवादन किया।

"राजमहालय के उत्सव में सम्मिलित होकर आपने इसका मान बढ़ाया है आचार्य! सुना है आपने कोई सुन्दर नाट्यरचना भी की है?" प्रसादपूर्ण स्मित के साथ पूछा महादेवी ने।

"हाँ, महामहिषी! एक प्रयास किया है और कालाप्रियानाथ के चरणों में उसके 'प्रयोग' की इच्छा है," विनतिपूर्वक बताया श्रीकंठ ने।

"पुष्पधन्वा (कामदेव) ने देवों का प्रयोजन सिद्ध करने के लिए अपना जीवन दिया था। आज प्रकृति के कण-कण में मदन की व्याप्ति है। आप भूदेव हैं, वह आपका भी अवश्य ही मान रखेंगे। सुप्रिया हमारी प्रिय हला (सखि) हैं। इन्होंने इस वसन्त में हमें सुन्दर सेविका का उपहार दिया है। हम यदि आपके हित में कुछ कर पाएँ तो हमें प्रसन्नता होगी," कहकर महादेवी दूसरी ओर उन्मुख हुईं।

पुन: प्रणाम कर श्रीकंठ आसन्दी पर आ बैठे। यहाँ बीसियों युवा-युवती थे—अपने-अपने राग-रंग वैभव-विलास के उत्सव में किलोल करते हुए। ऐसे में किसी मित्र, परिचित का साथ न होना अकेलेपन को और भी बढ़ाता है। आगे-पीछे बिखरी रंगत, छटा, श्री वितृष्णा उत्पन्न करने लगती है। साँसें कुछ कठिन हो जाती हैं। वहाँ की बातें, चर्चाएँ श्रीकंठ को कृत्रिम, अलंकारिक अथवा किसी अलग संसार की लग रही थीं। यहाँ मद के स्वाद और गुण कहे जा रहे थे...रमणियों की विशेषताओं पर प्रकाश डाला जा रहा था। आभूषणों, परिधानों, शयनग्रहों में सुविधाओं पर विमर्श था। अपने दास-दासियों के गुण, दोष, पालतू पशुपक्षियों की आदतों तक पर बातें थीं किन्तु इस प्रकार का कोई विषय न था जिसमें श्रीकंठ स्वयं को जोड़ पाएँ।

और इसी समय श्रेष्ठिपुत्र आज भी आकर उनके पास खड़ा हो गया—"कवि महाशय! आप अकेले बैठे हैं?"

श्रीकंठ मुस्करा भर दिए।

"आप तो आर्या सुप्रिया के साथ आए हैं?"

"महादेवी का आमंत्रण था," संक्षिप्त उत्तर दिया श्रीकंठ ने।

"हाँ-हाँ, उनके बुलाए बिना यहाँ कौन आ पाता है। पर इसके लिए अनुरोध व आग्रह तो आर्या सुप्रिया ने ही किया होगा। वह बहुत प्रिय रही हैं अवंति नरेश की। इस वसन्त में यह शुभ हुआ है कि उन्होंने अपनी पौर के कपाट खोले जो जाने कब से बन्द थे। भूरिभाग्य (भाग्यशाली) हैं आप। उस दिन आपने अपने परिचय में यह सब नहीं बताया था ना, इसलिए मैंने बस कवि समझा आपको। निश्चय ही अन्य कलाओं में भी विरल गति होगी आपकी। आर्या सुप्रिया किसी को ऐसे ही नहीं चुन सकतीं। आपसे मिलकर बहुत प्रसन्नता हुई है मुझे।

आइए उधर चलते हैं। वहाँ प्रहेलिका व प्रतिमाला (अन्त्याक्षरी) का ठाठ सजा है।" हाथ पकड़कर श्रेष्ठिसुत श्रीकंठ को युवक-युवतियों के एक समूह की ओर ले गया और अपने लिए स्थान बनाया।

"अरे आप लोग इस प्रकार मौन क्यों हैं...आरम्भ कीजिए," श्रेष्ठिपुत्र ने हाँक लगाई।

"आरम्भ तो कब का हो चुका पर मौन इसलिए है कि किसी को अनुराधा की पहेली का उत्तर नहीं सूझ रहा," एक युवक ने बताया।

"ओह ऐसा है—तो अनुराधा की प्रहेलिका का उत्तर हम देंगे और हम न दे

सके तो हमारे यह मित्र देंगे जो आर्या सुप्रिया के साथ यहाँ आए हैं। हाँ, शुभांगी अनुराधा एक बार फिर से तो सुनाइए।"

"लीजिए, आप भी सुनिए," कजरारी आँखों से चुनौती देती अनुराधा ने पहेली सुनाई—

वने जाता बने त्यक्ता, वने तिष्ठति नित्यशः।
पण्यस्त्री न तु सा वेश्या यो जानाति स पंडितः॥

[जो वन में उत्पन्न हुई, वन (जल) में छोड़ दी गई व वन तथा जल दोनों में रहती है। जिसे पैसा देकर उपभोग कर लो, पर वह वेश्या नहीं है। जो जानता है वही पंडित है।]

श्रेष्ठिपुत्र मस्तक पर बल डाले कुछ बेर सोचता रहा फिर पराजित-हास्य के साथ बोला, "यह प्रहेलिका तो पंडित के लिए है...जो मैं हूँ नहीं। हाँ, मेरे साथ यह आचार्य हैं...उत्तर इन्हें देना चाहिए।"

सबकी दृष्टि एकाएक श्रीकंठ की ओर उठ गई—सामने एक पूर्ण यौवन, सुदर्शन व्यक्ति खड़ा था। सबको अपनी ओर किंचित् परिहास और अपरिचय के साथ ताकते देख असहज हुए श्रीकंठ के मुँह से निकल गया, "सरल उत्तर है इसका—नौका या तरनी।"

अपरिचय की दृष्टि अब विस्मय में बदल गई। श्रेष्ठिपुत्र किलकारी मारकर नाच उठा, "पूछो...पूछो और पूछो।"

एक अन्य युवती बढ़कर आगे आई, तो यह पहेली बूझिए—

वृक्षाग्रे फलं दृष्टं फलाग्रे वृक्ष एव च।
अकारादि सकारान्तं यो जानाति स पंडितः॥

श्रीकंठ बुदबुदाए—'वृक्ष के ऊफर फल सा और फल के ऊपर वृक्ष सा दिखे। जिसका 'अ' से आरम्भ और 'स' से समापन तो...तो?'

"वह 'अनन्नास' ही हो सकता है।"

तरुण-तरुणियों के समूह में तालियाँ गड़गड़ा उठीं। श्रेष्ठिपुत्र श्रीकंठ को अंक में लेके माथा चूमने लगा। उसके मुख की मदिरा, देह के चन्दन व वस्त्रों से झरती इत्र की गन्ध से यज्ञधूम, अगरु व चन्दन की गन्ध के अभ्यस्त श्रीकंठ विचलित होने लगे। उनके बलपूर्वक अलग होने के प्रयास में झटके से श्रेष्ठिपुत्र लड़खड़ा गया...गिरते-गिरते बचा तो झुंड में हँसी फूट पड़ी।

क्षण भर के लिए तो वह समझ न सका फिर जाना कि तरुण-तरुणियाँ उसके उपहास में हँस रहे हैं। प्रहेलिका का उत्तर न दे पाने व श्रीकंठ द्वारा शीघ्र उत्तर देने

से सबके समक्ष बुद्धि में हीन समझे जाने की कुंठा ने सिर उठाया। ऊपर से श्रीकंठ की काया भी कहीं अधिक सुदृढ़ सुरूप है। पर!...

पर...एक छीजते यौवन वाली कल्याणी से जीविका प्राप्त कवि को इतना साहस कैसे हुआ कि वह अवंति राज्य के प्रमुख रत्न व्यवसायी श्रेष्ठि के लाड़ले पुत्र के लिए उपहास का कारण बन जाए। वह रुष्ट व रोष में भरा श्रीकंठ के निकट आया, "सुनो मित्र! हाँ, क्या नाम है आपका...। अस्तु जो भी हो तुम...अरे आप। तो आप यहाँ...हम सब उच्चकुलीनों के मध्य आ पाने का सौभाग्य कैसे पा सके, जानते हैं...। मैं भी जानता हूँ तो बस इतना समझ लीजिए।"

तरुण-तरुणियाँ इस उन्मत्त खीझ के कौतुक से मनोरंजन करने श्रेष्ठिपुत्र के आस-पास जुटे तो किसी अप्रिय दृश्य के उपस्थित होने की आशंका से श्रीकंठ वहाँ से हटकर दूसरे स्थान पर जाकर बैठ गए।

इस समाज में वह सचमुच ही अकेले और अतिरिक्त हैं—सोचा श्रीकंठ ने। सुप्रिया राजमहालय के विस्तार में जाने कहाँ अदृश्य हो गई थी। वह लौटना चाहते थे किन्तु सुप्रिया से कहे बिना लौटना अशिष्टता थी फिर उसने यह भी तो कहा कि, 'यहाँ तुमसे अलग हूँ—दूर-दूर...; क्यों यह बाद में बताऊँगी।' तो यह सब भी उससे मिले बिना कैसे जाना जा सकेगा।

मदनवन तथा महालय में स्थान-स्थान पर दीप, दीपाधार, दीप-स्तम्भ सँजोकर प्रकाश किए जाने की व्यवस्था होने लगी थी। वृक्षों पर बसने वाले पक्षी अपने आश्रयों के ऊपर भाँति-भाँति की बोलियों में कोलाहल करते हुए चक्कर काटते उड़ रहे थे। कदाचित् वे आश्रयों के एकान्त व उनके विश्राम में विघ्न होने से खिन्न थे।

भोजन पान का प्रबन्ध आज चतुर्विध आहार के रूप में होने पर भी श्रीकंठ ने कुछ भी ग्रहण न किया। वह बस पान और आहार लेते हुओं को कुछ अलग खड़े होकर दूर से देख रहे थे। वह कोई राज्ञी, श्रेष्ठिवल्लभा अथवा किसी सामन्त या उच्च राज्याधिकारी की प्रेयसी ही होगी जिसके साथ सुप्रिया श्रीकंठ के निकट पहुँची, "अरे, आप यहाँ हैं। कुछ समय हमारे आवास पर ठहरकर ही अपने निवास की ओर जाइएगा। आपका नाटक मैं पढ़ रही हूँ। आपके पहुँचने तक मैं भी पहुँचती हूँ।" कह सुप्रिया उसी महिला के साथ अन्य दिशा की ओर बढ़ गई। कुछ देर और ठहर श्रीकंठ भी राजमहालय के बाहर निकले व सुप्रिया के निवास की ओर चल पड़े। मार्ग में सब ओर उत्सव का उल्लास छाया था। उत्सव की वस्तुओं के विक्रेता आवाज़ें लगा-लगाकर अपनी ओर आकर्षित कर रहे थे। इन्हें देखते हुए श्रीकंठ को अनुभव हुआ कि पण्यपथों, वीथियों, भवनों, उद्यानों में श्रम करके जीवन-यापन करने वाले ये लोग न हों तो क्या कोई उत्सव, आयोजन भव्य, भद्र, उल्लास, ऐश्वर्यपूर्ण हो पाएगा?

विचार के इन झकोरों ने उनके पाँवों की गति बढ़ा दी। वह अभी सिंहद्वार में

प्रवेश ही कर पाए थे कि सुप्रिया की शिविका भी आ पहुँची। वह भीतर पहुँच ठहरे तो सुप्रिया ने भी अपनी शिविका रोक ली और उतरकर श्रीकंठ के साथ ही आवास की ओर चलने लगी।

"तुमने वहाँ खाया नहीं कुछ भी?" प्रश्न की तरह जानकारी ली उसने।

"क्या तुम मुझे अपने परिवेक्षण (निगरानी) में लिए थीं?" श्रीकंठ ने प्रति-प्रश्न किया।

"हाँ, और यह आवश्यक था। मैं जानती हूँ या कहूँ कि मेरा अनुभव है कि उच्च होने का अभिमान कभी-कभी अप्रबल के प्रति उद्दंड हो उठता है। वहाँ सभी उच्चता का भार लादे लोग थे। मैंने तुम्हें प्रतिकार में प्रतिरोध करते देखा है, इसलिए भय था कि कोई अप्रिय दृश्य न खड़ा हो जाए।"

"ऐसा तो हुआ नहीं किन्तु वह श्रेष्ठिपुत्र मुझसे न जाने क्यों चिढ़ गया। पर मैं उनके बीच से स्वयं ही हट गया।"

"यह बुद्धिमत्ता है तुम्हारी। तुम्हारे हटने के पश्चात् भी अपना अहं प्रकट करते उसने वहाँ तुम्हारा उपहास किया।"

"अच्छा तब भी?...क्या कहा उसने?" पूछा श्रीकंठ ने।

"वह सब क्या जानना पर यह अवश्य जान लो कि ऐसे धन व पदमूढ़ तुम्हें स्थान-स्थान पर मिलेंगे। उसने अपनी श्रेष्ठता बताने के लिए तुम्हें पीठमर्द तक बता दिया," सुप्रिया के चेहरे पर रोष आया।

"सुप्रिया जी! पीठमर्द तो नाटक का पताका नायक होता है—अर्थात् नायक का चतुर अनुचर व निष्ठावान साथी जो गुणों में नायक से कुछ ही कम होता है। ऐसा कोई चरित्र मिल जाए तो नाटक में पात्र हो सकता है। लगता है श्रेष्ठिपुत्र मुझे अपमानित करने में सही शब्द का चयन करना चूक गया," हँस दिए श्रीकंठ।

"कवि महाशय! स्थानभेद से, स्थितिभेद से शब्द के अर्थ बदल भी जाते हैं। श्रेष्ठिपुत्र का अभिप्राय तुम्हें मुझसे जोड़कर 'विट' जताने का था। विट जो वेश्या को सिखाने वाला, वाक्पटु, मधुर, काव्यकुशल होता है। अच्छा इसे छोड़ो! तुम्हें असुविधा न हो तो आज रात यहीं ठहर जाओ। मैंने भी वहाँ आहार नहीं ले पाया। बस महादेवी द्वारा प्रस्तुत मद्य का अनादर नहीं कर सकती थी अतः...।"

वासवी सेवा के लिए आ खड़ी हुई।

"वासवी! आज हमारी कौमुदी (चाँदनी) का सुख पाने की इच्छा है। छत पर चन्द्रकक्ष को व्यवस्थित करा दो। और अतिथि कक्ष?...वह भी तो जाने कितने वर्षों से उपेक्षित, उन्मन पड़ा है," सुप्रिया ने वासवी को सेवा बताई।

"घड़ी भर यहीं अथवा हिंडोला-वितान (झूला-स्थल) में ठहरें स्वानमिनी," कह वासवी ने एक दृष्टि श्रीकंठ की ओर डाली और अभ्यस्त गति से आँगन की ओर निकल गई।

महाकाल मन्दिर की दिशा में सांध्य आरती के घंटा, शंख, नक्कारे बजे तो सुप्रिया अपने पूजा-गृह की ओर चली गई। श्रीकंठ ने वहीं खड़े हो मन्दिर की दिशा में मुँह करके महाकाल की मूर्ति का ध्यान करते हुए स्तुति के साथ प्रणाम निवेदित किया।

कुछ ही समय पश्चात् सेविका ने आकर निवेदन किया कि, "मान्यवर, चाहें तो कक्ष में पहुँचकर स्नान करें व परिधान बदल लें।"

श्रीकंठ नियति के आगे अपनी सामर्थ्यहीनता पर हँसकर सेविका के पीछे चल दिए।

सुवार्य (हल्के) वस्त्र धारण करने के पश्चात् सेविका ने उन्हें छत पर स्थित चौबारे तक पहुँचा दिया जहाँ चन्द्र का दर्शन सुलभ था...स्निग्ध प्रकाश फैल रहा था। छत पर घूमते हुए वह अपने भविष्य का आकार बुनने का प्रयास करने लगे किन्तु आकार की रेखाएँ पानी पर उभरे दृश्य की भाँति हिलोरों में स्थिर न हो पा रही थीं। समझ न पा रहे थे वह कि उनके साथ यह क्यों घट रहा है? विगत के भी कुछ ही सूत्र, सिरे पकड़ में आते तो कुछ अनसुलझे थे। अपनी ऊभचूभ में डूबते श्रीकंठ को सुप्रिया के स्नेह भरे स्वर ने उबारा, "आइए, यहाँ बैठिए।"

वह सुप्रिया के निकट जा बैठे। सुखपीठिका के आगे रखी काष्ठ वेदी पर मद्य चषक था जिसमें आम के बौर का गुच्छ पड़ा था। सुप्रिया ने चषक उठाकर छोटा-सा घूँट भरा, "श्रीकंठ, आज प्रात: मैं खूब प्रसन्न थी...मध्याह्न के पश्चात् प्रसन्न बने रहने का यत्न करती रही और सायंकाल तक पहुँचते-पहुँचते अवसाद, ऊब से घिरने लगी। क्या तुम अनुमान लगा सकते हो कि क्यों?" सुप्रिया के स्वर में जाने कोई पीड़ा थी या पश्चात्ताप या फिर आत्मधिक्कार अथवा यह सब कुछ। समझ न सके श्रीकंठ।

"तुमने वहाँ मद-सेवन किया, फिर यहाँ आकर भी उसी के साथ हो लीं। मद का प्रभाव तुम पर प्रकट होने लगा है। तुम तो कौमुदी का सुख लेना चाहती थीं ना!"

"मेरे हाथ में कपिशायन सुरा का चषक है मित्र! मधु से निर्मित 'देवानां प्रिय सुरा।' इसका सेवन मनुष्य को देवताओं की पंक्ति में खड़ा कर देता है। देवता होने का अर्थ क्या है? सुख की इच्छा...सुख भोग...सुख की रक्षा। मैंने यही तो कहा था—कौमुदी का सुख। इस सुख को तुम उस प्रकार से अनुभव नहीं कर सकते जिस प्रकार मैं कर रही हूँ।"

"सुप्रिया, मैं सुख का विरोधी नहीं हूँ पर देवताओं का भोगसुख उन्हें सदैव आशंकित भी रखता है कि यह सुख कहीं कोई छीन न ले।...और वह छीना भी जाता रहा है।"

"तो वह कौन सा सुख है जो छीना नहीं जा सकता?" सुप्रिया ने श्रीकंठ के मुख पर दृष्टि जमा दी।

"सुख...? मेरे मत से तो वह सुख रचने का है जिसे छीना नहीं जा सकता। जो बाँटे जाने पर भी कम नहीं होता। निश्चय ही रचना कष्ट साध्य है पर रचे जाने के बाद वह रचेता को ही नहीं, उसके निकट पहुँचने वाले हर किसी को सुख देती है," श्रीकंठ ने कहा।

"कुछ सत्यता है तुम्हारे कथन में," सिर हिलाते हुए सुप्रिया ने बड़ा-सा घूँट भरा, "मैंने तुम्हें यहाँ इसलिए रोका कि जाने कितने दिन, वर्ष हो गए कि...मैं अपना मन किसी के आगे खोल नहीं पाई। तुम्हें क्या पता कि यही राजमहिषी कभी मुझसे ईर्ष्या रखती थीं क्योंकि नरेश मुझ पर अनुरक्त थे। मैं जानती थी महादेवी की पीड़ा...। कदाचित् वही नहीं समझ पाती थीं कि मेरा नरेश के साथ होना मेरी नहीं, नरेश की इच्छा होती थी।

"वय की ऊँची सीढ़ी पर पहँचने के बाद महारानी अब मेरी स्थिति समझ पाई हैं। पति को सन्तुष्ट रखना उनका धर्म है और कठिनाई यह कि उनका पति अवंति राज्य का अधिपति है। महारानी अब प्रौढ़ हो गई हैं तो स्थिति यह बन गई है कि महाराज की तीव्र इच्छा...। तो दोहददान के अवसर पर वह किसी सौभाग्यकांक्षिणी कुमारिका को सत्कृत करती हैं। यहाँ दोहददान की एक विशिष्टता यह भी है कि इस कुमारिका का भावी पति महाराज ही होता है। सो भी दोहददान की ही रात से। कुमारिका से स्त्री बनी यह युवती उतने ही वर्षों तक दोहददान करती है जब तक उस पर महाराज की आसक्ति बनी रहे। वह जो तरुणी है—जिसे देखकर तुम सोचने लगे थे कि उसे कहीं देखा है...।"

"हाँ, और तुमने कहा था कि बताऊँगी।"

"हाँ बताऊँगी, पहले यह जान लो कि प्रौढ़ वय में प्रवेश करने तक महादेवी ही दोहददान करती थीं। उनके पश्चात् मैं सत्कृत हुई। मैं उपपत्नी या रखेली कहलाने लगी महाराज की। महारानी तो एक ही होती है पर मैं रानी भी नहीं हो सकती थी। रानी बनने की अधिकारिणी कोई राजपुत्री ही हो सकती है। यह आवश्यक तो नहीं कि हर राजपुत्री अनिंद्य सुन्दरी भी हो पर राजा और अशोक दोनों विधुबदनी के नूपुरों की झंकार के साथ लाक्षारंजित पद के प्रहार से ही खिलते हैं। अस्तु...," सुप्रिया चषक से मद्य चूसने लगी।

"राजा उपपत्नी को रानी क्यों नहीं बना सकता? उनकी अनेक रानियाँ होती हैं। कोई शास्त्रीय निषेध नहीं है कि राजा उपपत्नी को रानी न बनाए," श्रीकंठ बोले।

"मैं शास्त्र, पुराण, वेद, स्मृति की अध्येता नहीं हूँ, आचार्य! स्त्री हूँ और रूप मुझे विधाता ने दिया है तथा इस रूप को सँवारने व उपयोग करने का कौशल मैंने स्वयं अर्जित किया है। तुम स्यात् हँसो यह सुनकर कि अवंति महारानी भले राज्य की सबसे शक्तिशाली महिला हो पर...मैं उनसे कहीं अधिक स्वतंत्र स्त्री हूँ।

"उस दिन दासपण्य में जब तुम एक अपरिचित विवश स्त्री के अपमान पर

उत्तेजित हो बिना कुछ विचार किए भिड़ गए तो तुम मुझे प्रिय पुरुष लगे। वरेण्य है वह उत्तेजना। तुम्हारे जाने के पश्चात् उसी रात मैंने वह दासी मोल लेकर अगले ही दिन महादेवी को भेंट कर दी। जानते हो क्यों?"

"क्यों?"

"कवि हो...समझ जाओगे एक दिन। यही वह दासी है जिसे देखकर तुम कह रहे थे कि कहीं देखा है। तुम पहचान इसलिए न पाए कि उस समय वह अवश पण्य में खड़ी थी और आज महोत्सव की नायिका है। पढ़ा ही होगा तुमने कि रजनीमुख, स्वच्छ चन्द्रिका, कोयल की कूक, सुगन्धित पवन और रात्रि में मधुपान ये सब कामदेव के रसायन हैं। इस कौमुदी रात्रि का पहला प्रहर बीतते ही वह वृद्ध होते नरेश को खिलने के लिए दोहददान करेगी।" गहरी साँस छोड़ते हुए सुप्रिया ने चषक होठों से लगाया और खाली कर दिया।

13

मालिनी ने देखा कि उससे पुष्पमंजरी माँगने वाला व्यक्ति स्वयं नृत्य आचार्य व नाटकों में नृत्य संयोजन के लिए प्रख्यात आचार्य नारायण कृष्ण हैं तो वह हाथ जोड़कर खड़ी हो गई, "प्रणाम आचार्य! आप स्वयं पधारे? किसी से कहला दिया होता।"

"अरे बैठो! बैठो। तुम खड़ी रहोगी तो मेरी रुचि की मंजरी कौन गूँथेगा," आचार्य प्रसादपूर्ण हास्य के साथ बोले, "मंजरियाँ मुझे माँ के लिए चाहिए।"

"पर तब तक क्या आप खड़े रहेंगे? कुछ समय के लिए बैठ तो लें," मालिनी ने हट्टवाले काठ के पाटे पर स्वच्छ वस्त्र बिछा दिया।

"ओ हो! हाँ, दो मंजरी चाहिए," नृत्य आचार्य ने बैठते हुए कहा, "एक श्वेत पुष्पों वाली, दूसरी रक्तपुष्पा।"

"अच्छा, माता जी दो प्रकार की मालाएँ पहनेंगी?" फूलों की टोकरी अपनी ओर खींचते हुए मालिनी ने पूछा।

"अरी बावरी...एक माँ सरस्वती के लिए चाहिए, दूसरी माँ काली के लिए," नृत्य आचार्य पुन: हँसे।

"महाराज, पिछले अनेक दिनों से आप इधर नहीं आए। बहुत दिनों से प्रांगण में आपका कोई आयोजन भी नहीं हुआ। कहीं गए थे क्या?"

नारायण कृष्ण की हँसी विलीन हो गई व माथे पर विषाद का गाढ़ापन आ गया, "क्या बताऊँ पुत्री, इस वर्ष की होली के रंग भी मार्ग की धूलि में विसर्जित

हो गए। मेरे लौटने से पहले ही वसन्त, वसन्त का पुलक, स्वयं वसन्त भी लौट गया। लौटने पर मैं अस्वस्थ हो पड़ गया।"

मंजरी के अभ्यस्त हाथ तेजी से चल रहे थी। मालिनी का बायाँ हाथ डलिया से मुट्ठी भर पुष्प उठाता। तर्जनी और अँगूठा उसमें से एक पुष्प आगे बढ़ाता व दायाँ हाथ धागे से नद्ध सूची को आगे बढ़ा मंजरी में जोड़ लेता। अपनी चिन्ता व व्यथा को हटाने का प्रयास करते नारायण कृष्ण मालिनी के कौशल पर दृष्टि जमाए थे।

"कहाँ गए थे महाराज?"

"अरे कुछ न पूछो। मेरा एक मित्र है सोमदत्त। गुरुभाई भी है, नाट्य में अनुपम गति है उसकी। उसे वसन्त पंचमी तक यहाँ पहुँचना था। फाल्गुन की फुलेरा दूज तक भी उसका दल यहाँ न आ पाया, न उसकी कोई सूचना ही मिली तो एक शिष्य को साथ लेकर मैं दशार्ण के मार्ग पर उसे खोजने चला गया।"

"तो आप ले आए होंगे अपने मित्र और उनके नाट्यदल को," मालिनी के तेजी से चलते हाथ ठहर गए और नारायण कृष्ण की ओर अनुनय भरी दृष्टि से देखते हुए कहा, "आचार्य, आपसे एक प्रार्थना है, आज्ञा हो तो कहूँ?"

"हाँ-हाँ, तुम तो कल्पपुत्री (पुत्री जैसी) हो मेरी..., आचार्य ने आश्वस्त किया।

"कुछ दिनों पहले..., हाँ वसन्त पंचमी के आस-पास ही यहाँ दक्षिण देश से एक कवि आया है। इतनी दूर से अपना नाटक सिर पर लेकर पहुँचा है यहाँ। उसकी साध है कि महाकाल की इस भूमि पर अभिनय हो उसके नाटक का। आप अपने मित्र आर्य सोमदत्त से कहकर नाटक का अभिनय करवा दीजिए ना। मंच सज्जा और पात्रों के लिए जितने भी पुष्प, स्तबक, मंजरियाँ आदि लगेंगे, उसकी व्यवस्था मैं कर दूँगी।"

"वह कोई स्वजन है तुम्हारा?"

"यूँ तो वह ब्राह्मण है। जीविका के लिए यहाँ भी एक आश्रम में पढ़ा रहा है, पर मैंने उसे बन्धु माना है।"

"धन्ये! उसे मिलवाना मुझसे। कदाचित् कुछ कर सकूँ मैं। मेरा मित्र सोमदत्त तो मुझे भी नहीं मिल पाया। रुद्रपुर से निकल लिया था वह। चर्चा सुनने को मिली है कि मार्ग में एक नाट्यदल को किसी दस्युदल ने लूट लिया था। मुझे आशंका है कि कहीं वह सोमदत्त का ही नाट्यदल न हो। उसकी पुत्री भी साथ है। कुछ तो हुआ है अन्यथा वह कभी का उज्जयिनी आ जाता। अब क्या हुआ, यह तो महाकाल जाने। उस बन्धु की भेंट कराना मुझसे।"

"मैं आपकी ऋणी रहूँगी," कह मालिनी पुनः माला गूँथने लगी। मालाएँ तथा कुछ पुष्प पलाश-पत्रों में यत्नपूर्वक लपेटकर आचार्य को दे दिये।

उसी दिन संध्या समय मालिनी ने श्रीकंठ को आचार्य नारायण कृष्ण से मिलने

भेज दिया। उसके पश्चात् तो मालिनी, सुप्रिया और नारायण कृष्ण के सुप्रयास का ही फल था कि 'महावीर चरितम्' का प्रदर्शन संभव दिखा। पात्रों की भूमिका की पूर्ति करने में तिलकराज, ध्रुव शर्मा व आश्रम के छात्रों का सहयोग तो रहा ही स्वयं आचार्य नारायण कृष्ण को भी सूत्रधार बनकर मंच पर उतरना पड़ा। प्रस्तुति के पूर्व उन्होंने नाटक के साथ रचनाकार का 'भवभूति' नाम प्रतिष्ठित किया। नांदी के पश्चात् वह बोले, "कालप्रियाधीश्वर की यात्रा के प्रसंग में साधु, पूज्य जनों ने आदेश दिया है कि जिसमें महापुरुष की वीरता हो...गम्भीरता हो। प्रसाद-गुण से युक्त अर्थ-समृद्ध भाषा हो, ऐसी कथा-रचना का अभिनय होना चाहिए। इसका आशय यही है कि 'महावीर चरितम्' का अभिनय हो। इसलिए मैं सूचित करता हूँ कि नीलकंठ के पुत्र श्रीकंठ नामधारी व्याकरण, मीमांसा, न्याय के विद्वान... जतुकर्णी नाम की माता के गर्भ से उत्पन्न, "भवभूति' नाम से प्रख्यात कवि जो हमारे मित्र हैं। परमहंसों में प्रधान यथार्थ नाम ज्ञाननिधि जिस कवि के गुरु थे—उन भवभूति ने रघुनन्दन का अद्‌भुत चरित्र लिखा है। विद्वान लोग प्रसन्न हृदय से उसका आस्वाद करें।"

सुप्रिया ने अपनी पूरी भूमिका पृष्ठभूमि में रहकर निभाई।

उज्जयिनी में श्रीकंठ अब भवभूति नाम से जाने अथवा ख्यात हो गए। वर्षों से संचित अभिलाषा कि नाट्यतीर्थ उज्जयिनी के महाकाल प्रांगण में उनका नाटक मंचित हो, की पूर्ति कर श्रीकंठ कृतार्थ हुए। उन्हें नया नाम मिला पर वह सराहना, संस्तुति न मिल सकी जिसके लिए उत्सुक और अभिलाषी थे। अवंति की विद्वन्मंडली से जो भी लोग उपस्थित हुए, उनमें से कुछ निश्चय ही एक नए, अपरिचित नाटककार की वस्तु, भाषा या प्रस्तुति में किसी नवाचार का प्रकटन, स्थापन देखने आए थे किन्तु अधिकांश वह थे जो इस अपेक्षा के साथ ही आचार्य नारायण कृष्ण तथा सुप्रिया के प्रत्यक्ष व परोक्ष निमंत्रण पर पहुँचे थे। आधे से अधिक सामान्य दर्शक थे जो मनोरंजन में समय बिताना चाहते हैं और मनभावनी, विचित्र उक्ति पर हर्षित होकर करताल (तालियों) से कला और कलाकार के प्रति उत्साह या प्रतिक्रिया प्रकट करते हैं। यह वर्ग आरम्भ में तो बहुत उत्सुक प्रतीत हुआ था, फिर मौन होता गया जैसे कुछ पाने की साध में गहरे तल तक पहुँचने का प्रयास कर रहे हों व सन्तुष्टि न पा रहे हों।

सात अंकों में विभक्त 'महावीर चरितम्' नाट्य की समाप्ति पर विद्वत्वमंडली से कुछ लोगों ने सूत्रधार की भूमिका का निर्वाह करने वाले आचार्य नारायण कृष्ण को औपचारिक बधाई देते हुए उनके निकट खड़े भवभूति के लिए मंगल शब्द भी कहे। सुप्रिया की पुनः सक्रियता से इनमें बहुत उत्साह था किन्तु वह अभी भी सामने न आई थी यद्यपि वर्ग-विशेष में अपरिचित नाटककार के प्रति सुप्रिया की सदाशयता को लेकर भाँति-भाँति से अनुमान लगाए जाने लगे थे।

नाट्य प्रस्तुति के तीन दिन बहुत व्यस्तता भरे रहे। उसके पश्चात् का दिन मंच सामग्री, वाद्य, वेशभूषा, अलंकारादि, प्रकाश व्यवस्था के उपकरण इन सबको यथास्थान पहुँचाने, सहेजने में बीत गया। श्रम का बहुत सा काम श्रीकंठ, जो अब भवभूति थे, के छात्रों ने कर लिया जिससे यह व्यय बच गया। यह प्रदर्शन पूर्णरूप से भवभूति के आत्मीयों के कारण ही सम्भव हो सका था। वह समझ न पा रहे थे कि इन सबका क्या प्रिय किया जावे। चम्पक मालिनी से बस यूँ ही कृतज्ञता प्रकट कर दी थी कि उसने तमक कर यूँ आँखें तरेरीं कि आगे का वाक्य भवभूति के मुँह में ही सिमटकर रह गया। उसने कहा, "ऐ कवि महाशय! मनुष्य कुछ काम स्वयं को मनुष्य होने की प्रतीति दिलाने के लिए भी करता है।"

"किन्तु इन दिनों तुम्हें आर्थिक हानि भी तो उठानी पड़ी।"

"और उसके स्थान पर हमें जो स्नेह, सौहार्द व अच्छे लोगों का सगापन मिला, उसका कोई मोल है क्या?"

साधारण से उत्तर ने भवभूति का मुँह बन्द कर दिया। तिलकराज स्वयं ही कृतज्ञ था कि इस नाटक से जुड़कर उसके ढर्रे में ढरकते जीवन को अपने होने की सार्थकता का अनुभव हुआ है। आचार्य नारायण कृष्ण तो कला का प्रत्येक कार्य उपासना की श्रेणी में मानते हैं। आश्रम के छात्रों व ध्रुव शर्मा के लिए एक नया गवाक्ष खुला था। रही सुप्रिया...।

वह तो नाटक का तीसरा प्रदर्शन होने के पश्चात् बस भवभूति की आँखों में झाँक, पीठ पर हाथ फेरकर चली गई थी। आचार्य नारायण कृष्ण के साथ मंच, नेपथ्य, सज्जाकक्ष आदि में बिखरे समुपकरण (साज-सामान) समेटने में व्यस्त भवभूति उससे बात भी नहीं कर पाए थे। बस इतना भर देख सके कि सुप्रिया की आँखों में अपनत्व के आत्मतोष की चमक है।

आकाश के पटल पर गोधूलि के रक्त-पीत रंग गाढ़े होने लगे थे। अभिलाषा की पूर्ति के निर्वाह में हुआ निरन्तर श्रम अब प्रभाव छोड़ने लगा था। वह सुप्रिया से भेंट करने को उत्कंठित थे...आभार प्रकट करने को शब्द सोच रहे थे पर थकान से भरी देह विश्राम का हठ ठानने लगी। सांध्य की सामूहिक प्रार्थना में भी उनकी पलकें नींद से मुँदी जा रही थी। इतने श्रांत तो वह सुदूर यात्रा के बीच भी नहीं हुए थे।

अगले दिवस चम्पक मालिनी से मिलकर वह आचार्य नारायण कृष्ण के यहाँ पहुँचे।

"आओ, भवभूति श्रीकंठ। सब सामान यथा-स्थान पहुँच गया?" पूछते आचार्य ने मूँज से बुनी पीढ़ी पर बैठने का संकेत किया।

"हाँ आचार्य, मालिनी के पति हरिकेश, तिलकराज व मेरे छात्रों का बहुत सहयोग रहा इसमें।"

"भवभूति! ये जो श्रमपूर्वक आजीविका जुटाने वाले होते हैं ना! इनके पास छठी ज्ञानेंद्रिय होती है। इन्हें कोई निश्छलता से मान दे दे तो ये उसके साथ पूरे मन से खड़े हो जाते हैं। बन्धु बन जाते हैं। वैसे ये तिलकराज अच्छा अभिनेता है—सुमंत्र, दूत तथा सम्पात्ति तीनों छोटी-छोटी भूमिकाओं का उसने बड़े आत्म-विश्वास से निर्वाह किया। एक ही मंच पर, उन्हीं प्रेक्षकों के सामने तीन प्रकार के पात्रों की भौतिक व भाव प्रतीति कराना आसान नहीं होता," आचार्य ने एक लम्बी साँस ली, "देखें, उसका क्या बनता है? अनेक प्रतिभाएँ अपने पारिवारिक दायित्व के बोझ से दबकर यूँ ही विफल होती रहती हैं।"

"देव, आपकी कृपा न होती तो..."

आचार्य ने भवभूति का वाक्य पूरा होने से पहले ही रोक लिया, "कृपा तो काल प्रियानाथ महाकाल की होती है भवभूति! मनुष्य तो साधन मात्र है। हाँ, सुप्रिया का सहयोग मेरे लिए सुखद आश्चर्य रहा है। वह सुजान अभिनेत्री भी है। मुझे दो आश्चर्य दिए हैं उसने—पहला यह कि दसियों वर्ष पश्चात् स्वयं को नाटक से जोड़ा, दूसरा यह कि फिर भी वह न मंच पर आई न उसने किसी प्रकार का श्रेय ही लिया। मंच पर आने का आकर्षण बहुत प्रबल होता है। तुम गए थे उससे मिलने?"

"बीते दिन सांध्य तक तो व्यस्तता ही रही। उसके पश्चात् श्रांति से शरीर शिथिल हुआ तो...," भवभूति ने स्पष्टीकरण सा दिया।

"भवभूति! तुम न्याय, मीमांसा के आचार्य हो। वाक्य में शब्द के रहस्य और विन्यास अर्थात् व्याकरण के पंडित हो। ये धर्म और सामाजिक नियमन के शास्त्र हैं। कला सौन्दर्य का विषय है। कलाकार अपने आस-पास के संसार को सरस, सुरंजन बनाने के लिए स्वयं भी भाँति-भाँति के रंग में रँगता है—जैसे मैं नाचता हूँ, तुम शब्दों का रूपाकार रचते हो। नाटक तो बहुरंगी साधना है और साधना क्रमशः अभ्यास में सिद्ध होती है।"

"देव, इसे मेरी उत्सुकता ही मानें कि आपने जो अभी कहा वह मेरे नाटक की 'मीमांसा' (समीक्षा) है या विचारण...।"

नारायण कृष्ण के होंठों पर मुस्कान आई, "तुम्हारी उत्सुकता अनुचित नहीं है भवभूति। मैंने कला में अभ्यास की बात कही है। अभ्यास से ही निखरती है—वह कला हो, साहित्य हो अथवा जीविकोपार्जन का कोई कौशल ही क्यों न हो। प्रतिदान में कलाकार क्या चाहता है—उसकी कृति के लिए प्रशंसा तथा स्वयं के लिए थोड़ा सा आदर, यश व निर्वाह के लिए यत्किंचित धन। तो मैं तुम्हें थोड़ी-सी प्रशंसा दे सकता हूँ और उसके साथ ही थोड़ा-सा परामर्श भी।

परामर्श यह कि अवंति के सहृदयों ने महान नाटकों के अभिनय देखे हैं। तुम्हारा यह पहला प्रयास है...'शाकुन्तलम्' भी महाकवि का पहला नाटक नहीं है—पहला तो 'मालविका अग्निमित्र' है। भास का 'स्वप्नवासवदत्ता' भी पहला

नहीं है। 'चारुदत्त' तो पूरा भी नहीं हो पाया था उनका। अर्थात् नाटक को जीवन की भाँति, जीवन के साथ आगे और पूर्णता के लिए बढ़ना चाहिए। तुम भी अब पद्मपुर के उच्चकुलीन ब्राह्मणत्व एवं चन्द्रपुर के वेद शास्त्र निष्णात आचार्य से आगे बढ़ मुझ जैसे अपांक्तेय तथा सुप्रिया जैसी अकुलांगना की गणना में आ पहुँचे हो। यद्यपि अभी भी तुम्हारे पीछे लौटने का मार्ग खुला है।"

"देव, आपका परामर्श कुछ तो समझ सका मैं, कुछ समझ में नहीं आया।"

आचार्य जोर से हँस दिए, "भवभूति! स्यात् यह समझने और ना समझने के बीच ही वह क्षण होता है जिससे किसी रचना का बीज पड़ता है।"

"आप अकेले ही रहते हैं आचार्य!" पूछ लिया भवभूति ने। यूँ ही।

"अकेला...हाँ कुछ सांसारिकों की दृष्टि में अकेला हूँ। वैसे अविवाहित नहीं हूँ...विधुर भी नहीं। कह सकते हो कि परित्यक्त हूँ और पत्नी गत बीस वर्षों से मुझसे विवाह कर लेने के पश्चाततापाप में परिव्राजिका (संन्यासिनी) का जीवन जी रही है। वह मानती है कि हवन, यजनादि अध्ययन-अध्यापन का कर्म त्यागकर नृत्य-संगीत से जुड़ मैंने वर्णाश्रम धर्म से स्खलित होने का पाप किया है। संन्यासिनी बनकर वह अपने पूर्वजन्म एवं पति के इहजन्म के पापों को मार्जन करने का धर्म निबाह रही है।"

भवभूति अब और भी उलझन में आ पड़े, "देव, आपके कहने में यह कौन-सा लाघव है कि बात समझ में आते-आते उलझ जाती है।"

नारायण कृष्ण के माथे की रेखाएँ सिकुड़ीं और फैल गईं, "मेरे पास भाषा का लाघव है ही नहीं भवभूति! मैंने तो सीधे सरल वाक्यों में तुम्हें अपने वैवाहिक जीवन के बारे में बताया है। पर क्या किया जाए कि जीवन के सम्बन्ध ही इस प्रकार उलझ गए हैं कि सुनने वाला भी उलझ जाता है।

"अब यही देखो न, कि अवंति का प्रगल्भ प्रबुद्ध वर्ग इस उलझन में है कि जो सुप्रिया अब भी राजनायिका के गौरव से समादृत है वह इस नगर और समाज के लिए नितान्त अपरिचित, अविदित (अचर्चित) नाट्यकार के सहयोग में क्योंकर आ उतरी?"

"और आपको क्या लगता है देव!"

नारायण कृष्ण ने भवभूति के कन्धे पर हाथ रखा, "इस समय जाने क्यों 'मृच्छकटिकम्' नाटक का एक प्रसंग स्मरण हो आया है। सुनाऊँ?"

"हाँ, सुनाइए!"

"नाटक में नायिका वसन्तसेना की चेटी या विश्वस्त दासी है मदनिका। वह मदनिका अपनी स्वामिनी वसन्त सेना को किसी सोच में डूबी पाकर पूछती है—आप उद्विग्न क्यों है?"

वसन्तसेना कहती है—तुम्हें क्या लगता है।

मदनिका—मुझे लगता है कि आप किसी को हृदय से चाहती हैं।

वसन्तसेना—ठीक समझा तुमने। चित्त की वृत्ति समझने वाली विदुषी हो तुम।

मदनिका—यह तो बड़े आनन्द का विषय है। इस महोत्सव में कौन भाग्यशाली युवक आपसे अनुगृहीत हुआ है...कोई राजा या राजन्य है?

भवभूति! अब संवाद पर ध्यान दो—

वसन्तसेना कहती है—सखि मैं रमण करना चाहती हूँ। (राजा या राजन्य की) सेवा नहीं।

मदनिका—किसी विद्याभूषण ब्राह्मण की कामना करती हो?

वसन्तसेना—ब्राह्मणगण तो हमारे पूज्य हैं।

मदनिका—तो किसी बड़े व्यापारी, धनिक युवक की कामना होगी...।

वसन्तसेना—व्यापारी तो अत्यत स्नेहपात्र प्रेमियों को भी छोड़कर धन कमाने दूसरे देश चले जाते हैं। अतः वे वियोग का दुख देते हैं।

मदनिका—राजा न राजन्य, धनिक व्यापारी और विद्याभूषण सम्पन्न ब्राह्मण युवक भी नहीं।...तो फिर कौन है जिसकी आकांक्षा कर रही हो?

वसन्तसेना—अरे, तू हमारे साथ 'कामदेवायतन उद्यान' में गई थी ना।

मदनिका—हाँ, गई थी।

वसन्तसेना—फिर भी अनजान सी पूछती है मुझसे।

मदनिका—क्या वही, दुष्ट शकार से बचने तुम जिसके आश्रय में गई थीं?

वसन्तसेना—उनका नाम क्या है?

मदनिका—वह वणिकों के मुहल्ले में रहते हैं...चारुदत्त नाम है उनका। पर वह तो निर्धन ब्राह्मण युवक हैं...।

"और इसके उत्तर में वसन्तसेना का कहना है—इसीलिए तो उन्हें चाहती हूँ। 'निर्धन पुरुष में आसक्त होने वाली वेश्या निंदनीय नहीं समझी जाती।'

तो यह था वह प्रसंग, जिसमें निहित है मदनिका यद्यपि दासी है पर सखी की श्रेणी में है। चारुदत्त जन्म से ब्राह्मण है पर कर्म से नहीं..., वीणावादक उदार कला प्रेमी है। वसन्तसेना वेश्या है, धनी है...चित्रकला, काव्यकला से लगाव है उसे। नृत्य, संगीत तो जानती ही है। वह राजा के प्रभुता सम्पन्न साले शकार को अस्वीकार कर निर्धन चारुदत्त के प्रति अनुरक्त हुई।"

"तो इस समय इस प्रसंग को मुझे सुनाकर आप मेरे व सुप्रिया के मध्य कार्य कारण सम्बन्ध जोड़ रहे हैं अथवा यह भी कोई अन्योक्ति है आपकी देव!"

नारायण कृष्ण ह हा कर हँसने लगे, "भवभूति! तुम पुनः न्याय और व्याकरण की भाषा को जीवन के बीच ले आए। हाँ, एक बात और, वह यह कि तुम जब भी उस आश्रम पर कोई असुविधा अनुभव करो तो सीधे यहाँ आ जाना। तुमसे मुझे कोई असुविधा न होगी।"

"आपका स्नेह मेरे लिए सुप्रसाद की भाँति है। अब आज्ञा दीजिए," कह भवभूति खड़े हो नारायण कृष्ण के आवास से बाहर आ गए।

इनका यह आवास चतुष्पथ (चौराहा) के निकट एक मध्यवीथिका में है। चतुष्पथ से एक मार्ग महाकाल की दिशा में जाता है तो दूसरा राज-राजन्य वासों की ओर, तीसरा पण्य के विस्तार में पहुँचकर बँट जाता है तो चौथा धनिकों, श्रीमन्तों, आस्पदों, उच्चाधिकारियों के सुसज्जित एकान्तवासों, लघु उद्यानों के बीच से होकर शिप्रा के ऊपरी प्रवाह पर जाकर खुलता है।

भवभूति कुछ क्षण चतुष्पथ पर आकर खड़े रहे। वह सुप्रिया के निवास की ओर जाना चाहते थे...कुछ दूर उस ओर बढ़े भी, फिर एक उपवीथी से होकर निकलते हुए तिलकराज से मिलने रत्नवीथी की ओर चल पड़े।

तिलकराज उन्हें देख बहुत प्रसन्न हुआ। कुछ देर तिलकराज से बातें कर वह वहाँ से भी लौट लिए। चम्पक मालिनी की हट्ट पर हरिकेश मिला। भवभूति को देख खिल उठा वह। नाटक देखने उसने अपने अनेक परिचितों को आमंत्रित किया था...उनमें से बहुतेरे नाटक देखने पहुँचे भी थे। हरिकेश मानता है कि इससे परिचितों के बीच उसकी प्रतिष्ठा बढ़ी है। पुष्पहट्ट पर आस-पास के पुष्प विक्रेता भी आ सिमटे। सभी ने 'महावीर चरितम्' नाटक देखा है। रामकथा सभी के लिए जानी-पहचानी है किन्तु नाटक के कुछ ऐसे प्रसंग जो प्रचलित रामकथा से भिन्न हैं, इन्हें स्वीकार करना कठिन हो रहा था फिर भी वे सब एक प्रसन्न गौरव का अनुभव कर रहे थे कि वे किसी विशिष्ट व्यक्ति के समीप हैं। सबकी आँखों में अपनत्व स्पष्ट था।

इसी समय हरिकेश ने एक घोषणा कर डाली, "आज आप सभी लोग मेरी बाड़ी पर आमंत्रित हैं, कवि जी भी होंगे वहाँ। मैं अभी ही अपनी हट्ट बढ़ाकर निकल रहा हूँ। महाकाल की सांध्य आरती होते ही आप सब लोग भी पहुँच लें। आज हम अपने बन्धु भवभूति के साथ उत्सव मनाएँगे।"

सभी ने करतल ध्वनि से हरिकेश के प्रस्ताव का स्वागत व समर्थन कर दिया। सुप्रिया के यहाँ 'जाऊँ या न जाऊँ' की स्थिति में दोलायमान भवभूति का चित्त इन उपवनकर्मी पुष्प वालों के उत्सव की ओर मुड़ गया।

एक अन्य पुष्प विक्रेता को साथ ले हरिकेश सहभोज की सामग्री क्रय करने पण्य की ओर निकल गया व दूसरे को भवभूति के साथ बाड़ी की ओर पहुँचाया कि वह मालिनी के साथ खाने-पकाने का ब्योंत (व्यवस्था) लगाए।

रात झमकते ही बाड़ी में उत्सव की छटा छाने लगी। मालिनी की सहायता के लिए कुछ अन्य मालिनें आ पहुँचीं। चार स्थानों पर चूल्हे सुलग गए। माटी की मथनियों में दाल पकाई जाने लगी। माटी के तवे रखकर चूल्हों पर चूरमा के लिए रोट सेंके जाने लगे। बाटी सेंकने के लिए गोबर के उपलों की अँगीठी सज गई।

रात पहर भर भी न बीती होगी कि छकाछक जेवनार तैयार हो गई। मालियों की अपनी संगीत मंडली है—उन्हीं में गायक व उन्हीं में से वादक। वाद्य यंत्रों में चंग (ढपला) खंजड़ी, झाँझ, खड़ताल, झाईंरी (ढोलक) दंडताल जैसे वाद्य थे। संगीत का समाज आरम्भ हो गया। गायन, वादन के मध्य कभी-कभी पेड़ों पर बैठे मोर भी कोंकने लगते थे। रात, पेड़, फूलों की क्यारियाँ, हरियाली की गन्ध, सुगन्ध, गीत और माली, मालिनों के समूह स्वर। भवभूति को लग रहा था जैसे महाकाल और कालभैरव के नियंत्रण से फिसलकर काल यहाँ श्रोता और दर्शक बनकर आ बैठा हो। कोई विलक्षण सी मोहनी वातावरण पर आ उतरी थी।

आधा प्रहर और बीता तो सहभोज आरम्भ हुआ। भवभूति के दोनों ओर वृद्ध मालीजन बैठे थे। उनका ध्यान इस ओर भी गया कि यहाँ न मद है, न कोई मदमत्त। वह बाद में चम्पक मालिनी ने ही बताया था कि 'हमारा समाज महाकाल के सेवकों में आता है। कभी-कभी कुछ लोग गाँजा, भाँग का नशा अवश्य करते हैं किन्तु हमारे यहाँ मदिरा त्याज्य है।"

मदनोत्सव तथा इस उत्सव में यही अन्तर रहा कि वहाँ ऐश्वर्य और विलास की प्रचुरता थी तो यहाँ साहचर्य की शारदी (शीतलता)। यहाँ नाटक पर भी कोई टीका-टिप्पणी चर्चा नहीं थी। यह शुद्ध उत्सव था। हरिकेश ने भवभूति के रात्रि विश्राम की व्यवस्था भी अपनी बाड़ी पर ही कर दी थी।

उत्सव वाली रात की भोर प्रायः अलस भरी होती है किन्तु बाड़ी-खेती वाले इस मौज का सुख नहीं भोग सकते। गाय, बछड़े मुँह-अँधेरे से ही पुकारने लगते हैं। काग, कुररी, गौरैया, कूजना, बत्तख, कपोत, तोता, तीतर रौर मचा देते हैं। दुहाई (दूध निकालना), निराई, ओसाई, सिंचाई, तुड़ाई (तोड़ना) जैसे अनेक कार्य समय पर ही करने होते हैं। हरिकेश जैसे परिवार तो ब्रह्म बेला से ही अपने दैनन्दिन कार्य में जुट लेते हैं।

सुप्रिया के यहाँ भवभूति इसके अगले दिन ही पहुँच पाए। उसके माथे पर प्रसन्नता चमकी—थोड़ी खिन्नता और थोड़ा मान भी। भवभूति ने सर्वप्रथम अब तक न आ पाने का कारण स्पष्ट किया, "तुमसे ही मिलने आ रहा था। मालिनी के पति हरिकेश तथा अन्य पुष्प विक्रेताओं ने एकाएक ही सहभोज निश्चित कर लिया। उनकी उपेक्षा करना अनुचित होता ना!"

"हूँ..."

"सुप्रिया! तुम्हारी पहल बिना क्या मेरी इच्छा फलवती होती? ऋणी हूँ तुम्हारा और यह भी विडम्बना ही है कि मुझमें सामर्थ्य नहीं, तुम्हारा कुछ भी प्रिय कर सकने की।"

"तो?"

"आचार्य नारायण कृष्ण तुम्हारे प्रशंसक हैं।"

"जानती हूँ। वह मेरे विधिवत् नृत्यगुरु तो नहीं रहे किन्तु भाव की अनेक भंगिमाएँ, मंच पर प्रवेश, संचरण तथा निर्गम की भी स्थिति सापेक्ष गतियों की सम्प्रयुक्ति सीखी हैं उनसे। तुम्हारे नाटक के प्रदर्शन में अथक श्रम रहा है उनका। वह इसी भाँति जुड़ते हैं। यह उनके स्वभाव का अंग है कदाचित।"

"मैंने उनसे नाटक पर टिप्पणी चाही थी पर उन्होंने बड़ा गड्डमड्ड सा उत्तर दिया।"

"क्या कहा?"

"यही कि तुम न्याय, मीमांसा के आचार्य हो। शब्द के अर्थ रहस्य, विन्यास के पंडित हो...जैसी बातें।"

"कदाचित् वह कहना चाहते हैं कि भाषा बहुत पंडिताऊ या विद्वानों को अभिमुख न होनी चाहिए। अधिक संस्कृत भाषा कुछ ही लोग समझ सकते हैं। भाषा का व्यवधान हो तो रचना के मर्म तक पहुँचना, रस का आस्वाद कठिन हो जाता है। महत्त्वपूर्ण टिप्पणी है यह। अवंति के विद्वत्समाज से मिली होगी उन्हें यह प्रतिक्रिया जिसे उन्होंने शालीनता के साथ तुम पर प्रकट किया है।"

"तुम्हारी क्या प्रतिक्रिया है," भवभूति के स्वर में कुछ ठहराव सा आ गया था।

अब तक किंचित गम्भीर और रूखी-सी बनी सुप्रिया धीरे से हँस पड़ी। बंकिम दृष्टि से भवभूति की ओर देखा, "सखा! मैं तुम्हारे कृतित्व के प्रति तटस्थ नहीं हो पाऊँगी तो मेरी ओर से प्रशंसा ही मिलेगी—तुम्हारी भाषा की...उन नवीन कथासूत्रों की जो तुमने अपनी कल्पना से गढ़े हैं तथा राम की मर्यादाशील छवि को 'महावीर' का रूप दिया है। अभी तो नाटक के तीन ही प्रयोग हुए हैं। अन्यत्र भी इसके प्रयोग होने हैं।"

"हमें स्त्री पात्रों के लिए भी तो स्त्री कलाकार नहीं मिलीं, भ्रकुंश (स्त्री वेश में पुरुष अभिनेता) से काम लेना पड़ा।"

"यह कठिनाई प्रायः सामने आती है।"

"समस्या का निवारण आर्य सोमदत्त ने दूसरे ढंग से किया है। सीता आदि प्रमुख भूमिकाओं के लिए वह अपनी पुत्री को प्रशिक्षित कर रहे हैं। अन्य स्त्री पात्रों के लिए उन्होंने पुरुष अभिनेताओं की पत्नियों, परिवार को जोड़ा है। गायक, वादक, सज्जाकार, शिल्पकार सबको मिलाकर उन्होंने एक वृहत्तर नाट्य परिवार की संकल्पना को मूर्त किया है। यहाँ आते समय मार्ग में थोड़ा-सा समय मुझे उनके साथ रहने को मिला है...मंजरी, चित्रा आदि के परिवार साथ ही रहते हैं। सुप्रिया! वैसे मेरे नाटक में प्रमुख भूमिका तुम भी तो निभा सकती हो!"

"मैं...?" ज़ोर से खिलखिलाई सुप्रिया, "श्रीकंठ! मैं बीते समय की उर्वशी हूँ। आज की नहीं। आज का दर्शक मुझे उर्वशी, शकुन्तला, वासवदत्ता के रूप में स्वीकार नहीं करेगा। तुम्हारे नाटक की सीता उसके लिए पूज्य, पवित्र भले हो पर

उसे भी वह युवती की वय में ही देखना चाहेगा। दो पुत्रों की माता सीता की वृद्धा छवि तो क्या प्रौढ़ा छवि भी दर्शक को न स्वीकार है न अभीष्ट ही।

"दूसरी बात कि मैं अब सुवया हूँ...ज्येष्ठा, पर अपनी नायिका छवि को पीछे धकेलकर सहभूमिका में नहीं उतरी सकती। मैं नायिका होने के स्वनिर्मित एकान्त में जी रही हूँ। वह तो उस दिन..., पता नहीं महाकाल की क्या इच्छा रही होगी कि वसन्त के अवसर पर यूँ ही कनक-शृंग अवंतिका का उल्लास देख लेने की इच्छा उठी थी कि वहाँ तुमसे भेंट हो गई। मैं तो अपने आत्मनिर्वासन का केंचुल ओढ़कर मन्द, निष्क्रिय पड़ गई थी श्रीकंठ। काल के क्रम और गति में इससे कोई अन्तर भी नहीं पड़ता। नहीं पड़ा था...। मेरा स्थान दूसरी ने ले लिया...दूसरी को उच्छेदित करती तीसरी आ पहुँची। अपने-अपने अहं को पोसती, पालती हम सब काल के महासागर में किसी बूँद की भाँति विलीन हो जाएँगी। अब यह नियति का जाने क्या इंगित है कि उसने बूँद में अपना कुछ बचाने, छोड़ जाने की इच्छा जगा दी है।"

"मैं तो कुछ समझ नहीं पा रहा किन्तु तुम्हारा कुछ प्रिय कर सकूँ तो मन का बोझ कम अवश्य होगा।"

"बात तो वही है सखा! तुम किसी शिखर की ओर बढ़ रहे हो, मैं एक शिखर से उतर रही हूँ। एक बिन्दु पर हम आ मिले हैं तो क्यों न हम कुछ क्षण यहाँ ठहर लें। बढ़ा लें समय के बीच अपनी साझेदारी। ऐं...?

ओह, जाने कौन सा आहत-गर्व है जो तुम्हें संकोच व आशंका के वृत्त में लिए रहता है। आओ! उठो अब...तनिक-सा रमण उद्यान का फेरा लगाएँ।"

रमण उद्यान का नाम सुनते ही भवभूति को सुप्रिया के प्रगाढ़ चुम्बन का स्मरण हो आया। शरीर को कोई सिहरन सी छूकर लौट गई। सुप्रिया ने हाथ पकड़ लिया तो यह बँधे-बँधे से चल पड़े।

आगे वही उपवन था, वही वृक्ष, वे ही लताएँ, कुंज और कुटीर। वृक्षों, लताओं पर पुष्प खिल रहे थे...फलों की आवक थी व वायु में हरेपन की पकती हुई गन्ध। आगे दो छोटी-छोटी बाँबियाँ उभर आई थीं। कुछ पेड़ों से दीमक की मिट्टी लिपटी दिखी।

"अरे, तुम्हारा उपवन तो अस्त-व्यस्त दिख रहा है," भवभूति के मुँह से निकल गया।

"कोई माली नहीं है ना!" आँवला के वृक्ष की एक टहनी की ओर देखती सुप्रिया बोली।

एक चिड़िया उस टहनी पर बैठने के उपक्रम में थी। चिड़िया ज्यों ही बैठती, टहनी नीचे झुक झूल जाती और चिड़िया पंख फड़फड़ाकर स्वयं को सन्तुलित करने का प्रयास कर उठती।

"एक माली नियोजित करना तुम्हारे लिए कोई असाध्य तो है नहीं," सुप्रिया से कहा भवभूति ने।

"साध्य-असाध्य की बात नहीं, वह मनचीता भी तो होना चाहिए। इसलिए मैंने सोचा कि उद्यान को मुक्त, प्रकृत रूप में छोड़ दो। वैसे यह है अब भी प्राचीर की सुरक्षा में, पर हरियाने, फूलने, फलने के लिए किसी बल-भरोसे की निर्भरता छोड़ दी है।

फिर भी देखो! कुंड में पानी है...कमल प्रफुल्ल हैं...गुल्म समूहों पर स्निग्धता है। वह कुंज कुटीर जो अवंतिनरेश का प्रिय स्थल और यह आम्रकुंज का अगवारा जहाँ मैंने तुम्हारा पहला चुम्बन किया था। क्या तुम वह स्मरण कर पा रहे हो श्रीकंठ!" सुप्रिया ने भवभूति को अपनी ओर मोड़ लिया तथा दोनों कन्धों पर दोनों हाथ रख, सतृष्ण आँखों से भवभूति की आँखों में देखने लगी।

भवभूति विचलित हुए...फिर सँभले। सुप्रिया की बाँह किसी लता की भाँति कन्धे से सरकती हुई पीठ पर फैली और वह चुम्बन लेती हुई भवभूति के भुजबंध में झूल गई, "तुमने पूछा था न! कि मेरा क्या प्रिय कर सकते हो?"

"हाँ...आँ।"

"तो आज की रात यहीं रुको!...मेरे लिए," सीली आवाज़ थी सुप्रिया की।

14

मकर संक्रान्ति के पश्चात् रात्रि का संचरण धनिष्ठा से निकल शतभिषा, नक्षत्र की ओर हुआ तो शिशिर का प्रभाव कम होने लगा। इसी खगोलीय स्थिति में सरस्वती पूजा के उपरान्त गोष्ठियों के आरम्भ की तैयारियाँ दिखने लगीं। विद्वान, कवि, चारण, गायक, परिहासक, इतिहासज्ञ और पुराणज्ञ चूँकि सभा के अंग माने जाते हैं अतः इनकी सक्रियता बढ़ गई।

'महावीर चरितम्' के अन्य स्थानों पर भी दो प्रयोग और हो चुके थे। अतः अब भवभूति विद्वत् समाज में पहचाने जाने लगे थे। भले ही व्यक्तिगत चर्चाओं में यदा-कदा उनका नाम सुप्रिया से जोड़कर ले लिया जाता हो किन्तु सुप्रिया की विदुषी कलाकार के रूप में अभी भी प्रतिष्ठा है। सार्वजनिक उत्सवों, समारोहों से दूरी बना लेने के बाद भी वह कवि, कलाकारों का सत्कार व अभावग्रस्तों की सहायता करती रही हैं। अपनी प्रतिष्ठा के प्रति वह सावधान भी रहती हैं अतः वासवी को छोड़ भवभूति से उनकी अन्तरंगता अन्य किसी पर प्रकट नहीं है। एक दिन भवभूति ने छेड़ भी दिया था, "उस दिन तुम मुक्त जीवन के समर्थन में थीं। साथ-साथ यह दुराव भी है।"

"हाँ थी...और अब भी हूँ—पर श्रीकंठ! हमारा आचरण मुक्त हो या मर्यादित, लोकोपवाद का कारण नहीं बनना चाहिए। लोकोपवाद सामाजिक जीवन में सन्देह की बेल फैलाता है। समझे!" उत्तर दिया सुप्रिया ने।

"सुप्रिया! तुम चतुर हो...सुन्दर हो...।"

"वासवी को लगता है कि मेरे यौवन की कान्ति लौटने लगी है। कहीं यह दृष्टि का अन्तर तो नहीं है?" मुस्कराई सुप्रिया, "इन दिनों गोष्ठियों में खूब आना-जाना हो रहा है तुम्हारा?"

"हाँ, निमंत्रण मिलता है तो चला जाता हूँ। या कहूँ कि औपचारिकता निभा लेता हूँ...यद्यपि इनमें रुचि नहीं है मेरी। विद्यागोष्ठी तो ठीक है कि—सुभाषितों का पठन-पाठन, उक्ति वैचित्र्य के छंद सुनाने के साथ-साथ यदा-कदा काव्य के किसी गम्भीर पक्ष पर भी चर्चा हो लेती है। किसी नवीन काव्य का आस्वादन भी हो जाता है किन्तु यहाँ शब्द-क्रीड़ा और श्रांगारिकता के प्रति ही अधिक आसक्ति दिखती है।"

"अच्छा श्रीकंठ, क्यों न होली हम यहीं मनाएँ। आचार्य नारायण कृष्ण को मैं सन्देश भिजवा दूँगी। तुम चाहो तो किसी और को भी आमंत्रित कर साथ ला सकते हो। बस यही कि रंग और पकवान का शिष्ट आस्वाद हो जाए। इतना ही।"

"मैं तो हरिकेश व राजतिलक को बुलाना चाहूँगा," भवभूति ने कुछ व्यंजनापूर्वक कहा।

"मैं चाहूँगी कि साथ में मालिनी भी रहे। उसे निमंत्रित करना मेरी ओर से," सुप्रिया ने जोड़ दिया।

इस प्रकार होली हुई पर राजभवन के मदनोत्सव में भवभूति को आमंत्रण नहीं था और सुप्रिया प्रथम दिवस अर्थात् रति मदन पूजा पर पहुँचकर औपचारिकता निभा आई थी। शेष दो दिन उसने अपने रमण उद्यान में भवभूति के साथ बिताए। उद्यान अब पूर्व की अपेक्षा सँवरा हुआ था। वहाँ न बँबियाँ दिख रही थीं न दीमकग्रस्त वृक्ष ही। भवभूति जब भी इस ओर आते हैं तो सुप्रिया के प्रथम चुम्बन का स्मरण हो आता है। भीतरी मुस्कान होंठों पर प्रकट हो गई तो सुप्रिया ने पूछा, "क्या हुआ श्रीकंठ! हमें भी तो बताओ।"

"बस यूँ ही कि...। बसन्त जाने को है, अब ग्रीष्म की बारी है," भवभूति ने बात टाल दी।

"हाँ, उसके पश्चात् पावस फिर शरद। यह तो ऋतुक्रम है," सुप्रिया बोली।

"क्रम नहीं, इसे चक्र कहो सुप्रिया, जो फिर-फिर लौटकर वहीं आ पहुँचता है।"

"पर कोई भी ऋतु, दिवस अपने दृश्य में पूर्णतः पहले जैसा नहीं होता। यह वृक्ष वह नहीं है जो गत होली के समय था...वह भी नहीं जो कल था।"

"चक्र शून्याकार होता है। शून्य का न आदि है न अन्त, इसलिए ब्रह्म का एक

उपमान शून्य भी है जिसमें कितना भी जोड़ो या कम करो वह ज्यों का त्यों रहता है। वैशेषिक अवधारणा है कि...।"

"बस-बस, आचार्य!" सुप्रिया ने वाक्य पूरा होने से पहले ही श्रीकंठ को अपनी ओर खींचकर कहा, "आप रमण उद्यान में हैं, किसी ऋषि के गुरुकुल में नहीं। मदनपूजा के दिन ये दर्शन के पाठ अच्छे नहीं लगते।"

"ओह तुमने सच ही कहा है सुप्रिया! इन दिनों मैं आचार्य ही बन गया हूँ। ध्रुव शर्मा के आश्रम में छात्रों की संख्या तीव्रता से बढ़ी है। उसके दान प्रदाता बढ़े हैं। आश्रम के विस्तार में लगा है ध्रुव शर्मा। वह गुरुकुल बनाकर कुलपति बनने का स्वप्न देख रहा है। आश्रम में दो शास्ता (शिक्षक) और ले आया है। पहले मुझे नाम से पुकारता था अब आचार्य का सम्बोधन देता है। मेरा अधिकांश समय आश्रम के कार्यों में बीत जाता है। ध्रुव शर्मा की महत्त्वाकांक्षा से मुझे प्रयोजन नहीं, किन्तु छात्रों के प्रति तो दायित्व है। मन कभी-कभी विषाद से भर उठता है। आचार्यत्व ही अभिप्रेत होता तो अपांक्तेय कहलाकर कुल, परिवार के मनस्ताप (रंज) का कारण क्यों बनता?" भवभूति के स्वर में कुछ पीड़ा उभर आई।

"लगता है यहाँ तुम्हारा मन नहीं लग रहा। शीतल कक्ष में चलते हैं। महारस बनाने में वासवी को निपुणता प्राप्त है। तुमने तो पिया है न!"

"हाँ, उसके हाथ का बना पेय स्वादिष्ट होता है। किन्तु यहाँ, वहाँ वाली कोई बात नहीं है। जाने क्यों कुछ दिनों से मैं स्वयं को निरर्थक सा अनुभव कर रहा हूँ। गोष्ठियों, उत्सवों में जाकर और भी अनुपयोगी पाता हूँ स्वयं को। लोग वहाँ स्वयं को विशिष्ट व महत्त्वपूर्ण प्रदर्शित करने में इतने भदेस हो जाते हैं कि भीड़ भी लज्जा से मुँह छिपा ले।"

"बस इतने से ही अशान्त, आकुल हो गए? मैंने तो इस समाज के साथ बीस वर्ष बिताए हैं। इन्हीं में कुछ ऐसे लोग भी हैं जिनके साथ का समय जीवन भर के लिए सहेजने योग्य होता है। कला और काव्य जिनके कारण पलता ही नहीं, बढ़ता भी है।"

"तुम भी तो राजभवन के दोहददान में नहीं गईं, मुझे तो निमंत्रण ही नहीं मिला," भवभूति होठों पर पथहारी हँसी ले आए।

"श्रीकंठ! राजभवन भी एक व्यवस्था का अभिकल्प है। गत वर्ष स्वयं महारानी ने अपनी इच्छा जताकर तुम्हारे लिए प्रकारांतर से उस व्यवस्था में हस्तक्षेप किया था। व्यवस्था में व्यक्ति का महत्त्व तभी तक होता है जब तक सिंहासन चाहे। इसे छोड़ो। यह बताओं कि तुमने कुछ नया आरम्भ किया क्या?"

"अभी तो परिकल्पन (विषय की कल्पना) ही नहीं है, तो सूत्रपात कैसे हो? रचना तो बाद में होती है। भीतर कहीं कुछ उमगता है—कोई उत्तेजना, व्यग्रता चित्त को घेरती है और किसी ऐसे स्थान पर छोड़ देती है जिसके आगे मार्ग नहीं सूझता।

बस सामने एक विस्तार होता है सघन संभ्रम से आच्छादित। सुप्रिया मुझे नहीं सूझता कि क्या करूँ?" भवभूति ने अनायास ही सुप्रिया को अंक में ले लिया, जैसे प्रवाह में बहते कोई आलम्ब (सहारा) हाथ आ गया हो।

सुप्रिया ने भवभूति की बाँहों को और भी कस लिया, "तुम जो कर रहे हो ना श्रीकंठ! वह भी निरर्थक नहीं है। कितने तो छात्र तुम्हारे ज्ञान से उपकृत हो रहे हैं। और मैंने पहले भी बताया है कि गरलकंठ देवाधिदेव की यह मोक्षदायिनी भूमि राजधानी और वाणिज्य का केन्द्र भी तो है जिसमें मनुष्य से मोक्ष तक बिकता है। मैंने यहाँ कामिनी की कृपा पाने को कांचन (स्वर्ण) का ढेर लगाने वाले देखे हैं और स्वर्ण के ढेर को लातों से ठेलकर हँसने वाले अघोरी भी।"

सुप्रिया के मंगलद्वार पर ऊँची आवाज़ें आने लगी थीं।

"ये बाहर कोलाहल जैसा है कुछ," भवभूति ने अपनी बाँहें शिथिल कीं।

"हाँ, है तो। यूँ वासवी सँभाल लेती है, वह भी हो सकता है।"

"वह कौन?"

"उधर चलते हैं...बताऊँगी तुम्हें," सुप्रिया भवभूति को क्यारियों के बीच से निकालती हुई भवन की ओर ले गई। यहाँ एक अलग द्वार है जो भवन से सीधे रमण उद्यान में खुलता है।

इस द्वार पर पीले, लाल, श्वेत पुष्पों वाली हरित लताओं के आच्छादन का भ्रमदेता! मंडप का आकार है जिससे वह उद्यान की ही प्रतीति देता है—उसी के भीतर प्रवेश करने के आगे त्रिद्वारी कक्ष (तिवारा) जहाँ बैठकर उद्यान में होने की अनुभूति की जा सकती है। वहीं भवभूति को बैठाकर सुप्रिया चौक से होती हुई अगवारे की ओर चली गई।

लौटते-लौटते उसे कुछ विलम्ब हुआ और वह लम्बी साँस खींचकर भवभूति के पार्श्व में आ बैठी, "ओह...।"

"क्या हुआ?" पूछा भवभूति ने।

"वही था, मेरा पुराना अनुरक्त (आशिक) है। अनेक बहुमूल्य उपहार दिये हैं उसने मुझे। महाश्रेष्ठियों में गिनती थी...अवंति नरेश तक उसका मान करते थे। लोगों में प्रवादित (कहा-सुना जाता) था कि श्रेष्ठि पद्मचन्द्र के यहाँ स्वर्ण मुद्राएँ व रत्न गिने नहीं तौले जाते हैं। महाकाल मन्दिर में सवा मन सोने का जो छत्र एक कोने में रखा हुआ है, इन्हीं ने चढ़ाया था। बहुत बार टाँगा गया महाकाल के सिर ऊपर, पर हर बार नीचे भूमि पर आ गिरा। देव समूह में महादेव ही तो हैं जिन्हें ऐश्वर्य स्वीकार नहीं, अस्तु।

यह श्रीमन मुझे उपपत्नी (रखेल) बनाने को समुद्यत थे किन्तु मेरे गले में राजकीय पट्ट बँधा था। सत्ता की शक्ति धन और धर्म की शक्ति को भी दबा देती है—लोग मुझसे, मेरी कला से मनोरंजन कर सकते थे, मेरा सान्निध्य पाकर

गौरवान्वित, आनन्दित हो सकते थे। यदि मैं किसी रात्रि या तिथि विशेष में नरेश द्वारा इच्छित नहीं हूँ तो मेरे कृपापात्र भी हो सकते थे। हाँ, राजा की इच्छा सर्वोपरि है—राजा मेरे यहाँ आ सकते हैं, मुझे बुला सकते हैं किन्तु मैं अपनी इच्छा से न राजा के शयन कक्ष में जा सकती थी न उन्हें अपने शयन कक्ष में बुला सकती थी। एक और बाध्यता थी कि मैं गर्भधारण नहीं कर सकती थी। स्त्री की इससे अधिक विडम्बना और क्या हो सकती है कि सक्षम होकर भी वह माँ बनने की अधिकारिणी न हो। श्रीकंठ! कोई भी स्त्री माँ बनकर ही पूर्णता पाती है," भवभूति ने अनुभव किया कि सुप्रिया की साँसों में अतृप्ति का उच्छ्वास है।

"हाँ, तो कुछ ऐसा हुआ कि देखते-देखते इस महाश्रेष्ठि का धन-साम्राज्य बिखर गया। आज यह विपन्न है...लोग इसे विक्षिप्त (बावला) कहते हैं। उन्मत्त सा अवंति के पण्यपथ तथा शिप्रा के घाटों पर घूमता रहता है। यदा-कदा आता है यहाँ...बस मुझे देखने। घड़ी भर उसे निकट बैठा लूँ तो कृतकृत्य हो चला जाता है।"

"हाँ, सहृदय हो तुम। मैं भी तो यहाँ से कृतकृत्य होकर ही जाता हूँ। वैसे सुख की उपस्थिति अल्पकालिक ही होती है। यूँ कहा जाए कि दुख के बीच सुख सेंध मारता है और इतनी सी प्राणवायु से मनुष्य, काँखता-हाँफता हुआ जीवन की घाटियाँ उतरता-चढ़ता रहता है।"

वासवी ने पाँवों की धमक से अपने आने की सूचना दी, "महारस तैयार है देवी, यहाँ प्रस्तुत करूँ अथवा शीतल कक्ष में ग्रहण करेंगी?"

"स्थान यह भी सुरुचिपूर्ण है," भवभूति ने मत व्यक्त किया।

सुप्रिया के संकेत पर वासवी दो रजत कोशकों में महारस ले आई। भवभूति ने छोटा सा घूँट भरकर स्वाद लिया तो सुप्रिया अपना तोशक हाथ में लिये श्रीकंठ के माथे की सन्तुष्टि मापने लगी।

"वासवी सज्जा और व्यवस्था में बहुत पटु है श्रीकंठ! मुझे यह न मिलती तो...। इस पर इतनी निर्भर हो गई हूँ मैं कि इसके बिना अपना होना भी नहीं सोच पाती।"

"हाँ, वह निपुण और दायित्व के प्रति सचेत है।"

"वह तो है, पर मैं सोचती हूँ कि क्या उसके प्रति मेरा कोई उत्तरदायित्व नहीं है?"

"अवश्य है और तुम उसके प्रति पर्याप्त सदय हो भी। अच्छा, ये तो बताओ कि वासवी दासी है या वृत्तिभोगी चरी (नौकरानी)?" पूछा भवभूति ने।

"इसे भी मैंने उसी पण्य से क्रय किया था, जहाँ तुम उस युवती के लिए लड़ पड़े थे।"

"अर्थात् क्रीत दासी है...।"

"अब यह मेरी सम्बन्धी है।"

"वही तो सहृदयता है तुम्हारी।"

"श्रीकंठ! कुछ सन्दर्भ होते हैं जहाँ सहृदयता भर से काम नहीं चलता...कुछ करना होता है," सुप्रिया भवभूति द्वारा इसे सामान्य ढंग से लेने पर कुछ असहज हुई।

"यदि उसका सन्दर्भ ज्ञात है...सक्षमता है तो कुछ किया जाना चाहिए ना! यदि उचित समझो तो मुझे भी बता सकती हो, कदाचित् मैं कुछ सहायता कर सकूँ।"

"हाँ, स्यात् कर सकते हो। श्रीकंठ! जब मैं अवंति नरेश के नैतिक अनुबंध से मुक्त हुई, तभी इसे पण्य से लाई थी। इसकी वय पंद्रह-सोलह की रही होगी... अब पच्चीस से ऊपर है। इसने अनेक बार मेरा शयन कक्ष सजाया है। मुझे लगता है कि ऐसा सजना, सजाना इसने बहुत निकट से देखा है। मैं उसके अतीत को कुरेदना भी नहीं चाहती कि उसके घर, गाँव, परिवार के बारे में पूछूँ क्योंकि यदि आप किसी समस्या का निदान नहीं कर सकते तो जब-तब समस्या को उघाड़कर समस्या बढ़ाते ही हैं।"

"समस्या है क्या?" इस लम्बे वक्तव्य के पश्चात् पूछा भवभूति ने।

"समस्या यह है कि वह स्त्री है और...।"

"और...?"

"युवती है। सुंदर, सुशील, सुरुचि-सम्पन्न है।"

"हाँ, तो?"

"कुछ इच्छाएँ उसकी भी होंगी, जिसका उसने कभी प्रकट संकेत नहीं दिया। कभी तुमने देखा है कि जब वह हमारे सुखोपभोग की सामग्री यथास्थान योजित करती है तब उसकी आँखों में कितनी प्राणहीन निरपेक्षता होती है।"

"मैंने ध्यान नहीं दिया।"

"देखना अवश्य कभी...। अच्छा सुनो! यहाँ रोहिणी नक्षत्र में रवि बहुत तपता है। मैंने आम्र की छाया में उशीर मूल (खस) की शीतवाटिका बनाने को कहा है। उशीर-पट्टिका के रंध्रों से बहकर आने वाली वायु शीतल, सुगन्धित व औषधीय होती है। तुम्हारे साथ इस ग्रीष्म की दोपहरी अभिराम (सुखद) होंगी," और सुप्रिया की आँखों में कोई सुखद कल्पना उतर आई।

इसी क्रम में ग्रीष्म के पश्चात् पावस आई और यह ऋतु भी बीत गई। सुप्रिया ने भवभूति से अपनी अन्तरंगता को प्रगाढ़ परिचय के रूप में ही प्रकट होने दिया था। यूँ छिद्रान्वेषी फिर भी अनुमान के अश्व दौड़ाते ही रहते हैं। भवभूति को सुप्रिया के यहाँ आना-जाना कभी मुख्यद्वार से तो कभी गुप्त द्वार से होता, वह भी सप्ताह वा पक्ष के अन्तराल से।

शरद आरम्भ होने पर सुप्रिया ने भवभूति के लिए सन्देश भेजा था पर व्यस्तता में वह पहुँच न पाए। आश्विन का कृष्ण पक्ष तो यूँ भी पितृ पक्ष होता है। इन सोलह दिनों में शिप्रा के घाट पितरमय हो जाते हैं—तर्पण, श्राद्ध सहित अनेकानेक कर्मकांड

प्रातः से मध्याह्न तक चलते हैं। इन दिनों आश्रम में आहार भी नहीं पकता, क्योंकि श्राद्ध में बटुकों, उपाध्यायों की इतनी माँग रहती है कि पूर्ति कठिन हो जाती है। रात्रि आहार में खिचड़ी से काम चल जाता है।

मास दिवस से अधिक हो गया—भवभूति सुप्रिया की ओर निकल न पाए। व्यस्तता के साथ ही अनिश्चय से भी घिरे रहे। पुनः सन्देश मिला तो पहुँच गए।

"लगता है, इन दिनों आचार्य बहुत व्यस्त हैं," उपालम्भ (उलाहना) के साथ सुप्रिया ने स्वागत किया।

"इसे व्यस्तता न कहो...उलझन है। उदरपूर्ति व दैनिक आवश्यकताओं तक तो सह लो किन्तु ध्रुव शर्मा शिक्षा को व्यवसाय में बदल रहा है। पहले वह छात्रों के भोजन, आवास की व्यवस्था के लिए दान लेता था, अब धनार्जन के लिए छात्रों को भी माँगने भेजने लगा है। शिक्षा का यह व्यवसाय मुझे घृणित व अश्लील लगता है," भवभूति ने अपनी व्यथा कही।

"तो तुम यहाँ भी आश्रम को साथ लिए आए। प्रिय सखा! आज शरदपूर्णिमा है। कहा जाता है कि आज की शर्वरी में अमृत झरता है। क्या पता कोई बूँद मेरे भाग्य में भी लिखी हो। मुझ पतित का स्यात् कोई पुण्य जाग जाए।"

"नहीं सुप्रिया! तुम तो सहृदय धर्मात्मा हो, पतित नहीं। शास्त्र का भी कथन है कि—

स्त्रियः पवित्रमतुलं नैतादुष्यंति कर्हिचित्।
मसि-मसि रजोह्यासां दुष्कृतान्य पकर्षसि॥

अर्थात् स्त्री अतुल पवित्र है, कभी दूषित नहीं होती। प्रत्येक माह का रजस्राव इसकी अपवित्रता को खींच लेता है।"

"आह, शास्त्र वचन से तुमने मुझे कुछ आश्वस्ति दे दी। अब मैं इस शरद-पूर्णिमा का निर्भ्रांत सुख ले सकूँगी। आज इत्र, कर्पूर के सुगन्धित जल में स्नान हो मेरा और तुम्हारा भी। स्वीकार करो प्रिय!" सुप्रिया की आँखों में मैत्रीपूर्ण याचना झलकने लगी।

और महाकाल की सांध्य आरती के पश्चात् श्रीकंठ का हाथ पकड़ सुप्रिया सौध (अटाला की सीढ़ियाँ जा चढ़ी।

चन्द्रायतन पुष्पमंजरियों से सजाकर अगरु, चन्दन, पुष्पराग की गन्ध से सुवासित किया गया था। चारों दिशाओं के वातायनों में रखे सुगन्धित द्रव्यों से सुरभित वातावरण को रमणीय बनाते सुगन्धित तेल के मन्द दीपक जल रहे थे। कुंकुम, कस्तूरी से लिपी भूमि पर पुष्प पांखुरियों की सज्जा हुई थी। एक काष्ठ पीठिका पर तम्बूरा के साथ वीणा रखी थी। मरमर-प्रस्तर के सुचिक्कन पट पर भक्ष्य, भोज्य, चोष्य, लेह्य सामग्रियों के साथ आसव पात्र रखे थे व रजत थलिका

(थाली/तश्तरी) में इला, लवंग, मिष्ठ पूंगीफल, मधुरा (मुलैठी), सालीना (सौंफ) जैसे द्रव्य रखे हुए थे।

सुप्रिया ने शरीर पर शुभ्रवर्णी हलका, महीन, स्निग्ध परिधान पहना हुआ था। मात्र नाक, कान और गले में स्वेत छटा वाले आभूषण थे। अंग पर चन्दन का अनुलेप तथा केशों में मोगरा, नवमल्लिका की वेणी थी। उसने भवभूति का हाथ कसकर कहा, "श्रीकंठ, देख रहे हो? चन्द्र आज कितना उत्फुल्ल और उदार है। चन्द्रिका कितनी सरस है। इसके प्रकाश में तुम्हारे साथ परिविहार (भ्रमण) कितना सुखद है मेरे लिए।"

"यह तुम्हारे मन का भाव है। यूँ आज की चन्द्रिका निश्चय ही सुप्रभ सुखकर है," भवभूति ने उत्तर दिया।

"वहाँ आकाश में देखो! वह जो पीतवर्णी प्रकाश वाला नक्षत्र है न गुरु... उसके निकट चमकती हुई भगवती अरुँधती हैं। जिसे गुरु के निकट उनकी प्रिया अरुँधति नहीं दिखाई देतीं, छह मास के भीतर उसकी मृत्यु हो जाती है। उत्तर में वह महाराज ध्रुव हैं—पंक्तिबद्ध सप्तऋषि ध्रुव की परिक्रमा करते हैं। इनके दर्शन से व्यक्ति दिवा समय अनजाने हुए कायिक, वाचिक व मनसा पापों से मुक्त हो जाता है," सुप्रिया ने आह्लाद में डूबते हुए कहा।

"अरे, तुम तो खगोल विद्या की भी ज्ञाता हो। यह रहस्य अब तक छिपाए रखा," हँसकर बोले भवभूति।

"हाँ, सीखी है थोड़ी-सी खगोल विद्या और इसके लिए लीला गणना (दशमलव पद्धति) भी। यहाँ के कुछ ज्योतिषाचार्य इन दोनों विद्याओं में निष्णात हैं।"

"फिर एक बात तो निश्चित हुई कि छह मास तक हम मरेंगे नहीं और यह भी कि इस समय हम पापमुक्त और पवित्र हैं।"

"श्रीकंठ, यह समस्त, प्रबन्ध तुम्हारी प्रसन्नता के लिए है। मैंने बताया था ना कि वासवी सज्जा और प्रबन्ध में पटु है," कह वह भवभूति को चन्द्रायतन में ले आई।

"हाँ, और तुमने उसकी आँखों में प्राणहीन निरपेक्षता का भी उल्लेख किया था। कहाँ है वह इस समय?"

"ऐसे में वह अपने किसी एकान्त में चली जाती है। अच्छा देखो, उसने वीणा भी रख दी है...सुनना चाहोगे? कदाचित् वासवी ने यह भी तुम्हारी प्रसन्नता के लिए रखी हो।"

"पर वीणा के साथ यह तम्बूरा भी तो है," भवभूति कुछ समझ न पा रहे थे।

"बड़ी रोचक कथा है इसकी। तम्बूरा का आविष्कार ब्रह्मा की सभा में रहने वाले संगीत विद्या विशारद ऋषि तुम्बरु ने किया है। यह महर्षि कश्यप और देवी पाधा के पुत्रों में से एक थे। इनकी स्त्री थी रम्भा, जो अप्सरा थी। रम्भा पर अति आसक्त होने से यक्षपति कुबेर इन पर क्रुद्ध हो गए व शाप देकर इन्हें विराध नामक

राक्षस में परिवर्तित कर दिया। त्रेता में राम ने इनका राक्षसत्व समाप्त किया और इन्हें पूर्वरूप में लाए। क्या बात है श्रीकंठ कि संगीत, नृत्य, गणिका, अप्सरा से सम्पर्क पर ब्राह्मणत्व सदैव ही छीन लिया जाता रहा है?

"ओह मैं भी क्या कथा ले आई इस मोद भरी रात्रि में। अच्छा यह देखो! इस पात्र में सुवासित मद्य है जिसे और भी स्वादिष्ट, सुरुचिपूर्ण बनाने के लिए पाटल की पांखुरी, आम्र डंडी की छाल के खंड भी रख दिए हैं वासवी ने। आस्वाद लोगे?"

"नहीं। मैं...।"

अचकचाए भवभूति का वाक्य आगे बढ़ाया सुप्रिया ने, " 'काश्यप गोत्रीय, पंक्तिपावन, सोमपायी, ब्रह्मज्ञानी पूजनीय ब्राह्मण हूँ, अत: मदिरा का स्पर्श, सेवन, वर्जित अनैतिक है मेरे लिए,' यही कहोगे ना! श्रीकंठ, तुम्हारा वंश तुम्हारे स्वनामधन्य पूर्वज तुम्हारे नाटकों के कारण जाने जाएँगे किसी सोमयाग या वाजपेय अनुष्ठान के कारण नहीं," स्निग्ध आत्मीयता से भरी आवाज़ थी सुप्रिया की।

"सुप्रिया! यह तुम्हारा आग्रह तो नहीं है ना!...तो छोड़ो, यह कहो कि आज इस आयोजन का कोई विशेष प्रयोजन है?"

"प्रयोजन...हाँ—आज मुझे याज्ञिक (यजमान) मान लो। तुम सोमपायी हो ही। चन्द्र, यामिनी, नक्षत्र इस याग के आमंत्रित देवता हैं।"

"तुम्हारा श्रृंगार देवोपम है।"

"उर्वशी का श्रृंगार है यह। बरसों बाद किया है मैंने।"

"इस नाटक का अभिनय नहीं देख पाया हूँ मैं यहाँ। महाकाल के रंगमंच पर 'शाकुन्तल', 'स्वप्न वासवदत्ता' तथा 'मृच्छकटिकम्," देख लेना भी संचित अभिलाषा की पूर्ति जैसा है। कालिदास की कर्मभूमि शुद्रक, भास की रंगभूमि है यह। यहाँ यदि तुमसे भेंट न होती तो कदाचित्...। सुप्रिया! तुम भी मेरे लिए महाकाल का प्रसाद हो...वरदान," दोनों हाथ थाम लिए सुप्रिया के भवभूति ने, "मैं तो विक्रम नहीं किन्तु तुम सचमुच ही उर्वशी हो।"

"उर्वशी तो अप्सरा थी जिस पर देवराज इन्द्र सदय हुए...देवर्षि नारद का जिसे आशीर्वाद मिला। वह पुत्रवती हो कृतकाम हुई। सुप्रिया के आत्मनिर्वासित जीवन में तो जाने किस पुण्य से तुम्हारा आगमन हो गया। नाटक भी तो संयोगों का संयोजन ही होता है ना।"

"ओह, 'संयोगों को संयोजन।' अहा, यह बात तो मैंने न कहीं सुनी न पढ़ी," भवभूति उल्लसित हो सुप्रिया को अंक में भरकर चूमने लगे, "इस संयोग में तुम्हारे इन होंठों से नाटक की कैसी सुन्दर परिभाषा निकली।"

"हाँ, इस रंगमंच पर मैंने अप्सरा का अभिनय किया है...अप्सरा का जीवन जिया है। यूँ अधिकांश अप्सराओं का जीवन अभिशप्त रहा है। सभी भोग्या रहीं—उपयोग और उपभोग की वस्तु। वह रम्भा हो, मेनका, उर्वशी हो या घृताची...।

"श्रीकंठ! मैं यह अभिशाप तोड़ना चाहती हूँ इसलिए अभिसार की यह रात्रि मैंने अपनी इच्छा से, अपने इच्छित के साथ, अपनी इच्छापूर्ति के लिए चुनी है," कहती हुई सुप्रिया के तप्त होंठ भवभूति के होठों से जुड़ गए।

15

शरद पूर्णिमा के पश्चात् भवभूति न तो स्वयं ही सुप्रिया के यहाँ जा पाए थे न सुप्रिया की ओर से ही कोई सन्देश मिला था। आचार्य नारायण कृष्ण से भेंट किए भी महीनों बीत गए। किसी को बिना बताए वह जाने किस यात्रा पर निकल गए थे। एक सभा गोष्ठी में उनका अवंति की वसन्तसेना कही जाने वाली मधुमिता से भी परिचय हुआ था। भवभूति को किंचित यह बात भी चुभती थी कि उज्जयिनी की नाट्य, कला, साहित्य की सभा, गोष्ठियों में नारायण कृष्ण की अनुपस्थिति का उल्लेख ही न होता। लगा कि यहाँ कला का संसार क्रूर है जिसमें अधिकांश लोग—कलाकार, आचार्य, नायक, नायिकाएँ स्वयं के महत्त्व व प्रतिष्ठा बढ़ाने के उपक्रम में रहते हैं। दूसरों की ब्याज निंदा भी पर्याप्त प्रचलन में है। यह देख और जानकर उन्हें कभी-कभी वितृष्णा होने लगती थी। सुप्रिया व आचार्य नारायण कृष्ण का स्वभाव ऐसा नहीं है, यह सोचकर उन्हें आश्वस्ति भी मिलती है।

कभी-कभी वह सुप्रिया के साथ अपने सम्बन्ध की नाप-तौल में उलझ जाते और तब उन्हें आचार्य नारायण द्वारा सुनाया गया 'मृच्छकटिकम्' का वह प्रसंग स्मरण हो आता जिसमें वसन्तसेना अपनी प्रेमकृपा के लिए निर्धन ब्राह्मण चारुदत्त को चुनती है। आज वह मालिनी की हट्ट पर जाने के लिए निकले थे पर चिन्तन-अनुचिन्तन में डूबे रत्नवीथी के मुहाने पर पहुँच गए। तिकलराज अपने नित्यकार्य पर था। वह उस ओर मुड़े ही थे...बहुत दिनों से तिलकराज से भी भेंट न हुई थी कि उनका ध्यान त्रिपथ से कुछ हटकर खड़े नीमवृक्ष के नीचे एकत्र भीड़ पर गया। वहाँ से किसी स्त्री का स्वर यहाँ तक सुनाई दे रहा था—

"महानुभावो! यही वस्तुएँ आप यदि भैषज्ञ या वैद्य से लेंगे तो चौगुने मूल्य पर उपलब्ध होंगी। अब इसी दँतौन को ही लें...।

"मैं जो (परिज्ञान) जानकारी आपको दे रही हूँ वह आपको चरक, सुश्रुत जैसे आयुर्वेद ग्रंथों में तो मिल जाएगा, पर कोई वैद्य, कविराज, भिषज आपको औषधि, जड़ी, द्रव्य तथा इनका चयन, शोधन नहीं बता सकता।

जैसे यह दँतौन आपको मात्र एक पकी हुई टहनी प्रतीत हो रही होगी...किन्तु ऐसा नहीं है। यह मात्र दँतौन नहीं है—दँत या उसके भी अतिरिक्त सम्पूर्ण मुख के

मार्जन व कान्तिवर्धन की औषधि है। आप लोग राजमहालय, राजभवनों में जाकर देखें तो पाएँगे कि वहाँ ऐसी ही दँतौन उपयोग की जाती है।"

स्त्री की आवाज़ कभी मन्द हो जाती कभी तीव्र होकर सुनाई देने लगती। भवभूति को लगा कि वह इस स्वर से परिचित हैं तो उस भिंड (भीड़) की ओर बढ़े जो नीम की छाँव में एकत्र थी।

निकट पहुंचने पर स्त्री का स्वर और स्पष्ट हुआ, "शास्त्रों में दाँतौन या दँतौन पर खूब विचार हुआ है—"इसके लिए करंज (औषधि पेड़) खदिर, कदम्ब, कुरब (कटसरैया) जामुन, बेल, आक आदि की प्रशंसा-अनुशंसा की गई है, पर सर्वाधिक प्रशंसनीय हैं नीम और बबूर (बबूल)। मेरे पास ये दोनों हैं—देखिए!

इसे आप भी तैयार कर सकते हैं। इस सुवासित दातौन के लिए सात दिन पहले से उद्यम करें। पहले हरड़ के चूर्ण व गोमूत्र में भिगोकर सात दिन रखें इसे, फिर गंधक के पानी में डालें। गंधोदक, इला (इलायची), दालचीनी, मधु, कालीमिर्च, नागकेसर को समभाग में कूटकर तरल बनावें और इसे कुछ समय उसमें भिगोकर रखें। बस एक प्रक्रिया इसके आगे और है।...तो इस दातौन से मुख, दंत की कांति बढ़ती है। वह निर्मल, सुवासित रहता है...वाणी स्पष्ट और मधुर होती है—जैसे कि मेरी। मैं श्लोक भी सुस्पष्ट शब्दों में सुना सकती हूँ...।

इसके साथ ही रूप, कांति, बल, वीर्यवर्धक और गोंद-पाक है तथा ज्वर, चर्म-रोग नाशक, दुर्लभ नीमगोंद का पाक भी अभी थोड़ा सा बचा है मेरे पास...।

लोगों के घेरे में धँसते हुए भवभूति आगे पहुँचे तो मुँह से निकल गया—'अरे यह तो चित्रा है।'

स्त्री ने भी कदाचित् उनके शब्द सुन लिये थे। अपनी बात कहते-कहते रुककर वह लोगों पर दृष्टि घुमाने लगी कि उसका नाम किसने लिया। घूमती दृष्टि भवभूति पर आई—

'महोदय! क्या मेरा नाम आपने ही लिया?'

'ओह हाँ...सचमुच चित्रा ही तो हो तुम। रूप किंचित् अलग पर आवाज तो वही है।'

'जान गई मैं भी..., रूप आपका भी बदला हुआ है पर आप हैं वहीं। ओह, आपको देख कितनी तो प्रसन्नता हो रही है मुझे। हारीत भी कितना प्रसन्न होगा।'—दातौन बेचने वाली अपनी वस्तुओं की प्रशंसा और प्रचार भूलकर कहने लगी—'चलिए! मैं आपको हारीत के पास ले चलती हूँ। मंजरी भी है साथ...।'

'और वह उदयन...अर्थात् चंद्र?'—भवभूति ने पूछा।

चित्रा के माथे पर क्षण भर के लिए पीड़ा का अँधेरा उतरा...गाढ़ा हुआ फिर जैसे उसे अपने आसपास की भीड़ का स्मरण हुआ हो, बोली—'वो सब बताऊँगी। आप साथ तो चलिए। कुछ ही दूरी पर शिप्रा जी के किनारे हमारे डेरे हैं।'—नीचे फैली सामग्री अपनी दो पल्ली झोली में भरने लगी वह।

'अरे भामा! तुम तो अपना सौदा समेटने लगीं। कोई लेना चाहे...।'

'तो आप कल यहीं आ जाएँ। अच्छी वस्तु के लिए प्रतीक्षा भी तो करनी चाहिए।'—चित्रा ने द्विअर्थी प्रश्न का सहजता से द्विअर्थी उत्तर दिया और झोली सँवारती रही।

उधर तिलकराज भी आ गया—उसे भीड़, झुंड आदि पर दृष्टि रखनी होती है तथा उसने भवभूति को भी देख लिया था—'मैंने आपको इस ओर मुड़ते देखा था।...ये स्त्री कौन है?'—तिलकराज ने आदर से पूछा।

अभी इतना जान लो कि बांधवी है मेरी। मैं आया तुम्हारे पास था पर अब इसके साथ जा रहा हूँ। वहाँ कुछ और साथी हैं, चाहो तो तुम भी चल सकते हो।"

"अभी तो मैं अपनी चाकरी पर हूँ। हाँ, वह श्रेष्ठिपुत्र आ ठहरा था मेरे पास... आपके बारे में पूछ रहा था," बताया राजतिलक ने।

"मैं बाद में आऊँगा," कह भवभूति चलने को तत्पर चित्रा के साथ हो लिए।

वह चित्रा से आर्य सोमदत्त विशेषत: माधुरी के बारे में जानना चाहते थे पर वह गुमसुम चली जा रही थी।

"चित्रे! आर्य सोमदत्त सकुशल तो हैं?" पूछ लिया भवभूति ने।

"हम नाट्य दल से अलग रह रहे हैं...अधिक कुछ हारीत ही बता सकेगा।"

"ऐं...! अलग कैसे हो गए तुम? मंजरी तुम्हारे साथ है और चन्द्र भी। तुम लोगों के बिना आर्य सोमदत्त तो स्वयं को पंगु अनुभव करते होंगे। तुम्हारे बिना क्या बचेगा नाट्यदल में? चित्रा, सुन तो रही हो ना...।"

"आपके प्रश्नों के उत्तर हारीत ही दे सकेगा। घड़ी भर का धैर्य रखिए," चित्रा ने इतना ही उत्तर दिया।

डेरे पर पहुँचे तब हारीत ने बताया कि रुद्रपुर में वसुमित्र के विमात्र भगदत्त की कुदृष्टि माधुरी पर गढ़ गई थी। उसने कुटनी भेजी थी। आर्य सोमदत्त ने इसी भय से चन्द्र व तुम्हारे मित्र धनंजय की संरक्षा में राज्य की सीमा से बाहर जाने को निकाल दिया था—माधुरी को। जानबूझ कर भगा देने से कुपित भगदत्त ने आर्य सोमदत्त पर गुप्तचरी का आरोप मढ़कर मानसिक ही नहीं शारीरिक प्रताड़ना भी दी व पालित (पालतू) लुंटाकों द्वारा लूटपाट करवाकर डेरों में आग लगवा दी। चित्रा और मंजरी सहित रसोईदारिनों तक को दुष्टों की लम्पटता सहनी पड़ी।

हम लुटे-पिटे ज्यों-त्यों वहाँ से निकले। दल विच्छिन्न हो गया। भूखे-प्यासे साथ के लोग अन्न और आश्रय की खोज में छूटने, बिखरने लगे। आर्य सोमदत्त हमें तो इसे नाटक का दु:स्वप्न कह कर सांत्वना देते रहे और स्वयं देवसमपुर के

आगे विश्राम के लिए एक वृक्ष का आश्रय लेकर बैठ गए तो फिर..." कहते हारीत की आँखों से फलर-फलर आँसू बहने लगे।

चित्रा तथा मंजरी भी आँचल से मुँह लगाकर रोने लगीं। भवभूति समझ न पा रहे थे कि उन्हें कैसे सांत्वना दें। रोकते-रोकते उनकी आँखों से भी आँसू टपकने लगे।

कुछ देर में स्वयं को सँभालते हुए पूछा भवभूति ने, "और चन्द्र कहाँ है?"

"चन्द्र तो माधुरी को लेकर गया था। उसने अवश्य ही खोजा होगा नाट्यदल को। चातुर्मास से पहले चन्द्रनगर में नटों के एक दल को मिला था। कदाचित् वह चन्द्रनगर अथवा उसके निकट कहीं गुप्त रूप से रह रहा हो। आपके साथी भी तो उसके साथ गए थे...माधुरी का भी पता नहीं है," पीड़ा भरे स्वर में मंजरी बोली।

"मुझे तो कुछ भी नहीं बताया धनंजय ने। मात्र यही कहा था कि किसी अत्यन्त आवश्यक कार्य से जा रहा है। लौटकर बताएगा। पर अब तक नहीं मिला," व्यथा में डूबे भवभूति ने कहा, "आह, सत्ता का मद मनुष्य को कितना निर्दय और कुत्सित बना देता है। विडम्बना यह है कि ऐसे लोग अपने दुराचरण को भी राज्यहित से जोड़ देते हैं।"

उन्हें अपनी सामर्थ्यहीनता पर ग्लानि होने लगी है कि वह अपने बन्धुजन का भी कोई उपकार करने में सक्षम नहीं है। परिवार को तो सुख दे ही न पाए, आर्य सोमदत्त या माधुरी के भी कुछ काम न आ सके। मंजरी अपने पति को खोजती फिर रही है तो उसमें भी कोई सहायता नहीं कर सकते। यहाँ उज्जयिनी में लोग उन्हें जानने लगे हैं, प्रतिष्ठा मिली है, राजभवन तक में प्रवेश हो गया है, किन्तु क्षमता क्या है उनके पास? धनंजय होता तो भगदत्त से भिड़ जाने की योजना बनाने लगता। अपने खड्ग के बल पर वह सिपाही से सेनापति होने तक का साहस जुटा लेता है। कदाचित् यह सम्भव भी हो पर मैं एक शब्द, मसिजीवी ब्राह्मण...। सदैव ही पराश्रित। अपनी सामर्थ्य से नाटक भी नहीं कर पाता। अथवा सबकुछ दाँव पर लगाकर इसमें सफल भी हो जाओ तो जाने कब, कहाँ सोमदत्त की गति को प्राप्त होना पड़े...आह!

अब यह तात्कालिक आवश्यकता तो आ ही पड़ी है कि माधुरी, धनंजय और चन्द्र का पता लगे। यूँ मंजरी नटों के साथ घूम-घूमकर प्रयास कर रही है किन्तु उसके लिए भी किसी पुरुष की संरक्षा आवश्यक है। नटों की जिस टोली का साथ लेती है उसी से कोई न कोई पुरुष उसे पत्नी बनाने का प्रस्ताव लेकर आगे आ जाता है। कुछ तो यह शपथ उठाने तैयार हैं कि पति के मिल जाने पर वह उन्हें छोड़कर पूर्व पति के साथ जा सकती है। यह कि पति के खो जाने या मृत्यु हो जाने पर द्वितीय पति का पूर्ण या आंशिक वरण करने का चलन नट बिरादरी में सर्वमान्य है। यह मंजरी भी जानती है, किन्तु वह क्या करे—उदयन के गुण और छवि उसे चन्द्र में ही दिखाई देते हैं तथा स्वयं को भी वह वासवदत्ता के निकट मान बैठी है। यूँ वह किसी पर निर्भर नहीं, हारीत की ही तरह उसके पास भी भार ढोने के लिए

खच्चर है जिस पर अपनी पूरी गृहस्थी लादकर वह कहीं भी आ-जा सकती है तथा उसकी आवश्यकताओं का संसार भी इतना छोटा है कि उसे त्यागने या छोड़ने का कोई प्रबल मोह भी नहीं उसे।

हारीत को अपने आश्रम का पता बताकर जो संयोग से उनके डेरों से दूर नहीं है—भवभूति लौट आए। एक कल्पना उनके मन में जन्म लेने लगी कि माधुरी और चन्द्र से भेंट हो जाए तो आर्य सोमदत्त के नाट्यदल को पुनर्योजित किया जा सकता है। समस्या यह थी कि आर्य सोमदत्त जैसे समर्पित और गुणी रंग आचार्य की पूर्ति कैसे होगी—वैसे सम्पूर्ण व्यक्तित्व तो उज्जयिनी तक में नहीं है ऊपर से आचार्यों के मध्य पद और प्रतिष्ठा के लिए द्वेषपूर्ण प्रतियोगिता भी है।

इतना अवश्य अनुभव हुआ था उन्हें कि पद्मपुर से चन्द्रपुर तक जिस बन्द समाज से वह निकले हैं, उसके आगे जीवन का बहुत विस्तार है। विविध सुख हैं—भाँति-भाँति के दुख भी। सुविधाओं के विशाल संग्रह हैं तो अभावों की कतारें भी। एक स्वर्ग के पथ में अनेक नरक मुँह खोले खड़े हैं।

बहुत दिनों से कुछ नया रचने के लिए आकुल भवभूति का चित्त अस्थिर है इन दिनों। छिटपुट छंद यदा-कदा बन जाते हैं, जिनमें कुछ को वह स्वयं ही फाड़कर शिप्रा के जल में विसर्जित कर देते हैं। गोष्ठी-विहार, गोष्ठी-समवाय निमंत्रणों में गोष्ठी-विहार की उपेक्षा कर जाते हैं। हाँ गोष्ठी-समवाय में अवश्य ही सम्मिलित होते हैं, क्योंकि वहाँ, साहित्य की रचना, विधि, भाषा आदि पर गम्भीर चर्चा भी हो जाती है।

नगर में चित्रा और हारीत का काम भी ठीक से चल पड़ा है। काष्ठकर्म में कुशल हारीत व वनोपज या जड़ी-बूड़ी की पहचान में दक्ष चित्रा ने नाट्यकर्म में सीखे अभिनय व संवाद के कौशल को अपने व्यवसाय के साथ जोड़ लिया था।

एक दिन जब अपने उपस्कर, उपकरणों का थैला कन्धे पर लटकाए हारीत—'शैया, चौकी, कपाट, पेटिका बनवा लो...टूटे हुओं को जुड़वा लो' की पुकार लगाता आवास-वीथी में घूम रहा था तो एक प्रौढ़ ने उसे रोककर बुलाया, "सुनो बन्धु! एक तल्प है, बाँकी (टेढी) हो रही है—सुधार सकोगे? पिटारी के जोड़ भी ढीले पड़ गए हैं।"

"पुरानी वस्तुएँ बीत जाती हैं श्रीमान! फिर उनकी बनावट या बुनावट में विकार आने ही लगते हैं। काष्ठ हो या शरीर उसका सही चयन हो, उचित गठन हो तो अधिक टिकता है। लाइए...देखता हूँ कि क्या कर सकूँगा मैं," हारीत ने उत्तर दिया।

"अरे वाह, तुम्हारी भाषा तो बड़ी प्रांजल और अर्थगर्भित है। कहाँ से हो? उज्जयिनी से तो नहीं हो," प्रौढ़ ने जानना चाहा।

"हाँ श्रीमान! कुछ दिवस पूर्व ही यहाँ पहुँचा हूँ। कहाँ से हूँ—यह मैं भी नहीं

जानता। सुना है कि अयोध्या में पैदा हुआ। उसके पश्चात् प्रयाग में पला और अब आजीविका कन्धे पर उठाए कभी यहाँ कभी वहाँ। आप तो यह बताइए मुझे सेवा कैसी करनी है?"

"हाँ, हाँ आओ। संकोच न करो। एक सेवक जिसे गृह परिचर, सहायक, सहचर जो भी मानो उसके अतिरिक्त और कोई नहीं है।"

हारीत देख रहा था कि गृह क्या भवन और आश्रम के बीच जैसा कुछ है... न्यूनतम सुविधाओं के सुरुचिपूर्ण संयोजन की बानगी सादृश्य।

"देखो ये तल्प है, जीर्ण तो हुआ है पर मुझे इसी पर नींद आती है।"

हारीत ने तल्प पर हथेली का दाब बनाया...हिलाया, मुट्ठी से ठोंका और बोला, "शाल के काष्ठ का है। यह काष्ठ आरोग्यवर्धक होता है।"

"अच्छा, कहीं इसी कारण तो जीवित नहीं मैं," प्रौढ़ हँसे।

"ऐसा आवश्यक तो नहीं पर यह सम्भव है श्रीमान! ऋषि-मुनियों ने शय्यादि के लिए जिन वृक्षों की लकड़ी शुभ कही है जैसे—देवदारु, शाल, शीशम, चन्दन आदि, तो इस चयन के कारण हैं...।"

"चयन फिर कारण भी...।"

"हाँ श्रीमान, काँटेवाले वृक्ष का तल्प अशुभ होता है—जल, वायु से, हाथी आदि पशु के प्रहार से उखड़े वृक्ष का काष्ठ, वृक्ष जिस पर पक्षियों के नीड़ हों, श्मशान में हो...मार्ग की छाया करते हों, इनको भी नहीं लेना चाहिए।"

"भाई, तुम्हें तो खूब ज्ञान है...रोचक भी। आओ बैठ लो इधर...विश्राम कर लो, अथवा उधर वृक्ष के नीचे चलते हैं।"

"अरे श्रीमान, विश्राम का अवकाश हम जैसों के पास कहाँ है। दिन भर घूमने पर एक-दो स्थान पर काम मिलता है...या यों समझों कि इतना ही कर पाता हूँ। देखो, ये आपकी शय्या चूँ-चूँ बोलती है, किंचित् टेढ़ी है, और कोई दोष नहीं इसमें।"

"तो इसे सुधार दो। जो मूल्य हो तुम्हारे श्रम का—ले लेना।"

"वस्तु को सुधारने के साथ सँवारने का भी प्रयास रहता है मेरा," हारीत अपने झोले से वसूला, रंदा, रेती, आरी आदि निकालने लगा, "वैसे श्रीमान किस पद को सुशोभित करते हैं?"

"क्यों, शैय्या का पद से भी सम्बन्ध है?" मुस्कराते हुए पूछा प्रौढ़ ने।

"अवश्य है श्रीमान। पद और प्रतिष्ठा के अनुरूप भी शैया का विधान है। शैय्या की लम्बाई में से आठवाँ अंश घटाकर चौड़ाई होती है। पाए की ऊँचाई, लम्बाई की एक-तिहाई होगी। फिर उसके शृंगार का भी फलाफल है," हारीत ने तल्प की ठोंक-पीट आरम्भ कर दी।

"तुम तो पूरे काष्ठाचार्य हो बन्धु! कहाँ से सीखा तुमने यह सब?"

"श्रीमान, कुछ तो अपने पालक से जाना व कुछ स्वाध्याय से।"

"स्वाध्याय की भी चषक है तुम्हें। बहुत अच्छा है यह तो। तुम जैसा काष्ठकर्मी मैं पहली बार देख रहा हूँ। अच्छा शिल्प सीखा है तुमने।"

"हाँ श्रीमान! एक नाटक में भी यह संवाद है। नायिका एक व्यक्ति से पूछती है—क्या करते हो?

वह बताता है—अंग मर्दन (चम्पी) करता हूँ।

नायिका कहती है—सुकोमल कला सीखी है तुमने।

वह कहता है—सीखी तो कला (ही) थी पर अब यही आजीविका है। सुनाकर पथहारी हँसी हँस दिया हारीत।"

"अरे रे रे—तनिक रुको तो बन्धु...सुनो-सुनो! मात्र काष्ठकर्मी नहीं हो सकते तुम। संवाद का इतना शुद्ध, भावपूर्ण उच्चारण करते हो।"

"दुर्भाग्य से मैंने कभी संवाहक (चंपी करने वाला) की भूमिका भी अभिनीत की है," एकाएक हारीत के मुँह से निकल गया।

"वही तो...। ऐसा ही कुछ लगा मुझे भी। किस नाट्य दल के साथ थे तुम?"

"रहने दीजिए श्रीमान! वह एक दुखद अध्याय है," तल्प सँवारते हारीत ने टालने के लिए कहा।

"दुख-सुख तो हर जीवन के साथ लगा है। वैसे बाँटने से दुख कम होता है और सुख बढ़ता है। मैंने कहा था ना कि तुम्हारी बातें रोचक हैं और तुम तो कलाकार निकल आए। मैं भी किंचित् तुम्हारी ही जाति से हूँ। किसके साथ रहे तुम?"

"बहुत गुणी थे वह, हम लोगों के पितृतुल्य। एक परिवार ही था हमारा दल। एक लंपट राजन्य की कुदृष्टि ने छिन्न-भिन्न कर दिया हमारा परिवार," चलते हाथ रुक गए हारीत के, "आर्य सोमदत्त हमें उज्जयिनी की ओर ला रहे थे।"

"क्या कहा?...सोमदत्त! सोमदत्त के साथ थे तुम। ओह, तुम तो मेरे स्वजन हुए। सोमदत्त मित्र है मेरा, मैं नारायण कृष्ण हूँ," प्रौढ़ ने हारीत को अंक में भर लिया, "सोमदत्त अब कहाँ है, उसकी तो एक बेटी भी है।

मैं तो दो वर्ष से उसकी प्रतीक्षा में हूँ। अभी भी गया था कि उसके बारे में कोई सूचना मिले। उतना अवश्य ज्ञान हो सका कि रुद्रपुर के निकट किसी दस्युदल ने एक नाट्यदल पर आक्रमण किया था। कहीं वह सोमदत्त का ही तो दल नहीं था?"

"बताता हूँ आदरणीय! जब हमारे दल पर आक्रमण किया था दस्युओं ने, तब मैं आर्य सोमदत्त के साथ ही था। आपको धैर्य धारण करना होगा कि आपके मित्र आर्य सोमदत्त अब इस संसार में नहीं हैं। और उनकी पुत्री माधुरी की खोज में हैं हम सब। मेरा एक साथी चन्द्र माधुरी की सुरक्षा में गया था। नाट्यकार श्रीकंठ के साथी धनंजय भी उनके साथ थे। तीनों के बारे में तब से कोई सूचना नहीं है," हारीत ने वृत्तांत सुनाया।

"माहिष्मती तक तो मैं भी ढूँढ़ आया सोमदत्त को। मुझे उसकी कोई सूचना न मिली," भर्राए गले की आवाज़ काँपने लगी थी।

"ये तीनों सारंगपुर के लिए गए थे। किन्तु सारंगपुर चूँकि रुद्रपुर की सीमा से लगा है अत: कहीं रुद्रपुर के सैनिक या कूटपुरुष (जासूस) भगदत्त को सूचित न कर दें इस आशंका में सम्भव है वे लोग आगे बढ़ गए हों—चन्द्रनगर अथवा उससे भी आगे। फिर भी उज्जयिनी आकर तो देखना ही था उन्हें।"

"क्या पता कोई आया हो पर श्रीकंठ अब यहाँ भवभूति हैं अत: नामभेद के कारण पता न चला पाया हो। अच्छा, अब तुम लोग यहीं आ जाओ। इस घर में पर्याप्त स्थान है। श्रीकंठ यहीं है, मैं उसे बुलवाता हूँ," आचार्य ने बताया।

"उनसे हमारी भेंट हो चुकी है।"

"यह तो और भी अच्छा है। कल संध्या समय हम सभी यहीं मिलते हैं," नारायण कृष्ण ने कहा।

तल्प, पेटिका आदि सुधर जाने पर नारायण कृष्ण ने पारिश्रमिक देना चाहा तो हारीत ने हाथ थाम लिए, "आर्य सोमदत्त के मित्र होने के नाते आप पित्रवत् हैं हमारे लिए। आपका स्नेह ही मेरे लिए अमूल्य है।"

हारीत के जाते ही नारायण कृष्ण विचार में डूब गए। सोमदत्त से जुड़ी अनेक स्मृतियाँ उनके मनस्पटल पर उभरने लगीं जो कभी आँखों में आँसू ले आईं कभी पछताती हुई मुस्कान। कुछ समय पश्चात् एकाएक किसी निश्चय के साथ खड़े होकर उन्होंने अपने परिचर को आवाज़ दी, "श्रवण! मैं अभी जा रहा हूँ कहीं।"

"मध्याह्न तक लौट आवेंगे?"

"हाँ, या स्यात् नहीं भी। सम्भव है संध्या तक लौट सकूँ?"

"कहाँ जा रहे हैं?"

"सुप्रिया के यहाँ।"

"एकाएक वहाँ जाने का हेतु पूछ सकता हूँ।"

"कारण...। बस लगा कि मुझे उससे मिलना चाहिए। कदाचित् नियति ने मेरे लिए कुछ निश्चित किया है।

16

उज्जयिनी से चलकर वे चेदीनगर आ पहुँचे थे। जिस सार्थ के साथ आये थे वह ललितपौर की ओर बढ़ गया था पर ये यहीं ठहर गए। आगे जाने से इन्हें प्रयोजन न था, व सार्थ को तो बिलग्राम होते हुए ब्रह्मस्थल तथा वहाँ से

कान्यकुब्ज (कन्नौज) तक पहुँचना है। चेदिनगर बेतवा नदी के दक्षिण-पश्चिम की ओर एक ऊँची पहाड़ी के ऊपर से नीचे तक पर्याप्त विस्तार में फैला है। विध्यांचल की सुन्दर पर्वत श्रेणियों से घिरा यह नगर उत्तर दिशा की ओर खुला हुआ है। यहाँ का प्राकृतिक सौन्दर्य मनमोहक है। यहाँ पर्याप्त जलाशय हैं—इन सरोवरों के तट पर सघन वृक्षों की शोभा है तथा धवल स्निग्ध चन्द्रिका इन सरोवरों में खिलती हुई कुमुदिनी के पत्रों पर जल-क्रीड़ा करती सी प्रतीत होती है। महाभारत काल में शिशुपाल जैसे दुर्धर्ष शासक की राजधानी रहे चेदिनगर का ऐश्वर्यपूर्ण इतिहास रहा है। कहा जाता है कि उस समय यह नगर उर्वशी नदी के तट तक फैला हुआ था।

परिवार जितना यह छोटा सा दल पहाड़ की तलहटी में स्थित शिव मन्दिर के उद्यान में ठहरा हुआ इस प्रतीक्षा में था कि कोई ऐसा वणिक या यात्री दल मिले जो मथुरा, कान्तिपुरी (कुन्तलपुर) या ग्वाल्हेर की ओर जा रहा हो। दल में कुल चार पुरुष हैं...दो स्त्रियाँ एवं एक शिशुवत बालिका। चार खेचर (खच्चर) भी हैं जिन पर साज-सामग्री लादफाँद कर घड़ी भर में ही किसी भी ओर निकला जा सकता है। यहाँ ठहरे हुए सात दिन बीत गए किन्तु अभी तक ऐसा संग-साथ न मिल सका था कि आगे जाया जा सके। हाँ, चित्रा तथा हारीत अपना काम करते हुए इतना पता पाने में अवश्य सफल हुए कि दो वर्ष पूर्व दो अश्वारोही यहाँ आए थे...उनके साथ एक युवती भी थी पर दो-चार दिन ठहरकर ही वे कहीं चले गए।

"वे तीनों निश्चय ही माधुरी, धनंजय और चन्द्र रहे होंगे," भवभूति ने अनुमान प्रकट किया।

"उज्जयिनी के मार्ग पर यहाँ से जाते तो पता चल जाता। मैं माहिष्मती तक सोमदत्त को खोज आया हूँ," नारायण कृष्ण ने बताया।

"रुद्रपुर से देवसम तक का हर दुर्ग, पुर हमने छान लिया है," कहना था मंजरी का।

"कान्यकुब्ज देश के मार्ग पर स्यात् ही जाएँ वे..., सार्थ के वणिक चर्चा कर रहे थे कि दुरूह-मार्ग है। अनेक नदियाँ पार करनी पड़ती हैं। यद्यपि वेत्रवती से आगे कान्यकुब्ज राज्य की सीमा आरम्भ हो जाती है, वहाँ यशोवर्मन बड़ा प्रतापी नरेश है।

जानते हो भवभूति! कान्यकुब्ज एक समय अवंति राज्य के अधीन रहा है एवं कुछ समय यह चेदिनगर व उज्जयिनी भी कान्यकुब्ज के शासन में रहे हैं। राजा नल और दमयंती की कथा में उल्लेख है कि जुए में अपना राजपाट हारकर निषध-नरेश नल ग्लानिवश जब अपनी प्रिय पत्नी दमयंती को अकेली सोती हुई छोड़कर चले गए थे तब हिंस्र जीवों से भरे भयानक वन को पार करती हुई दमयंती पहले अजगर के मुख में पड़ी तो व्याध ने बचाया। कामातुर व्याध का दमयंती के शाप से प्राणांत

हुआ। अर्थात् किसी युक्ति से दमयंती ने मारा होगा उसे। वहाँ से बची तो चेदिनगर आते एक वणिक समूह के साथ यात्रा करने लगी। इस वणिक दल पर हाथियों ने आक्रमण कर दिया। जाने कितने कष्ट और त्रास भोगती हुई दमयंती को इसी नगर में आश्रय मिला था।"

"दमयंती तो विदर्भ नरेश भीम की पुत्री थी। विदर्भ की राजधानी थी कुंडिनपुर...।"

"हाँ, तुम भी तो विदर्भ से हो और इतने दिन से यहाँ शरण पाए हो। वही तो बता रहा हूँ," नारायण कृष्ण हँसने लगे।

बहुत दिनों बाद भवभूति ने नारायण कृष्ण के मुँह से ऐसी मुक्त हँसी सुनी थी। सबके मन पर छाया दुश्चिन्ता, अनिश्चितता का बोझ इस हँसी से थोड़ा कम हुआ था। मंजरी की बेटी भी खिलौने जैसी सबके मन बहलाने का साधन थी। उसकी बातों, कल्लोल व खिलवाड़ से भी दुख, चिन्ता, श्रम कम होते थे। मंजरी ने उसे भाँति-भाँति के करतब सिखा दिए थे जिनका वह मोदपूर्वक प्रदर्शन करती रहती थी। आचार्य की हँसी से सभी के चेहरे कुछ खिले।

"आप कहना क्या चाहते हैं आचार्य?"

"दमयंती को नहीं पता था कि चेदिनगर की राजमाता—राजा सुबाहु की पत्नी व उसकी मौसी हैं। त्रस्त, विह्वल, दीन, दुर्बल खुले बाल—जिसे स्नान किए अनेक दिन बीत गए थे। आधा वस्त्र पहने स्त्री को पागल समझ कुछ बालक चिढ़ाते हुए उसके पीछे लग लिए। भ्रमित सी वह बढ़ी जा रही थी कि महल पर से राजमाता ने उसे देखा। यह भी जान लिया कि वह रूपमती है व बालक उसे पीड़ित कर रहे हैं तो बुलवाकर उससे परिचय पूछा। मैं संक्षेप में सुना रहा हूँ यह वृत्तांत...विशेषत: मंजरी को कि तुम तो अपनी बेटी के साथ फिर भी सुरक्षित हो—तुम्हारा पति तुम्हें राजा नल की भाँति भयानक वन में अरक्षित, अकेली छोड़कर नहीं गया। अनेक लोगों ने हमसे कई गुणा अधिक कष्ट भोगा है," वह मंजरी का चेहरा देखने लगे।

"आचार्य! मैंने नहीं सुनी है यह कथा। आप तो यह बताइए कि फिर नल और दमयंती मिले या नहीं?" मंजरी की आँखों में विषाद भर आया था।

"लम्बी कथा है पुत्री! सुनाऊँगा तुम्हें।"

"मुझे भी तो सुनना है," चित्रा बोली।

"हाँ तुम्हें भी। हमें लम्बे मार्ग पर चलना है...मार्ग कहते-सुनते काटने में कुछ सहज हो जाता है। मैं सोचता हूँ कि हमें पद्मावती की ओर चलना चाहिए। सुना है यह बहुत बीहड़ मार्ग है। वसुनाग के समय से पद्मावती निषध देश की राजधानी रही है। बहुत समृद्ध नगर है। अवंति की राजकीय स्वर्ण मुद्राएँ पद्मावती में ही ढाली जाती हैं। आगे धारौन, कुन्तलपुर, ग्वालपा होकर वही मार्ग मुथरा पहुँचता है।"

"मेरे उज्जयिनी की ओर चलने से पूर्व आचार्य ज्ञाननिधि ने चर्चा की थी कि

विदर्भ का निषध देश से पुरातन सम्बन्ध है एवं पद्मावती न्याय, सांख्य, वेदान्त के अध्ययन, अध्यापन का प्रसिद्ध केन्द्र है," भवभूति ने जोड़ा।

मंजरी ने इस बीच हस्तक्षेप किया, "संक्षेप में भले हो पर आप यह तो बताइए कि दमयंती का क्या हुआ?

"दमयंती का नल से सुखद मिलन हुआ भद्रे! कष्टकर विछोह के पश्चात् मिलना स्वर्गीय सुख देता है।"

"आर्य! आज भी हमारे पास समय है तो। आप बताइए कि चेदिनगर की राजमाता ने दमयंती का परिचय पूछा, फिर?"

"बहुत उत्सुकता है तुम्हें, अच्छा सुनो! दमयंती ने स्वयं को अन्तःपुर में काम करने वाली सैरंध्री बताया। कहा--सेविका हूँ...जहाँ इच्छानुकूल स्थान होता है रह लेती हूँ फिर अपना व पति का नाम छुपाकर पति द्वारा जुए में हार जाने व छोड़कर जाने का वृत्तांत बताया कि उन्हीं को ढूँढ़ती फिरती हूँ।

"राजमाता उसके रूप तेज और शिष्ट वार्तालाप से दयार्द्र हो आईं। बोली, मेरे सेवक तुम्हारे पति की खोज करेंगे। सम्भव है, वह भटकता हुआ यहीं आ निकले। तब तक तुम यहीं रहो।

"दमयंती ने निवेदन किया, राजमाते आपकी ममतापूर्ण कृपा के लिए कृतज्ञ हूँ किन्तु एक नियम के साथ रह पाऊँगी। वह यह कि—किसी का जूठा न खाऊँगी... किसी के पाँव न धोऊँगी व किसी भी पुरुष अथवा राजन्य से बात नहीं करूँगी। यदि कोई पुरुष मुझे प्राप्त करने का प्रयास करे तो वह दंडनीय हो। बार-बार यह अपराध करे तो उसे प्राणदंड दें।

"राजमाता ने उसके व्रत की वाचा (शर्त) मान ली व अपनी पुत्री सुनन्दा की सखी बनाकर रख लिया। आज बस इतना ही पुत्री। शेष फिर...। बात यह है कि दोनों के विछोह और नाटक से अधिक नाटकीय संयोगों, दुखों का स्मरण करते हुए मेरा मन विचलित हो उठता है।

चित्रा की आँखें भी भरी हुई थीं...मंजरी की आँखों से तो धार बह रही थी। नारायण कृष्ण उनके पास से उठ आए।

नलपुर की ओर अथवा पद्मावती के लिए कोई संग-साथ मिल न पा रहा था। यूँ उनके लिए भोजन व आवास की समस्या न थी। हारीत यहाँ भी काम कर लेता, चित्रा बूटियाँ बेच लेती, बस नारायण कृष्ण ने मंजरी को नट करतब दिखाने से रोक रखा था। वह कुछ स्वर्ण व रौप्यमुद्राएँ भी अपने साथ में लेकर चले थे जिन्हें काँछ की पट्टी में छिपाकर रखा जाता था। वेश सामान्य ब्राह्मण का था जिसकी प्रतीति बनाए रखने वह प्रतिदिन भिक्षान्न माँगने जाते, इससे उन्हें भोजन सामग्री के साथ सूचनाएँ भी मिल जाती थीं...किन्तु अब वह नगर के लिए कौतुक का विषय भी हो रहे थे।

कारण यह कि चलते समय उनके हाथ अनायास ही नृत्य मुद्राएँ बनाने लगते, नेत्र, भँवें थिरकने लगतीं। यदा-कदा ताल के बोल भी मुँह से निकल पड़ते। नाचते हुए चलने वाले ब्राह्मण की सूचना धीरे-धीरे नगर भर में फैल गई। बालक-बालिकाओं ने नाम भी रख दिया—नचना ब्राह्मण।

नचना ब्राह्मण के बारे में राजपुरोहित ने सुना तो स्वयं ब्राह्मण होने के नाते 'नचना' शब्द उन्हें अपमानजनक लगा। उन्होंने देव मन्दिर के आगे से निकलते नारायण कृष्ण को देखा। वेश देखा...चाल देखी और छेंक लिया—"विप्रवर, इधर आएँगे?"

"अवश्य ही पुरोहित जी!" वेशभूषा से ही उन्हें पहचानते हुए नारायण कृष्ण मुड़ लिए।

पुरोहित ने उन्हें बैठने को आसन दिया व एक आसन पर स्वयं भी बैठते हुए पूछा, "आप कहाँ से हैं विप्रवर!"

"आपने महान खगोलविद् आचार्य आर्यभट्ट का नाम सुना होगा। मेरा जन्म सौभाग्य से कायथा ग्राम की उसी धरती पर हुआ। महाकाल ने उज्जयिनी की ओर खींच लिया तो वहाँ बसने लगा। महाकाल की इच्छा हुई है कि पद्मावती पहुँचूँ तो एक वणिकंदल के साथ यहाँ आ पहुँचा। अब प्रतीक्षा में हूँ कि कोई अनुकूल साथ मिले तो पद्मावती की ओर निकलूँ।"

ब्रह्मन, बात यह है कि संयोग से मेरे साथ दो स्त्रियाँ और एक बालिका भी हैं—दो युवक हैं। एक और भी जोड़ दिया है महाकाल ने।"

"आप प्रतिदिन अन्न माँगते हैं, मधुकरी (पका हुआ अन्न) क्यों नहीं लेते?"

"मधुकरी नहीं...हम स्वयं ही पकाते हैं।"

"क्या आप जानते हैं कि आपकी चाल-ढाल देखकर लोग आपको नचना ब्राह्मन कहते हैं। इससे हम सब ब्राह्मणों का अपमान होता है।"

"पर महाराज! जो चाल मेरा स्वभाव बन चुकी हो उसे अब बदल पाना तो सम्भव नहीं है। इससे किसी का अहित भी नहीं होता।"

"मैंने बताया ना, कि नाचना ब्राह्मण का कर्म नहीं है। यह हमारे लिए अपमानजनक है।"

"किन्तु, उज्जयिनी में मैं नृत्य सिखाता हूँ। स्वयं अवंति नरेश ने मेरे नृत्य-कौशल को सराहा, पुरस्कृत किया है...। अनेक बार।"

"कौशल-व कौशल की प्रशंसा ये अलग बात है विप्र! धर्माचरण अलग। कहा गया है ना कि 'स्वधर्मे निधनं श्रेय: परधर्मो भयावह' अर्थात् अपने धर्म में मरना भी कल्याणकर है और दूसरे का धर्म भय देने वाला है।"

"आप जो समझें किन्तु नृत्य कला के साथ विद्या भी है और विद्या ब्राह्मण का धर्म है—महाकाल शिव नृत्य करते हैं...माँ पार्वती नृत्य करती हैं। देवमन्दिरों में

आरती, घंटा, शंख, वेणु आदि की ध्वनियाँ नृत्य का ही अंग है। भगवान श्रीकृष्ण तो महारास रचाते हैं और महाराज हमारी माँ जो बचपन में गोदी लेकर घुटनों पर हमें लय में झुलाती है—वह नृत्य ही है। तो अब मैं चलता हूँ। हाँ, यदि पद्मावती की ओर जाने वाले किसी दल की सूचना मिले तो हमें बताइएगा। हम पूर्ववाली पहाड़ी के नीचे शिवमन्दिर पर उद्यान में ठहरे हैं," कह हाथ जोड़ नारायण कृष्ण लौट पड़े।

उनका मन कसैला, विक्षुब्ध हो उठा। इन पुरोहितों के पास धर्म की कितनी स्थूल व्याख्या है। भिक्षावृत्ति स्वीकार है—कला हेय और त्याज्य। वह स्वयं को अपमानित अनुभव कर लौटे थे।

किन्तु बात राजपुरोहित के माध्यम से उसी दिन राजमहल तक भी पहुँच गई। अगले ही दिन प्रधान अमात्य का बुलावा लेकर दौ सैनिक आ गए—"यहाँ नाचने वाला ब्राह्मण कौन है? प्रधान अमात्य महोदय का आदेश है कि वह उनके समक्ष उपस्थित हो।"

नारायण कृष्ण ने अनेक बार राजसभा देखी है...महामात्य, अमात्यों के साथ बैठे हैं। स्वयं नरेश उन्हें जानते हैं। चेदिनगर तो उज्जयिनी की तुलना में बहुत छोटा है पर राजन्यों, राजपुरुषों के मनोन्माद, अहंकार से भी परिचित हैं वह। अत: कन्धे पर उत्तरीय डालकर वह तुरन्त ही चलने के लिए प्रस्तुत हो गए।

"बन्धुवर! क्या मैं भी इनके साथ चल सकता हूँ," भवभूति ने सम्मान देते हुए सैनिकों से पूछा।

दोनों ने एक कूटदृष्टि भवभूति पर डाली। आपस में आँखें मिलाईं फिर एक ने पूछा, "तुम भी नाचते हो?"

"थोड़ा-थोड़ा...। इन्हीं से सीखा है," कह मन ही मन मुस्कराए भवभूति।

"तो चले चलो! क्या पता, फिर तुम्हें बुलाने आना पड़े।"

नारायण कृष्ण की प्रधान अमात्य से भेंट ने उनका मार्ग सुगम कर दिया, क्योंकि प्रधान अमात्य ने उज्जयिनी के उत्सवों में उनको देखा था। अत: पहचानकर आदर के साथ उन्हें बैठाया व सत्कार किया। बताया, "संयम, अनुशासन व राजकन्योचित् व्यवहार की शिक्षा के लिए राजनन्दिनी को ननिहाल अर्थात् पद्मावती के लिए एक दिन बाद ही निकलना है। उनकी सुरक्षा व्यवस्था भी साथ रहेगी।"

इस प्रकार पाँच दिन की सुरक्षित यात्रा के साथ छठे दिन पूरा दल सिंध व नदी के तट पर बसी प्रख्यात पद्मावती नगरी के निकट जा पहुँचा।

17

आत्म-कथन

[यह मैं पद्मावती हूँ—गुणी, प्रचंड नागों...वीर उदार भारशिवों की कीर्ति का प्रत्यक्ष विन्यास। समझ नहीं पा रही कि अपनी स्थिति पर प्रसन्न रहूँ या उदास होऊँ अथवा सन्तोष रखते हुए स्वयं को सांत्वना दूँ। मेरी स्थिति उस स्त्री की भाँति है जिसमें रूप यौवन के उत्कर्ष के शिखर से ढलान आरम्भ हो रहा हो। महिमा मन्द हो उठी हो। ना! मेरा सौन्दर्य विगत नहीं हुआ...हाँ, मुख पर पहले सी कान्ति नहीं रही है... मस्तक पर रेखाएँ उभर आई हैं तथा त्वचा में वह चमक, स्निग्धता नहीं जिसकी ओर अपलक निहारा जाता है।

पर प्रचुर आकर्षण है मुझमें। जो मेरी ख्याति सुनकर खिंचे चले आते हैं, मैं उन्हें निराश नहीं होने देती। कभी अनुपम कहा जाता था मुझे पर सुदर्शन आज भी हूँ—स्वर्णमंडित शिखर कलशों से सजे शिखर व रजतपत्रों से आच्छादित कपाट जिनके बीच सोने की बुँदकियाँ ठोकी गई हैं...लम्बे, विस्तृत राजमार्ग जिन पर अश्व, रथ, शिविका, शकट, हिंडोली, पालकी, अश्वयान निरन्तर दौड़ते रहते हैं। सायं के समय पुष्पयानों की पंक्तियाँ दृष्टि को बाँध लेती हैं। और जलयान...। चाहें तो यहाँ से नलपुर या नरवर तक की यात्रा बजरों से कर लें। चन्द्रिका के आलोक में सिंध की स्निग्ध धारा पर फिसलने का अनुभव अतीन्द्रिय लोक में ले जाता है। पारा व सिन्धु के किनारे-किनारे कोसों तक मनोरम उद्यानों, बाड़ियों की श्रृंखला फैली है जिनमें बारहमासी फूलों, फलों, साकपात, कंद, अम्ल, क्षारादि का उत्पादन होता है। साथ ही वनांचल की स्वयं उत्पन्न वनोपज से भी पण्य भरा रहा है।

पद्मावती यूँ ही नहीं हूँ मैं, मेरे आँगन में स्वर्ण मुद्राएँ तुला पर तुलती हैं। विभिन्न राज्यों की स्वर्णरजत मुद्राएँ यहाँ ढलने आती हैं—यह मेरी, मेरे स्वर्णकारों की पारंपरिक विश्वसनीयता का ही प्रमाण है। प्रतापी नवनाग नरेशों ने मुझे मुकुट पर मणि सा सजाया है—वन, पर्वत, नदियों से संरक्षित किया है। विंध्य की पर्वत श्रृंखला शैलाश्रयों का घर है। वनों में साखू, बेंत, पद्मक, आँवला पाकुर, कदम्ब, कपित्थ, बेर, बबूल, बहेड़ा, बकुल, पलाश, हरड़, जामुन आदि औषधीय वृक्षों की सघनता है जिनमें गज, व्याघ्र, महिष, भल्ल,

चीतक, वृक आदि से लेकर शशक, हरिण, नीलभ, बिडाल जैसे मृग चौपाए, अजगर भुजंगादि उरग, विभिन्न प्रजाति के पक्षियों, वानर लंगूरादि व कीट-पतंगों का निवास है।

कभी मेरे राजदंड का विस्तार मथुरा, प्रयाग, अवन्तिका तक रहा पर अब वेत्रवती (बेतवा), चर्मवती (चम्बल) तथा यमुना के बीच वाले भू-भाग पर सिमट गया है। फिर भी मेरे पण्य देश-देशान्तर की वस्तुओं से पटे रहते हैं। उदाहरण के लिए मेरी रत्नहाट में ही आइए—वज्र, मुक्ता, पद्‌मराग, मरकत, इन्द्रनील, वैदूर्य, पुलक, स्फटिक, प्रवाल, पुष्पराग की स्वर्णाभूषणों पर शिल्पकारी देखकर पारखियों की आँखें चौंधिया जाती हैं। इसी हाट से कुछ आगे निकलने की भूल न कर बैठना, क्योंकि वह वारांगनाओं की वीथी है जिनका सौन्दर्य देखने स्वर्ग से उतरे देवता भी ठहर जाते हैं—पूर्ण चन्द्र सदृश मनोहर मुख, सुकुमार निर्दोष अंग, तिरछी बरौनियाँ, कज्जलवर्णी (कजरारे) नयन, सुचिक्कन कृष्ण केश, धवल दंत पंक्ति, सुघड़ नासिका व कमल दंड सी ग्रीवा, तनुमध्यमा रमणियों के साथ वन-विहार का सुख कौन न पाना चाहेगा? नृत्य-संगीत में विशारद गणिकाओं के ख्यात कुल हैं जिनमें राजकन्याएँ भी प्रशिक्षण लेती हैं। न्याय, और वेदान्त के विश्रुत शिक्षा केन्द्र हैं...विद्यापीठ में एवं अन्तःपुर के लिए अंकपाली (परिचारिका) केन्द्र भी है। आज संध्याकाल में सिन्धु के उस ओर चेदिनगर से एक दल आ पहुँचा है। चेदि की राजकन्या तथा उनकी दो परिचारिकाओं को तो रात्रि पूर्व ही राजमहल ले आया गया है...शेष लोग उस पार की चैत्य के निकट स्थित पांथशाला में ठहरा दिए गए हैं। उनमें भी पाँच यात्रियों का एक छोटा-सा दल राजकीय सेवकों से अलग हटकर पांथशाला के बाह्य भाग में रुका है। नहीं-नहीं, भोजन, आहार के लिए इन्हें आज अलग से उद्यम की आवश्यकता नहीं... पद्‌मावती की गोद में कोई भूखा नहीं सोता फिर ये तो गुणी जन हैं। गुणीजन अपना परिचय प्रदर्शन करके नहीं देते, वह तो सुगन्ध की भाँति अवसर पाते ही स्वयं फैल जाता है। मैं भी देखने-जानने को उत्सुक हूँ कि यहाँ आने में इनका क्या प्रयोजन है।]

भोजन के उपरान्त नृत्य आचार्य नारायण कृष्ण एक प्रस्तर पट पर आस्तर (बिछावन) लगाकर विश्राम करने की ओर थे कि मंजरी उनके निकट आ बैठी। "देव! हम गंतव्य तक आ पहुँचे हैं। इससे किंचित आश्वस्ति है कुछ अवकाश

भी। तो आपने दमयंती की कथा तो बता दी कि वह चेदिनगर में अपनी मौसी के ही यहाँ अपना परिचय छिपाकर रहने लगी। सुरक्षित हुई। पर उसे छोड़ जाने के पश्चात् राजा नल का क्या हुआ?"

आचार्य मुस्कराए—"नल की बहुत चिन्ता है न तुझे। अच्छा...आ! बैठ। सुनाता हूँ। हारीत व चित्रा को भी बुला ले—यदि वे सुनना चाहें। और भवभूति। जाग रहे हो?"

"हाँ आचार्य, गुरु ज्ञाननिधि जिस नगर की प्रायः चर्चा करते थे, उसके समीप आकर अबूझ सा रोमांच है मेरे भीतर।"

"तो तुम भी आ जाओ। पांथशाला के प्रधान सेवक ने बताया है कि यह सिन्धु नदी राजा नल के नगर को स्पर्श करती हुई, यहाँ आ रही है। यहाँ से बारह कोस पर विंध्य की श्रेणी के एक पर्वत शिखर व उसके आस-पास बसा है उनका नगर। अब वह पद्मावती के पूरक नगर की भाँति है।"

"ओह, तो इसी भयानक वन में छोड़ गए थे राजा नल दमयंती को—जिससे होकर हम आए हैं। आह, कैसा घोर वन है," मंजरी नल का हाल जानने को व्यग्र थी।

रात के अँधेरे में कहीं दूर देखते हुए नारायण कृष्ण ने अपने सिर पर हाथ फेरा और लम्बी साँस खींचकर आरम्भ किया—

"दमयंती को अकेली सोती छोड़ नल गहन वन में आगे पहुँचे तो उन्होंने प्रज्वलित दावाग्नि (जंगल की आग) से एक आकुल पुकार सुनी—महाराज नल बचाइए मुझे। बचाइए। पुकार को सुन राजा अग्नि के भीतर घुसे तो कुंडलाकार पड़े नाग को देखा। बोला वह—मैंने तपस्वी नारद को ठग लिया था। मैं कर्कोटक नाग हूँ। नारद ने मुझे शाप दिया कि तुम स्थावर वृक्ष की भाँति अचल हो पड़े रहो। मेरी विनय-अनुनय पर उन्होंने कहा था कि राजा नल आकर तुम्हें इस शाप से छुटकारा दिलाएँगे। मैं चल नहीं सकता। मुझे बचा लीजिए। नागों में बहुत प्रभावशाली हूँ मैं। अपनी विद्या से मैं हलका हुआ जाता हूँ। कह कर्कोटक छोटा हुआ और नल उसे कन्धे पर लेकर दावानल से दूर ले गए।

"इसके पश्चात् कर्कोटक ने कहा कि अब आप अपने पग नापते हुए चलिए। मैं आपका कल्याण करूँगा। राजा नल ने पैंड गिनते हुए 'दस' कहा तो नाग ने उन्हें 'डस' लिया फलतः राजा का गौरवर्ण श्याम हो गया। राजा ने विस्मय तथा कोप से कर्कोटक को देखा तो वह बोला—मैंने आपका रूप बदल दिया कि कोई आपको पहचान न सके तथा जो कलियुग कपट रूप में आपके भीतर घुस आया है कि उसने राजपाट हरवाकर दमयंती जैसी रूप, शीलवती, पतिव्रता पत्नी को भी छोड़ने के लिए प्रेरित किया वह जब तक आपको छोड़ न देगा तब तक मेरे विष के प्रभाव से जलता रहेगा। और अधिक अहित न कर पाएगा।

दूसरी बात यह कि अब न आपको नख, दाढ़, दंत वाले जंतुओं का भय रहेगा न शत्रु व शाप का भय। तीसरा मेरा यह सुझाव है कि अपना नाम बाहुक रखकर आप इक्ष्वाकुवंशी राजा ऋतुपर्ण के पास जाइए। पूरे जंबूदीप में ऋतुपर्ण से अधिक द्यूत-निपुण कोई नहीं है। वह आपसे अश्व विद्या सीखकर द्यूतक्रीड़ा का रहस्य बतावेंगे जिससे आप पुनः अपना राज्य, पत्नी और प्रजा को प्राप्त कर सकेंगे। जब आप पहले वाला रूप प्राप्त करना चाहें तो मेरा स्मरण कर आप यह वस्त्र ओढ़ लें। ऐसा कह, वस्त्र सोंप नागराज कर्कोटक एक और जाकर अन्तर्धान हो गया।"

"आचार्य, मैंने पढ़ी है यह कथा। अत्यन्त नाटकीय है और आपका सुनाना भी रोचक है...उत्सुकता बढ़ाने वाला," भवभूति ने प्रशंसापूर्वक नृत्य आचार्य को देखा।

"हँ, हाँ, मंच पर मैं प्रायः ही सूत्रधार की भूमिका में होता हूँ। श्रोता या दर्शक में उत्सुकता ही न जगे तो वह क्यों सुनेगा...काहे को देखेगा?" आचार्य ने कहा, "मुझे लगता है कि इतिहास हमें बताता है कि कालचक्र या कलियुग के फंदे में भी मनुष्य अपने दुर्गुण, विचलन, स्खलन या लोभ के कारण फँसता है व उस फंदे से मुक्ति भी अपने गुण और कौशल से ही पाता है। और हाँ, इतिहास भी तो उत्सुकतापूर्ण नाटक ही है—कभी दुखांत...कहीं सुखांत। बीते समय के लोग इसी पटकथा के पात्र तो हैं।"

"देव! तो राजा नल पहुँच गए ऋतुपर्ण के पास?" मंजरी ने बीच में आकर कथा को शास्त्रीय व्याख्या की ओर जाने से रोका।

"कथा कुछ लम्बी है—मंजरी!"

"पर मैं पूरी सुनूँगी...आज ही। जानने की इच्छा है कि नल और दमयंती के मिलने का उपाय किस प्रकार निकला।"

नारायण कृष्ण मंजरी का उद्वेग, उत्सुकता, अधैर्य समझ सकते हैं...भवभूति भी। हारीत व चित्रा तो उसका दुख बाँट ही रहे हैं। नृत्य आचार्य ने वृत्तांत आगे बढ़ाया, "कथा संक्षेप में यों हैं...पर अहा, जीवन में कैसे-कैसे संयोग घटते हैं कि कोई नाटककार क्या घटा पाएगा? फिर संयोगों की वैसी संगति भी तो जुड़नी चाहिए जो जीवन में आ जुड़ती है—तो दस दिन में नल राजा ऋतुपर्ण के यहाँ पहुँचे और बाहुक नाम से अपना परिचय देते हुए कहा कि—घोड़ों को हाँकने की कला में मुझसा निपुण इस भूमि पर दूसरा कोई नहीं है। इन दिनों अर्थसंकट में होने से यहाँ आया हूँ। कुछ अन्य कलाएँ भी जानता हूँ।

राजा ऋतुपर्ण ने कुछ प्रश्न, उत्तरों के पश्चात् बाहुक को अश्वाध्यक्ष नियुक्त कर कहा कि मेरे अश्वों को तीव्रगामी बनाओ।—कहकर नारायण कृष्ण ने सबके उत्सुक चेहरों पर दृष्टि डाली—"कथा का विस्तार छोड़ना होगा। यह तो तुम जानते ही हो कि अन्त में नल-दमयंती का सुखद मिलन हुआ पर बीच का वह अंश जिस

पर सुनने, सुनाने वाले ध्यान नहीं देते हैं—उसी छोटे से अंश तक पहुँचने के लिए मुझे वह क्रमसन्दर्भ जोड़ना पड़ेगा।

वह यह कि विदर्भ नरेश भीम ने नल-दमयंती का पता लगाने के लिए बहुत से ब्राह्मणों को इधर-उधर भेजा। उनमें से एक सुदेव नाम के ब्राह्मण ने चेदिनगर के राजमहल में दमयंती को देखा। सुनन्दा की सखी के रूप में सामान्य वेशभूषा में भी वह धूम्र के बीच अग्निशिखा सी प्रतीत होती थी। पहचान प्रमाणित करने वह निकट गया तो पाया कि इस सखी की भौहों के बीच भी दमयंती जैसा ही तिल है। जैसा कि मैं बता चुका हूँ कि दशार्ण देश के राजा की दो पुत्रियों में से एक का विवाह विदर्भ नरेश भीम के साथ हुआ और दूसरी चेदिराज वीरवाह या सुबाहु को ब्याही थी तो मौसी के यहाँ से व्यवस्था व सुरक्षा के साथ दमयंती कुंडिनपुर पहुँच गई।

"एक दूसरे ब्राह्मण ने सूचना दी कि अयोध्या के राजा ऋतुपर्ण के यहाँ बाहुक नाम का सारथि है जो नल द्वारा दमयंती को त्यागने के पश्चातताप की कथा जानता है व एकान्त में व्यथित होकर दोहराता है। दमयंती ने अपने माता-पिता को युक्ति सुझाई जिसके अनुसार विश्वस्त ब्राह्मण सुदेव को अयोध्या भेजा गया जिसने राजा ऋतुपर्ण को प्रात: ही सूचना दी कि अनिंद्य सुन्दरी भीम कुमारी दमयंती पुन: स्वयंवर करेगी। सब ओर से राजा आ रहे हैं। समय नियत हो चुका है...कल ही स्वयंवर है। यदि आपका पहुँचना सम्भव हो तो अति शीघ्र जाइए।

"ऋतुपर्ण ने बाहुक से कहा कि मैं एक ही दिन में विदर्भ की राजधानी पहुँचना चाहता हूँ। स्वयंवर के विषय में जानकर नल का हृदय विदीर्ण हुआ पर यह सोचकर कि पूरे सच का पता तो विदर्भ पहुँचकर ही लगेगा अत: राजा से कहा कि—मैं प्रतिज्ञापूर्वक कहता हूँ कि एक ही दिन में विदर्भ देश की राजधानी पहुँचा दूँगा।

नल ने अश्वशाला से सिन्धु देश के तेज और बल से युक्त सुगठित, क्षीणबपु, समर्थ, निर्दोष अश्व चुनकर रथ में जोते तथा अपने सहायक वार्ष्णेय व ऋतुपर्ण को बैठाकर वायुवेग से रथ हाँक दिया। वन, पर्वत, नदियों को लाँघता रथ आगे बढ़ने लगा। ऋतुपर्ण विस्मय में थे कि उनका उत्तरीय गिर गया। उन्होंने कहा—"घोड़े रोको। मेरा उत्तरीय ले आओ।"

"नल ने कहा—महाराज, आपका वस्त्र बहुत पीछे रह गया, हम चार कोस आगे आ गए हैं। वस्त्र अब नहीं लाया जा सकता।- ऋतुपर्ण ने जान लिया कि बाहुक कोई असाधारण पुरुष है।

आगे दूर पर्वत के निकट एक वृक्ष दिखा तो राजा ने कहा—मुझमें भी गणना की विलक्षण शक्ति है जो औरों के पास नहीं है क्योंकि सब कोई सब कुछ नहीं जानता—सर्व: सर्व न जानति सर्वज्ञो नास्ति कश्चन'—संसार में कोई भी सर्वज्ञ नहीं है। तो बहेड़े के पेड़ के पास रथ कुछ धीमा करना। बाहुक ने यह किया तो राजा

ने बताया कि मैंने इस वृक्ष के दृश्य, अदृश्य तथा नीचे पड़े फल भी सब गिन लिए हैं और उनकी संख्या सुना दी।

बाहुक ने कहा, राजन् आपकी संख्या परोक्ष है, मैं इस वृक्ष को काटकर फलों की संख्या प्रत्यक्ष करूँगा। वार्ष्णेय यदि दो घड़ी तक इन अश्वों की लगाम थाम ले तो आपके सामने ही फलों को गिन लूँगा।

"राजा को शीघ्रता थी। उसने कहा—तुम लौटकर गिन लेना क्योंकि प्रातः सूर्य के दर्शन विदर्भ की राजधानी में करना है।—बाहुक बने नल ने कहा—पहुँचा दूँगा। तो राजा ने कहा—अच्छा, दो शाखाओं में से एक के गिन लो। इतने हैं।' वैसा किया तो उतने ही निकले। नल ने कहा—आप में गणित की अद्‌भुत शक्ति है। मैं इस विद्या को जानना चाहता हूँ।

"राजा बोले—मैं द्यूतक्रीड़ा में अत्यन्त निपुण हूँ व गणित का मर्मज्ञ भी। तुम भी तो अश्व विद्या व रथचालन में सुविज्ञ व दक्ष हो।

"नल ने कहा—आप मुझसे अश्वविज्ञान जान लीजिए और द्यूत विद्या मुझे सिखा दीजिए।"

इस प्रकार राजा ने नल को वह विद्या दी। फिर तो कुंडिनपुर पहुँचकर सारे भेद खुले। नल-दमयंती का मिलन हुआ। मेरा आशय है कि विद्या-विशेष के कारण ही दोनों मिले।

"मंजरी! तुम्हें भी तुम्हारी विद्या ही चन्द्र से मिलाएगी। हम भी तो अब नल के देश में हैं।"

इस प्रकार रात्रि विश्राम कर यह दल प्रातः होते ही सिन्धु पार कर पद्मावती के विस्तार में पहुँच आश्रय खोजने लगा और जहाँ पारा नदी सिन्धु को भेंटती है, उस स्थल से ऊपर की ओर स्थित एक पांथशाला में जा ठहरे। वहाँ छोटे-छोटे अनेक वणिक ठहरे थे जो ऊँट, शकट, गर्दभ, खेचर पर लादकर अपनी वस्तुएँ बेचते हैं। बावन धनुष के लम्बे-चौड़े इस जनाश्रय में पशुओं के लिए भी अलग से स्थान है।

यदि कोई विख्यात या कुख्यात न हो तो उसे महानगर में खोज पाना कोई सरल कार्य नहीं है। नारायण कृष्ण ने सोचा है कि यहाँ नाटक द्वारा भवभूति को प्रतिष्ठित किया जाए। चन्द्र तथा माधुरी राज्य में कहीं भी हों, नाटक के प्रति उनकी उत्सुकता रहेगी ही। जनाश्रय के व्यवस्थापक से उन्होंने जान लिया है कि नगर में एक राजकीय नाट्यशाला है, तथा दूसरी दो कोस दूर सिन्धु तट पर प्रपात के निकट स्थित महाशिव मन्दिर के प्रांगण में है। छोटी-मोटी कुछ और हैं, पर प्रमुख यही हैं।

आचार्य व भवभूति दोनों नगर शोधन, परिआकलन को निकले। दाईं ओर के प्रशस्त राजपथ से दाईं ओर मुड़ते ही सुयोजित राजवीथी पर चत्वर से घिरे विशाल वटवृक्ष के नीचे सिर मुड़ाए अधखुले नेत्रों वाले एक तापस को देखा। दो श्रद्धालु उसके निकट बैठे थे व एक उसकी पूजा कर रहा था। ऐसे दृश्य उज्जयिनी में भी

सामान्य हैं पर वहाँ शिव, शक्ति तथा उनके गणों का प्राधान्य है। यहाँ मार्ग में उन्हें बौद्ध भिक्षु दिखे थे...जनाश्रय के निकट जिनालय भी है और इधर यह तापस...।

वे खड़े होकर देख ही रहे थे कि एक शिष्य जैसा युवा उनके निकट आया—"आप लोग पद्मावती में किसी सफलता या भाग्य परीक्षण हेतु आए हैं?" पूछा युवा ने।

भवभूति उत्तर देना चाहते थे पर होंठों के संकेत से नारायण कृष्ण ने बरज दिया व स्वयं बोले, "निष्प्रयोजन कोई कहीं क्यों पहुँचेगा और भाग्य तो व्यक्ति के साथ सदैव जुड़ा है।"

"आप गुरु जी से जान सकते हैं, अपनी सफलता-असफलता के बारे में। हाँ, यदि वह अनुकूल हो जाएँ। बहुत सिद्ध तपस्वी हैं।"

"अच्छा!...चलो देखते हैं," कह वह उस शिष्य के साथ चबूतरे पर चढ़ गए।

शिष्य ने वहाँ पूर्व से उपस्थित श्रद्धालुओं को अलग हटाकर नारायण कृष्ण को तापस के आगे खड़ा कर दिया, "लो, पूछिए।"

"मैं क्या पूछूँ? आदरणीय गुरु जी स्वयं ही बताएँगे," नारायण कृष्ण हाथ जोड़ कर तापस के सामने बैठ गए।

"हूँ ऊँ ऊँ ऊँ...।" कर तापस ने अधखुली आँखें पूरी खोलीं और चीखकर बोला, "उज्जयिनी से आए हो?"

"हाँ।"

"दो पुरुष दो स्त्रियाँ तेरे साथ हैं। किसी की खोज में हो।"

"निश्चय ही।"

"नर्तक हो।"

"सो भी हूँ तो...।"

"तूने हमारी सिद्धि पर सन्देह किया?"

"ये लोग हट जाएँ तो मैं आपको बताऊँ।"

तापस ने भौंहें ऊँची कर मुँह उठा उन लोगों को देखा व बगल में रखा दंड लेकर हुंकार द्वारा सबको चौंतरे से नीचे जाने को कहा। फिर हुंकारा भरा—"हूँ ऊँ ऊँ बोलो...ओ।"

"तुम वह नहीं हो जो बने बैठे हो। मैं नाटक करता हूँ। भाँति-भाँति के रूप धरता हूँ। दूसरे के भी रूप बनाता हूँ। भिक्षुक से लेकर सम्राट तक का अभिनय कर लेता हूँ। किसी के अभिनय में कमी हो तो पकड़कर सुधारता हूँ। तुम्हारा रूप और अभिनय अच्छा है पर निर्दोष नहीं है," आगे की ओर झुककर फुसफुसाए नारायण कृष्ण।

"अपरिचित होने पर भी मैंने तुम्हें तुम्हारे आने का कारण व स्थान बताया कि नहीं?" तापस ने कोप जैसा प्रदर्शित किया।

नारायण कृष्ण पुनः फुसफुसाए—"तुम्हारे माथे पर जो मस्सा दिख रहा है ना! वह कच्चा रुद्राक्ष है...आधा काटकर चिपकाया हुआ। आँखों पर कृत्रिम रंजन है और जो तुम मेरे बारे में कह रहे हो वह सब बातें जनाश्रय का व्यवस्थापक भी जानता है। वैसे तुममें श्रेष्ठ कूटपुरुष (गुप्तचर) बनने की क्षमता है पर अभी सामान्य ही हो। चाहो तो अभिनय सीखने हमारे पास आ जाया करना, अभी सप्ताह भर हमारा आश्रय वहीं रहेगा। अब ये बताओ कि राजकीय नाट्यगृह किस ओर तथा कितनी दूर है?"

"मैं पहुँचाता हूँ आपको उधर," धीरे से कह तापस ने जोर से हुंकार भरी व आशीर्वाद की मुद्रा में हाथ उठा दिया।

नारायण कृष्ण ने पुनः प्रणाम किया और उसने शिष्य को निकट बुलाकर कहा, "इन्हें ले जाओ, जहाँ जाना चाहें। इनके साथ रहो। अपने स्थान पर नकुल को छोड़ दो हमारे पास।"

दोनों शिष्य के साथ चल पड़े। कुछ ही आगे से प्राचीर आरम्भ हो गई जिसमें स्थान-स्थान कोष्ठ-युग्म बने हैं, जो पहरेदारों को रहने के लिए होते हैं। प्राचीर राजमहालय की है। बाईं ओर नदी की धारा है। प्राचीर की ओर कोई वृक्ष, लता या गुल्म नहीं है ताकि दूसरी ओर यदि कोई आता है तो स्पष्ट दिखाई दे। हाँ, दस हाथ की चौड़ाई में फुलवारी अवश्य रोपी गई है। प्राचीर जहाँ उत्तर की ओर घूमती है वहीं कुछ आगे राजकीय रंगशाला है। रंगशाला एवं राजमहल के बीच भी एक सुरक्षा चौकी है। यहीं से कुछ ही आगे राजमहल का सिंहद्वार है। सिंहद्वार के भीतर अनेक ड्यौढ़ियों से घिरा रनिवास व मध्य में प्रासाद है जिसकी निर्मिति ऐसी है कि आने-जाने के भूल-भुलैयों वाले मार्ग में द्वार का पता नहीं चल पाता। अथवा यह कि द्वार यंत्रचालित है वा भीतर प्रवेश पोले स्तम्भों के भीतर सीढ़ियों से होकर है। अन्तःपुर को तांत्रिक विधि द्वारा अग्नि से भी सुरक्षित किया गया है।

सिंहद्वार की सीध में चतुष्पथ से आगे तीनों दिशाओं में पण्य, मंडी, आगार, हट्ट, आश्रय, पांथशालाओं का जो क्रम (सिलसिला) आरम्भ होता है वह सिन्धु-प्रपात से आगे तक चला जाता है। सिन्धु-प्रपात से ऊपर का स्थल नौका घाट और लघुपत्तन जैसा है। यहाँ से नलपुर तक मालवाहक नौकाएँ चलती हैं—इस प्रकार जल व थल दोनों मार्ग से जुड़कर नलपुर पद्मावती का ही एक अंग प्रतीत होता है।

दिन भर के भ्रमण में नगर के मुख्य स्थानों, बस्तियों का परिचय लेकर नारायण कृष्ण व भवभूति उसी चत्वर पर लौट आए जहाँ वट के नीचे तापस ने आसन जमाया है। नारायण कृष्ण ने वैसी ही फुसफुसाहट में कहा, "तुमने जो सहायक हमारे साथ लगाया था, वह स्वयं ही तुम्हें बता देगा कि हम इस राज्य अथवा राजा को किसी भी प्रकार की हानि पहुँचाने वाले नहीं हैं। हमसे किसी को ईर्ष्या तो हो सकती है किन्तु हम भय का कारण नहीं हो सकते।"

चूँकि नारायण कृष्ण अपने साथ पर्याप्त स्वर्ण मुद्राएँ लेकर चले थे अत: दैनन्दिन आवश्यकताओं के लिए अभी उद्यम करने की आवश्यकता नहीं थी। यहाँ अपनी दीनता प्रदर्शन के लिए भिक्षा माँगने की आवश्यकता भी न थी कि चोर, लुंठकों का उनकी ओर ध्यान न जाए। पद्मावती में लक्षाधिक मुद्राओं का आदान-प्रदान, लिवाली-निकासी होती है। क्रेता, व्यवसायी यहाँ बसनी, तोड़ा (थैला) व खरिया (कमर से बाँधी जाने वाली थैली) में मुद्राएँ भरे-भरे घूमते हैं। चोर, ठग, बटमार को कठोर दंड मिलता है तथा सामाजिक बहिष्कार भी।

इन्होंने पारा के किनारे एक आवास को भाटक (किराया) पर ले लिया। खच्चरों का अच्छा मूल्य मिल गया था फिर भी मंजरी ने एक खेचर अपने पास रख छोड़ा।

कूटपुरुष अजितसेन अब नारायण कृष्ण को गुरु जी कहने लगा था व इन लोगों का यहाँ सहायक व सहज मार्गदर्शक सिद्ध हो रहा था। उसने अपने सहायकों के कान में भी यह बात डाल दी थी कि धनंजय नाम के किसी क्षत्रिय युवक, सैनिक, शस्त्रकर्मी की सूचना मिले या नटों के दल में कोई चन्द्र नामक युवक पता चले तो उसे तुरन्त बताएँ। मंजरी भी अपनी बेटी को साथ लेकर नटक्रीड़ा के लिए निकलने लगी। हारीत व चित्रा तो अपनी वृत्ति के साथ दो दिन बाद ही पण्यों, वीथियों, महाल, पुरवा, पट्टियों में घूम-घूम कर बिछुड़े हुओं की टोह में लग गए थे।

नारायण कृष्ण व भवभूति इस प्रयास में थे कि 'महावीर चरितम्' के प्रदर्शन की कोई राह बने। उन्हें प्रदर्शन के लिए कोई पच्चीस पुरुष कलाकार तथा कम से कम छह शैलूषिकाएँ (नटी, रंगचरी) चाहिए और अभी बस दो पुरुष दो स्त्री ही थे। नारायण कृष्ण व भवभूति स्वयं को भी जोड़कर संख्या बढ़ा लेते।

तापस या कूटपुरुष अजितसेन के प्रयास से स्थानीय नाट्य मंडली से जुड़े छह अभिनेता और मिल गए। स्त्री पात्रों का अब भी अकाल रहा अत: सुझाव मिला कि इसके लिए धन का लोभ देकर वार-वनिताओं के बीच प्रयास किया जावे तो कदाचित् कुछ सफलता मिल सकती है। प्रश्न यही था कि सखी, राक्षसी, परिचारिका आदि के रूप में तो दर्शक उन्हें स्वीकार कर लेंगे पर सीता और वशिष्ठ-पत्नी अरुँधती के रूप में लोग उन्हें मान्यता नहीं देंगे। दर्शकों में कोई उन्हें पहचानने वाला निकल आया तो संकट उपस्थित हो सकता है। पर कला व साहित्य में प्रतिष्ठा के मार्ग टेढ़े-मेढ़े तो होते ही हैं—संशयपूर्ण भी, अत: कुछ विषम, वक्र साहस करने ही पड़ते हैं। एक वारांगना ने अपनी पुत्री आचार्य से नृत्य सीखने की लालसा तो दूसरी ने अपनी रक्षिता धन के लालच में नारायण कृष्ण को सौंप दी।

आवास बसति (बस्ती) के छोर पर लिया ही इसलिए गया था कि नाट्य, नृत्य, संगीत के अभ्यास में न इन्हें कोई व्यवधान हो न नागरिकों को असुविधा। पावस ऋतु में व्यापार स्थानीय ही रह जाता है। मार्ग टूट-फूट जाते हैं...नदियाँ, नाले उफान पर रहते हैं। बरसते जल में बाहर निकलना भी कठिन होता है। इससे कलाकारों के

पास पर्याप्त अवकाश होता है। यह भी होता है कि तीन-तीन दिन तक झड़ी लगी रहे...पशु-पक्षी, जीव-जंतु तक जहाँ के तहाँ थमकर रह जाएँ। एक बार तो पारा नदी बाढ़ में आकर आवास की सीढ़ियाँ चढ़कर आँगन में आ धँसी थी। अनेक बार स्थानीय कलाकारों को भी आवास में ही रुकना पड़ा।

पद्मावती में भवभूति के नाटक का पहला प्रदर्शन शरद पूर्णिमा के अवसर पर हुआ। यह प्रयोग दर्शकों में इतना स्वीकृत हुआ कि राजमहल तक इसकी ख्याति पहुँची तो वहाँ के अनुरोध या इच्छा पर राजकीय नाट्यशाला में भी मंचन हुआ। सरस्वती पूजा पर बसन्त पंचमी के दिन विद्यापीठ के कुलप्रांगण में भी अभिनय हुआ। इन प्रयोगों के साथ ही भवभूति की प्रसिद्धि दूर-दूर तक फैल गई किन्तु पद्मावती में एक वर्ग ने उनका विरोध भी आरम्भ कर दिया। स्थानीय ब्राह्मणों के एक वर्ग को उनके ब्राह्मण होने पर आपत्ति थी, एक-दो ने उन्हें प्रच्छन्न बौद्ध घोषित कर दिया।

पद्मावती में बौद्धों का प्रभाव कनिष्क के समय जितना तो नहीं था जब दान और अग्रहार में प्राप्त भूमि के कारण संघ राजमहलों जैसे वैभव से भर गए थे... श्रमणों में विलासिता का प्रवेश हो गया था। पर प्रभाव अब भी था—पद्मावती से कान्तिपुरी (कुन्तलपुर) तक वज्रयान-गर्भित महायान के अनुयायी स्थान-स्थान पर बिखरे थे। मंजुश्री मूल कल्प, गुह्य समाज, चक्र संवर आदि तंत्र बौद्ध भिक्षुओं में प्रचलित और प्रचारित थे। इनकी शैव, वैष्णवों से ठनी रहती थी वह भी तब जब कि बुद्ध को विष्णु के अवतार रूप में स्वीकृति हो गई थी।

ब्राह्मण इन बौद्धों से जलते थे क्योंकि इनकी सहजचारिता से लोग प्रभावित तो होते ही थे, इनके तंत्र-मंत्र से डरते भी थे। भवभूति वेदपाठी वैष्णव होते हुए भी तंत्र के रहस्य और बुद्ध की शिक्षाओं को जानना चाहते थे। इस क्षेत्र में सहजयानी उपदेश करते स्थान-स्थान पर देखे जा सकते थे—'खाअन्त पिअन्त सुहहिरमन्ते, णितपुराण चक्का वि भरण्ते। अइस धम्म सिज्झइ परलोअह णाह बाए दलिऊ भय लोअह।'—(स्वेच्छापूर्वक खाने-पीने और सुख में रमण करने से परलोक बनता है और सांसारिक भय मिट जाते हैं।)

कामिनी और कंचन अनन्तकाल से निंदित हैं। पद्मावती में इन दोनों का बाहुल्य है पर उसी अनुपात में यहाँ ऐसे परिवार भी बहुल संख्या में हैं जिनकी जीविका सेवाकर्म पर ही निर्भर है। ये लोग शैव, शाक्त और बुद्ध तीनों की पूजा में कोई भेद नहीं मानते पर शिव इनके अधिक निकट बैठते थे जो भस्म व जल से ही सन्तुष्ट हो वरदान देने को तत्पर हो जाते हैं। शैवों के यहाँ ब्राह्मण व शूद्र का भी अन्तर नहीं अत:—वही अधिक पूज्य हैं। यद्यपि इनकी भी पूजा विशिष्ट बनाने के लिए ब्राह्मणों ने अभिषेक, उपचार आदि के नियम, अनुष्ठान विकसित कर लिए हैं।

नरेश स्वयं शिवभक्त होकर भी अन्य मतावलम्बियों की मान्यताओं में हस्तक्षेप नहीं करते। एक कारण यह भी था कि व्यापारिक, व्यावसायिक केन्द्र होने के

कारण यहाँ लोगों को द्वंद्वयुद्ध आदि से दूर रहना ही अभीष्ट रहा है। सैकड़ों वर्षों से पद्मावती के किसी शासक ने किसी अन्य राज्य को अधीन करने का अभियान नहीं किया है। बौद्ध व जैन मत हिंसावृत्ति के विरुद्ध होने से वणिकों के अनुकूल रहे हैं तथा बहुत कुछ आश्रित भी। भवभूति महायान की तंत्रसाधना, पंचमकार आदि के विरोधी हैं और यह छिपाते भी नहीं कि पुरुषोत्तम राम उनके आदर्श हैं। अनिच्छुक होते हुए भी तंत्राचारियों से उनका वाद-विवाद हो जाता है।

ऐसी ही एक विवाद विद्यापीठ के तंत्राचार्य से हो गया। वस्तुतः यह कुछ ब्राह्मणों का ही प्रायोजन था जो भवभूति को अब्राह्मण अथवा हीन ब्राह्मण जताना चाहते थे। प्रतिदिन की भाँति उस दिन भी भवभूति राजपथ से थोड़ा हटकर समानांतर मार्ग पर कुछ विचार करते जा रहे थे कि छात्रों ने उन्हें प्रणाम किया, "देव! हम विद्यापीठ के छात्र हैं। हमने आपका नाटक देखा है और आपके प्रशंसक हैं," दोनों एक स्वर में रटा हुआ वाक्य बोले।

अपने कृतित्व की प्रशंसा हर रचनाकार को प्रिय लगती है। प्रसन्न हुए भवभूति स्वस्तिवाक्य (आशीर्वचन) कहने को ही थे कि एक छात्र बोला, "आपको हमारे गुरु स्मरण कर रहे हैं, आइए!"

"कहाँ?"

"यहीं, बस उस शिवालय पर बैठे हैं," छात्र ने विनय के साथ बताया।

भवभूति छात्रों के साथ हो लिए। मार्ग से लगे शिवमन्दिर के आगे तीन सीढ़ी ऊँचा, पर्याप्त चौड़ा एक विशाल चबूतरा है जिसके कोनों पर वट, पिप्पल, पाकड़ व आम के वृक्ष लगे हैं। चारों वृक्षों की शाखाएँ, टहनियाँ, पत्ते जुड़कर चौंतरे पर मंडप जैसा बनाते हैं। यहीं एक ओर वेदिका भी निर्मित है।

भवभूति सीढ़ियाँ चल ऊपर पहुँचे तो 'आइए'—कहकर स्वागत करते हुए एक आसन पर बिठाया गया। वहाँ तिलकरंजित भाल, सिखा-सूत्रधारी दसियों लोग उपस्थित थे। उन्हें आभास हुआ कि यूँ बुलाया जाना आकस्मिक नहीं, इसके पीछे कोई न कोई अभिसन्धि है। किन्तु अब आ ही गए हैं तो सामना भी करना ही होगा।

"आज्ञा करें, मुझे किस हेतु स्मरण किया गया है," विनम्रतापूर्वक पूछा भवभूति ने।

"कुछ नहीं। यहाँ सभी उच्चकुलीन ब्राह्मण हैं। सुना है आप भी विप्रवंशोद्भव हैं?" उपस्थितों में से एक ने पूछा।

"जी हाँ, मेरा जन्म तैत्तिरीय शाखा के कृष्ण यजुर्वेदी, काश्यपगोत्रिय सोमयागी कुल में हुआ है।"

"इस परिचय से तो आप कुलीन प्रतीत होते हैं...तब आपने यह शूद्रोचित कुशीलव कर्म क्यों अपनाया?" एक अन्य ब्राह्मण ने प्रश्न किया।

"यह कला कर्म है जो वर्ण की तुला पर नहीं रखा जाता। देवताओं के पूज्य

भरतमुनि स्वयं इस कर्म के प्रणेता हैं। नाट्यशास्त्र की पंचम वेद के रूप में प्रतिष्ठा है। उल्लेख भी है—

वेदोपवेदैः सम्बद्धो नाट्यवेदो महात्मना।
एवं भगवता सृष्टो ब्रह्मणा ललितात्मकम्॥

"इस प्रकार स्वयं जगत्पिता ब्रह्मा का नाम इसके साथ जुड़ा है।"

सुनकर एक ब्राह्मण ठठाकर हँसा, "ह-ह-ह...ब्रह्मा का नाम तो कीड़े-मकोड़ों के साथ भी जुड़ा है। वे भी ब्रह्मा की ही सृष्टि हैं तो क्या वे उच्च और पवित्र माने जाएँगे?"

"मुझे आपके प्रश्न का उत्तर नहीं देना चाहिए, क्योंकि शास्त्र ऐसे संवाद को अनर्गल, अचिन्त्य, अविहित कहता है। इससे विवाद ही बढ़ता है।"

"उत्तर न बना तो शास्त्र की ओट लेकर बचने लगे।...अहा देखो तो ये महाशय कुशीलवों के साथ पद्मावती को कृतार्थ करने पधारे हैं," कटूक्ति के साथ उसी ब्राह्मण ने आगे कहा, "घोर कलियुग आ पहुँचा है भाई! अब तो नाचने-गाने वाले नट भी स्वयं को ऋषियों का वंशज कहने लगे।"

इस अपमान पर भवभूति तमतमाकर खड़े हो गए, "क्षमा करें...यहाँ मेरा ही नहीं मेरे पूर्वजों का भी अपमान किया जा रहा है। मैं यहाँ नहीं ठहर सकता।"

चल पड़ने को तत्पर भवभूति को तंत्राचार्य ने रोक लिया, "अरे रे, आप तो रुष्ट हो गए। इनका आशय आपका अपमान करना नहीं, हम लोग तो मात्र इतना जानना चाहते हैं कि आपने सचमुच ब्राह्मण कुल में जन्म लिया है अथवा...। अच्छा छोड़िए—मैं यहाँ विद्यापीठ में तंत्राचार्य हूँ। तंत्र भी विद्या है...अथर्व से प्रादुर्भूत। तंत्र के शास्त्र भी हैं...उड्डीशतंत्र, महानिर्वाण तंत्र, गुह्य समाज तंत्र। तो तंत्र वैदिक भी है, शास्त्रीय भी। आपने प्रचारित किया है कि 'पद वाक्य प्रमाणज्ञो' हैं आप... व्याकरण, मीमांसा, न्यायशास्त्र के ज्ञाता भी अर्थात् आचार्य।"

"हाँ हूँ। मेरे पिता, पितामहादि भी यज्ञकर्ता, पंक्तिपावन थे। मैंने अध्यापन किया है और निस्सन्देह आचार्य हूँ।"

"तो कृपया बैठिए और बताइए कि तंत्र क्या है?"

"आप नहीं जानते, तंत्राचार्य हैं आप तो," भवभूति का उद्वेग अभी समाप्त नहीं हुआ था।

"मैं थोड़ा जानता हूँ...आप बहुविद् हैं। बताएँगे तो ये सब भी जान लेंगे," कुटिल मुस्कान होंठों पर ले आए तंत्राचार्य।

"तो सुन लीजिए! तंत्र भौतिक साधना से पराभौतिक शक्ति के दर्शन व समेकत्व की प्रक्रिया है। इतना मैं जानता हूँ। यद्यपि तंत्र में गति नहीं है मेरी, फिर इसके मूल चिन्तन, प्रयोग व उद्देश्य में जो विकृति आ पहुँची है उसके कारण इसमें मेरी रुचि

भी नहीं है। वैसे यह भी जानता हूँ कि तांत्रिक साधना से सामान्य आशय शाक्त साधना और आनुसंगिक रूप से शैवसाधना है। समस्त सिद्धियाँ शक्ति-सापेक्ष हैं। किसी भी देवता की उपासना मूलत: शक्ति की ही उपासना है...।"

एक विप्रवर ने टोका, "अरे तुमने तो इतना पुराण पढ़ दिया और हमारी समझ में कुछ नहीं आया।"

अब मुस्करा दिए भवभूति, "इसके लिए अधिक समझ नहीं चाहिए विप्रवर! साधारण-सी बात है। अच्छा यूँ समझिए—शक्ति उपासना अर्थात् शक्ति को साधना। इसके मूल में शब्द का क्रमबद्ध उच्चारण है। बिन्दु या कुंडलिनी जो मूलाधार के नीचे निवास करती है वह विक्षुब्ध होकर नाद का विकास करती है। ब्रह्मरंध्र के जिस स्थान में नाद का लय होता है व चित् शक्ति का आविर्भाव होता है, वहाँ चिदानन्द रूपा पराशक्ति है जो शिवाधितिष्ठित है। मुझे लगता है कि अब भी समझ में नहीं आया।"

"तुम्हारी पूरी चर्चा में मारण, मोहन, उच्चाटन, वशीकरण आदि क्रियाओं का तो उल्लेख ही नहीं हुआ। तुमने बात को इस प्रकार उलझाया है कि कोई सिरा हाथ नहीं आता। तुम कुछ नहीं जानते—तंत्र के बारे में...बस सबको शब्दजाल में उलझा रहे हो। ब्राह्मण तुम हो ही नहीं सकते," तंत्राचार्य ने ऊँची आवाज़ में कहा।

"तंत्र तो यहाँ बैठे अन्य विप्रवर भी नहीं जानते होंगे, तो क्या वे ब्राह्मण नहीं हैं?" भवभूति ने अयाचित सा प्रश्न कर डाला।

"अच्छा, अब तुम्हारा यह साहस कि यहाँ के वरेण्य पंडितों को अब्राह्मण कहने की धृष्टता पर आ पहुँचे। सिद्ध हुआ कि तुममें सचमुच ही अपनी नीच जाति छिपाकर स्वयं को पूज्य बनाने का दुर्भाव है। दंड भोगना होगा इसका तुम्हें," उत्तेजना प्रकट करते हुए तंत्राचार्य खड़े हुए।

"यह क्या हो रहा है यहाँ। यह शास्त्रार्थ तो निश्चय ही नहीं है जबकि मुझे बताया गया था कि भवभूति व तंत्राचार्य विशाख के मध्य शास्त्रार्थ होना है। आचार्य विशाख अनावश्यक ही उत्तेजित होकर अशिष्ट व्यवहार कर रहे हैं—यह न शास्त्रार्थ है न शास्त्र संगत। मैं ऐसी सभा का अंग नहीं हो सकता। ऐसे आचरण से विद्वत् सभा निंदित होती है," कहते जनार्दन मिश्र खड़े हुए।

"ठीक है, आप जाना चाहते हैं तो चले जाइए। यह विद्वत्सभा तो आज निर्णय करके ही उठेगी। हम पद्मावती के विप्रसमाज को प्रदूषित नहीं होने देंगे," तंत्राचार्य विशाख का कोई समर्थक मुँह छिपाता हुआ बोला।

आचार्य सनातन मिश्र की नगर में ही नहीं, राजभर में प्रतिष्ठा है—मथुरा, ग्वालपा, कान्तिपुरी, काशी, कन्नौज तक के विद्वान् उनके नाम से परिचित हैं। विद्यापीठ के कुलाध्यक्ष रहे हैं। उनकी ख्याति से प्रभावित देश-देशान्तरों से अनेक छात्र न्याय,

वेदान्त, शिल्प आदि की शिक्षा के लिए पद्मावती आते हैं। संन्यासाश्रमोचित वय होने पर भी उन्होंने पठन-पाठन के अध्यवसाय को स्थगित नहीं किया है। सबको सुनाते हुए उन्होंने भवभूति से पूछा, "क्या तुमने शास्त्रार्थ स्वीकार किया है?"

"देव! मुझे तो कुछ भी पता नहीं। मार्ग से जाते समय मुझे ये दो शिक्षु (शिष्य) बुला लाए कि गुरु जी स्मरण कर रहे हैं," भवभूति ने वहीं एक ओर खड़े दोनों छात्रों की ओर संकेत किया।

"अर्थात् हम सबसे झूठ कहा गया। शास्त्रार्थ का तो विषय, स्थान, तिथि, समय सब निश्चित होता है। क्यों विशाख!" सनातन मिश्र के स्वर में खिन्नता के साथ भर्त्सना भी थी।

आचार्य सनातन मिश्र के शब्दों का निहितार्थ समझ कुछ अन्य लोग भी यह कहते हुए खड़े हो गए, "हमें भी यही कहकर बुलाया गया था कि तंत्र पर शास्त्रार्थ होगा। पूज्यपाद सनातन मिश्र का भी उल्लेख था कि समय और स्थान उनकी अनुमति से ही निश्चित हुआ है।"

"ओह, इस नगर में यह क्या होने लगा है। विद्यापीठ के सम्मान्य आचार्य भी क्षुद्र शब्दार्थों से घिरकर क्षुद्रताएँ रचने लगे तो...। विशाख! परोक्षतः तुम तो मेरे शिष्यवत् रहे हो। जिस राज्य में विद्वान् असत्य भाषण करें...कूट आचरण करने लगें—उस राज्य का भविष्य...? हे महादेव!" जनार्दन मिश्र ने मन्दिर के गर्भगृह की ओर हाथ जोड़े और चौंतरे से नीचे उतर गए।

उनके पीछे एक समूह और उतरने लगा तो भवभूति साथ हो लिए। विशाख पीछे से चिल्लाया, "भवभूति! तूने मुझे विप्रसभा में अवमानित, लांछित किया है। स्मरण रखना, मैं चुप नहीं बैठूँगा। कहे देता हूँ...स्मरण रखना।"

18

पद्मावती का वसन्तोत्सव अवंतिका की भाँति काव्य और कला का समवाय या समाहार न होकर अपने स्वरूप में मदनोत्सव ही है जो रंगपंचमी से आरम्भ होकर दशमी तक चलता है। इसमें राजन्यवर्ग की सहभागिता तो होती है किन्तु राजमहालय व अन्तेपुर में उज्जयिनी जैसे उद्दाम आयोजन नहीं होते। हाँ, अनंगपूजा की औपचारिकता पूरी की जाती है। यहाँ मदनोत्सव का ठाट नायिकाओं अर्थात् वार-वनिताओं की अगुआई में सजता है।

पश्चिमोत्तर सीमा पर जहाँ पारा नदी एक लम्बा मोड़ बनाती है, वहीं शृंगार-हाट अर्थात् वेश्याओं के दो महल्ले हैं। एक में गणवधू, गणिकाओं के अपने स्वतंत्र

ललिता-आवास हैं तथा दूसरे में जो पहले से बड़ा थोड़ा सँकरा और घना बसा है—उसमें हट्टविलासिनी, कांकिणी, टकाहियों (सस्ती वेश्या) के वेश्म (कोठे) तो हैं ही, इसी के एक छोर पर कलकूजिका या गवनहारी (गायिका) वेश्याएँ भी रहती हैं। कलकूजिकाओं में कुछ सोनचिरी (नचनी) होती हैं। पतली, चौड़ी ईंटों से निर्मित मार्गवाले इस महल्ले में दो गोल विशाल चौंतरे हैं जिन पर अल्पमूल्य पणस (सस्ते सामान) प्रसाधन आदि की आसनी (छोटी दुकान) लगी रहती हैं। इन्हीं के बीच मिट्टी के छोटे-बड़े भांडों में मदिरा रखे कलाल (मद विक्रेता) बैठे रहते हैं। गाँजा, भाँग, अहिफेन (अफीम) जैसे मदक तो इन दिनों प्रत्येक तिराहे, चौराहे पर मिल जाते हैं। खान-पान की सामग्री भी आसनियों या फेरीवालों पर उपलब्ध रहती है।

भवभूति और अजितसेन इसी मार्ग से होकर जा रहे थे क्योंकि उनके नाट्यदल में काम करने वाली दो स्त्री कलाकार यहीं रहती हैं। दोनों की ही माओं ने भवभूति को बुलाया था। यों भवभूति जान गए हैं कि कवि कलाकार के लिए कोई क्षेत्र वर्जित नहीं होता किन्तु प्रतिष्ठित, पूज्य श्रेणी के लोग इधर नहीं आते। हाँ, दूसरे महल्ले में ऐश्वर्य और गरिमा के साथ उनका आना-जाना होता रहता है। पर जाना तो इसी महल्ले में था...वेश बदलकर छिपते हुए जाना भवभूति को स्वीकार नहीं था। विशाख द्वारा खड़े किए गए वितंडा को अभी अधिक दिन नहीं हुए हैं। वार-वनिताओं की वीथी में पहुँचने को लेकर वह दुष्प्रचार का एक और अवसर निकाल सकता है। स्वयं की आश्वस्ति के लिए वह अजितसेन को भी साथ ले आए थे। इधर आना-जाना यूँ भी उसके कूटकर्म का भाग ही है, क्योंकि इन स्थानों से अनेकानेक सूचनाएँ मिलती हैं।

दोनों माँएँ एक ही स्थान पर एकत्र थीं। दोनों का एक ही उलाहना व अपेक्षा थी कि उनकी पुत्रियाँ जब से नृत्यगुरु व भवभूति के साथ नाटक में रमी हैं...उसके पश्चात् उनके मन में अपने परम्परागत व्यवसाय के प्रति अरुचि उत्पन्न हो गई है। एक की माँ ने तो स्पष्ट कहा, "हमें नृत्य और अभिनय की शिक्षा लेने में कोई आपत्ति नहीं है...इससे तो उनकी ख्याति, सीख, शिष्टाचार और मूल्य ही बढ़ता है। पर यह क्या कि लड़कियाँ प्रेमोपभोग के लिए आने वाले रसिकों से रूखा, उपेक्षापूर्ण व्यवहार करने लगी हैं। आप ही बताइए कि वेश्या भी सती सावित्री बनने बैठें तो समाज कैसे चलेगा?"

भवभूति व अजितसेन के सामने समस्या का यह पक्ष कभी प्रकट न हुआ था। दोनों चाहती थीं कि वह उन्हें इस प्रकार शिक्षित करें कि नृत्य और नाटक भी चलता रहे तथा उनका निहित व विहित व्यवसाय भी।

तात्कालिक प्रस्ताव था कि मदनोत्सव में लड़कियाँ अपनी कला का प्रदर्शन करें। दोनों की पुत्रियाँ भी वहीं निकट बैठी थीं और अब तक चुप थीं किन्तु इस

प्रस्ताव पर एक चिहुँक कर बोली, "आप तो चाहती हैं कि मदन-यात्रा में हम अश्लील गीतों पर निर्लज्ज, कामुक संकेतों के बीच उत्तेजक नृत्य करें...।"

"बेटी! यह तो हमारा कर्म है...व्यवसाय है। इसमें संकोच कैसा। फिर यह हमारा वार्षिक उत्सव है। हर अवसर के गीत होते हैं तो इस उत्सव के भी हैं। यह भी मदन-अभिलाषा प्रकट करने का एक ढंग है। क्या हमने नहीं देखा यह सब?" मुँह फुलाती माँ ने झिड़का।

"देखिए! आचार्य के साथ चर्चा करके कोई मध्यमार्ग सोचते हैं," अजितसेन ने प्रौढ़ाओं को सांत्वना दी।

"अरे श्रीमान, आप मार्ग सोचेंगे तब तक हमारे पास की कांचनकौड़ी (जमापूँजी) ही समाप्त हो जाएगी। पेट भरने के लिए दैनन्दिन उद्यम करना पड़ता है। इन्होंने जब से नाटक करना आरम्भ किया है, तब से हमारी आय उसी स्थान पर ठहरी है। कोरी प्रशंसा और प्रतिष्ठा से काम नहीं चलता..." अपना उद्वेग, आवेश उँडेलने के पश्चात् वह भवभूति को घूरती हुई जोर-जोर से साँसें लेने लगी।

इसी वार्तालाप के बीच मयूरी दो कोशकों में मधुर पेय (शरबत) ले आई, "ग्रहण करें देव!"

"और हाँ, अब तो ये पंडितों की भाषा भी बोलने लगी है," प्रौढ़ा ने ठुड्डी पर तर्जनी टिकाकर कहा, "बस संध्या आरती की कमी है...रसिकों को लुभाने के लिए झरोखे में बैठना तो छोड़ ही रखा है। जब देखो तब आँखें, भौंहें, हाथ मटकाती हुई गीत, संवाद रटती रहती है।"

"आर्ये, आपकी पुत्री धीरे-धीरे श्रेष्ठ नर्तकी बनती जा रही है। इसके लाघव, गति, संचरण को देखकर ही आचार्य ने इसे मयूरी नाम दिया है।"

"लो! नाम भी बदल गया इसका।...तो दूसरी का भी बदला होगा!"

"हाँ, वह सारिका है," भवभूति मुस्कराए।

"फिर तो जाति भी बदल दी होगी...।"

"इच्छा तो यही है कि ये वेश्या कांकिणी, टकाही न कहलाएँ।"

"तो फिर...हम क्या सिन्धु नदी में डूब मरें। वृद्धावस्था में हमें सहारा कहाँ से मिलेगा?"

"निश्चिन्त रहें आप दोनों! आपकी पुत्रियाँ आपका यश तो बढ़ाएँगी ही, इनकी श्री और सुख में भी वृद्धि होगी," भवभूति ने पुनः सांत्वना दी।

"तो कल के बारे में क्या है। पूछो इन्हें कि कल मदन-घुमरी (परिक्रमा) में ये नाचने को सहमत हैं? वर्ष भर में यही एक-दो दिन तो होते हैं जब हमें बिना देह बेचे प्रचुर अर्थागम (कमाई) हो जाता है।"

भवभूति समझ न पाए तो उन्होंने अजितसेन की ओर ताका। अजितसेन ने स्पष्ट किया, "मदन-घुमरी मदनोत्सव का प्रमुख अंग है। इसमें वेश्याएँ चार-छह-आठ के

समूह में रंग-रँगीली होकर द्वार-द्वार गुलाल उड़ाती नाचती हैं। पुरुषों की टोली गीत गाती है। गीत तो यौनांगों, यौन-सम्बन्धों, अपशब्दों से भरे अशिष्ट, लज्जित करने वाले होते ही हैं। क्या कहूँ आपसे...।

"जिसके द्वार, पौर पर ये गीत गाए और नृत्य किया जाता है उसके वैध, वर्जित, मिथ्या, अनुमानित यौन-सम्बन्धों का ऊँचे स्वर में बखान होता है; राजा और राजपुरोहित को छोड़ इस प्रहार से कोई नहीं बचता।

"आचार्य जी! ये दुर्वचन नहीं, गांधर्वों का आशीष होता है और इसके बदले हम गांधर्वों को नेग, उपहार या दक्षिणा मिलती है। आप तो जानते ही हैं—हम मंगलामुखी हैं। हमारी गालीशुभ है, शाप कठिन होता है।"

भवभूति बोले, "आप संध्या समय मयूरी व सारिका के साथ हमारे आश्रय पर पधारिए। स्यात् नृत्य आचार्य कोई मार्ग निकाल सकें। वहाँ मंजरी और चित्रा भी हैं," इस प्रकार समझाकर भवभूति लौट आए।

जाने क्या सोचकर आचार्य नारायण कृष्ण ने दोनों युवतियों को अनुमति दे दी। इसके पश्चात् रथयात्रा हुई जिसमें फूलों से सजे अपने-अपने रथ पर अथवा अन्य वाहनों पर अथवा पैदल ही मंगलमुखी, कावेरी, गणवधू, कलकूजिकाओं के साथ गणिकाएँ भी अपने वैभव व सौन्दर्य की झाँकी दिखाती निकलती हैं। यह समारोह कुछ देर राजमहालय के द्वार पर ठहरता है। प्रमुख, प्रसिद्ध गणिकाएँ अपने-अपने यानों से उतरकर राजद्वार पर मंगलगान करती हैं। यहाँ स्वयं नरेश उन्हें वस्त्राभूषण देकर सम्मानित करते हैं।

इस अवसर की प्रत्यक्ष अनुभूति के लिए आचार्य नारायण कृष्ण अपने दल के सभी उपलब्ध सदस्यों को साथ लेकर एक उपयुक्त स्थान पर आ खड़े हुए थे, जहाँ से सिंहद्वार का पूरा दृश्य दिखाई दे।

नरेश कभी पद्मावती की जनपदकल्याणी का पद सुशोभित करने वाली नृत्यांगना चारुमती को वस्त्राभूषण देकर उपकृत कर रहे थे। महादेवी उनके बगल में थीं जिनके पार्श्व में दो किशोरियाँ खड़ी थीं व उनके पीछे परिचारिकाएँ...।

मंजरी ने चित्रा से कहा, "महादेवी के पार्श्व में तो वही राजनन्दिनी है ना... जिसके साथ हमने चेदिनगर से यात्रा की थी।"

"हाँ, है तो वही किन्तु अब वह मार्ग में नहीं राजभवन में है," हँसती हुई चित्रा मदन-सुन्दरियों की वेशभूषा, सज्जा आदि ध्यान से देखने लगी।

"चित्रा देख...देख! देख तो ओ," मंजरी चित्रा का कन्धा झकझोर उठी।

"ओ हो! और क्या देखूँ?"

"अरे उस राजनन्दिनी के पीछे जो युवकी खड़ी है...। हाँ वो महादेवी और राजनन्दिनी के पीछे...देख वो जो घाम से बचाव के लिए सिर के ऊपर पुष्प-गुच्छ की छाँव किए है...।"

"तो?"

"तुझे नहीं लगता कि उसकी मुखाकृति माधुरी जैसी है!"

"माधुरी...!" चौंक पड़ी चित्रा, "वो गुच्छवाली? वो तो...हाँ मुखाकृति तो वही है। ओह ओट हो गई। निकट जाकर देखना होगा।"

"तुम तब तक इसे सँभालो," मंजरी ने बेटी का हाथ चित्रा को पकड़ाया और ऊँचाई से उतरकर भीड़ में घुस गई।

शरीर सिकोड़ना, मोड़ना, रेंगना, फलाँगना, घुसना, निकलना तो उसकी जीविका में शामिल है। भीड़ की गाँठ के बीच से अपना मार्ग बनाती हुई वह सिंहद्वार के निकट पहुँच गई पर तब तक महादेवी सहित सभी अन्तेवासिनी भीतर की ओर मुड़कर द्वार के नीचे पहुँच गई थीं। कोई अपरिचित वहाँ नहीं जा सकता। तत्काल एक युक्ति मंजरी के मस्तिष्क में कौंधी—उसने पूरी शक्ति से पुकारा—"मा आ धु री ई ई।"

आवाज़ से चौंककर रक्षक पुकारने वाली की ओर सतर्कता से देख उठे किन्तु तीव्र स्वर अन्तर्वासिनियों तक भी पहुँच गया। उनमें से एक ने पीछे मुड़कर देखा पर रक्षकों द्वारा दरेरी गई भीड़ से मंजरी पीछे हो आई।

चल-समारोह आगे बढ़ चला था। विपरीत दिशा में ज्यों-त्यों बढ़ती मंजरी सिंहद्वार के निकट पहुँची तब तक महादेवी तथा उनके साथ आया स्त्री समूह राजमहालय के अंतर्वास की ओर दूर पहुँच गया था।

मंजरी खिन्न अवश्य लौटी पर उसकी आँखों में सम्भावना की चमक भरी थी। उसने चित्रा को बाँहों में भरकर चूम लिया, "चित्रा! वह माधुरी ही है अन्यथा नाम पुकारा जाने पर पलटकर वही पीछे क्यों देखती!"

इस घटना ने जैसे सबकी आशा में प्राण भर दिए। अब प्रश्न यही था कि प्रमाणित कैसे हो कि 'हाँ, वही माधुरी है। राजमहल के अन्त:पुर तक प्रवेश कैसे बने? मदन-घुमरी से लौटकर रात्रि में विश्राम तक इसी विषय पर विचार चलता रहा। अजितसेन से सहयोग लिया जा सकता है अथवा किसी न किसी प्रकार सीधे महाराज से भेंटकर भी पूरी बात बताई जा सकती है पर अन्त:पुर के विषय बड़े सर्पिल होते हैं—कभी-कभी पूँछ के स्थान पर हाथ मुँह की ओर भी चला जाता है। जाने कहाँ कैसा मोड़ हो? विचार करते दो दिन बीत गए, सभी कसमसाहट में जी रहे थे।

चित्रा इन दिनों पाँच माह के गर्भ से थी पर सुझाव उसने ही दिया, "मैं एक प्रयास कर सकती हूँ...हारीत के साथ। मुझे रूप और कान्तिवर्धक कुछ अचूक मूर (मूल), औषधि और पाक-रसायन का ज्ञान है। अन्त:पुर के परिचर, परिचारिकाओं के माध्यम से वहाँ तक पहुँचा जा सकता है। हमारा अभिनय इसमें बहुत सहायक रहेगा और मेरा यह गर्भ भी," पेट पर हाथ रख वह मुस्कराई।

सबकी मौन स्वीकृति मिलने पर आठ दिन के समय में चित्रा ने अपनी

प्रसिद्ध दँतुअन की दो छोटी-छोटी गट्ठियाँ बाँधी। जायफल, हरड़, दालचीनी, ऐला (इलायची) नागकेसर, कपूर, जावित्री, पिप्पली, श्वेत जीरक (जीरा), मधुरा (सौंफ), सोंठ, उषण (काली मिर्च) मुलहठी आदि बीज पत्र मूल जैसी औषधीय वस्तुओं को झोली में भरकर, अमरूद की लकड़ी से बनी पेटिका में अपने उपकरण लिये हारीत के साथ राजमहालय के सिंहद्वार पर जा पहुँची।

"हमें रनिवास जाना है," नक्कारावेदी के निकट पीठ पर आसीन स्कन्ध-नायक से दिखते सैनिक से चित्रा ने पूछा।

"क्यों जाना है? बिना बुलाए कोई नहीं जा सकता वहाँ," चित्रा को ध्यान से देखते हुए तथा एक दृष्टि हारीत पर फेंककर नायक बोला।

"मैं रानी, महारानी, राजकुमारियों के उपयोग, उपभोग की औषधियों का संग्रह करती हूँ। सामान्य जनों में इनका विक्रय नहीं हो पाता क्योंकि इनमें कुछ दुर्लभ हैं तथा कुछ श्रम, समय और प्रविधि साध्य होने से अधिक मूल्य की हैं। जैसे यह दँतुअन ही लीजिए...लीजिए क्या प्रयोग कर देखिए, आपको स्वयं स्पष्ट हो जाएगा," चित्रा ने हारीत को संकेत किया तो हारीत ने गट्ठिया से एक दँतुअन निकाल आधी तोड़कर नायक को दी।

"राजमहल में बिना परीक्षण कोई वस्तु प्रयुक्त नहीं होती। मैं भी क्यों प्रयोग करूँ? जाने क्या मिला हो इसमें।"

चित्रा हँस दी, "माहुर (विष) नहीं है इसमें नायक महोदय। विश्वास न हो तो अभी गौ के माखन में डुबाइए। माखन में नीली धारियाँ या बुँदकियाँ उभर आएँ तो जान लीजिए कि विष है। लो मैंने सेंतमेंत ही विष परीक्षण की विधि बता दी।"

इसी बीच नायक को एक पालकी आती दिखाई दी, "अरे हटो...मार्ग दो। मिलिन्द गुरु आ रहे हैं।"

हारीत और चित्रा एक किनारे खड़े हो गए और जैसे ही पालकी निकट आई तो नायक के इंगित पर दो सैनिक दोनों को और पीछे करने लगे। पालकी दोनों के आगे से निकली तो विनत मुख हाथ जोड़कर खड़ी चित्रा ने कहा—

काल क्रमेण जगतः परिवर्तमाना,
चक्रारपंक्तिरिव गच्छति भाग्य पंक्तिः ॥

[समय की गति में पहियों के अरों की भाँति भाग्य का भी उतार-चढ़ाव होता रहता है।]

पंक्ति सुनकर मिलिन्द गुरु ने पालकी रुकवाकर दोनों को पास बुलाया, "तुम लोग कौन हो और यह पंक्ति तुमने कहाँ से सीखी?"

"देव! ब्राह्मणी की कोख से जन्मे यह मेरे पति हैं और मैं दशार्ण देश के वैद्य

की पुत्री हूँ। यह काष्ठवृत्ति से और मैं जड़ी-बूटी, रसायन के ज्ञान से—इस प्रकार अपनी जीविका चलाते हैं। नाट्य हमारी अभिरुचि है और ये पंक्तियाँ हमारे पितृतुल्य गुरु व प्रशिक्षक आर्य-सोमदत्त यदा-कदा गुनगुनाते थे।"

"आर्य सोमदत्त...! ओह! उनकी कीर्ति सुनी है। तुम्हारा रंगरूप भी पहचाना-सा लग रहा है—जैसे कहीं देखा हो।"

"किन्तु हम पहचानते हैं देव को। कवि भवभूति के नाटक 'महावीर चरितम्' की प्रस्तुति में उपस्थित होकर आपने हम कलाकारों को आशीर्वाद दिया था।"

"अच्छा...हाँ, तभी तो लगा कि कहीं देखा है तुम्हें! अभी राजमहालय जा रहा हूँ। घड़ी-दो घड़ी में लौटेंगे हम...। क्या तुम ठहर सकोगे यहाँ तब तक? हम तुम्हारे उस कवि से भेंट करना चाहते हैं।"

"आपकी प्रतीक्षा तो हमारा सौभाग्य होगा।"

"दो घड़ी चार में भी बदल सकती हैं। इन महालयों में हम जैसों की अपनी इच्छा नहीं चल पाती है," कह मिलन्द गुरु मुस्कराए और उनके संकेत पर पालकी आगे बढ़ गई।

"तो तुम नाटक वाले हो? फिर यह जड़ी बेचना...?" नायक ने सम्भ्रम के साथ पूछा।

"नायक जी, नाट्य हमारा साध्य है। हमें अपने होने की संज्ञा देता है और हमारा यह काम शिल्प भी है, आजीविका भी," चित्रा ने बताया।

यूँ ही बात करते, बैठते या कभी खड़े होकर समय बिताते रहे चित्रा और हारीत। मिलिन्द गुरु सचमुच ही चार घड़ी में लौट पाए। उन्हें देखते ही दोनों विनम्रतापूर्वक निकट पहुँचे।

"तुम संध्या समय मेरे आवास पर आना...अपने कवि के साथ। यहाँ से कोस भर दूरी पर पश्चिम में मनिहारों का महल्ला है। उधर किसी से भी पूछोगे तो मेरे आवास तक पहुँचा देगा," कहा मिलिन्द गुरु ने।

पालकी के आगे बढ़ते ही दोनों अपने आश्रय की ओर लौटे। किन्तु यूथ-नायक को अभिवादन करना न भूले। अन्त:पुर में आवागमन तो इन्हीं आँखों की चौकसी में होना है।

दिन का चौथा प्रहर आरम्भ होते ही दोनों ने भवभूति को साथ लिया व मिलिन्द गुरु के आवास की ओर निकल पड़े। एक तो अपने विशिष्ट देहरूप, दूसरे दक्षता, तीसरे राजा, मंत्री, सामन्त, श्रीमन्तों के महलों में निर्बाध प्रवेश के चलते मिलिन्द गुरु का नाम जाना-पहचाना है। अत: तीनों सहज ही उनके आवास तक पहुँच गए।

यह आवास मार्ग की ओर तो सँकरा है—मात्र आठ हाथ की चौड़ाई वाला ऊँचा द्वार, जिससे होकर चार अश्वों वाला रथ प्रवेश कर जाए। दस धनुष तक सीधा मार्ग है—रंगबिरंगी ईंटों को चूने में चाभकर बनाया हुआ यह मार्ग आगे दो

भागों में बँट जाता है। मार्ग के समानांतर दूब व पुष्पों की पौधवाली पट्टी भवन तक चली गई है। प्रवेशद्वार से भवन की ओर देखने पर लगता है जैसे भवन का वास्तु बुंदकियों वाली हरियाली से ऊपर उठता जा रहा हो।

प्रहरी ने प्रवेशद्वार पर मात्र इतना ही पूछा, "किससे मिलना है?"

"मिलिन्द गुरु ने मिलने बुलाया है," इतना ही कहने पर उनका प्रवेश हो गया। भीतर दाईं ओर दो रथ खड़े थे...कुछ शिविकाएँ और एक राजपालकी रखी थी। आगे एक नरदारा (हिजड़ा) था जो पुरुषोचित वेशभूषा के साथ शस्त्र भी धारण किए था। उसने टटोलती सी दृष्टि तीनों पर फेंकी, "क्या महाराज से भेंट करनी है?"

"मिलिन्द गुरु महाराज से...उन्होंने बुलाया है," हारीत ने बताया।

"अभी वह नगर श्रेष्ठी की पत्नी से चर्चा कर रहे हैं। आप लोगों को कुछ देर प्रतीक्षा करनी होगी," नरदारा ने निकट ही रखे बेंत के पीढ़ों की ओर उँगली उठाई।

प्रतीक्षा यहाँ लम्बी न हुई। श्रेष्ठि-पत्नी को विदा करने मिलिन्द गुरु सामने से ही आ रहे थे। तीनों पर दृष्टि डालते हुए अभिवादन का मुस्कराकर उत्तर देते वह शिविका तक श्रेष्ठि-पत्नी को विदाकर लौटे और खिलकर कहा, "कि पुरुष के बसेरे पर कवि का स्वागत है...आइए, पधारिए।"

तीनों को साथ लेकर मिलिन्द गुरु ने जिस कक्ष में प्रवेश किया उसका वैभव देखकर भवभूति चकित हो गए। उन्होंने उज्जयिनी के राजमहल का विस्तार व ऐश्वर्य तो देखा है पर वहाँ का रंगसौध या विहार कक्ष देखने का अवसर न मिल सका था। सुप्रिया का केलिगृह कलात्मक, सुरुचिपूर्ण अवश्य है किन्तु स्वर्ण, रजत और हस्तिदंत के रत्नमंडित उपस्करों का संग्रह वहाँ नहीं है। यह बड़ा-सा कक्ष विलास-सामग्री से भरा हुआ है। तीनों को मराल (मखमली) गद्दियों वाली पीठिकाओं पर बैठाकर स्वयं अपनी साधारण-सी काष्ठ-पीठिका पर बैठ गए मिलिन्द गुरु, "तो आपका नाट्यदल अभी तक यहीं है?"

"नाट्यदल अभी तक बन कहाँ पाया है आदरणीय! उसी के प्रयास में हैं। एक राजन्य की कुदृष्टि के कारण हमारा दल जब से छिन्न-भिन्न हुआ है तब से यही प्रयास है कि बिछुड़े हुओं का पता चला चले। इसी शोक में आर्य सोमदत्त का प्राणांत हुआ," कहते हुए चित्रा की आँखें भर आईं।

"क्या मैं तुम्हारे किसी काम आ सकता हूँ? धन लुटाने की प्रवृत्ति मुझमें नहीं है फिर भी तुम्हारा धन से सहयोग कर सकता हूँ। वय कुछ अधिक हो गई है अन्यथा दर्शकों का मनोरंजन करने तुम्हारे किसी नाटक की किसी भूमिका में भी उतर जाता। सच कह रहा हूँ कि हमारा तो जीवन ही विचित्र-सा नाटक है जो भाँति-भाँति के स्वांग भरते हुए बीतता है।

"आह, आज मन भीतर से बहुत पुलकित है। हाँ तो पुत्री! मैं पुत्री कह सकता हूँ ना तुम्हें?" आँखों में स्नेह भर मिलिन्द ने पूछा।

"यह तो मेरा सौभाग्य होगा," चित्रा ने कहा।

"तो तुमने मुझे कविवर भास की पंक्तियाँ क्यों सुनाई थीं?"

"क्योंकि मुझे विश्वास था कि आप उनके आशय पर ध्यान देंगे और मैं आपका सहयोग पा सकूँगी।"

"सहयोग के लिए तो प्रस्तुत हूँ—बोलो!"

"मुझे अन्त:पुर में प्रवेश पाना है।"

"वहाँ सेवा करना चाहती हो?"

"नहीं आदरणीय! उत्सव के दिन मैंने वहाँ राजकुमारी के पीछे खड़ी एक युवती की झलक देखी है जिसकी मुखाकृति मेरी प्रिय सखी आर्य सोमदत्त की पुत्री माधुरी जैसी है। माधुरी, जिसके शोक में आर्य सोमदत्त के प्राण चले गए। हमारे दो साथी माधुरी के साथ थे," बताती हुई चित्रा की आँखें भर आई...कंठ भर्राने लगा, "तो वैद्य की बेटी होने से कान्ति, सौन्दर्य व स्वास्थ्यवर्धक रसायन, लेप बनाना जानती हूँ, इसी के बहाने...।"

"अच्छा, मैंने समझ लिया। इन श्रेष्ठियों, श्रीमन्तों की स्त्रियों में सुन्दर दिखने, रमणीय होने की बड़ी कामना रहती है। ये मुझे सब बताती हैं...कुछ भी नहीं छिपातीं। मेरे पास पुरुष की देह है पर पौरुष की क्षमता नहीं, इसलिए मुझसे वे रहस्य बाँटती हैं जिन्हें पति से भी छिपाए रखती हैं।

तुम्हें रसायन मिश्रण का ज्ञान है तो तुम्हें साथ ले जाना मुझे और भी सुपास्य (सुविधाजनक) है। अभी तो मदनोत्सव का रोला चल रहा है, इसके पश्चात् लिये चलूँगा या लिए चलूँगी। वस्तुत: पुरुषों के बीच होने पर मैं पुरुष होता हूँ और स्त्रियों के बीच स्त्री। तब लिंगभेद का अन्तरपट नहीं रहता।"

"तो मैं कब आऊँ देव!" चित्रा के स्वर में अधीरता थी।

"मैंने तुम्हें पुत्री कहा है तो कभी भी आ सकती हो...कुछ भी माँग सकती हो। मात्र इतना ध्यान रखना कि आस-पास जो बिखरा वैभव देख रही हो ना!...वो मेरा नहीं है। मेरे गुरु मुझे सौंप गए हैं। उन्हें उनके गुरु ने सौंपा था और मैं इसमें कुछ और जोड़कर किसी अन्य उत्तराधिकारी के लिए छोड़ जाऊँगा या जाऊँगी। तुम नहीं जानतीं कि भिक्षा के लिए सदैव झोली पसारे रहने वाले विप्र हमारा दिया दान लेते झिझकते हैं...चोर हमारे यहाँ चोरी नहीं करते...बटमार छीनते नहीं...राजा कर नहीं लेता। जाने यह सच है कि किसी के द्वारा फैलया हुआ भ्रम कि बृहन्नता का धन लेने पर स्वयं वा सन्तान को वृहन्नला बनकर ही चुकाना पड़ता है।...सब डरते हैं वृहन्नलता होने से और मेरी विडम्बना यह कि मैं उसी योनि से हूँ," कहते हुए मिलिन्द गुरु के चेहरे पर पीड़ा और स्वर में दैन्य उभर आया।

दो षंडा (हिजड़न) जल और जलपान सामग्री ले आई थीं।

"चन्दा, तारा!...ये तुम्हारी एक और बहन हुई—चित्रा। मैंने इसे भी पुत्री कहा है...ध्यान रखना," मिलिन्द गुरु फिर से मुस्कराए।

"हाँ, गुरु जी!" दोनों ने एक बार चित्रा को देखा, सिर हिलाया और कक्ष से निकल गईं।

"आदरणीय, आपने उस दिन हमारा प्रयोग देखा था। उसके बारे में मार्गदर्शन कीजिए कि उसे कैसे और उत्कृष्ट, त्रुटिहीन किया जावे,"...भवभूति ने मिलिन्द गुरु की ओर देखा।

वह जोर से हँसने लगे, "मैं समाज में नाटक करता हूँ कवि महोदय! मंच पर कभी नहीं किया। हाँ रसिक तो मानता हूँ स्वयं को। पक्वान्न का स्वाद लेकर कुछ कुछ बता सकता हूँ कि षटरस में क्या कम रहा, क्या अधिक हो गया। किन्तु कोई कहे कि बनाकर, रचकर दिखाओ तो वह मेरे लिए संभव नहीं है। नाट्य प्रेक्षकों में अधिकांश ऐसे ही लोग होते हैं—अधिकांश अच्छा, बुरा या सामान्य कह कर ही स्वीकार-अस्वीकार करते हैं।"

"पर आदरणीय, आप सामान्य दर्शक नहीं हैं अन्यथा हमारा उत्साह बढ़ाने मंच पर न आते तथा पद की पंक्ति मात्र सुनकर ही न बता देते कि महाकवि भास ने लिखी है। चित्रा आपसे मिलना चाहती थी, आपने साथ मुझे भी बुलाया तो निश्चय है कि नाट्य में आपकी रुचि ही नहीं गति भी है। आप जैसे वरिष्ठ गुणीजन यदि हमारा मार्गदर्शन नहीं करेंगे तो हम आगे भी अपनी त्रुटि दोहराते ही जाएँगे।"

"भवभूति जी! आज पहली भेंट में ही...। सम्भव है कि अपनी अज्ञानता में मैं कुछ ऐसा कह जाऊँ जो असत्य, असंगत हो। अरुचिकर प्राय: अप्रिय भी हो जाता है अत: इस पर फिर कभी चर्चा हो।

"यहाँ जब तक हो...आते रहो। अच्छा करने, अच्छा रचने वालों के साथ होना मुझे अच्छा लगता है। यह भी है कि मेरे भी अनुभव कभी तुम्हारे काम आयें। वैसे यहाँ आने पर लोकोपवाद भी होता है।"

भवभूति मुस्कराकर बोले, "आर्य सोमदत्त कहते थे कि यदि किसी का अहित न हो तो कवि, कलाकार के लिए कोई भी वस्तु, स्थान वर्जित नहीं है।"

"दुर्भाग्य कि उनसे भेंट न हुई मेरी...नाम भर सुना है। वैसे उनकी पुत्री पद्मावती में कहीं भी हो, मैं पता पा लूँगा। हमारी संगत के लोगों का सर्वत्र विचरण है।"

मिलिन्द गुरु की आत्मीयता व आश्वासन से माधुरी के खोजने जाने की आशा और भी बलवती हो गई। कोई स्वप्न जैसा भवभूति के भीतर पुन: जागने लगा था। पत्नी, माधुरी, सुप्रिया की छवियाँ रात भर उनके मस्तिष्क में स्मृतियों का बुक्कल ओढ़कर आवाजाही करती रहीं।

मदन-घुमरी के पश्चात् मदन-रथ सजाया जाता है। वेश्याओं, गणिकाओं के बीच से ग्यारह रमणियाँ चुनकर पुष्प सज्जित रथ पर बैठा, राजपथ पर राज पौर

से नगरद्वार तक सहचरण होता है। स्थान-स्थान पर गले में गेंदा, बकुल, पाटल, शिरीष आदि भाँति-भाँति के पुष्पों की मालाएँ पहने माथे पर पुष्प मौर (मुकुट) बाँधे—युवकों की टोलियाँ इस रथ को खींचती हैं। राजद्वार से नगरद्वार तक पूरा राजपथ फूलों की सज्जा व वर्षा से पट जाता है। पद्मावती पुष्पवती हो जाती है। कहते हैं कि इस दिन पद्मावती में कोई भी पुष्प अनछुआ नहीं रहता। इसे विडम्बना कहा जाए कि सफलता कि मयूरी और सारिका के पुष्परथ की एकादश रमणियों के मध्य स्थान पाने में नाटक की प्रक्रिया, अनुशासन व संस्कार से उपजे परिष्कार का भी योगदान है। सुन्दरता के साथ सुरुचि व शिष्टता सोने में सुहागा बन जाती है। इससे मयूरी व सारिका की ही नहीं बिरादरी में उनकी मातृकाओं की प्रतिष्ठा भी बढ़ी।

दशमी को मदनोत्सव का समापन होते ही एकादशी की प्रात: चित्रा मिलिंद गुरु के आवास पर जा पहुँची।

"मैं जानती थी कि तुम एक दिन का भी विलम्ब न करोगी। जो काम करना है उसमें शिथिलता अच्छी नहीं होती; यद्यपि आतुरता भी कभी-कभी काम बिगाड़ देती है। वैसे मैंने अपने पहुँचने की सूचना रनिवास में पहुँचा दी है। तुम जलपान कर लो तब तक मैं घड़ी भर में तैयार होती हूँ।"

मिलिंद गुरु ने आज पालकी के स्थान पर अश्वगंत्री (घोड़ागाड़ी) की व्यवस्था कर रखी थी कि चित्रा भी साथ बैठकर जा सके। चित्रा भी अपने साथ कन्धे की झोली नहीं काष्ठ निर्मित पेटिका में जड़ी, बूटी, रसायन आदि सामग्री रखकर लाई थी। अमरूद का काष्ठ चिकना व हल्का होता है।

मार्ग में पेटिका की ओर उँगली उठाकर मिलिन्द गुरु ने पूछा, "इसमें महादेवी को प्रभावित करने योग्य कुछ है?"

"हाँ, एक तो यही कि यदि महादेवी अथवा अन्य देवियों के केश श्वेत होने लगे हों...हो गए हों तो मेरे पास उन्हें कृष्णवर्णी करने का चूर्ण है। घड़ी भर में श्वेत केश काले हो जाते हैं," चित्रा ने बताया।

"अरे वाह! यह तो अत्यन्त उपयोगी योग (गुर) है। क्या है ऐसा?" मिलिन्द गुरु ने चित्रा की आँखों में झाँका।

"मेंहदी, कुटज (कूटू अनाज) चन्दन का कोयला, कृष्ण कुसुमा पहाड़ी चमेली, माषपर्णी (काले उड़द की पत्तियाँ) इन पाँचों का समानुपाती चूर्ण सिर पर मलकर कुछ समय पश्चात् धोने से केश काले हो जाते हैं। मैं वह करके भी बता दूँगी और यह भी कि...।"

"बस बस...," टोक दिया मिलिंद गुरु ने, "तू चतुर पर भोली है। वनस्पतियों, बूटियों के रहस्य इस प्रकार हर किसी को नहीं बताए जाते। इसके लिए सुपात्र देखना पड़ता है। खोजना भी पड़ता है—विश्वसनीय...।"

"मेरे पिता जी ने भी यही कहा था—पर आपसे अधिक सुपात्र व विश्वसनीय कौन होगा?"

मिलिंद गुरु ने चित्रा को हृदय से लगा लिया, "अपनी निश्छलता से तूने आज मिलिंद को मोल ले लिया पुत्री। अब तो तेरे लिए मुझे जो भी करना पड़े...करूँगी।"

अश्वगंत्री सिंहद्वार से होकर राजमहल में प्रविष्ट हुई तब यूथ-नायक ने लक्ष्य किया कि कुछ दिन पूर्व महालय में प्रवेश के लिए याचना करती स्त्री मिलिंद गुरु के बगल में बैठी निर्बाध प्रवेश कर गई है।

दोनों ओर सुगन्धित पुष्पों, पादपों, लताकुंजों वाले मणिपथ पर दौड़ती अश्वगंत्री अन्तःपुर के द्वार पर जा ठहरी। यहाँ दो सुपुष्ट, धींगड़े, सशस्त्र वृहन्नलाओं का पहरा है। मिलिंद गुरु को देखते ही दोनों आदर से झुक गए फिर सावधान हो पेटिका थामे चित्रा की ओर ताका।

"यह मेरे साथ है...सम्बन्धी है मेरी और पेटिका में हम स्त्रियों के उपयोग के रसायन आदि हैं। देखोगे?" मुस्कराकर पूछा मिलिंद गुरु ने।

"आपकी वीक्षा (तलाशी) करने की धृष्टता करें, यह सामर्थ्य नहीं है हममें। हाँ हमारा विनियोग (दायित्व) अवश्य है कि अपरिचित व्यक्ति और वस्तु का परीक्षण करके ही आने या जाने दें," एक ने सविनय कहा।

"चित्रे! पेटिका इन्हें सौंप दो। सुरक्षा नियमों का हम समादर करते हैं।"

मिलिंद गुरु के निर्देश पर चित्रा ने पेटिका वृहन्नला के हाथ में दे दी। उसने ढकना उठाकर एक दृष्टि भीतरी सामग्री पर फेंकी, सूँघा और पेटिका लौटा दी। भीतर भी प्रायः सभी किंकरी, उपचारिका, सैरंध्री मिलिंद गुरु को पहचानती हैं। किसी के प्रणाम, अभिवादन का उत्तर देते, किसी को नाम से पुकारते, किसी की कुशलक्षेम पूछते वह अलिंद, अन्तरिका, बहिरंग पार करते हुए सीधे रविनास पर पहुँच गए। चित्रा छाया की भाँति उनके साथ लगी थी।

"रत्ना! महादेवी को हमारा अभिवादन निवेदित करो," मिलिंद गुरु ने एक परिचारिका को सम्बोधित किया। वह इस प्रकार साँसें खींच रहे थे जैसे चलते-चलते क्लांत हो चुके हों। एक पीठिका पर बैठ गए वह...चित्रा उनके निकट खड़ी रही।

"अपनी दृष्टि सावधान रखना। कदाचित् वह कहीं आती-जाती, खड़ी-बैठी दिख जाए," चित्रा को धीरे से समझाया उन्होंने।

कुछ ही समय में महादेवी का बुलावा आया तो पीठिका से खड़े होते कहा, "यहीं बैठना। कोई प्रौढ़ा इधर आए तो अभिवादन करना...युवा, तरुणी दिखे तो मैत्री भाव से मुस्करा देना। महादेवी के बुलावे पर...।"

"मैं जानती हूँ। नाटक में हमें यह सब करना होता है," चित्रा बोली।

"नाटक और जीवन की वास्तविकता में अन्तर बस इतना ही है कि एक छोटे

से मंच पर कम समय में खेला जाता है और दूसरा धरती और समय के विस्तार में खेलना पड़ता है," कह मिलिंद गुरु भीतरी द्वार की ओर बढ़ गए।

महादेवी सामने ही बैठी थीं। दोनों हाथ कुहनी तक जोड़कर अभ्यर्थना करते हुए मिलिंद गुरु महादेवी की रजतपीठिता के निकट दुलीचा (कालीन) पर जा बैठे।

"इच्छा हुई कि महादेवी के दर्शन कर आऊँ," मिलिंद गुरु स्वर में मिठास भरकर बोले व महादेवी के पीछे खड़ी रक्षिका व पार्श्व में खड़ी परिचारिका पर अर्थपूर्ण आँखें फेरीं तो महादेवी ने जैसे स्वयं से ही कहा, 'हमें कुछ समय के लिए एकान्त चाहिए।'

परिचारिका व रक्षिका वहाँ से निकल ऐसे स्थान पर जा खड़ी हुईं जहाँ से आज्ञा या पुकार तो सुनी जा सके, वार्तालाप नहीं।

"लेप का प्रभाव व अनुभव कैसा रहा महादेवी," मिलिंद गुरु फुसफुसाए।

"हाँ, हमें तो प्रतीत होता है कि कुछ हुआ है किन्तु महाराज ने आठ दिन से केलिगृह की सुधि ही नहीं ली है," महादेवी के स्वर में व्यथा की सीलन आ गई, "मिलिंद! क्या वानप्रस्थ में प्रवेश करते ही स्त्री कमनीय, रमणीय नहीं रह जाती? मैंने कभी इस पर आपत्ति नहीं की कि महाराज यदा-कदा इच्छित रमणी वा नवयौवना के संग केलि-सुख लें। आपत्ति का कोई अर्थ या लाभ भी नहीं। राजा स्वतंत्र है, रानी नहीं। लगता है कि हममें ही कदाचित् कोई हीनता (कमी) होगी।"

"मन छोटा न करें भट्टारिका! राजकार्य में अनेक चिन्ता, व्यस्तताएँ रहती हैं। वय भी प्रभाव तो दिखाती ही है। यही देखिए, मुझ पर वय का प्रभाव आ पहुँचा है किन्तु भट्टारिका तो आज भी वही हैं जैसी दस वर्ष पूर्व थीं। अरे हाँ, मैं एक युवती को साथ लाई हूँ—बहुत गुणी है। केश काले करने का अचूक मिश्रण है उसके पास। जड़ी-बूटी रसायन का भी विलक्षण ज्ञान रखती है। मुझे आपका स्मरण हो आया कि कहीं-कहीं एक-दो श्वेत अलक चमक जाते हैं। केश काले करने की उसकी गर्वोक्ति का परीक्षण किया तो वह सत्य सिद्ध हुई। कुशल प्रसाधिका भी है वह। यदि भट्टारिका आधी घड़ी का समय दे सकें तो वह आपकी सैरंध्री को प्रयोग की विधि सिखा देगी। महादेवी का सौन्दर्य और भी दीप्त हो उठेगा। मेरा दिया हुआ लेप व कृष्णवर्णी केश ऐसा संयोग बनाएगा कि जैसे यौवन लौट पड़ा हो।"

महादेवी ने दाहिनी ओर लटकती कौशेय (रेशमी) रज्जु खींचीं तो रजत घंटियाँ झनझना गईं।

परिचारिका द्रुत गति से पहुँचकर आज्ञा पाने की मुद्रा में खड़ी हो गई।

"बाहर कोई स्त्री है...मिलिंद गुरु के साथ आई है। उसे ले आओ," महादेवी ने सधे स्वर में आज्ञा दी।

कुछ ही क्षण में परिचारिका चित्रा को ले आई। चित्रा ने पेटिका एक ओर रख नतजानु, सिर पृथ्वी पर टिका, हाथ पसारकर महादेवी का अभिवादन किया।

"क्या नाम है तुम्हारा। मिलिंद गुरु ने तुम्हारी प्रशंसा की है। तुम सचमुच कुछ अलग हो। समादर की यह राज्ञोचित रीति तुमने कहाँ सीखी है?" महादेवी ने पूछा।

"परम् भट्टारिका! मैं कुछ समय महान् नाट्यगुरु आर्य सोमदत्त के सान्निध्य में रही हूँ। दुर्भाग्य कि उनकी छाया सिर से उठ गई। नाट्य के लिए हमें राजभवन, राजन्योचित सभ्याचार भी सीखने होते हैं।"

"'भी' से तुम्हारा क्या तात्पर्य है," महादेवी के होंठों पर क्षीण सी मुस्कान चमकी।

"क्षमा करें...भट्टारिका! नाटक में तो सिखाई हुई सिद्ध शब्दावली में अर्थपूर्ण उत्तर देते हैं। वहाँ मंच पर हम कृत्रिम राजमहिषी या सेविका होते हैं। यहाँ प्रत्यक्ष वास्तविकता है। न सिखाए-पढ़ाए प्रश्न हैं न सिद्ध लेखक के लिखे हुए उत्तर! मुँह से कुछ अशोभ्य, अनुचित निकल गया तो...।"

"वाक्य पूरा करो, अधूरा क्यों छोड़ दिया!" क्षण भर मौन के पश्चात् महादेवी ने कहा।

"क्षमा करें, महामहिषी, मैं जानती हूँ कि राजकृपा उतनी रुचिर नहीं होती जितना कठोर उसका दंड होता है। यथार्थ अथवा वास्तविकता में तो वही संवाद क्षोभ का कारण बन सकता है जिसे मंच पर बोलने से दर्शकों की प्रशंसा मिलती है। देवि! हमारी विडम्बना यह भी है कि हमें भिन्न-भिन्न वस्तुसत्यों के बीच जीना होता है। बहुत कठिन होता है एक से दूसरे रूप की काया में मन का अन्तरण...।"

"हमारी ओर से अभय है तुम्हें!...कहो, उस सत्य के अनुभव को जो अन्तरण का है। हम भी तो जानें उसे," महादेवी ने मुस्कान चौड़ी कर मिलिंद गुरु की ओर देखा और फिर दृष्टि चित्रा पर टिका दी।

"कैसे कहूँ भट्टारिका आपके समक्ष...बड़ा औघड़, अटपटा अनुभव है। मुँह नहीं खुल पा रहा," चित्रा ने हाथ जोड़ मस्तक से लगाते हुए टालने का प्रयास किया।

"यह हमारी आज्ञा है स्त्री! वाक्य पूरा करो," महादेवी का स्वर कुछ तीक्ष्ण हो गया।

"नाटक में विडम्बनापूर्ण सत्य यह है महामहिषी, कि जो स्त्री मंच पर अभी राजरानी बनी बैठी है उसे किसी दूसरे दृश्य में वेश्या बनकर भी आना पड़ सकता है।"

ऐसे अप्रत्याशित उत्तर से महादेवी सन्न रह गईं। मिलिंद गुरु हड़बड़ाकर खड़े हो गए। दोनों की दृष्टि चित्रा पर जा ठहरी जो सिर झुकाए खड़ी थी।

19

सकपकाए मिलिंद गुरु ने चित्रा का हाथ पकड़ा और बोले, "उठा अपनी पेटिका और निकल यहाँ से! तुरन्त निकल। आह, मैंने तो गुणी जानकर तुझे महादेवी के चरणों में लाकर बिठाया था। तू तो भुजंगिनी निकली," फिर उन्होंने महादेवी के पाँवों पर अपना माथा रख दिया, "इसे क्षमा करें स्वामिनी और मुझे भी। अनायास ही इसके मुँह से जो निकल गया...। कदाचित् किसी नाटक का संवाद होगा यह।"

"आश्वस्त हों मिलिंद! हम अप्रसन्न नहीं हैं। इसका वाक्य किंचित् अशोभ्य अत्रश्य है किन्तु...," महादेवी सांत्वना देने लगीं।

"क्षमा करना तो आपकी महानता है पर इसने तो," मिलिंद गुरु चित्रा पर मिसमिसाए।

"अच्छा सुनो, यह बताओ कि तुम्हारी क्या है यह?"

"है तो बिलकुल आत्मीय किन्तु अब कोई नहीं। आज ही इसका कृष्णमुख कर दूँगी और फिर कभी भूले से भी द्वार पर आई तो टुकड़े करके सिंधु में बहा दूँगी अथवा भूखे व्याघ्रों के आगे धकेल दूँगी," मिलिंद गुरु ने आँखें तरेरीं।

"अच्छा, तूने क्या व्याघ्र पाल रखे हैं जो इसे फेंक देगी उनके पिंजरे में," महारानी हँसीं।

"ये ल्लो, मेरे यहाँ नहीं तो क्या..., मेरे चाहने वालों के यहाँ पले हैं। आप क्या जानती नहीं कि महाराज ने नलपुर (नरवर) में व्याघ्रों की तीन जोड़ियाँ पाल रखी हैं। महामंत्री अनुग्रह नारायण के अलिंद में चित्रक (चीता) शावक पिल्लों की भाँति इतस्तत: डोलते रहते हैं। सेनापति के जलाशय में मकर पले हैं। पद और वैभव की सुरक्षा शाकाहारियों के बल पर थोड़े ही होती है," उन्होंने पुन: चित्रा का हाथ झटका, "पहले तो यहाँ से निकल तू! महारानी को लांछन पड़ेगा अन्यथा मैं यहीं प्राण ले लेती तेरे," कहते वह चित्रा को बाहर की ओर खींचने लगे।

महारानी बरजते हुए खड़ी हो गईं, "तू सुन नहीं रही मिलिंद! हम कुछ कह रहे हैं।"

मिलिंद गुरु हाथ जोड़ खड़े हो गए, "आज्ञा स्वामिनी!"

"तुम्हारी इस आत्मीया को हम कुछ समय के लिए अपनी सेवा में लेना चाहते हैं।"

"ऐं...यह तो कृपा हुई आपकी! मैं क्या कहूँ...आपकी इच्छा सिर-माथे। मात्र इसके पति को पूछना पड़ेगा। देख ही रही हैं कि यह गर्भवती है।"

"प्रसव में अभी कुछ माह का विलम्ब स्पष्ट है। इसे हम कोई भार वहन या कठिन श्रम का कार्य थोड़े ही सौपेंगे।"

मिलिंद गुरु चित्रा को उन्मुख हुए, "भाग्य ने साथ दिया है कि आज तू सुरक्षित रही...ऊपर से महादेवी कृपालु भी हुईं। बोल कुछ कहना है तुझे?"

चित्रा ने घुटनों के बल हो माथा महादेवी के आगे टेक दिया, "स्वामिनी राजराजेश्वरी की कृपा से कृपार्थ हुई। पति नाटक करते हैं..., मैं पति के साथ हूँ। वह नाटक नहीं छोड़ सकते।"

"मैं समझ गई कि तू भी नाटक नहीं छोड़ सकती। तो क्या बढ़ा हुआ पेट लेकर मंच पर जाएगी?"

"स्वामिनी, मंच से अलग भी कुछ महत्त्वपूर्ण कार्य होते हैं।"

"उसके लिए तुझे अनुमति रहेगी।"

चित्रा ने मिलिंद गुरु की ओर देखा तो वह बोल पड़े, "अरे सन्तान ही तो जनना है तो भट्टारिका की छत्र-छाया में जन लेना। प्रातः आकर सायं चले जाना है और क्या चाहिए।" फिर वह महादेवी की ओर मुड़े, "आ जाएगी स्वामिनी, कल प्रातः आ जाएगी। बस वह अन्तःपुर के व्यवहार नहीं जानती।"

"जानती है, तभी तो हमने इसे चुना है। जिस भाँति इसने हमें प्रणाम किया उतने शिष्ट व कलापूर्ण ढंग से तो यहाँ कोई नहीं करता। इसके करने, बोलने में कोई लय सी है। हमने राज्योचित शिक्षा के लिए ननदनन्दिनी को चेदिनगर से बुलाया है। इसके होने से उसकी स्त्रियोचित शिक्षा भी हो सकेगी।"

"ऐ हे महादेवी! आपने तो इसे हमारी आजीविका में ही बँटाईदार बना दिया। फिर हम जैसों का क्या होगा?" मानपूर्वक कहा मिलिंद गुरु ने।

"नहीं-नहीं, तुम तो कामशास्त्र की पंडित हो। फिर वह स्त्री हो चाहे पुरुष—दुहूँ ओर गति है तुम्हारी।"

महादेवी का उत्तर सुन मिलिंद गुरु थोड़े से हँस दिए, "तो मुझे अनुमति दें! कल से यह आपकी सेवा में आ जाएगी। यूँ आपकी आज्ञा को कौन टाल सकता है फिर भी इसके पति को सहमत करना ही पड़ेगा ना। बलात् कराए जाने की अपेक्षा स्वरुचि से किया कर्म ही सुख देता है," कहते हुए मिलिंद गुरु चित्रा को साथ ले अन्तःकक्ष से बाहर निकल आए।

अभी चित्रा को माधुरी की थाह न मिल पाई थी। राजकुमारियाँ भी न दिखी थीं। मार्ग में एक स्थान पर हारीत दिखा तो चित्रा ने गंत्री रुकवा ली।

"कल से अपने काम पर पहुँच जाना," मिलिंद गुरु का आदेश हुआ और गंत्री आगे बढ़ गई।

अगले दिन चित्रा सही समय पर अपनी पेटिका लिये महालय के द्वार पर जा पहुँची। रक्षक भी वही गत दिवस वाले राजद्वार पर थे जिन्होंने कल इस स्त्री को मिलिंद गुरु के साथ जाते व लौटते देखा था। आज सिंहद्वार से प्रवेश करती वह रोक ली गई।

"मुझे महादेवी की सेवा में उपस्थित होना है। विलम्ब होने पर वह रुष्ट होंगी," अब चित्रा के स्वर में न झिझक थी न दैन्य अपितु अधिकार जैसा भाव था।

"पर हमारे पास तो कोई सूचना नहीं कि तुम प्रवेश की अधिकारी हो," रक्षक असमंजस में घिरा दृढ़ता प्रकट रहा था।

"क्या बात है सुजान," पूछता दल-नायक निकट आया।

"श्रीमान, यह स्त्री कहती है कि महादेवी की सेवा में उपस्थित होना है। कल यह मिलिंद गुरु के साथ भीतर गई व लौटी थी...। किन्तु अन्त:पुर से इसके लिए कोई आज्ञा नहीं है हमारे पास," रक्षक ने बताया।

"पर मुझे तो भट्टारिका ने आज सेवा में पहुँचने को कहा है," चित्रा ने स्पष्ट किया।

"इस पेटिका में क्या है?" तीक्ष्ण दृष्टि से देखते नायक ने पूछा।

"इसमें हम स्त्रियों के प्रसाधन की जड़ी-बूटी, चूर्ण, रज, राग आदि हैं...देख लीजिए। पर मुझे समय पर पहुँचना है अन्यथा..." चित्रा ने वाक्य अधूरा छोड़ दिया।

"अन्यथा क्या?" नायक ने तीक्ष्ण स्वर में पूछा।

"विलम्ब होने पर कहीं महादेवी रुष्ट न हो जाएँ। अभी मैं अन्त:पुर के व्यवहार और महादेवी के स्वभाव से परिचित नहीं हूँ," चित्रा होंठों पर मुस्कान ले आई।

"सुजान, तुम इसे अन्त:पाल के पास ले जाओ। उन्हें ज्ञात होगा इसके बारे में। बताना कि हमारे लिए अपरिचित है व इसके विषय में हमारे पास कोई आज्ञा भी नहीं है," नायक ने अपना दायित्व अन्त:पाल की ओर ठेल दिया।

सुजान को कुछ समय लगा अन्त:पाल को खोजने में। वह कहीं अन्त:पुर में ही सेवा में थे। उन्हें भी महादेवी की आज्ञा के विषय में ज्ञात न था। उन्होंने अंकपाली से पूछा। अंकपाली ने इस स्त्री को मिलिंद गुरु के साथ महारानी के निकट कल खड़े तो देखा है...आगे उसे भी कुछ ज्ञात नहीं। फिर भी उसने चित्रा को अपने पास रोक लिया और टोह-थाह लेकर ही महादेवी के सामने प्रस्तुत किया। चित्रा महादेवी के आगे घुटनों के बल नतमस्तक हुई तो उन्होंने ध्यान दिया, "अरे, तू तो वही है ना जो मिलिंद के साथ आई थी। हाँ, मैंने ही तो तुझे आने कहा था। ओह, व्यस्तता में भूल ही गई मैं," उन्होंने अंकपाली को कहा, "कपिला! इसे कुमारिकाओं के कक्ष में ले जाओ। यह आज से उनकी मित्रा बनकर रहेगी...और हाँ, तेरी वह मायावी पेटिका कहाँ है?" चित्रा से पूछा महारानी ने।

उत्तर अंकपाली ने दिया, "स्वामिनी, वह मैंने बाहर रखवा ली है कि जाने इसमें क्या हो। अभी लाये देती हूँ," सिर झुकाया अंकपाली ने, फिर चित्रा के कन्धे पर हाथ रखा, "आओ।"

सिर झुकाए खड़ी चित्रा उसी मुद्रा में दो पग पीछे हटी और पुन: महादेवी की प्रणति में सिर झुकाकर कपिला के साथ हो ली। महारानी के ऐश्वर्य भवन से

जुड़ा अथवा उसका ही एक भाग है—कुमारी निकेत। प्रांगण को पार कर सँकरी सी अन्तरिका (गैलरी) से निकलते हुए तिदरा (तीन द्वार) बरामदा फिर मध्यमान विस्तार का आँगन जिसके मध्यवर्ती कुंड से उछल, झालर जैसी बनकर गिरती जल की लड़ियाँ रंग-बिरंगे पत्थरों की पट्टियाँ को और भी मनोहारी बनाती हैं। आगे सुचित्रित प्रस्तर स्तम्भों में ठहरी बरौठी (बैठकी) है जिसमें दो कक्षों के द्वार खुलते हैं। आँगन के दो कोनों पर ढलवाँ मंडप बने हैं जिनमें दो खड्गहस्त तातारी दासियाँ सुरक्षा में तत्पर खड़ी थीं।

'यह राजवर्ग दुर्गों, महलों के भीतर भी स्वयं को कितना असुरक्षित अनुभव करता है,' सोचकर मन ही मन हँसी चित्रा। कपिला चित्रा को बाहर खड़ी कर कक्ष में चली गई।

चित्रा को भीतर ले जाने के लिए कपिला के साथ जो युवती बाहर आई उसे देख चित्रा हर्षातिरेक से खिल उठी किन्तु उस युवती ने कोई भाव न किया मात्र इतना कहा, "मेरे साथ आइए।"

चित्रा ने इस बार युवती की आँखों में झाँकने का प्रयास किया तो उसने मुँह फेर लिया, "राजकन्या ने भेंट की अनुमति दे दी है...शीघ्र आओ!"

चित्रा युवती के पीछे हो ली। युवती चलते हुए फुसफुसाई, "यहाँ भूलकर भी मुझसे पहचान प्रकट न कर देना।"

युवती राजकन्या के पास पहुँच सिर झुका अलग जा खड़ी हुई। चित्रा ने वैसे ही राज्ञोचित विधि से नतमस्तक हो अपना परिचय दिया, "भद्रे! मैं चित्रा हूँ। महादेवी ने मुझे आपके सान्निध्य में रहकर सेवा करने की आज्ञा प्रदान की है।"

"हाँ, राजमाता ने मुझे बताया है तुम्हारे विषय में। तुम्हें सखि के रूप में पाकर हमें प्रसन्नता है। मेरे साथ मेरी फुफेरी बहन भी है," राजकन्या ने सामने वाले कक्ष की ओर आवाज़ लगाई, "जया...ओ जया! इधर आओ...शीघ्र...।"

"मैं चित्राभ्यास कर रही हूँ। कुछ बेर में आती हूँ," ऊँचे स्वर में उत्तर आया।

"अरे चित्र कहीं भाग न जाएगा...घड़ी भर बाद बना लेना। राजमाता ने हमारे लिए एक सहचरी भेजी है।"

कुछ ही समय पश्चात् जया राजकुमारी प्रियंवदा के कक्ष में आ गई और चित्रा ने ज्यों ही उसे अभिवादन किया त्यों ही जया बोली, "अरे तुम...!"

"क्या तुम पूर्व परिचित हो?" प्रियंवदा ने जानना चाहा।

"हाँ, हमने चेदिनगर से पद्मावती तक साथ-साथ यात्रा की है। यह नृत्याचार्य के साथ थीं।"

"पर आपका नाम तो...," चित्रा ने जया की ओर देखा।

"हाँ नाम मधुमिता है मेरा। बचपन में जया थी। यह मुझे कभी-कभी उसी नाम से बुलाती है," मधुमिता ने बताया।

"कितना अच्छा है कि अब हम चार हो गईं। चौपड़ भी खेल सकती हैं," प्रियंवदा के चेहरे पर प्रसन्नता थी, "अरे, वह मन्दिरा कहाँ गई? अभी-अभी तो यहीं थी। मन्दिरा...ओ मन्दिरा!" प्रियंवदा ने पुकारा।

"जी..., मैं यहाँ हूँ," कहती मन्दिरा तुरन्त उपस्थित हो गई।

चित्रा जान गई कि माधुरी यहाँ मन्दिरा बन गई है। उसने माधुरी के प्रति अपने भाव छिपाए। माधुरी भी चित्रा के प्रति निरुद्विग्न, निरपेक्ष खड़ी थी।

"मन्दिरा, यह हमारी नई हला है—चित्रा। बहुत गुणी है। अब हम तीन से चार हो गईं," प्रियंवदा के यह कहने पर चित्रा व मन्दिरा एक-दूसरे के परिचय में मुस्कराईं।

"ध्यान रखना, नएपन के संकोच में इसे कोई असुविधा न हो। अपने कोष्ठ (कमरा) में ले जाकर इसके जलपान की व्यवस्था करो। यह हमारी ज्येष्ठ हला (संगिनी) है और...' चित्रा के उभरते पेट पर दृष्टि डालकर प्रियंवदा मुस्कराई तो चार युवतियों की खिलखिलाहट से कक्ष गूँजने लगा।

मन्दिरा चित्रा को अपने कोष्ठ की ओर ले गई। एकान्त पाते ही चित्रा ने पूछा, "यहाँ मन्दिरा हो गई हो तुम?"

मन्दिरा ने होठों पर उँगली रख चुप होने का संकेत किया और कोष्ठ में पहुँच अपने काष्ठ तल्प पर बैठाते हुए धीमे स्वर में कहा, "यहाँ कुछ दिनों तक तुम पर दृष्टि रखी जावेगी। चाल-ढाल, वार्तालाप, कार्य-व्यवहार सब आँका जावेगा। ये रक्षिकाएँ...सेविकाएँ...किंपुरुष। पता भी न चलेगा तुम्हें कि किसकी दृष्टि में हो।"

"पर तुम...," चित्रा ने मुँह खोला।

"समय और अवसर मिलते ही सब बताऊँगी और पूछूँगी। लो, यह खाकर जल पी लो। हमें अधिक विलम्ब भी नहीं करना है कि सन्देह का कोई कारण बने," माधुरी ने बरज दिया।

आधी घड़ी में ही दोनों प्रियंवदा के कक्ष में लौट आईं।

"तुम चौसर (पासा) खेल लेती हो?" प्रियंवदा ने चित्रा से पूछा।

"नहीं, कभी अवसर नहीं मिला...आवश्यकता भी न पड़ी।"

"तो समय कैसे बिताती हो?"

"बिताने के लिए समय ही नहीं होता। बचपन से माँ के गृहकार्य में हाथ बँटाती रही। ओषधियाँ सुखाने, सहेजने, कूटने में पिता को भी सहयोग करती थी। फिर आर्य सोमदत्त के साथ नाट्य से आ जुड़ी।"

"फिर तो नृत्य भी सीखा होगा?"

"नहीं, उसमें दक्षता नहीं है मेरी। हाँ मंच पर संचरण की कुछ गतियाँ जान गई हूँ...हस्त-संचालन व भाव-मुद्राएँ भी सीखी हैं मंच उपयोगी।"

इसी प्रकार वार्तालाप करते, राजकुमारियों की रुचियाँ समझते-बूझते संध्या हुई। माधुरी ने तीन प्रहर के इस समय में चित्रा के प्रति कोई प्रकट उत्सुकता न दिखाई,

हाँ उसने चित्रा को इतना अवश्य समझा दिया था कि राजमहल में राजन्य वर्ग से इतर स्त्री या युवती भले वह सखी हो, होती सेविका ही है इसलिए सख्य व्यवहार में भी उसे अपनी सीमा का ध्यान रखना होगा।

सूर्यास्त के समय व झुटपुटा होने से पहले ही चित्रा राजमहल से बाहर आ गई। इस बीच माधुरी ने भी जान लिया था कि साथ में कौन-कौन हैं। उसने यों तो राजद्वार पर होने वाले नाट्याभिनय के बारे में भी सुना था व उसे देखने की उत्कंठा भी थी किन्तु उस दिन तो वह महादेवी के भ्रातापुत्र (भतीजा) अधिराज से स्वयं को छिपाने, बचाने के उद्योग में ही लगी रही थी—बताया था उसने चित्रा को।

"तो क्या यहाँ भी?..." चित्रा के माथे पर चिन्ता उभर आई।

"वह मुझे उपपत्नी बनाना चाहता है। अपनी इच्छा उसने महादेवी से भी प्रकट कर दी है। राज्य के शक्तिशाली सामन्तों में से है वह। महादेवी का निकट सम्बन्धी होने से अन्तःपुर में भी आ जाता है। पता नहीं मेरे भाग्य में और क्या-क्या लिखा है," थोड़ा-सा अवसर पाकर यह बताते हुए माधुरी की आँखें चू पड़ी थीं।

अपने आश्रय की ओर लौटती चित्रा माधुरी की स्थिति व उससे उबरने का उपाय सोचती चली जा रही थी कि एक बौद्ध भिक्षु उसके आगे आ खड़ा हुआ। चित्रा को ठहरना पड़ा। भिक्षु दायाँ हाथ आशीर्वाद की मुद्रा में उठाए मुस्करा रहा था।

'भंते! आपने मेरा मार्ग क्यों रोका है?" चित्रा ने अपने चिन्तन से बाहर आकर जानना चाहा।

"भद्रे! क्या तुम कृतकार्य हुईं?" भिक्षु ने प्रश्न किया।

"मैं समझी नहीं कि आप किस कार्य के विषय में जानना चाहते हैं," चित्रा ने प्रतिप्रश्न किया।

"कुछ तो कार्य होगा ही कि तुमने अन्तःपुर तक पहुँचने का मार्ग बनाया अन्यथा शैलूषिका (अभिनेत्री) को अन्तेवास से क्या प्रयोजन?" भिक्षु की मुस्कान चौड़ी हुई।

अब चित्रा भी व्यंग्यपूर्वक मुस्कराई, "नाटक से आजीविका नहीं चलती तो कुछ अन्य उद्योग करना पड़ता है। मेरा पति काष्ठ शिल्पी है...मुझे औषधि ज्ञान है—तो हम अपना गुण बेचते हैं—जहाँ भी मान के साथ मूल्य मिले।"

"अच्छा तो आओ, मैं तुम्हें तुम्हारे आवास तक छोड़ दूँ। दीप उजारने का समय हो गया है और तुम्हारा आवास कुछ दूर है। अकेली युवती के लिए यह समय निरापद नहीं है।"

"पर आप यह कृपा मुझ पर क्यों करना चाहते हैं?"

"यह तो किसी भिक्खु, श्रावक या संन्यासी का सहज धर्म है," कह भिक्षु साथ-साथ चलने लगा।

चित्रा कुछ सशंकित हो तीव्र गति में चलने लगी। भिक्षु को दुत्कार भी नहीं सकती थी। आवास के द्वार पर भिक्षु ठहर गया और चित्रा भीतर प्रवेश कर गई।

"आचार्य हैं क्या भीतर?" भिक्षु ने आवाज़ लगाई, "मुझे उनसे भेंट करनी है।"

"भंते आप," बाहर आकर हारीत ने प्रश्नसूचक दृष्टि से भिक्षु की ओर देखा।

"आचार्य हैं?"

"यहाँ दो आचार्य हैं। आपका किनसे अभिप्राय है?"

"आचार्य नारायण कृष्ण से...।"

"आइए!" हारीत भिक्षु को सादर भीतर लाया।

आचार्य नारायण कृष्ण आगे के प्रकोष्ठ में ही बैठे ध्यान-मग्न से छत की ओर दृष्टि उठाए हुए थे। कोष्ठ में अरंडी के तेल का दीपक जल रहा था। कदाचित् उन्होंने भिक्षु की आवाज़ नहीं सुनी थी। हारीत के साथ किसी और का आभास पा द्वार की ओर दृष्टि घुमाई व भिक्षु को देख आदर में खड़े हो गए, "भंते! स्वागत है आपका। इस असमय कहाँ से पधारना हुआ? आसन ग्रहण करें," आचार्य ने वहीं बिछे काष्ठ तल्प की ओर संकेत किया।

"वह युवती अकेली आ रही थी इस ओर। झुटपुटे में अन्धकार कुछ घना हो जाता है अतः उसकी सुरक्षा में पीछे-पीछे यहाँ तक आ गया," भिक्षु ने आसन ग्रहण किया।

"बहुत आभार आपका। हारीत, जाकर देखो, कोई फल हो अथवा दुग्ध ले आओ। इस समय यह भिक्षान्न तो ग्रहण नहीं करेंगे।"

"नहीं...नहीं, हमें किसी भी प्रकार के आहार की आवश्यकता नहीं। रात्रि का समय तो भगवान तथागत के उपदेशों का स्मरण व आत्मचिन्तन के लिए होता है। आहार शरीर में आलस्य, शिथिलता लाता है," भिक्षु ने हाथ उठाया तो दीपक के प्रकाश में कौंध जैसी लगी।

आचार्य भिक्षु के निकट पहुँचे और कुछ क्षण अन्वीक्षा (खोजती) की दृष्टि से देखा, "पर द्वार आए भिक्षु का कुछ तो स्वागत करना ही होगा। अनुमति दें तो मद की व्यवस्था करूँ?"

"तथागत तुम्हें सद्‌बुद्धि दें। यह धम्म का उपहास है," भिक्षु तल्प से खड़ा हो गया।

"भन्ते! आप स्वयं ही विचार करें कि भिक्षु अँगुली में स्वर्णमुद्रिका धारण नहीं करते। यज्ञोपवीत भिक्षु नहीं साधु धारण करते हैं और...।"

"ओह, क्षमा करें आचार्य! आपने तो आज भी भेष में त्रुटि पकड़ ली। मैं अजितसेन हूँ।"

"हाँ, मुझे तुम्हारी आवाज़ परिचित लगी। संवाद में स्वाभाविकता नहीं थी—सतही, कूटकृत छूँछा प्रतीत हो रहा था।"

"आह, ईश्वर की कृपा है कि राजन्य व राज्याधिकारियों में कोई आप जैसा त्रुटि पारखी नहीं है अन्यथा मेरी तो सेवा पर ही प्रश्नचिह्न लग जाता। लगता है

रूप-सज्जा के रहस्य जानने आपके पास ही बैठता होगा।"

"हाँ, नाटक तुम्हारी वृत्ति में सहयोगी सिद्ध होगा। यह अनेक कौशल सीखने और माँजने के अवसर देता है। अच्छा यह बताइए कि हमारे लोगों के बारे में कहीं से कोई सूत्र मिला?" नारायण कृष्ण ने पूछा।

"अभी तो नहीं पर आज आपके दल की यह युवती...क्या नाम है इसका?"

"चित्रा।"

"हाँ, चित्रा के राजमहल जाने का क्या प्रयोजन है?"

"वहाँ दासियाँ, परिचारिकाएँ क्रय करके लाई जाती हैं। उनके बीच से माधुरी, चन्द्र, धनंजय अथवा किसी और के बारे में कुछ सुनाई पड़े स्यात्...।"

अजितसेन के जाते ही हारीत, मंजरी, चित्रा, भवभूति सभी नारायण कृष्ण के निकट आ गए। सभी के चेहरों पर प्रसन्नता खिल रही थी, "देव! राजकुमारी की वह परिचरी माधुरी ही है, चित्रा उससे मिलकर आई है।"

"ओह, दैव अब कुछ सदय प्रतीत होता है। निश्चय ही चन्द्र से भी हमारी भेंट होगी," नारायण कृष्ण ने मंजरी को सुनाकर कहा।

मंजरी अपनी पलकें पोंछने लगी। चित्रा आगे सरककर मंजरी से सट गई, "होगा मंजरी! यह अवश्य और शीघ्र होगा। वियोग तो अवतारों, महापुरुषों को भी सहना पड़ता है।"

भवभूति माधुरी के विषय में और भी कुछ अथवा सब कुछ जानने को व्यग्र थे किन्तु वह अपनी व्यग्रता प्रकट न होने देना चाहते थे।

चित्रा को आते-जाते दस दिन हो गए। रनिवास में उसकी दतौन प्रसिद्धि पा चुकी थी व उसने अन्तेवास में ही नया गट्ठर पका लिया था। केशभस्म भी वह बाँट चुकी थी। हरिद्रा, कमलपुष्प, क्षार, वाताम (बादाम), आमलक (आँवला), मकोई का चूर्ण नवनीत में मिलाकर कान्तिवर्धक लेप बनाने एवं यदा-कदा सौन्दर्य-विषयक परामर्श देने से वह सबकी प्रिय बन गई थी। यहाँ तक कि अन्तेपुर के किंपुरुष एवं यहाँ की बोली बानी से अल्प परिचित तातारी अन्त:पालिकाएँ (पहरेदार) भी चित्रा की प्रशंसक हो गईं—स्वयं को सुन्दर बनाने की रुचि किसे नहीं होती।

चित्रा पर संशय व समावेक्षण (चौकसी) में भी अब शिथिलता आ गई। मध्याह्न भोजन के पश्चात् जब महादेवी और राजकुमारियाँ अपने-अपने शयन कक्षों में विश्राम के लिए गईं तो महादेवी ने उसे भी मन्दिरा के कोष्ठ में घड़ी-दो घड़ी विश्राम करने को कह दिया। चित्रा और माधुरी के लिए यह मनचाही मनौती जैसी थी। कोष्ठ में पहुँचने की अपेक्षा दोनों अन्तर्वाटिका की ओर निकल गईं। यहाँ आने वाला दूर से देखा जा सकता है। दीवार से कान लगाकर या सेंध से न कोई सुनेगा न देखेगा। तब माधुरी ने आप बीती सुनाई, "रात्रि शेष रहते हम वासा से निकले। मुझे कुछ भी ज्ञात न था कि कहाँ और क्यों भेजा जा रहा है। पिता जी ने मात्र इतना

कहा था कि कुछ दिन पश्चात् उज्जयिनी में मिलेंगे। कुछ और पूछने का अवसर ही न मिला मुझे। चन्द्र ने मुझे अपने पीछे अश्व पर बिठाकर कहा कि कसकर पकड़े रहो। कवि श्रीकंठ का मित्र धनंजय अपना खड्ग सम्हाले हमारे साथ था। वह पौष मास था ना...रात बड़ी निकली। भोर होने पर उन्होंने अपने अश्व एक प्रनाल (नाला) में उतार दिये। कभी प्रनाल के ऊपर कभी प्रनाल में ओट लेते मध्याह्न तक हम आगे बढ़ते गए। मध्याह्न में एक स्थान पर अश्वों को कुछ विश्राम दिया...अश्वों को जल पिलाया...स्वयं भी हाथ मुँह धोकर अक्लांत (ताजादम) होने का प्रयास किया। इसस बीच दो बार बाघ व एक बार वृकदल से भी सामना हुआ पर कदाचित् उनके पेट भरे हों अथवा विधाता ने कुछ और निश्चित किया हो कि हम बच आए।

मार्ग में कुछ गोष्ठ, ग्राम मिले पर भय था कि कहीं रुद्रपुर के सैनिक न मिल जाएँ अथवा वह दस्युदल के आश्रय स्थल न हों। दिन भर से हमारे पेट में अन्न का दाना भी नहीं गया था। भूखे अश्व दौड़ते-दौड़ते शिथिल होने लगे थे। मुझे कभी चन्द्र अपने अश्व पर लेता कभी श्रीकंठ का मित्र धनंजय ताकि भार एक ही अश्व की पीठ पर न आए।

संध्याकाल तक भूख असह्य हो गई। किसी न किसी आश्रय-स्थल पर पहुँचना आवश्यक था। अश्व भी गति न पकड़ पा रहे थे। आश्रय की खोज में बढ़ते अंधेरा घिर आया। उस समय हमने छोटी-सी नदी पार की। वहाँ एक मड़ई दिखी...वृक्षों का झुरमुट था जिसके नीचे तीन-चार स्थानों पर आग चमक रही थी। और निकट पहुँचे तो पकते अन्न की गन्ध नथुनों में भर गई। हाँ वह चूल्हों की आग थी और उस दिन मैंने पहली बार जाना था कि भूख के बीच अन्न का आकर्षण कैसा होता है।

पर वही हुआ जिससे हम बचना चाहते थे। यह दस्युदल का आश्रय-स्थल था। उनके साथ स्त्रियाँ व बच्चे भी थे। खेचर एक पंक्ति में बँधे थे पर अश्व अलग-अलग बाँधे गए थे। कुछ पुरुष चत्वर पर बैठे थे जिनके आस-पास बच्चे धमाल मचाए हुए थे। लगा कि ये अनागार (घुमन्तू) बंजारे हैं जो पशुओं, वनोपज आदि के क्रय-विक्रय से जीविका चलाते हैं।

मैं उस समय धनंजय के अश्व पर थी। चन्द्र ने आगे बढ़ चत्वर पर बैठे पुरुषों का अभिवादन किया और उनके साथ रात्रि विश्राम के लिए सहमति चाही। एक प्रौढ़ ने स्वागत के साथ सहमति दे दी। हमारे पास ओढ़ने-बिछाने को भी कुछ नहीं था और पूष की रात। प्रौढ़ ने एक महिला को बुलाकर मुझे उसके साथ कर ध्यान रखने को कहा। वह मुझे स्नेहपूर्वक चूल्हे के निकट ले गई। थकान से मेरी आँखें झपकती देख हाथ-मुँह धोने को जल ले आई। मेरा नाम और परिचय पूछ बिछावन लाकर मुझे बिठाया। फिर आग्रहपूर्वक पत्तल पर भाजी के साथ चार रोटियाँ परोस दीं। साथ में छोटा-सा गुड़ खंड भी था।

इस बीच अश्वों को जल पिलाकर चन्द्र और धनंजय भी लौटे। चन्द्र आया

था मेरे पास...तो स्त्री ने कहा कि यह मेरी पुत्रीवत् है...थकी है, मेरे पास विश्राम करने दो। तुम्हारे लिए भी कुछ रोटियाँ सेंके देती हूँ," अपनत्व से कहा स्त्री ने।

भोजन के उपरान्त उसने कुनकुना श्रमहारी दूध भी दिया पीने को। क्लांति के कारण मैं स्यात् तुरन्त ही सो गई। उसके उपरान्त जब मेरी नींट खुली तब धूप निकल आई थी। मैं धनंजय के अश्व की पीठ पर बँधी थी और वही स्त्री एक हाथ में अश्व की बल्गा पकड़े व दूसरे से अपना खेचर हाँकती हुई पैदल पाँव चल रही थी।

मुझे जागते देख वह मुस्कराई, फिर सांकेतिक कूक लगाकर अपने-अपने खेचरों के साथ चलने वाली अन्य स्त्रियों को रोका। उनके साथ मात्र दो पुरुष थे जिनमें एक इन्द्र के अश्व पर सवार था। दल के अन्य पुरुष जाने कहाँ चले गए थे।

मुझे हतप्रभ, आशंकित पा उस स्त्री ने अश्व की पीठ वाले बन्धन खोले तथा मुझे आश्वस्त किया कि दल ने मात्र अश्व लूटे हैं और तुम्हें लिया है। कहा कि तुम्हारे दोनों साथी सुरक्षित हैं। उन्हें सोता हुआ छोड़ आए हैं। हम दस्यु अवश्य हैं पर जब तक हमारे अपने प्राणों पर न बन आए अथवा बहुत आवश्यक न हो तब तक किसी की हत्या नहीं करते। योद्धा हैं हमारे पुरुष...निर्दय नहीं। हम माँ भद्रकाली के उपासक हैं। स्त्री के प्रति बल प्रयोग, अनादर हमारे धर्म में वर्जित है। अतः तुम सब प्रकार से निश्चिंत रह सकती हो। दस्युवृत्ति तो हमारी परम्परागत आजीविका है।

" 'पर मेरे पिता, मैं उन्हें रुद्रपुर में छोड़ आई हूँ। उन्होंने मुझे उज्जयिनी में मिलने को कहा है। उनका संसार में मेरे सिवा कोई नहीं है,' मैंने रोते हुए बताया था स्त्री को।

" 'तो तुम्हारा अपहरण नहीं हुआ है?'

" 'नहीं, मैं तो रुद्रपुर के राजन्य की कुदृष्टि से बचकर निकली हूँ।'

" 'ओह,' स्त्री ने एक लम्बी साँस खींची, 'पता नहीं, तुम्हारे भाग्य में क्या है? तुम स्त्री रत्न हो...तुम्हें या तो सहेजकर रखा और मस्तक पर सजाया जा सकता है अथवा समुचित मूल्य पर विक्रय किया जा सकता है।'

"मैं उस प्रौढ़ स्त्री, जो दस्युदल के चौधरी की पत्नी है, की देख-रेख में थी। वे लोग चार-पाँच दिन से अधिक किसी पड़ाव पर नहीं ठहरते। आठ दिन पश्चात् दस्युदल लौटा तो उसी प्रौढ़ा से पता चला कि एक नाट्यदल लूटा गया है। मैंने अनुमान लगा लिया था कि वह मेरा ही दल होगा किन्तु उसे लूटने वाला यह दस्युदल नहीं था। वे रुद्रपुर के भगदत्त द्वारा पोषित लुंटाक (लुटेरे) हैं।

"मेरे लिए शोक असह्य हो गया। दुःस्वप्नों से घिरने, आहार छूट जाने से मैं अस्वस्थ और निर्बल थी। वह जाने क्यों मेरी उपचर्या में लगी रहती। कदाचित् मेरे कारण ही स्त्री, बच्चों ने एक स्थान पर लम्बा पड़ाव किया। पिता की चिन्ता में मुझे कुछ न सूझता था। कुछ दिनों पश्चात् किसी दूरस्थ अभियान से लौटे इसी दल को भेदिये से पता चला था कि मेरे पितृ की देवसम के मार्ग पर मृत्यु हो गई है।

"चित्रा, उस प्रौढ़ा का नाम तो धात्री है ही किन्तु मेरे लिए वह सचमुच ही धात्री (धाय माँ) बन गई। उसने महीनों मेरी मातृवत परिचर्या की। उसके संग रहते पूरा वर्ष बीत गया।

"एक दिन उसने मुझे अपनत्व के साथ कहा कि माधुरी, मैंने तुझे पुत्री कहा ही नहीं, मानने भी लगी हूँ। पिता के न रहने पर तेरा कोई संरक्षक भी नहीं जिसे सौंपा जा सके। दल में तुझे लेकर अपवाद (कानाफूसी) होने लगा है। अब मेरे और तेरे सामने दो ही मार्ग शेष हैं कि या तो दल के किसी युवक से विवाह करके तुझे हमारे परिवार में सम्मिलित होना होगा अन्यथा ये लोग तुझे बेच देंगे। मेरी अपनी कोई सन्तान नहीं है। तू यदि स्वीकार करे तो अपने भतीजे से तेरा विवाह कर सकती हूँ। तू मेरी बहू होगी और बेटी भी।

"चित्रा मैंने उस स्नेहमयी से उस समय भी झूठ बोला था। कदाचित् वह अर्धसत्य ही था कि मैं कवि श्रीकंठ की वाग्दत्ता हूँ। वह मेरे हृदय में पति के रूप में प्रतिष्ठित हैं।

" 'इस समय वह युवक कहाँ होगा?" पूछा था धात्री ने।

" 'अब जाने कहाँ हों। वह सार्थ के साथ थे जो उज्जयिनी जा रहा था,' मैंने बताया।

"उसके पश्चात् उन्होंने मुझसे कभी विवाह की चर्चा नहीं की। आगे दस्युदल का पड़ाव नलपुर (नग्वर) के पास सिन्धु नदी के वनखंड में पड़ा। वहाँ से धात्री मुझे चौधरी के साथ एक स्थान पर ले गई। स्यात् वह विभावरी (कुटनी) का घर था। मुझे उसके हाथों सौंप कर दोनों चले गए। मुझे धात्री से लगाव हो गया था। मैंने देखा था कि वह हिलकियों से रोती हुई उस घर से निकली थी। पता नहीं चौधरी ने मुझे कितने में बेचा था किन्तु धात्री के जाने पर मैं भी पूरे दिन रोती-फफकती रही। पिता, स्वजन, तुम सब, श्रीकंठ, धात्री मुझे बार-बार स्मरण आते रहे। कदाचित् पिता की मृत्यु के समाचार पर भरपूर रो न पाई थी मैं. धात्री के जाने पर लगा कि मैं फिर से मातृहीना हो गई।"

बताते हुए माधुरी यहाँ भी स्वयं को न रोक पाई पर सावधान होकर सँभली और आँसू पोंछ लिए। जान गई है कि राजमहिषी की सेवकाई में बिना अनुमति रोया भी नहीं जा सकता।

"फिर विभावरी ने तेरी विक्री की होगी?" चित्रा ने आगे जानना चाहा।

"दो माह तक मैं विभावरी के घर में रही। दो किशोर बच्चों की माँ वह भी है, पर दो-दो दिन के लिए घर से अपगत (ग़ायब) हो जाती। मदसेवी पति अहिफेन (अफ़ीम) घोलकर पीता और द्वार वाले चौंतरे पर नीम के नीचे मंजी (खटिया) पर पड़ा रहता। उसे न अपने भोजन की चिन्ता थी, न किसी उद्योग की।

"छोटी पहाड़ी जैसे ऊँचे कगार पर बने घर के नीचे ही सिन्धु बहती है। घर

के पीछे नागफनी की सघन झाड़ियों का ऐसा घेरा बना है कि मनुष्य व बड़े जीव जंतु तो क्या बिलाव भी प्रवेश नहीं कर सकता। भूमिखंड पर साग-पात के साथ अहिफेन तथा गाँजा, भांग की क्यारियाँ हैं। विभावरी का किशोर पुत्र भी मद का सेवन करता है। एक दिन उसने मुझे अश्लील संकेत किए तो मैंने विभावरी को बताया। उसने स्वयं तो बांस की सौंट से बेटे को पीटा ही, मुझे भी कहा कि यह या इसका पिता भविष्य में ऐसे अकार्य का प्रयत्न करे तो यही व्यवहार करना। मेरी निगरानी के लिए विभावरी को अपनी बेटी तथा दो श्वानों पर भरोसा था। बेटी ही मेरे खान-पान की सँभार भी रखती थी।

"कोई दो माह पश्चात् विभावरी ने पद्मावती लाकर मुझे एक अन्य स्त्री को सौंपा जो मुझे यहाँ महादेवी के पास छोड़ गई।

"नया नाम मन्दिरा देकर महादेवी ने कहा कि—बीता हुआ सब कुछ भूलकर नया जीवन आरम्भ करो। मैं भूलने के प्रयास में थी पर लगता है कि व्यतीत मनुष्य का निरन्तर पीछा करता है और किसी दिन सामने आकर खड़ा हो जाता है।"

माधुरी के आँसू टप-टप टपकने ही लगे जिन्हें रोकने के लिए वह पाँव के अंगूठे से पटल (फर्श) कुरेदने लगी।

चित्रा ने माधुरी को अंक में ले लिया, "प्रिय हला! जो संसार से चले गए उन्हें तो लौटाया नहीं जा सकता किन्तु मेरा मन कहता है कि जो बिछुड़ गए हैं, वे फिर मिलेंगे। यहाँ मैं हूँ...कवि श्रीकंठ हैं, हारीत है—मंजरी है तथा हम सबके पितृतुल्य तुम्हारे पिता के मित्र आचार्य नारायण कृष्ण भी हैं...। सभी तुम्हें अपने बीच पाने को व्याकुल हैं।"

20

मिलिंद गुरु से माधुरी की करुण कथा सुनकर महादेवी ने उसे मुक्त तो कर दिया किन्तु उनका आग्रह था कि दोनों राजकन्याओं की सखी के रूप में वह राजभवन में ही रहेगी। हाँ, मनचाहे तब स्वजनों के पास जा सकती है...आवश्यकता हो तो उनके साथ रुक भी सकती है। आचार्य नारायण कृष्ण का यह अनुरोध भी मान लिया कि उनके नाट्य में अपनी भूमिका भी निभा सकती है। महादेवी ने आचार्य से वाचा लिया कि वह दोनों राजकुमारियों को नृत्य की शिक्षा देंगे।

भवभूति चाहते थे कि माधुरी उनके सामने, उनके साथ रहे। चित्रा दोनों के अनुराग को जानती है। नारायण कृष्ण भी समझने लगे थे किन्तु जाने क्यों उन्होंने दोनों के संग-साथ रहने में रुचि न दिखाई। माधुरी इनके आवास पर सप्ताह में

अथवा कभी-कभी पखवारे के बाद आती, चार छह घड़ी ठहकर चली जाती। नारायण कृष्ण को प्रतिदिन राजमहालय जाना पड़ता जहाँ दोनों राजकुमारियों के साथ माधुरी भी नृत्य सीखती। चित्रा भी जब चाहे अन्तेवास पहुँच जाती—यहीं उसे ज्ञात हुआ कि नारायण कृष्ण नृत्य के साथ मृदंगवादन में भी पारंगत हैं। बचे हुए समय में वह आवास पर चित्रा के साथ मयूरी व सारिका को नृत्य की शिक्षा देते। गायन में तो चित्रा निपुण है ही।

पद्मावती में पहुँचे एक वर्ष बीत गया। माधुरी से भेंट तो हो गई...अब होती रहती है। भवभूति को कभी-कभी लगता कि माधुरी किसी नदी की भाँति उमगकर उनमें समाना चाहती है फिर जैसे कोई बाँध उसे थाम देता है...अनुशासित कर देता है। कभी लगता कि कहीं कोई और तो नहीं है जिसकी ओर माधुरी का ध्यान बँट गया हो। चार वर्ष का समय कोई कम नहीं होता। पहले भी परस्पर आकर्षण का दोनों के बीच कोई वार्तालाप नहीं था। वय में भी कोई दस वर्ष का अन्तर है दोनों के बीच तो उसका किसी सुदर्शन युवक के प्रति आकर्षित होना कोई असंगत, अनाचरणीय, अनुचित भी नहीं है। फिर सोचते कि मैंने ही कहाँ उसको अपना प्रेम प्रकट किया था...मैं तो अपने संस्कारों में बँधा उसे चाहने के साथ ही अपनी मृत पत्नी का स्मरण कर बैठता था।

उज्जयिनी में सुप्रिया का साहचर्य भी मैंने स्वीकार किया। इन दिनों भवभूति इसी प्रकार के आत्मद्वंद्व में घिरे थे। 'महावीर चरितम्' लिखे अनेक वर्ष बीत गए। कुछ नया लिखने का मन करता है...अकुलाहट होती है, पर क्या लिखें...कैसे लिखें। जीवन के झंझावात उन्हें उड़ाए फिर रहे हैं—यहाँ से वहाँ। अब पद्मावती में हूँ जिसके लिए गुरु ज्ञाननिधि ने कहा था कि पद्मावती जाओ! वह न्याय, दर्शन और शास्त्र शिक्षा का बड़ा केन्द्र है। किन्तु यहाँ तो विद्यापीठ में विशाख जैसे असहिष्णु, अविचारी तंत्राचार्य अपना वर्चस्व बढ़ा रहे हैं जिनके सम्पर्क में आकर छात्र धृष्ट, अध्ययन व चिन्तन विमुख होते जा रहे हैं। वाचस्पति, विशारद, मनीषी आचार्य चुप होकर समय बिताने लगे हैं या जनार्दन मिश्र की तरह विद्यापीठ से अलग हो गए हैं।

अब आजीविका का प्रश्न भी सामने है। अभी तक आचार्य नारायण कृष्ण के धन एवं चित्रा, हारीत के उपार्जन पर भोजन, वस्त्र, आवास की व्यवस्था हो रही है। वृद्ध आचार्य भी नृत्य सिखाने राजभवन जाने लगे हैं। कदाचित् उनके पास की पूँजी उपभुक्त (खर्च) हो गई या होने को है। मुझे भी इन पर अपनी निर्भरता समाप्त कर कुछ वृत्ति-उपाय करना चाहिए। गुरु ज्ञाननिधि ने कहा था कि पद्मावती में तुम अध्ययन के साथ अध्यापन भी कर सकते हो। अध्यापन के अतिरिक्त अन्य कुछ शिल्प तो मैं जानता भी नहीं—ऐसा ही विचार करते वह एक दिन जनार्दन मिश्र के यहाँ जा पहुँचे।

[आप कहीं भूले तो नहीं की कि मैं पद्मावती हूँ। मेरे अंचल पर जो घटित हो रहा है कवि के साथ वह बड़े ध्यान से देख रही हूँ। मैं बस घटना को देख सकती हूँ—बोलकर या कैसे भी उसमें हस्तक्षेप नहीं कर सकती...हाँ स्मृति में सहेज अवश्य लेती हूँ।]

प्रातः का समय था, पंडित जनार्दन मिश्र शिव मन्दिर में अभिषेक करने के पश्चात् शिव पंचाक्षर स्तोत्र गुनगुनाते लौट रहे थे, "नागेंद्रहाराय त्रिलोचनाय भस्मांगरागाय महेश्वराय।" भवभूति ने आगे बढ़ नतसिर हो प्रणाम किया, "देव! भवभूति का प्रणाम स्वीकार करें।"

महामना मिश्र ने प्रणाम करने वाले की ओर दृष्टि डाली, पहचाना तो उनके होंठों पर स्मित आई। उन्होंने शीघ्रतापूर्वक स्तोत्र की अगली पंक्ति पूरी की, "नित्याय शुद्धाय दिगंबराय तस्मै न काराय नमः शिवाय॥" ओह, कवि भवभूति। अहा, आइए...स्वागत है," उन्होंने पत्नी को पुकारा—"अरे अनुराधा! बाहर आकर देखो तो तुम्हारे यहाँ कौन आया है," पूजा की स्थाली चौकी पर रख एक मोंढे पर बैठने को भवभूति से कहा व दूसरे पर स्वयं बैठ गए। चौंतरे पर दो मोर निर्भय, निर्द्वंद्व घूम रहे थे। भीतर से एक हिरण भी दौड़ता हुआ आकर जनार्दन मिश्र के निकट आ खड़ा हुआ। वह हिरण की पीठ पर हाथ फेरने लगे, "यह अनुराधा ने पाला है...ममता प्रकट करने को भी कोई आलम्ब (आसरा) चाहिए ना! दैवयोग से हम निःसन्तान हैं," जनार्दन मिश्र ने स्पष्ट किया।

"ओह!" भवभूति के मुँह से निकल गया।

"नहीं, अनुताप (क्लेश) जैसा कुछ नहीं इसमें। संसार में सभी को कुछ न कुछ अभाव रहता है...उसकी पूर्ति सद्भाव से कर लेना चाहिए अन्यथा वह दुख पहुँचाता है।"

इसी समय फलाहार लेकर जनार्दन मिश्र की पत्नी आ पहुँचीं। भवभूति ने उन्हें पाँव पड़कर प्रणाम किया।

"अरे रे...ये क्या? प्रसन्न रहो, मनोवांछा पूर्ण हो। बैठो! हाँ, इनके मुँह से मैंने तुम्हारी प्रशंसा सुनी है," अनुराधा देवी ने बताया।

"यह तो इन गुरुजनों की अहेतुकी कृपा है," भवभूति और भी विनम्र हुए।

"और हाँ सुनो वत्स! भोजनकाल निकट है, ग्रहण करके ही जाना। मैं ना नहीं सुनती," कह वह पुनः भीतर चली गईं।

"इनके कहे का मान रख लो भवभूति! अपने हाथ से पकाती हैं और खिलाकर इन्हें तृप्ति मिलती है। अच्छा ये बताओ कि आना किस कारण हुआ?" जनार्दन मिश्र ने जानना चाहा।

भवभूति संकोच में घिर आए, "कैसे कहूँ देव! आया तो अपने स्वार्थ से हूँ।

वस्तुतः मैं इन दिनों पूर्णतः नृत्य आचार्य नारायण कृष्ण व चित्रा दम्पती पर निर्भर हूँ। स्वयं कुछ धनार्जन नहीं कर पाता। वेद व शास्त्र ज्ञान के अतिरिक्त पिता ने कोई अन्य विद्या या शिल्प सिखाया ही नहीं। अध्यापन को छोड़ मैं कुछ नहीं कर पाता। तो यदि कहीं मुझे अध्यापन कार्य मिल सके तो साथ वालों पर मेरा भार कम हो जाएगा," कह भवभूति भूमि की ओर देखने लगे।

"ओ ओ! मैं तो स्वयं ही तुम्हारे समक्ष ऐसा प्रस्ताव रखना चाहता था। उस दिन तुमने विशाख के उन असंगत प्रश्नों के जिस तर्क के साथ उत्तर दिये थे...सो भी किसी दंभ बिना, उससे मुझे लगा कि आचार्य बनने योग्य हो। पर तुम कवि भी हो ना! संकोच मुझे भी था कि कवि, कलाकार इच्छाचारी (मनमौजी) होते हैं। अध्यापन एक दायित्वपूर्ण कार्य है—छात्रों व संस्था के हित में बहुधा व्यक्तिगत इच्छाओं की ओर से पीठ फेरनी पड़ती है। अध्यापन को स्वयं के अनुरूप नहीं, स्वयं को अध्यापन के अनुकूल ढालना होता है। यदि तुम ऐसा कर पाओ तो मैं विद्यापीठ के कुलपति से तुम्हारे लिए चर्चा कर सकता हूँ। वह विद्यापीठ के लिए चिन्तित हैं...मैं भी चिन्तित हूँ। पद्मावती विद्यापीठ की प्रतिष्ठा बनाए रखने के लिए मैंने भी अपनी आधी से अधिक वय लगाई है। विद्वान्, पारंगत व दायित्व बोध से सम्पन्न आचार्यों की अलभ्यता के चलते इस सुप्रसिद्ध संस्थान का वैभव ढलान के निकट जा पहुँचा है।

यहाँ राज्य के पास प्रचुर धन है। पद्मावती के वणिकों की हुंडियाँ देश-देशान्तर तक प्रतिष्ठित हैं। यहाँ स्वर्ण ढालने की दसियों टकशालाएँ, धातु संगलन की कर्मशालाएँ हैं। विपणन की मंडी है। तुमने स्वयं अनुभव कर लिया होगा कि अब यहाँ चहुँओर धन व उसके अनिवार्य परिणामों की उपज विकारों का प्रसार है। विद्वान शक्ति व धन की आरतियाँ रच रहे हैं। पद्मावती में धन व पद का इतना वैभव देखकर मैं कभी-कभी भय से भर जाता हूँ कि...।

ओह, मैं भी जाने किस प्रवाह में बहकर जाने क्या-क्या कह गया। तो यदि तुम आचार्य बनने के लिए सहमति दो तो मैं कुलपति के पास जा सकता हूँ।"

इस प्रकार भवभूति को विद्यापीठ में न्याय व वेदान्त के अध्यापन का कार्य मिल गया। यह विशाख को न भाया। उसने कुछ छात्रों को उकसाकर भवभूति के विरुद्ध अपवाद फैलाया किन्तु भवभूति के यश व नवाचारी अध्यापन से प्रभावित छात्र उनके समर्थन में आ गए तो विशाख को अपना अभियान स्थगित करना पड़ा।

अब समय इस नित्यक्रम (ढर्रा) पर चलने लगा। एक दिन मिलिंद गुरु का सेवक आचार्य नारायण कृष्ण के आवास पर आया। वहाँ उस समय अकेली मंजरी व उसकी पुत्री थी। यह किन्नर भवभूति, चित्रा व नृत्याचार्य को तो पहचानता है क्योंकि ये मिलिंद गुरु के यहाँ आते-जाते हैं किन्तु मंजरी से अपरिचित था क्योंकि वह अधिकांशतः आवास पर ही रहती है, अतः वह बोला, "बहिनी! आर्य अथवा

चित्रा बहन को बताओ कि मिलिंद गुरु के यहाँ से धर्मा किन्नर आया है।"

"पर, वे तो अभी नहीं हैं, राजभवन गए हैं। आओ बैठो! मध्याह्न तक लौट आएँगे," मंजरी ने बताया।

"एक आवश्यक सन्देश है उनके लिए। आचार्य अथवा चित्रा से कहना कि गुरु के पास कोई आवश्यक सूचना है। तुरन्त भेंट कर लें," इतना कहकर सेवक लौट गया।

संध्या के समय लौटकर बिना विलम्ब किए चित्रा कुंडल गुरु के निवास पर पहुँच गई। गुरु ने बाँहें फैलाकर उसे अंक में लिया, "मेरी पुत्री इतनी व्यस्त हो गई है कि पिता के यहाँ आने का अवसर भी नहीं निकाल पाती," उपालंभ (उलाहना) के साथ गुरु ने अपने निकट बैठाया, "सुन, तुझे इस कारण बुलाया कि नरवरगृह (गढ़) से मेरी एक चेली ने मुझे यह सूचना भेजी है कि वहाँ नटों की एक टोली आकर ठहरी है। टोली में एक बावरा नट है जो सदैव अपनी कक्षा (कमर) पर खड्ग कसे रहता है। यदा-कदा पंडितों की भाषा, श्लोक बोलने लगता है। कभी मंजरी नाम लेता है तो कभी-कभी माधुरी-माधुरी चीखकर हवा में खड्ग घुमा उठता है। मुझे तो लगता है कि वह तुम्हारा साथी चन्द्र ही है। एक व्यक्ति के साथ माधुरी, मंजरी खड्ग इन सबका संयोग यूँ ही नहीं हो सकता।

"मैंने चेली को सन्देश भेज दिया है कि सब काम छोड़कर उस दल पर दृष्टि रखे। अब तो रात्रि होने को है। नरवरगृह के मार्ग में बीहड़ वन पड़ता है पर मार्ग राज्य द्वारा संरक्षित है। भोर होते ही तुम मंजरी को लेकर निकल जाओ। तुम दोनों के लिए एक वाहन लेकर मेरे दो विश्वस्त रक्षक अलस भोर में ही तुम्हारे आवास पर पहुँच जाएँगे," इतना बताने के पश्चात् मिलिंद गुरु ने चित्रा के हाथ में एक थैली दी, "इसमें कुछ मुद्राएँ हैं—सम्भव है तुम्हें आवश्यकता पड़ जाए। अँ हँ, पिता की दी हुई वस्तु लौटाई नहीं जाती। मेरे आवास में इतना वैभव भरा पड़ा है कि तुम जैसी दसियों पुत्रियों को राजकुमारियों की भाँति पाल सकता हूँ। पर यह मेरा नहीं है...गुरुओं का न्यास है जिसे मुझे किसी अपने जैसे को ही सौंपना है। पर इस थैली में मेरा निज का है," कहते हुए गुरु की भारी आवाज़ में अवरोध हुआ... आँखें पनीली हो आईं, "हाँ, मंजरी को मात्र यही कहना कि मेरे कार्य से तुम नरवर जा रही हो और तुम्हें साथ ले जाने को कहा है। क्योंकि वह बावरा यदि उसका चन्द्र न निकला तो मंजरी को गहरा आघात पहुँचेगा।"

चित्रा ने लौटकर आचार्य व भवभूति को पूरा विवरण दिया व मंजरी को ब्रह्म मुहूर्त में ही तत्पर होने को कहा। उसकी बेटी तो आचार्य के साथ इतनी जुड़ गई है दिन तो क्या सप्ताह, पखवारे भर भी बिना माँ के आकुल, अशान्त न हो।

प्रातः ही निकलकर मध्याह्न तक उन्होंने मार्ग के तीन में से दो पड़ाव पार कर लिए, मार्ग यूँ भी निरापद व सुगम है नरवर वैसे भी पद्मावती का पूरक नगर

है, समृद्धि में कम नहीं अतः पद्मावती से नरवर (गढ़) के बीच सैनिक, राजकर्मी, व्यवसायी, यात्रियों की निरन्तर आवाजाही बनी रहती है। पड़ावों पर पांथागार, विश्रामालय बने हैं। स्थान-स्थान पर वापी, कूप, तड़ाग, निर्मित कराए गए हैं। कहीं निकट कहीं कुछ दूर सिंध बहती ही है। मार्ग में अनेक ग्राम हैं।

दूसरे पड़ाव के पश्चात् द्विचक्री अश्वरथ पुनः हाँक लिया गया। रक्षक पैदल ही साथ-साथ चल रहे थे। दिन का चौथा प्रहर लगते-लगते यह दल नरवर पहुँच गया। नगर परिधि के भीतर प्रवेश करने पर सीधे आगे पहाड़ी पर दुर्ग बना है। सिन्ध नदी इसके पीछे पश्चिम की ओर से बहकर उत्तर दिशा को मुड़ जाती है। चारों ओर से पत्थर की सुदृढ़ ऊँची प्राचीन के घेरे में बने दुर्ग पर दूर से ही चमकने वाले भवन और भी ऊँचे, विशाल तथा भव्य दिखने लगते हैं। चित्रा मंजरी को नल-दमयंती की कथा का स्मरण हो आया। कुछ ही समय में यह रथ मदनसुन्दरी नाम के किन्नर के द्वार पर जा ठहरा।

मदनसुन्दरी यहाँ वैसी ही सुपरिचित है जैसे पद्मावती में मिलिंद गुरु। यहाँ के सभी प्रतिष्ठित, प्रतापी, प्रसिद्ध लोग न केवल उसे जानते अपितु उसका मान भी करते हैं। यहाँ मार्गों पर पद्मावती जैसी भीड़-भाड़ नहीं दिखती क्योंकि आसपास फैले विंध्याचल के विस्तार में धातु अयस्क (कच्ची धातु), मिश्र धातु, ताम्र, पारद, सीसक के आगर (खदान) साथ ही गेरू, चूना, खरिया, हरित पीत रक्त पत्थर के श्रोत हैं। धातु गलाने, शोधन की भट्ठियाँ हैं तो विभिन्न प्राकृतिक रंग बनाने के संयंत्र हैं। अतः लोग व्यस्त रहते हैं।

मुस्कराहट के साथ दोनों को भीतर लेकर मदनसुन्दरी ने अपने परिचर को रथ के साथ आए रक्षकों, रथवाहक तथा अश्वों के आहार-विश्राम की व्यवस्था करने को कहा फिर दोनों को अपने कुटुंबी की भाँति निजी कक्ष में बिठाकर कहा, "मेरा नाम तो जान ही चुकी हो, अब अपना-अपना नाम बताओ।"

चित्रा ने दोनों के नाम बता दिए। मंजरी यह समझने का प्रयास कर रही थी कि चित्रा यहाँ किस कार्यवश आई है।

"अच्छा, अब तुम चाहो तो स्नानादि कर लो। किंचित् स्वल्पाहार लेकर घड़ी-आधी घड़ी विश्राम कर कोई एक मेरे साथ चलना मेरी संगिनी बनकर। मैं समझती हूँ कि तुम्हारा चलना ठीक होगा," मदनसुन्दरी ने मुस्कराकर चित्रा की ओर देखा, "हाँ, वस्त्र जरा ढंग से बाँधना होगा कि पेट चुगली न करे।"

"हाँ," चित्रा भी मुस्कराई।

"नाटक में अभिनय करती हो तो कभी किन्नरी का अभिनय किया है? नहीं किया तो आज कर लो। आधा प्रहर बीत ले तो चलेंगे। अधिक दूर नहीं हैं उनके डेरे।"

डेरे शब्द सुनकर मंजरी चौंकी। अभी तक यूँ ही बीच में मुस्कराने के अतिरिक्त

वह यहाँ कुछ बोली न थी, "किन डेरों की बात कर रही हो बहन!...मैं क्या अकेली रहूँगी यहाँ।"

"उस कार्य के लिए चित्रा ही उपयुक्त है। हम शीघ्र लौटती हैं। माता पसरदेवी की कृपा हुई तो तुम्हारा मनोरथ भी फलेगा।"

"पसरदेवी! देवी का यह नाम तो पहली बार सुन रही हूँ," मंजरी उत्कंठा प्रकट करती हुई मुस्कराई।

"पसरदेवी नाम तो प्रजा में प्रचलित है। ये राजा नल की आराध्य देवी हैं। इन्हीं की कृपा से राजा नल को खोई हुई दमयंती और खोया हुआ राज्य पुनः मिला था। नरवरगढ़ की संकट-मोचक परिपालक हैं वह। वह चूँकि लेटी हुई अथवा विश्राम की अवस्था में है अत: लोग इन्हें पसरदेवी कहने लगे। तुम भी यहीं से ध्यान करो इनका...तुम्हारा संकट भी शीघ्र दूर हो जाएगा। हम शीघ्र ही लौटती हैं।"

मदनसुन्दरी ने दो किन्नर और बुला लिए थे जिनमें एक वह भी था जिसने सूचना दी थी। चारों पैदल ही पहाड़ी की तलहटी में नटों के डेरे पर पहुँच गए। अधिकांश नट व कुछ नटिनी खेला दिखाने कहीं निकले हुए थे। डेरों के बीच वृद्धाएँ व कुछ बच्चे थे। मदनसुन्दरी का दल तालियाँ फटकारता उन वृद्धाओं के निकट पहुँचा, "ऐ हे काकी! यहाँ तो सब सूना-सूना पड़ा है।"

"सब लोग काम पर गए हैं," वृद्धा ने बताया।

"अरे वा, तो क्या हमें खाली हाथ लौटना पड़ेगा? अच्छा यहाँ किसकी कोख फली है? सुना है लाल जन्मा है," मदनसुन्दरी के साथ वाली किन्नर ने पूछा और वृद्धा के पास बैठ गई।

"यहाँ तो किसी के परिवार में मूषक भी पैदा नहीं हुआ, तुम लाल की बात करती हो," वृद्धा ने बताया।

"पर हमें पक्का पता लगा है कि तुम्हारे डेरों में नया जीव आया है—टालो मत काकी। नेग लिये बिना नहीं जानेवाली मैं," मदनसुन्दरी ने ताली फटकारी और वृद्धा के पास बैठ गई।

"अरे मैं सच कह रही हूँ भागवान! किसी ने तुमसे परिहास किया है। हमारे टोल में एक पूर्ण युवक अवश्य साथ लग लिया है—चार-पाँच माह पहले। कुछ बौराया सा है। यूँ डेरे का हर कार्य कराता है—पाती लाता है, काष्ठ के ढेर लाकर पटक देता है। गदहों, खेचरों, वलीवर्दों (बैल) की साज-सँभार कुछ भी सौंप दो। पर कहीं खोया सा रहता है। सोते-सोते पंडितों की बोली और मंत्र बोलने लगता है," वृद्धा ने बताया।

"अच्छा आ!" मदनसुन्दरी ने आश्चर्य प्रकट किया, "कहाँ है? हम भी तो देखें संस्कृत बोलते नट को।"

"अरे क्यों हिरांसा (परेशान) करते हो बेचारे को," वृद्धा ने सहानुभूति प्रकट की।

"काकी! मैं किसी बेचारे, समय के मारे को हिरांसा काहे को करूँगी पर स्यात् उसको हँसा सकूँ...थोड़ा मनोरंजन कर उसका दुख बाँट सकूँ। अच्छा, हमीं जाते हैं उसके पास...उधर से ही निकल जाएँगे।"

वृद्धा को अभिवादन कर मदनसुन्दरी खड़ी हुई। चारों उस युवक की ओर बढ़ गईं जो पेड़ की उभरी हुई मूल पर बैठा दूर कहीं ताक रहा था।

"चन्द्र!" मदनसुन्दरी ने धीरे से पुकारा।

युवक ने ग्रीवा घुमाकर देखा।

"तुम चन्द्र हो ना!" पुनः पूछा मदनसुन्दरी ने।

"हाँ, पर तुम्हें मेरा नाम किसने बताया?"

"बताऊँ?"

"यही तो पूछ रहा हूँ।"

"तो ओ ओ, बता दूँ?" वाक्य लम्बा खींचा मदनसुन्दरी ने।

"अच्छा बता दिया होगा किसी ने...अब कृपा कर यहाँ से जाओ। हाथ जोड़ता हूँ," चन्द्र हाथ जोड़ खड़ा हो गया।

"तुम्हें मंजरी से मिलना है?" मदनसुन्दरी मुस्कराई।

"हाँ, पर तुम्हें इससे क्या...। तुम्हें मिली है वह कहीं!" उत्तेजना में चन्द्र की आँखें भर आईं। आँसू छलछला उठे।

"लो! इससे मिलो!" कह मदनसुन्दरी ने आँसू रोकती, पोंछती चित्रा सामने कर दी।

चन्द्र ने देखा...अपनी आँखें मलीं...पोंछीं..."नहीं, यह स्वप्न नहीं है। तुम तो चित्रा हो ना?" चन्द्र ने आतुरता से चित्रा पर दृष्टि टिकाई।

चित्रा ने आगे बढ़ चन्द्र की बाँह पकड़ ली, "हाँ चन्द्र! निस्सन्देह मैं चित्रा ही हूँ और यह स्वप्न नहीं वास्तविकता है।"

चन्द्र को कुछ न सूझा उसने हहराकर चित्रा को भेंट लिया। अब आँसुओं के बँध खुल गए। मदनसुन्दरी के साथ आए किन्नर भी अपने आँसू पोंछ रहे थे। कुछ क्षण पश्चात् चन्द्र अलग हुआ। रुआँसे स्वर में पूछा, "और मेरी मंजरी?"

"वह और तुम्हारी पुत्री सकुशल हैं। कवि श्रीकंठ भी साथ हैं, अब उनका नाम भवभूति है," चित्रा ने बताया, "हाँ, आर्य सोमदत्त...।"

"यह दुखद सूचना मुझे बहुत पहले मिल गई थी। हाँ, यह पश्चात्ताप है कि मैं माधुरी को सुरक्षित न रख सका। जाने कहाँ होगी?" चन्द्र के शब्द जैसे कंठ से ही घायल होकर निकल रहे थे।

"महादेव की कृपा है कि उससे भी भेंट हो गई है। पद्मावती में ही है।"

"आह! आज का दिन," चन्द्र वहीं बैठ गया। कुछ क्षण बैठा रहा फिर आकाश की ओर देख भूमि पर माथा टेक दिया।

“अब चलो!” मदनसुन्दरी ने पीठ थपथपाई। चित्रा ने परिचय दिया, “यह दीदी मदनसुन्दरी हैं। इन्हीं की कृपा से...।”

मदनसुन्दरी ने बीच में ही हस्तक्षेप कर रोक दिया, “शेष बातें घर पहुँचकर होंगी।”

“मुझे इन साथियों को भी सूचित करना, उनका आभार प्रकट करना होगा, जो इतने दिनों से मुझे आश्रय दिए हैं व स्वजनों से मिलाने के लिए चिन्तित रहे हैं,” चन्द्र ने मदनसुन्दरी की ओर देखा।

“अवश्य ही। हम कुछ बेर में पुनः लौटकर आएँगे। अभी डेरों में वृद्ध काकी व कुछ बच्चों के अतिरिक्त कदाचित् कोई नहीं है,” चित्रा बोली।

“सभी लोग सूर्यास्त तक लौटते हैं। कुछेक दो-दो, तीन-तीन दिन का फेरा भी लगाते हैं,” चन्द्र ने बताया, “अच्छा, मैं वृद्धा मासी को कुछ बेर में लौटने की कहकर आता हूँ,” कह चन्द्र डेरों की ओर चला गया। उसके कटि प्रदेश पर खड्ग झूल रहा था। प्रसन्नता में पाँव जहाँ के तहाँ पड़ रहे थे।

लौटकर वह किन्नर दल के साथ हो लिया। अभी उसे सूचना नहीं दी गई कि मंजरी यहीं है, “मंजरी सकुशल है?” चित्रा से जानना चाहा उसने, “पद्मावती में ही है, पुत्री सहित?”

“हाँ, और उतनी ही सकुशल है जितने तुम...तुम्हारे लिए इतनी ही बावली...,” चित्रा ने कहा।

“स्वस्थ हैं...दोनों?”

“अभी बताया ना तुम्हें!” चित्रा ने कृत्रिम रोष दिखाया तो सभी हँस पड़े।

मार्ग में चलते हुए मदनसुन्दरी ने चित्रा को अलग छेंककर कुछ कनवार्ता की और निवास पर पहुँच चन्द्र से कहा, “जाओ, भीतर देवी के दर्शन कर लो। हम यहीं द्वार पर हैं। देवी का बुलावा होगा तब हम आ जाएँगी।”

“देवी का बुलावा कैसे होगा?” चन्द्र ने मदनसुन्दरी के विश्वास पर अविश्वास प्रकट किया।

“जैसे तुम्हें बुलाया है। अन्यथा आराधना के पश्चात् तुम भी लौट आना।”

इसके पश्चात् मदनसुन्दरी के आँगन में क्या घटित हुआ...कैसे दृश्य निर्मित हुए...मुँह ने कैसी कथा कही...आँसुओं, हिचकियों ने जाने कितना सुनाया और फिर भी जाने कितना अनकहा रहा यह तो वह समय जानता होगा या समय के देवता। हाँ, घड़ी भर पश्चात् मंजरी व चन्द्र बाहर आए। दोनों ने अपने सिर मदनसुन्दरी के पाँवों पर रख दिये।

21

उथल-पुथल, चिन्ता, अवसाद भरे वर्षों के पश्चात् दिन बहुरे से लगने लगे। नाट्य-दल अब व्यवस्थित रूप लेने लगा। चित्रा को अब भी राजमहालय के अन्त:पुर से वृत्ति मिलती थी और नृत्याचार्य नारायण कृष्ण से शिक्षा लेती व सीखती वह नृत्य में पारंगत हो चली थी। माधुरी नृत्य का उतना न एकान्त अभ्यास कर सकती थी न उसे नृत्यु गुरु का सतत सान्निध्य था किन्तु राजकन्याओं का साथ देते व स्वत:स्फूर्त अध्यवसाय (साधना) से उसने भी कुशलता अर्जित कर ली थी। शास्त्रीय नृत्य के संयोग ने मयूरी और सारिका के नृत्य में ऐसी आँच तथा भंगिमाओं में वह बाँकपन जोड़ दिया था कि अनेक धनपति उनकी माँओं के आगे स्वर्णमुद्राओं की थैलियाँ लहराते फिरते। दोनों अपनी पुत्रियों को समझातीं कि यौवन अधिक दिन नहीं ठहरता। ज्वार की भाँति चढ़ता और भाटे की तरह उतर जाता है। वेश्या हो या गणिका उसे चाहिए कि चढ़ाव से उतार तक जितना सम्भव हो धन एकत्र कर ले। वह कहतीं, "सुनो पुत्री! हमारे शास्त्र में कहा गया है कि "न त्वेव शासनातिवृत्ति:' अर्थात् वेश्या कभी भी ऐसा न करे कि माँ (या मासी) का कहना न माने। हाँ, नायक के समक्ष कृत्रिम विवाद कर सकती है कि—'मैं तो इनसे ही मिलूँगी...यही मेरे प्रिय हैं' आदि। पर—'मात्रा बिना किंचिन्न चेष्टेति'—अर्थात् माँ न कहे तो नायक (ग्राहक) की शैया पर भी न जाए। माना कि नाटकवालों की संगति से तुम्हारे भीतर स्यात् कुलीन, शीलाचार भाव वाली स्त्री जैसी होने की कामना जाग उठी हो किन्तु नाटक में ही तो कहा गया है कि—'एता हसन्ति च रुदन्ति च वित्त हेतो'—तो वेश्या धन के लिए ही हँसती या रोती है। क्या करें, भाग्य ने हमारे लिए यही कर्म और धर्म निर्धारित किया है।"– सारिका की माँ ने दुखी स्वर में विवशता प्रकट की।

'पर माँ, यह तो पहली पंक्ति है। शास्त्र से अपने हित की पंक्ति चुनकर अधूरे उदाहरण से भ्रम न फैलाओ। इसी श्लोक में आगे कहा गया है कि वे पुरुषों को विश्वास दिलाती हैं, लेकिन स्वयं उनका विश्वास नहीं करतीं। इसलिए शीलवान् पुरुष को चाहिए कि—'वेश्या: श्मशान सुमना इव वर्जनीया'—अर्थात् वेश्या श्मशान में शव पर चढ़े पुष्प की भाँति त्याज्य है।"– सारिका ने किंचित् रोष के साथ माँ को उत्तर दिया।

मयूरी की माँ ने भी समझाया—"बेटी, तुम कला सीख रही हो—सीखो! अभिनय-पटु वेश्या बहुत सफल होती है—अपने यत्न, कर्म और प्रयोजन में।... जीवन में भी।

देखो ना! कितने श्रेष्ठिपुत्रों, राजन्यों में तुम्हें पाने की लालसा जाग उठी है किन्तु हमें तो सर्वाधिक सम्पन्न व उदार ही चुनना होगा ना। पर तू निश्चिंत रह...

मैं कर लूँगी ये सब। देखो! पुरुष रूप के साथ विशेषता पर भी आकर्षित होता है पर मैं देख रही हूँ कि तू जितनी प्रसिद्धि पाती जा रही है...तो वेशभूषा के प्रति असावधान होने लगी है। कुछ बनी, सँवरी रहाकर। कहा तो यह गया है कि हमें सदैव सजकर रहना चाहिए।"

मयूरी की माँ का स्वर किंचित् कठोर भी हुआ, "सदाचारिणी, कुलीन दिखने में कोई हानि नहीं पर एक बात सदैव स्मरण रखना कि हम जिस धर्म से बँधे हैं उसमें धन ही प्रधान होता है। वेश्या एकाचारिणी अर्थात् एक पुरुषव्रती बन भले जाए पर है वह वेश्या ही। वेश्या-भविष्य सुरक्षित करने के लिए तुम्हें किसी और पर नहीं मुझ पर ही विश्वास करना होगा।"

"माँ, वेश्या के भविष्य पर बाद में सोच लेंगे। अभी तो हमें गुरु-दक्षिणा में गुरु जी का स्वप्न पूरा करना है," मयूरी बोली।

"लो, अब ये गुरु जी कहाँ से आ कूदा—कहीं तुम भवभूति के प्रति तो आकर्षित नहीं हो गई हो। सुन्दर, सुयोग्य सही पर निर्धन ब्राह्मण है वह," मयूरी की माँ के सुख पर आशंका जागने लगी।

"उसके लिए तो मैं भिक्षुणी, योगिनी भी बन सकती हूँ किन्तु हमारे गुरु नारायण कृष्ण हैं...नृत्याचार्य। उनका एक स्वप्न है कि 'स्वप्नवासवदत्तम्' नाटक को नृत्यनाट्य के रूप में प्रस्तुत करें। विशिष्ट प्रयोग होगा वह। गुरु जी भवभूति के साथ इसकी रूपरेखा बना रहे हैं। कदाचित् इस माह के अन्त तक उसका परिकल्पन पूरा कर लेंगे। फिर अभ्यास आरम्भ होगा कि वसन्तोत्सव पर प्रदर्शन हो सके। मेरी व सारिका की महत्त्वपूर्ण भूमिका रहेगी उसमें। नाट्य में नृत्य व संगीत की प्रधानता होगी। मैंने तो ऐसा प्रयोग बस अभी सुना भर है—तुमने कहीं, कभी देखा है माँ?

कहते हैं नितान्त भिन्न प्रकार का संयोजन होगा वह। सभी को बहुत श्रम करना है, व्ययसाध्य भी होगा। मिलिंद गुरु ने वेशभूषा व मंचसज्जा का व्ययभार उठाने के लिए आश्वासन दिया है और देवी चारुमती वाद्ययंत्रों को क्रय करने, गायन-वादन की व्यवस्था में सहयोग करेंगी।"

"हे माँ, क्या समय आ पहुँचा। अब वेश्याएँ और षंड पुरुष भी नृत्य, संगीत, नाट्य के संरक्षक हो उठे। नरेश सुनेंगे तो जाने क्या कहें...जाने क्या कर दें? कहो, इस पूरे दल को राज्य से ही निकाल दें।"

मयूरी की माँ यह सब समझ नहीं पा रही थी। वह वेश्या के घर जन्मी, पली-बढ़ी और वेश्या का ही जीवन जिया और जाना है। जीवन, जिसके आकाश पर सदैव वृद्धावस्था का भय तना रहता है। उस भय से त्राण का एक ही उपाय उसे ज्ञात है कि यौवन रहने तक अधिकाधिक धन अर्जित करते हुए अपनी पुत्रियों को भी इस व्यवसाय में पारंगत कर लो। वह अपनी पुत्री के भविष्य के प्रति चिन्तित

हो उठी।—इन हिजड़ों का क्या है, कोई आगे न पीछे। रही चारुमति तो अनेक श्रीमन्तों, श्रेष्ठियों को निचोड़कर अब कला-संरक्षण का यश बटोरना चाहती है।

जो हो...उसे तो अपनी पुत्री की वल्गा (लगाम) कसना है अन्यथा उसका जीवन अंधकार में घिर जाएगा। इसी पद्मावती में सैकड़ों वेश्याएँ ऐसी हैं, जो रोगों व भूख से लड़ती हुई भीख माँग-माँगकर नारकीय जीवन जी रही हैं। अपने हित-उपदेश की मयूरी द्वारा की जा रही उपेक्षा से खिन्न अपनी व्यथा बाँटने और पुत्रियों के हित का मार्ग खोजने वह सारिका की माँ से चर्चा के लिए निकल गई।

भवभूति की प्रबल इच्छा थी कि अब एक बार पुनः 'महावीर चरितम्' का मंचन हो जिसमें माधुरी सीता का अभिनय करे। 'प्रतिमा' नाटक में अभिनय करती माधुरी की छवि बारंबार उनकी आँखों में तैरने लगती थी और कानों में मधु की बूँदों-सी झरती कांसे की किंकणियों जैसी वह आवाज़ बजने लगती है—'पारयत्यार्यपुत्रोऽलीकमपि सत्यमिव मंत्रयितुम' (आप असत्य को भी सत्य सिद्ध कर सकते हैं)। इसी मधुर आवाज़ में वह महावीर चरितम् के संवाद कहे—'अपि समाप्तः स वनवासस्यावधि' (वनवास की वह अवधि बीत गई?) और भवभूति अपनी प्रिय कल्पना के आह्लाद में भीग जाते।

इसकी चर्चा करने में उन्हें संकोच इसलिए था कि आचार्य नारायण कृष्ण भी इस समय अपने स्वप्न की पूर्ति का अवसर देख रहे हैं। उन्होंने तो नृत्य-नाट्य की नृत्य गतियों, समूह नृत्य, शुद्ध, लास्य आदि के संयोजन की रूपरेखा बनानी भी आरम्भ कर दी है। इसके बीच में हस्तक्षेप कर अपने नाटक के लिए कहना उचित प्रतीत न होता था।

कुछ दिनों तक तो भवभूति अपनी लालसा दबाए रहे पर अधिक दिन हुलक दबाए न रख सके और एक दिन विद्यापीठ जाते-जाते अपना मन्तव्य प्रकट कर दिया।

नारायण कृष्ण क्षण भर के लिए उनका मुँह ताकते रह गए फिर पास बिठाकर कहा, "भवभूति, तुम विद्वान हो, आचार्य हो। मैंने तो गुरुजनों से बस नाचना सीखा है और नाचता रहूँगा जब तक देह साथ देगी। जहाँ अवसर मिलेगा...साधन उपलब्ध होंगे। निश्चय ही मेरा भी स्वप्न है—"स्वप्न वासवदत्ता' को नृत्य में बाँधने का। मैं स्थगित भी कर सकता हूँ इसे, वर्षों से स्थगित ही तो है। हम सब मिलकर तुम्हारे नाटक का मंचन करेंगे, किन्तु मेरी इच्छा है...और यह सुझाव भी है कि वह नाटक नया हो। ठीक है कि 'महावीर चरितम्' अच्छा रूपक है। इसे प्रेक्षकों की प्रशंसा भी मिली है। पर विद्वज्जनों ने इसे श्रेष्ठ नहीं कहा है। मैं चाहता हूँ तुम नया और श्रेष्ठ लिखो तथा मैं उसके अभिनीत होने में सहयोगी बनूँ।"

"कोई रूपक इतनी शीघ्र अपना रूप नहीं ले पाता आर्य! इसमें वर्षों लग जाते हैं। मेरा यह नाटक भी वर्ष भर में पूरा हो पाया और इसके उचित रूप से प्रदर्शन के लिए भी चार वर्ष प्रतीक्षा करनी पड़ी।"

"मैं समझ सकता हूँ यह सब, पर तुम्हें नया और अपने पहले से उत्कृष्ट तो रचना ही चाहिए। शुभचिन्तक हूँ तुम्हारा। उज्जयिनी मैंने भी छोड़ी है कि तुम्हारे साथ कुछ स्मरणीय मैं भी कर सकूँ। मेरा कहा तुम्हें अप्रिय लग रहा होगा, पर क्या करूँ—मुझे लगता है कि यही तुम्हारे और हम सबके हित में है। 'वासवदत्ता' के परिकल्पन में तुम स्वयं को भी तो विकसित होते पा रहे होगे।

"हाँ, तुम्हारी प्रबल इच्छा है तो 'सरस्वती पंचमी' पर 'महावीर चरित्' का प्रदर्शन भी कर लो। दोनों का अभ्यास करने से यह अवश्य होगा कि दोनों को पूरा समय न मिल सकेगा। प्रवीणता के लिए समय और श्रम दोनों चाहिए। ठीक है—सब लोग बैठकर विचार किए लेते हैं।" कहकर नारायण कृष्ण ने उस दिन चर्चा समाप्त कर दी।

धीरे-धीरे अभ्यास में वासवदत्ता का वातावरण बनने लगा। कुछ गायक, वादक भी आ जाते। नारायण कृष्ण सूत्रधार के प्रवेश का दृश्य समझाते हैं—"नांदी नहीं होना है अपितु सीधे सूत्रधार मंच पर प्रवेश करता है...यूँ।"—वह आँगन के एक स्थान पर तत्पर खड़े हो जाते हैं। मृदंग और वेणु पर वीरता प्रतिष्ठा के द्योतक मालकोस के स्वर फूटते हैं जिनसे ताल मिलाते हुए विशिष्ट चाल, हस्तगतियों, भावधरणि के साथ स्वयं नारायण कृष्ण प्रवेश करते हैं...सूत्रधार बनकर। पार्श्व में गायक के बोल हैं—

उदयनवेन्दुसवर्णावासवदत्ताबलौ बलस्य त्वाम्।
पद्मावतीर्णपूर्णौ बसन्तकभ्रौ भुजौ पाताम्॥

[उदयकाल के नए चन्द्र समान वर्ण वाले, मदिरापान से अशक्त, कमलों के समान कोमल और वसन्त ऋतु के सादृश मनोहर, बलराम की भुजाएँ आप लोगों की रक्षा करें।]

निहित अर्थ के अनुसार नारायण कृष्ण ने शब्द और संगीत का नृत्यानुवाद प्रस्तुत करते हुए बताया कि—नृत्य नाट्य लय ताल के धागों में बुना जाता है।

भवभूति, चित्रा, हारीत, मंजरी, चन्द्र, सारिका, मयूरी सहित गायक और वादक भी आचार्य की प्रस्तुति के लाघव को देखकर प्रमुदित हो उठे। आरम्भ ही प्रतीति देने लगा कि यह नृत्य नाट्य विशिष्ट होगा। सभी ने प्रशंसा के भाव से आचार्य को देखा। थोड़ा-सा मुस्कराकर वह अपने उत्तरीय से मस्तक का पसीना पोंछने लगे।

भवभूति ने पूर्व में भी वासवदत्ता का अभिनय देखा है—पहले चन्द्रपुर फिर अवंति में...किन्तु यह आरम्भ ही कुछ अधिक कलापूर्ण, कुछ विशिष्ट है। आचार्य ठीक ही कहते हैं कि मुझे कुछ नया, कुछ विशेष ही रचना होगा। एक संकल्प सा

उनके भीतर जागने लगा और उस संकल्प की धुंध के पीछे कहीं से माधुरी की छवि भी झाँकने लगी।

वसन्तोत्सव पर 'स्वप्नवासवदत्ता' के नृत्य नाट्य ने पद्मावती का मन मोह लिया। पंडित प्रवर जनार्दन मिश्र, मिलिंद गुरु चारुमती, विद्यापीठ के आचार्य सभी कला-मर्मज्ञों ने इसकी भूरि-भूरि प्रशंसा की। नरवरगढ़ से मदनसुन्दरी को भी बुलाया गया था। अगले ही दिन महामात्य अनुग्रहनारायण से प्रस्ताव मिला कि—"महामहिम नरेश व महादेवी की इच्छा है कि राजन्य परिवारों के लिए राजमहालय में इस नृत्य नाट्य की प्रस्तुति हो। अत: शीघ्र तिथि निश्चित कर मुझे सूचना पहुँचाने का कष्ट करें।" राजाज्ञा की इच्छा समझकर तीन दिन पश्चात् चौथे दिन की सूचना पहुँचा दी गई।

दो दिन का विश्राम, फिर एक दिन पुन: अभ्यास और अगले दिवस राजमहालय के प्रांगण में नृत्य नाट्य हुआ। 'स्वप्न वासवदत्तम्' की कथा को नृत्य नाट्यानुकूल बनाने के लिए यहाँ भी भवभूति का उल्लेख किया गया। माधुरी ने मगध राजकुमारी की भूमिका का निर्वाह किया था। नारायण कृष्ण ने जाने क्यों माधुरी को द्वितीय क्रम की भूमिका दी...वासवदत्ता के रूप में प्रथम क्रम पर मंजरी को रखा था। उदयन की भूमिका में चन्द्र था ही।

महादेवी का भ्रातापुत्र अधिराज अपनी पत्नी के साथ आया था। प्रस्तुति के पश्चात् जब महाराज व महादेवी कलाकारों को अंगवस्त्रादि देकर सम्मानित कर रहे थे तब वह नरेश के पार्श्व में जा खड़ा हुआ और माधुरी को विशेष पुरस्कार के रूप में अपनी रत्न जटित मुद्रिका उतारकर भेंट की। एक क्षण के लिए तो नरेश व महादेवी भी स्तब्ध हो अचकचा गए। माधुरी ने ऐसी स्थिति की कल्पना भी न की थी। वह अस्वीकार कर नहीं सकती थी, स्वीकार कर न पा रही थी। महादेवी को ज्ञात है कि अधिराज माधुरी को उपपत्नी बनाने के लिए उत्सुक है। नरेश की भौंहें तनती देख महादेवी ने अधिराज के हाथ से अंगूठी झपटकर अपने हाथ में ले ली व सबको सुनाते हुए कहा, "मन्दिरा राजपुत्रियों की हला व अन्त:पुर की सदस्य है। कलाकारों के समूह में से छाँटकर स्वजन को पुरस्कृत नहीं किया जाता," फिर वह अधिराज की ओर मुड़ीं, "अधिराज! पुरस्कृत ही करना है तो यह मान सभी कलाकारों को मिलना चाहिए। क्या ऐसा कर सकोगे?" कह महादेवी ने एक तरजती (डाँट) बरजती दृष्टि अधिराज पर गड़ा दी। आगे जोड़ा—"महामहिम नरेश के सम्मान के पश्चात् और उसकी तुलना में यहाँ कोई अन्य पुरस्कार स्वीकार्य न होगा।"

महाराज की तनी हुई भृकुटि सहज हुई। मन्दिरा या माधुरी की थम-सी गई साँस पुन: चल उठी। हतप्रभ से खड़े कलाकारों, दर्शकों ने आश्वस्ति की साँस ली और सफल प्रस्तुति पर अवसाद की हल्की-सी रेखा खींचकर कार्यक्रम समाप्त हुआ।

पर राजमहल में नाट्य के लिए अस्थायी रूप से बनाए गए सज्जाकक्ष में नाट्य-दल के चेहरों पर वह प्रसन्नता नहीं थी जो प्रस्तुति के पश्चात् देखने को मिलती है। लोग गुपचुप से थे। वह खिलखिलाहट, परिहास, छेड़छाड़ अनुपस्थित थी जो सफलता की सांत्वना में प्रकट होती है।

आचार्य नारायण कृष्ण ने मंच सज्जा की सामग्री, वेशभूषा-पिटक (सन्दूक) वाद्ययंत्र, पात्र, पिटारियाँ, चन्दोवा, वितान, अवतान, आच्छादन, खम्भा, खूँटा आदि सामग्री स्वयं के प्रबन्धन में शकटिकाओं पर लदवाकर भिजवाई। दो कलाकार साथ भेजे कि सभी समुपकरण सावधानी से उतारें। सभी कलाकार एकत्र हुए...माधुरी को उसके कक्ष तक पहुँचाकर सभी अपने आवास पर आए। शेष रात्रि सामूहिक रूप से खेचराल (खिचड़ी) के आहार पर ही काटनी थी क्योंकि इतनी रात बीते भोजन पकाया जाना कठिन था।

अब नाट्य की ख्याति और भी फैल गई। स्वयं नरेश आचार्य नारायण कृष्ण व भवभूति को पहचानने लगे। विद्यापीठ में भी छात्र, सहृदय पंडित, कोविदों में भवभूति प्रतिष्ठित हुए। पं. जनार्दन मिश्र तो पूर्व से ही आत्मीय थे—नगर के अन्य मनीषी, ग्रंथी, विशारद भवभूति से परिचय, मैत्री के लिए आकर्षित होने लगे।

विशाख यह सहन न कर पा रहे थे। उन्होंने बिना कारण ही भवभूति से ईर्ष्या साध ली थी और भवभूति के उपहास व अवमानना का अवसर खोजते रहते थे। तंत्र के भय व आकर्षण में कुछ लोग व छात्र उनके साथ लगे रहते थे। भवभूति की इच्छा के अनुरूप नारायण कृष्ण ने 'महावीर चरितम्' का अभ्यास आरम्भ करवा दिया। यदा-कदा 'वासवदत्ता' का भी अभ्यास होता। वस्तुतः उन्होंने प्रकट नहीं किया था कि गंगा दशहरा के पर्व पर सूर्यपुत्री यमुना के तट पर कालप्रियानाथ की प्रसन्नता हेतु विशेष आयोजन किया जाता है जिसमें उपासना, आराधना के साथ सप्ताह भर चलने वाला नाट्योत्सव भी शामिल है। एक बार उज्जयिनी वाले नाट्यदल के साथ नृत्याचार्य वहाँ पहले भी जा चुके हैं। ग्रीष्म के उन कठिन दिनों में दिन की यात्रा सुगम नहीं होती व रात्रि की यात्रा में अँधेरे के साथ अनेक भय जुड़े हैं पर नदियों में इन दिनों जल स्तर घट जाने से यात्री व व्यापारिक दलों को पार करने के ठौर मिल जाते हैं। छोटे व जोड़ने वाले मार्ग भी मँजकर स्पष्ट व साध्य हो लेते हैं। सम्पन्न जन स्थान-स्थान पर विश्राम, सुरक्षा की व्यवस्था करते हैं, विशेषतः दशहरा-पर्व के अवसर पर तो पुण्यार्थियों के लिए सदावर्त (लंगर) भी गाँव-गाँव लगते हैं। सिंध को यदि पद्मावती में ही पार कर लिया जावे तो आगे कोई बड़ी नदी नहीं हैं। वर्षारंभ अर्थात् आर्द्रा नक्षत्र में रवि के प्रवेश का योग प्रायः आषाढ़ मास की अमावस्या के पश्चात् वा उसके आस-पास ही होता है और इतने दिन में अस्सी कोस का जाना और लौटना सुगमता से हो लेता है।

महीने भर के अतिरिक्त अभ्यास में नृत्यनाट्य और भी परिष्कृत हो गया।

भवभूति के नाटक में अभ्यास के लिए चित्रा ने महादेवी से पूर्व में ही माधुरी की अनुमति पा ली थी किन्तु मन्दिरा का प्रतिदिन प्रातः जाकर सायं तक लौटना उन्हें राजमहल की मर्यादा के प्रतिकूल लगने लगा। वह राजकुमारियों के सुशिक्षित, कला-प्रवीण होने तक समर्थक हैं किन्तु नर्तक, नट, कुशीलवों की संगति में उनसे घुल-मिल जाना उन्हें स्वीकार्य नहीं। उन्होंने मन्दिरा को कुशीलवों के आवास पर जाने से रोक दिया।

तीन दिन पश्चात् नारायण कृष्ण ने चित्रा को अन्त:पुर भेजा कि माधुरी कहीं अस्वस्थ तो नहीं हो गई। अन्त:पुर में प्रवेश करते माधुरी ने चित्रा को देख तो लिया किन्तु मुस्कराकर स्वागत न कर वह महादेवी के लिए स्नान, अंगलेप, प्रसाधन की सामग्री सजाए उनके स्नानागार की ओर चली गई। वह बचने का प्रयास करती सी लगी चित्रा को।

महादेवी कदाचित् स्नानागार में थीं अतः उनकी प्रतीक्षा में वहीं बैठ गई। उन्हें प्रसन्न करने के लिए वह आज संकोचन चूर्ण भी बनाकर लाई थी जिसके लिए श्रीमन्त व श्रेष्ठि वर्ग की स्त्रियाँ मुँह माँगा मूल्य देती हैं। मिलिंद गुरु का कहना है कि समर्थ, शक्तिशाली को अनुकूल रखने के लिए उनका स्वभाव, इच्छा भाँपकर कुछ टोटके करते रहना चाहिए।

महादेवी ने चित्रा से भेंट करना तो स्वीकार कर लिया किन्तु अपनी खिन्नता छिपा न रही थीं—"हाँ कहो चित्रा! इन दिनों इधर का तो मार्ग ही भूल गई हो तुम! बहुत व्यस्त हो गई हो।"

चित्रा ने अपना सिर महादेवी के चरणों से रख दिया, "क्षमा माँगती हूँ स्वामिनी! जब पहले-पहल आपके चरणों का स्पर्श किया था तब मात्र पत्नी थी, अब माँ भी हूँ। बालक को देर तक नहीं छोड़ा जा सकता अभी...। फिर नाटक और नृत्याभ्यास के लिए भी समय देना पड़ता है। स्वयं महाराज ने इसके लिए रुचि प्रकट कर अनुमति दी है। दूर किसी अन्य राज्य में प्रस्तुति होना है। अन्नदाता वहाँ आने-जाने व व्यय की व्यवस्था में सहयोग की कृपा कर रहे हैं। दल के साथ अब महाराज की कीर्ति व पद्मावती की प्रतिष्ठा का प्रश्न भी आ जुड़ा है तो आचार्य नारायण कृष्ण व कवि भवभूति पूरी निष्ठा से अभ्यास में लगे हैं। उन दोनों ने एक निवेदन किया है आपसे," चित्रा महादेवी के पाँवों से सिर उठाकर नतशिर घुटनों के बल बैठ गई।

"क्या! निवेदन...? नृत्याचार्य और कवि। वे तो गुरुतुल्य हैं...उनकी इच्छा बताओ।!" महादेवी ने अनुमति दी।

"उन्होंने कहा है कि यद्यपि यह धृष्टता ही होगी हमारी किन्तु नगर व इस राज्य के समादर में आवश्यक है कि प्रस्तुतियाँ श्रेष्ठ ही नहीं श्रेष्ठतर हों।"

"हम भी यही चाहेंगे किन्तु यह सब करना तो तुम लोगों को है, हम क्या कर सकते हैं?" महादेवी ने जानना चाहा।

"मैं पहले तो अपना एक अपराध स्वीकार करती हूँ और जो भी दंड आप दें वह स्वीकार करूँगी।"

"यहाँ न आना कोई दंडनीय अपराध तो नहीं है। नाट्याभ्यास के लिए समय देना तुम्हारा धर्म है और मैं भूल बैठी थी कि शिशु को सहेजना पड़ता है। कदाचित् मैं तुम्हारी उपस्थिति में राजपुत्रियों की हँसी, उल्लास, चहक की अभ्यस्त हो गई थी। तुम्हारे न आने पर यह सब मन्द हो गया है। लगता है उसी खीझ में कुछ कह गई मैं तुझसे। तू निश्चिन्त रह। मुझे कोई उत्ताप (मलाल) नहीं है," महादेवी चित्रा की ठुड्डी ऊपर उठा मुस्कराईं।

"ममतामयी महीयसी! मेरा अपराध दूसरा है...?"

"दूसरा ऐसा क्या किया तूने?"

"मैंने आपसे छिपाया है कि मन्दिरा हमारे नाट्यदल के प्रमुख आर्य सोमदत्त की पुत्री है...उसका वास्तविक नाम माधुरी है और हमारा नाट्यदल लुट जाने के पश्चात् काल के कराल प्रवाह में डूबती-उतराती वह आपके आश्रय में आ पहुँची है," चित्रा की आँखों से आँसू टपकने लगे।

"ओह!" महादेवी ने गहरी साँस खींची, "तो अब तू क्या चाहती है मुझसे?"

"मातृहीना तो वह पहले ही थी, पिता को भी खो चुकी है...पुत्री से वियोग का दुख वह न सह पाए और...। दस्युदल के हाथों पड़ी तो संयोग से उसे वहाँ धात्री नाम की माँ तुल्य स्त्री रक्षा करने को मिल गई। वहाँ से किसी स्थान पर विक्रय हुई तो उसके आगे पुनः सुयोग जुड़ गया कि महामहिषी की छाया में आ पहुँची।"

कुछ क्षण की चुप्पी के पश्चात् महादेवी ने कहा, "दुखद, करुण कथा है मन्दिरा की। अधिकांश दासियों का वृत्तांत प्रायः इसी प्रकार का होता है। स्त्री युवा और सुन्दर हो तो उसका अक्षत रह पाना महाशिव का चमत्कार ही है। हम तेरा और मन्दिरा का अपराध क्षमा किए देते हैं। यह भी जान गए कि स्यात् तुम्हारे दल को मन्दिरा की आवश्यकता है किन्तु हमारी पुत्रियों के लिए ऐसी हला उपलब्ध नहीं है। उसके न होने पर दोनों राजकुमारियाँ शान्त, मौन-सी हो जाती हैं। उन्होंने समवयस्क, सुशील सखी चाहिए ही चाहिए और मन्दिरा सब प्रकार से उपयुक्त है," एक प्रकार से निर्णय सा सुनाया महादेवी ने।

चित्रा ने सिर झुका दिया, "जो स्वामिनी उचित समझें," फिर उसने कमर पर खोंसी हुई थैली निकाली, "मिलिंद गुरु ने कहा है कि आप तक पहुँचा दूँ। यह औषधि है—संकोचन चूर्ण। जल में इसका लेप बनाकर सात दिवस लेपन करना होता है...सुपरिणाम मिलते हैं," थैली महारानी को सौंप चित्रा खड़ी हुई फिर अनुमति माँगी, "मैं माधुरी से भेंट कर सकती हूँ?"

"हाँ...। किन्तु ध्यान रहे कि वह अन्तःपुर की मन्दिरा है," महारानी ने ठंडे स्वर में अनुमति दी।

कुछ देर माधुरी के पास ठहरकर सांत्वना व नृत्य नाटक आदि की सूचना देकर चित्रा लौट आई।

नारायण कृष्ण के सामने पुनः एक समस्या आ गई—नृत्यनाट्य में दस न भी हों पर आठ स्त्री-पात्र तो मंच पर चाहिए ही। एक-दो की पूर्ति वह किशोर, तरुण या युवा पुरुषों को स्त्री की सज्जा में प्रस्तुत करके कर सकते हैं। पहले ही कम थे स्त्री कलाकार अब माधुरी जैसी स्वाभाविक अभिनेत्री के न आने पर नाटक के लिए भी कठिनाई आ उपस्थित हुई। सीता का अभिनय उसे ही करना था। भवभूति निराश हो बैठे थे पर नारायण कृष्ण ने अपने जीवन में नाटक के बीच ऐसे अनेक नाटकीय संयोग देखे हैं और पाया है कि नाटक फिर भी नहीं रुकता। समय कम रह गया था। दोनों प्रस्तुतियों में प्रवीणता के लिए गति बढ़ानी थी।

पर्याप्त सोच-विचार के पश्चात् नारायण कृष्ण इस परिणाम पर पहुँचे कि विषय में महारानी, महाराज अथवा जनार्दन मिश्र जैसा सम्मान्य विद्वान कोई विशेष सहायता न कर पाएगा। एक माधुरी की अनुपस्थिति ने दोनों प्रस्तुतियों के अभ्यास में फाँक पैदा कर दी थी। वासवदत्ता में कुशल अभिनेत्री के साथ कुशल नर्तकी भी चाहिए। नृत्य के लिए लम्बे प्रशिक्षण व अभ्यास की आवश्यकता रहती है। पूर्व में शिक्षित व्यक्ति स्वयं को सहजता से नृत्यनाट्यानुकूल अंग संचलन, क्षेपण, भावभंगिमाओं को ग्रहण कर लेता है। उन्हें अब एक ही आशा की किरण दिख रही थी और—

प्रातः अभ्यास में सभी को नाटक के सामूहिक-वाचन के संवाद-अभ्यास में अपने-अपने संवाद कंठस्थ करने तथा गायक, वादकों को गीत, संगीत के साधन में लगा, चार घड़ी में लौटने को कहकर वह पद्मावती की पूर्व जनपद कल्याणी व प्रसिद्ध नृत्यांगना चारुमती के सौध की ओर निकल लिए। चारुमती का आवास नरवर (गढ़) की ओर जानेवाले राजमार्ग पर यहाँ से कोस भर ही दूर है।

यहाँ मिलिंद गुरु के आवास की भाँति सहज प्रवेश नहीं है। प्रवेशद्वार किसी राजन्य की भाँति ही सशस्त्र रक्षकों की संरक्षा में है। नारायण कृष्ण को रोककर पूछा गया, "कहाँ जा रहे हो विप्रदेव! यहाँ आपको किससे भेंट करना है?" नाचती सी चाल वाले तिलकधारी नारायण कृष्ण को देख एक रक्षक ने पूछा।

"देवी चारुमति से," नारायण कृष्ण ने बताया।

रक्षक ने पुनः उन पर दृष्टि फेरी। वेशभूषा तो सामान्य ही है हाँ केश कुछ बड़े एवं श्मश्रु (दाढ़ी-मूँछ) मुँडी हुई। उसे लगा कि कोई गायक या वादक है। दिन के प्रथम अथवा द्वितीय प्रहर में ऐसे ही लोग अथवा नृत्य सीखने वाली युवतियाँ प्रायः यहाँ अती हैं, अतः बोला, "पर इस समय वह कदाचित् अपने अभ्यास कक्ष में होंगी। क्या तुम्हें बुलाया है?"

"नहीं, किन्तु मिलना है। या तो मुझे जाने दो अथवा उन्हें सूचित करो कि

नारायण कृष्ण उनसे भेंट करना चाहते हैं। हाँ सुनो! वह मेरी सगी, समीपी हैं अतः बिना प्रमाद तुरन्त उन्हें मेरा नाम कहना," वह जानते हैं कि वेशभूषा प्रभावशाली न हो व कोई पाँव-प्यादे ही ऊँचे प्रवेशद्वार पर आ पहुँचे तो सेवकों की दृष्टि में महत्त्वपूर्ण नहीं होता।

रक्षक भीतर जाकर कुछ ही क्षणों में लौट आया, "स्वामिनी अभ्यास गृह में आपकी प्रतीक्षा में हैं...कृपया पधारें," रक्षक ने सादर मार्ग दिया।

नारायण कृष्ण को देखते ही चारुमती ने आगे बढ़कर स्वागत किया, "आचार्य, आज इधर कैसे भूल पड़े! आइए उधर बैठते हैं," कुछ ही दूर सुखासनों की ओर संकेत कर चारुमती आगे चली व चलते-चलते उसने सेविका को जलपान ले आने का भी संकेत किया।

नारायण कृष्ण को बिठाकर स्वयं भी बैठते हुए चारुमती ने जानना चाहा, "हाँ देव, अब कहें। यह बापुरी (नगण्य) क्या सेवा करे?"

"चारुमती! वह कथा तुम जानती ही हो कि त्रेतायुग में एक बार ऋषि विश्वामित्र राजा दशरथ से श्रीराम व लक्ष्मण को माँगने पहुँचे थे। अब न वह युग है न मैं विश्वामित्र और न तुम्हीं दशरथ हो पर मेरी माँग कुछ वैसी ही है," आचार्य ने चारुमती की ओर ताका।

"कुछ कहें भी तो देव!" चारुमति हँसी तो अवश्य पर उस हँसी पर आशंका की छाया थी।

"मुझे तुम्हारी शिष्याओं में से दो-तीन सुयोग्य युवतियाँ चाहिए जिनमें एक सीता जी की भूमिका के अनुकूल हो। मुझे नहीं लगता कि माधुरी अब अन्तःपुर की गुलझटी (पेचीदगी) से नाटक व नृत्य के लिए वांछित स्वतंत्रता पा सकेगी," आचार्य ने गहरी साँस खींचकर छोड़ी।

चारुमती सुखासन से खड़ी होकर आचार्य के निकट रखे पीढ़े पर आ बैठी व सांत्वनापूर्वक वाणी में पूछा, "क्या बात हुई है आचार्य?"

"बात यह है चारुमति कि कभी-कभी राजन्य में भी कोई कवि, कलाकार निकल आता है पर सच्चाई यही है कि श्रीमन्तों के लिए कला बस मनोरंजन भर है जब कि हमारे लिए जीवन। सूर्य सरोवर के गंगा दशहरा उत्सव में अब कुछ ही दिन शेष हैं अतः मुझे नृत्य प्रवीण युवतियाँ चाहिए।"

"पर आचार्य, मेरे यहाँ तो गणिका, वेश्याओं की पुत्रियाँ नृत्य की शिक्षा लेने आती हैं। आप भी जानते हैं। नाटक में ही सही, मंच पर पद्मावती के दर्शक क्या किसी वेश्यापुत्री को परमवंदनीय सीता जी के रूप में स्वीकार कर सकेंगे? फिर यहाँ के अहमन्य ब्राह्मण! सभी आचार्य जनार्दन मिश्र जैसे महामना और ज्ञानी नहीं हैं।"

"ऐसे तो यह कला ही मर जाएगी। चारु! तुम स्वयं विदुषी हो...कला भी तो ईश्वर की आराधना है। जब श्रीमन्त, शास्त्री वर्ग इसकी उपेक्षा करेगा तो हम-तुम

जैसों को ही सहेजना पड़ेगा न इसे। लोगों का कहना-सुनना भी सहना पड़ेगा। मुझे भी तो लोग नचना-कुदना कहकर अपमान कर देते हैं। मैं तो अब कटूक्तियों के प्रति वीतराग हो गया हूँ। ठीक है ना!" कह नारायण कृष्ण एक कातर मुस्कान होठों पर ले आए।

"तो ठीक है आचार्य, मैं अपनी दो सुयोग्य शिष्याएँ आपको सौंपती हूँ। इनकी माताएँ यदि मोल चाहेंगी तो मैं भर दूँगी। आप निश्चिन्त रहें। कल प्रातः अभ्यास के पूर्व मेरी दो शिष्याएँ आपके आवास पर पहुँच जाएँगी।"

"मैं तुम्हारे इस उपकार का ऋण कैसे चुका पाऊँगा," कहते हुए आचार्य का गला रुँध गया।

22

यमुना किनारे सूर्य सरोवर पर अपना कला-अर्घ्य देने अनेक दल पहुँचे थे। पद्मावती के नाट्यदल की विशेषता नृत्यनाट्य था साथ में 'महावीर चरितम्' नाटक भी। दोनों के साथ भवभूति का नाम जुड़ा था। 'स्वप्नवासवदत्ता' भले ही 'भास' रचित है पर नृत्यनाट्य का रूप देने में आचार्य ने भवभूति को श्रेय दिया था तथा स्वयं नृत्य संयोजन तक सन्तुष्ट रहे। मेले में दूर-दूर के कलावंत, विद्वान, कवि एकत्र थे। वाक्‌पतिराज का भवभूति ने नाम भर सुना था किन्तु भेंट का अवसर उपस्थित न हुआ था। यमुना के दक्षिण तट पर स्थित सूर्य सरोवर का क्षेत्र कान्यकुब्ज राज्य के अन्तर्गत है जहाँ महाराजाधिराज यशोवर्मा सिंहासन पर सुशोभित हैं। कवि हृदय यशोवर्मा ने स्वयं भी 'रामाभ्युदय' नाटक की रचना की है। महाराजाधिराज के साथ वाक्‌पतिराज को आना ही था—वह कन्नौज के राजकवि हैं।

ज्योतिषियों व मंगतों ने पुष्कर योग में स्नान का महत्त्व गाँव-गाँव प्रचारित कर दिया था तो इस वर्ष मेले में जनाकीर्णता (भीड़) कुछ अधिक ही है। वस्तुतः पौराणिक कथा के अनुसार, कृष्णपुत्र सांब, जो अत्यन्त विलासिता के कारण कोढ़ी हो गया था, उसने यहाँ भगवान् सूर्य की आराधना कर कुष्ठ रोग से मुक्ति पाई थी। कहा जाता है कि सूर्य देवता ने जिन तीन स्थानों पर रहने का वचन दिया था, वे हैं—पूर्व में कोणार्क, पश्चिम में मूलस्थान (मुल्तान) व इन दोनों के मध्य स्थित यह सूर्य-सरोवर।

यह तो है ही कि कान्यकुब्ज राज्य का विस्तार भारतवर्ष के बीसियों राज्यों से अधिक है। कुरुक्षेत्र से मालव और मगध देश से इसकी सीमाएँ जा मिलती हैं। थाणेश्वर राज्य भी इसमें आ जुड़ा है। कन्नौज महर्षि गाधि की तपोभूमि रहा है।

कन्नौज नाम इसे कदाचित् इसलिए दिया गया कि जब दक्ष-यज्ञ में माता सती के आत्मदाह के पश्चात् भगवान् शिव विक्षुब्ध हो अपनी प्रियतमा सती का शव कन्धे पर रख घूमते फिरे थे तब जहाँ-जहाँ माता सती के इक्यावन अंग गिरे वे स्थल शक्तिपीठ के रूप में जाने गए। जहाँ माता सती का कर्ण अर्थात् कान गिरा वह कर्ण उज स्थल—कन्नौज कहलाया।

वाक्‌पतिराज भवभूति से वय में कम है...उन्होंने महाराजधिराज यशोवर्मा से भवभूति की भेंट कराई तो यशोवर्मा भी उनकी विद्वत्ता से बहुत प्रभावित हुए तथा इन्हें कन्नौज आने का निमंत्रण दिया। यहाँ आए विद्वानों में छिद्रान्वेषी कम ही थे—भवभूति को सर्वत्र प्रशंसा व सम्मान ही मिला था। नारायण कृष्ण अपने नृत्य नाट्य की सफल प्रस्तुति व नया नाट्यदल गठित हो जाने में ही मगन रहे...उनका स्वप्न जो साकार हुआ है।

पद्‌मावती लौटने में नाट्यदल को महीने भर का समय लग गया। दल धन तो नहीं पर भरपूर प्रतिष्ठा अर्जित कर लौटा था।

मिलिंद गुरु व चारुमती के आर्थिक सहयोग से दल के पास प्रचुर मात्रा में मंच सामग्री जैसे छतरी, फुलहरा, पट, स्तम्भ, चोभ, आच्छान, तम्बू, यवनिका, विछावन, गदीला आदि व ढोलची (ढोलक), तम्बूर, ताशा, तूर्य, भेरी, वंशी, नक्कारा, मंजरी, मृदंग, शंख, त्रितार, डफ, डमरू, घुँघरू, घंटा, पिप्पीलकी जैसे वाद्ययंत्रों के साथ विभिन्न आभूषण, परिधान, अस्त्र-शस्त्रादि का उपयुक्त भंडार एकत्र हो गया था। अब यह एक व्यवस्थित नाट्य दल था किन्तु जैसा कि कहा जाता है कि जो व्यावहारिक भी है कि, "ख्याति व प्रशंसा से मन तृप्त होता है...पेट नहीं।"—तो जीवन की अनेक आवश्यकताएँ होती हैं...सुख-दुख, सामाजिक-लौकिक निर्वाह होते हैं जो आशीषवचनों, शुभकामनाओं से नहीं चलते—धन की अपेक्षा रखते हैं। धन के बिना तो धर्म भी नहीं निभ पाता है—न्यूनतम अपेक्षा वाले ऋषि-मुनियों के आश्रम तक भी धन के लिए झोली फैलाते हैं।

आचार्य नारायण कृष्ण पुनः राजकन्याओं को नृत्य शिक्षा देने जाने लगे थे... भवभूति अपनी वृत्ति का यत्किंचित अपने पास रख शेष दल के लिए सौंप देते थे। हारीत ने भी अपना काष्ठ कर्म नहीं छोड़ा—अनेक श्रीमन्त, श्रेष्ठियों तक उसकी काष्ठकला की ख्याति फैल गई है। इनमें से कुछ लोगों को तो इस पर आश्चर्य होता कि इतना गुणी व्यक्ति नाटक के व्यसन में यथेष्ट अर्थलाभ वाला धंधा स्थगित तो कर ही देता है, अर्जित धन का बड़ा भाग भी नाटक होने और करने में लगा देता है। कुछ तो उसे बौरहा (खिसका हुआ) भी मानते।

नारायण कृष्ण जानते हैं कि नाट्य-मंडलियाँ तो एक प्रकार से अश्वदूर्वा (घुड़दूब) हैं जिन्हें पशु चर लें, सूख जाएँ इतनी कि धूल-मिट्टी में उसका अस्तित्व ही न दिखे किन्तु 'आषाढ़स्य प्रथम दिवसे...' प्रथम बौछार के पूर्व का मेघ ज्यों

ही धरती की ओर पुलकभरी गर्जना करता है, इस अश्वदूर्वा की जड़ें मेघ की पहली बूँद पीने को आतुर हो बाँहें पसार देती हैं और धरती के गीले होते ही परती के झरोखों से झाँक उठती हैं। बाद में फिर चर जाता है कोई...रौंद जाता है पाँवों तले। पर यह मरती नहीं, जीवित रहती है भूमि की कोख में...अगले आषाढ़ की प्रतीक्षा करती हुई...।

अश्वदूर्वा की भाँति हरियाती, फैलती यह नाट्यमंडली भी छिन्न-भिन्न हो कभी बिखरेगी। किसी या किन्हीं कारणों से,...जैसे मित्र सोमदत्त की हुई थी। पर उसकी कुछ जड़ें बच रही थीं। देखते हैं इस नाट्य-मंडली की रिद्धि कब तक चलती है।

यहाँ आए तीन वर्ष से अधिक बीत चले और इतने समय में एक बार भी उज्जयिनी न जा सके। बहुत बार मन किया है कि लग लें किसी दल के साथ। पद्मावती से दल जाते ही रहते हैं पर वह भवभूति के साथ यहाँ आकर ऐसे फँसे कि...! इधर परिवार (दल) बड़ा हो गया है। वेश्याओं की बेटियाँ अपने परम्परागत व्यवसाय में लौटने की इच्छुक नहीं हैं। उन्हें अपने पिता का कुछ पता नहीं तो वे नारायण कृष्ण में अपना पिता पा लेती हैं। उन्हें उनके अपने मोहल्ले, समाज में कुलीन महिलाओं का अनुकरण करने के कटाक्ष सुनने, सहने पड़ते हैं। अपनी समवयस्काओं की भाँति उनके पास न धन है न आभूषण वस्त्रादि। परिवारी असन्तुष्ट हैं तथा उन्हें इस अनुचित, अवैध मार्ग पर ले जाने का उत्तरदायी नारायण कृष्ण तथा भवभूति को मानते हैं। कुछेक माँएँ ऐसी व्यंग्योक्तियों से भी नहीं चूकतीं कि भट्टिनी, महिषी बनने का इतना ही चाव है तो उस भवभूति से ही विवाह क्यों नहीं कर लेती?

सच्चाई यह भी है कि ये लड़कियाँ यदि पुष्कल (भरपूर) धन उपार्जित कर घरवालों को सौंपें तो कोई कुछ न कहेगा किन्तु नाटक में ऐसा हो कब पाता है? आचार्य भरत ब्रह्मा के पुत्र, इन्द्र के सभासद, सर्वमान्य भले रहे हों तब भी वह इन्द्र, यम, वरुण, कुबेर की सहायता पर ही तो निर्भर रहे। दल के युवक-युवतियों की आँखों में जब वह अपने लिए पितातुल्य आदर व अपने कार्य के प्रति सन्तोष तथा पवित्रता की चमक देखते हैं तो। इस वय में भी स्फूर्ति से भर जाते हैं। वह सोचते हैं कि क्या बुरा है कि इन युवतियों में से किसी को इसी दल का कोई युवक भा जाए और वे परस्पर एक-दूसरे को अपना लें।

किन्तु कल्पना जितनी सुखद होती है, वस्तुता उतनी ही कर्कर (खुरदरी)। परिवहन, ढुलाई-भाड़ा, सेवाकर्मियों के भुगतान में ही सम्मान, पुरस्कारस्वरूप मिली पूरी राशि व्यय हो गई। दैनन्दिन व्यय के लिए मिलिंद गुरु से उधार माँगना पड़ा है। उन पर निर्भर हो उन्हें सताना भी तो उचित नहीं।

इधर यह आवास भी छोटा पड़ने लगा है। दो कक्ष तो वाद्य, परिधान, अस्त्र-शस्त्र आदि से भर गए...मंच सामग्री आँगन में रखनी पड़ी है। स्तम्भ, आधार,

पाँवड़ी, सोपान जैसी वस्तुएँ बाहर खुले में पड़ी हैं। कभी-कभी नारायण कृष्ण सोचते-सोचते उद्विग्न हो उठते हैं, "उफ! यह क्या अधमरा सर्प मैंने अपने गले में डाल लिया। अब उतार फेंकता हूँ तो संसार हँसेगा और पहने रहता हूँ तो यह बारंबार दाँत गड़ाएगा।"

यह इच्छा भी बनने लगी थी कि वासवदत्ता की नृत्य-नाट्य प्रस्तुति एक बार महाकाल के प्रांगण में भी हो जाए। अकेले पद्मावती में दिखाकर ही सन्तुष्ट हो रहने से भी बात नहीं बनती। नाटक तो सुगंधित पिटारी है, जहाँ खोल दी वहीं का वातावरण सुरभित हो उठेगा। इस सुगन्ध को पिटारी में बन्द नहीं रखा जाना चाहिए। वह चाहते हैं कि भवभूति कुछ नया रचें और अगले मदनोत्सव पर उसका भी उज्जयिनी में प्रदर्शन हो। वह गत दो-तीन वर्षों से भवभूति को कुछ नवीन, कुछ अलग रचने को उकसा रहे हैं...उत्प्रेरित करते हैं किन्तु भवभूति जाने किस अवरोध पर अटक गए हैं?...माधुरी एक कारण हो सकती है—किन्तु इस विषय में भी तो उन्होंने कुछ स्पष्ट नहीं कहा कि महारानी तक दोनों के प्रणय की सूचना पहुँचाई जावे। मिलिंद गुरु यह कार्य सुचारु व बड़े कौशल के साथ कर सकते हैं।

पावस के इन दिनों में जब बादलों की झड़ी लगती है तब सिन्धु और पारा उफनकर पद्मावती को घेरने लगती है, ऐसे में भवभूति को विद्यापीठ में ही ठहरना पड़ता है। अभ्यास भी स्थगित रहता है। नारायण कृष्ण ने अवंति में प्रदर्शन की बात भवभूति के कानों में डाल दी है। उनके मन में भी उत्साह जगा है कि एक बार फिर से महाकाल के दर्शन करते हुए मित्रों-सुहृदों से भेंट होगी।

भवभूति को चम्पक मालिनी के निश्छल स्नेह का स्मरण हो आता। वह हरिकेश व तिलकराज के बारे में सोचने लगते। धनंजय का अब तक कोई सूत्र न मिला था...यद्यपि अजित सेन निरन्तर उसकी खोज के उद्योग में है।

कभी-कभी स्मरण में आ जाती वह स्त्री जो परिवारी जनों में पति की उपेक्षा व पति के कुशीलवों से सम्बन्ध से आहत रही। जो मात्र पत्नी होने को ही स्त्री का सर्वस्व मानती रही तथा जाने किस क्षण की व्याकुलता में जलसमाधि का वरण कर बैठी।...सुप्रिया जिसे वह जान ही न पाए और उसकी देहमात्र नापकर रह गए और माधुरी जो मार्ग में किसी शीतल, सुंगधित वायु के झोंके सी आकर स्मृति पर ठहर गई।...खरोंचती रही उनकी आत्मा को। यहाँ आकर मिली भी तो झिझकती सी..., जैसे किसी डोर में बँधी हो व कोई डोर खींचकर उसके बढ़ते पाँव रोक देता हो। 'महावीर चरितम्' के अभिनय में सम्मिलित न होकर कैसा तो अवसर खोया है उसने। वह होती तो सीता जितनी महत्त्वपूर्ण भूमिका क्या सारिका को मिल पाती? वैसे सारिका ने उस भूमिका में पात्र के साथ पूरा न्याय किया है। सूर्य सरोवर के मेले में दर्शक तो उसे सीता के रूप में ही जानने-पहचानने लगे थे। भवभूति ने स्वयं अपनी आँखों से देखा है कि प्रदर्शन के पश्चात् दिनों में जब

वह मेला-भ्रमण को निकली तो लोग आदर से उसके लिए मार्ग दे रहे थे। अनेक व्यवसायी अपनी हट्‌ट में उसकी चरण धूलि चाहते थे। भवभूति को यह अच्छा तो लगा पर यह मलाल भी जाग उठता कि यहाँ इन पात्रों के सर्जक को कोई नहीं पहचानता अथवा उसे जानने की उत्कट इच्छा भी लोगों में नहीं है। यह सब देख मन होता कि श्रीराम की भूमिका वही स्वयं क्यों न निभाने लगें। यूँ तो चन्द्र ने 'महावीर चरितम्' में श्रीराम एवं 'स्वप्नवासवदत्ता' में उदयन को मंच पर जैसे साकार ही कर दिया था।

यदा-कदा वह पहरों सोचते रहते कि इन नटपुत्रों अथवा वेश्यापुत्रियों में ऐसा क्या है जो ये पुराणेतिहास के महान चरित्रों को मंच पर उतारने में इतने सफल हो जाते हैं—जैसे कि वे महान चरित्र ऐसे ही रहे होंगे जो इस समय दर्शकों के सामने हैं।

'तो इसमें मेरा अवदान क्या बचा? पूरा श्रेय तो इन्हीं अभिनयकर्ताओं को चला जाता है।'—एक मन कहता।

'है भवभूति!...सभी कुछ तुम्हारे ही नाम है। ये सब मंच पर आते-जाते रहेंगे और तुम्हारी रचना की श्री में अपना प्रदाय जोड़ते रहेंगे। ये बदलते रहेंगे पर तुम हर परिवर्तन में वही रहोगे। भवभूति! ये निश्चित काल खंड के लिए पोषित दीपक हैं पर तुम्हारा प्रकाश मणिप्रभा की भाँति निरवधि है। चन्द्र, सारिका व अन्य जो भी हैं, सबको अपने समय में प्रस्फुटित, विकसित होकर सुगन्ध, आमोद, उल्लास बिखेरने के लिए साधुवाद दो। आभार मानो उस वय, अनुभव व तप सम्पन्न कलाकार का जो न मान का इच्छुक है न धन का न यश और प्रशस्ति का ही।'

'इससे सीखो भवभूति, जो न तुम्हारा सम्बन्धी है न स्वक्षेत्री और न ऋणी। मात्र एक मृत मित्र की स्मृति को विश्वास बनाकर अपनी सम्पत्ति, सुख व समाज को छोड़कर तुम अपरिचितों को सहेजने निकल पड़ा है। भवभूति! तुम न्याय, मीमांसा, व्याकरण के आचार्य सही और पंक्तिपावन, ब्राह्मणत्व की अकारथ (वृथा) श्रेष्ठता का अभिमान भले जुड़ा हो तुम्हारे साथ किन्तु अभी तुमने औरों के लिए, संसार के लिए दिया क्या है? माना कि तुम वंचित रहे हो..., इच्छित नहीं मिला तुम्हें किन्तु इसका विलाप, प्रलाप कब तक करोगे?'—कोई दूसरा मन मुकुर (आईना) दिखा रहा था भवभूति को।

'आचार्य नारायण कृष्ण ने पहले संकेत दिया था व अब अनेक बार जता चुके हैं कि सामान्य से विशेष होने के लिए—सुविशेष, निराला रचना ही पड़ेगा किन्तु तुम सहृदयता, निजता व माधुरी की छवि से आगे बढ़ ही कितना पाए हो?'

कोई वेदना, विकलता भवभूति को आन्दोलित करने लगी। बाहर वायु की सूँ-सूँ, झकोरे झंकार के साथ झरती बूँदों का संगीत बरस रहा था। यह वातावरण यद्यपि नींद के प्रगाढ़ आलिंगन में ले जाता है पर भवभूति की आँखों में नींद न थी। वह शैया पर बैठ गए, फिर खड़े होकर आँखों व मस्तक पर जल के छींटे मारे व उत्तरीय से

हाथ पोंछ अग्न्याधान पात्र में रखे अश्म (चकमक पत्थर) रगड़कर वर्तिका में पैदा हुई लौ से मोम का दीप उजेरकर चौकी के आसन पर बैठ गए। मसि पात्र (दवात) में लेखनी डुबा पहला अक्षर लिखा—'ऊँ'। भीतर के क्षीण स्वेत-पीत प्रकाश के बाहर का अँधेरा और भी गाढ़ा हो गया। इस अँधेरे में अनेक आकृतियाँ, विभिन्न दृश्य उभरने-डूबने लगे। माधुरी की आकृति जैसे सबको छेंककर आगे आ खड़ी हो जाती।...'तो क्यों न इस नाटक के केन्द्र में माधुरी हो?...और उसके साथ...। उसके साथ जो भी आता जाए। हाँ, इस नाटक का प्रधान रस श्रृंगार रहे...प्रणय कथा हो इसमें। अवंति के मदन महोत्सव में अभी सात माह शेष हैं। आचार्य कहेंगे तो लिखे हुए अंशों का अभ्यास भी साथ-साथ होता रहेगा।...सामने की यह छवि? अहा वह सौन्दर्य की अधिष्ठात्री देवी है अथवा समस्त सौन्दर्य का सार। भवभूति ने दूसरी पत्री उठाई तथा उसके एक ओर उपांत (हाशिया) खींचकर लिखा—

सा रामणीयकनिधेरधि देवता वा,
सौन्दर्यसारसमुदाय निकेतनं वा।

[वह कुमारी सौन्दर्य की अधिष्ठात्री देवी थी अथवा सौन्दर्य के सारभूत अंशों का समाहार (निकाय)।]

अनंतर इसी पद में आगे जोड़ा—

तस्याः सखे! नियतमिन्दुकलामृणाल-
ज्योत्स्नादि कारणमभून्मदनश्च वेधाः॥

[हे मित्र! निश्चय वह इंदुकला, मृणाल, ज्योत्स्ना आदि से बनाई गई है और स्वयं कामदेव ने उसे बनाया है।]

भवभूति रात में बरसते आकाश के साथ पृष्ठों पर जाने क्या-क्या लिखते-काटते रहे। बूँदों के बीच कभी-कभी घन-गर्जना होती। आकाश में मेघ, विद्युत, वायु, वृक्ष, वनस्पतियाँ, प्रकाश, ध्वनियाँ, नदी, पहाड़ जाने कितने दृश्य बनाते-बिगाड़ते रहे। इन सबके बीच एक संसार भवभूति का था जिसमें जाने कितना अपेक्षित, जाने कितना अनपेक्षित घटता जा रहा था।

सकारा हुआ। वृक्षों पर चिड़ियों की चहचहाहट—कपोत, फुदकी, शुक, सारिका, सारस, बतख, कलहंस आदि के निनाद-प्रतिनाद से विद्यापीठ गूँजने लगा। गायें रँभाकर अपने वत्स-वत्सरियों को पुकारने लगीं तो भवभूति की दृष्टि बाहर की ओर गई। लगा जैसे वह किसी मोहनिद्रा से जागे हों। मोम-दीप का उजार अब क्रमशः मन्द होता जा रहा था, क्योंकि एक तो रात्रि अपना साज समेट रही थी, दूसरे दीप में मोम भी शेष होने को था।

'ओह! पूरी रात्रि बीत गई!' बुदबुदाते हुए भवभूति ने देह मरोड़कर अँगड़ाई ली।

किसी वृक्ष की डाली से कूदकर मोर द्वार पर आ ठहरा तथा अपनी सुचिक्कन, महानील ग्रीवा चारों दिशाओं में घुमाकर भवभूति एवं उनके सामने रखी चौकी को देखने लगा। भवभूति का आलस्य छँट गया। वह कुतूहलपूर्वक मयूर को एवं मयूर उन्हें देखने लगा जैसे दोनों आपस में कोई आँखों का खेल खेल रहे हों।

आचार्य के मुख से उबासी के साथ 'ओ ओ म्' का उच्चारण सुन सामने के कुटीर से बसन्त आ गया। वह विद्यापीठ का सेवक तो है ही..., कलाकार भी है। मृण्मूर्ति बनाने में दूर-दूर तक उसका कोई सानी नहीं। इन दिनों कुलपति का पद आचार्य श्रीपाद स्वामी सुशोभित कर रहे हैं। वह दक्षिण देश से बालपन में ही वाराणसी आ गए थे जहाँ उन्होंने वेद-वेदांग में कोविद (विशेषज्ञ) की उपाधि प्राप्त की। पश्चात् उनकी रुचि ज्योतिष की ओर हुई जिसमें पारंगत होकर वह जैन व बौद्ध दर्शन के अध्येता हो गए। बौद्ध धर्म के हीनयान महायान वाले विवाद ने उन्हें तंत्र की ओर मोड़ा। सुनते हैं उन्हें खेचरी विद्या का भी अभ्यास है। नरवरगढ़ दुर्ग विद्यापीठ से दस कोस दूर है। कहते हैं कि वह प्रातः स्नानकर भ्रमण के लिए निकलते हैं और दुर्ग पर स्थित देवी के दर्शन कर चार घड़ी में लौट भी आते हैं। उन्होंने ही विद्यापीठ में तंत्र को वैकल्पिक विषय के रूप में सम्मिलित किया है। वह तंत्र के सात्विक उपयोग के पक्षधर हैं व विशाख की प्रवृत्ति से सन्तुष्ट नहीं हैं। विशाख ने उन्हें भी हटाने, विद्यापीठ से भगाने के तांत्रिक प्रयोग किए थे जो उलटकर उसी के गले जा पड़े। उसके पूरे शरीर में कुष्ठ फूट पड़ा। विद्यापीठ से भी अलग कर दिया गया था उसे..। फिर श्रीपाद स्वामी को उस पर दया आ गई और वह रोगमुक्त हुआ। फिर भी विशाख अपने उपद्रवी आचरण से विरत नहीं होता। श्रीपाद स्वामी सांसारिक ऐश्वर्य व षड्यंत्रों की निस्सारता को जानते हैं। भवभूति की विद्वत्ता, रचनात्मकता को वह विद्यापीठ के हित में मानते हैं।

श्रीपाद स्वामी विद्यापीठ में अध्यापन की वृत्ति नहीं लेते। उन्हें अग्रहार (अनुदान) में दो गाँवों की भूमि प्रदान की गई है। चम्मक के ताम्रपत्र पर इस अग्रहार के विषय में लिखा है, "यह तब तक प्रचलित और मान्य रहेगा जब तक कि ब्राह्मण आचार्य माननीय श्रीपाद स्वामी जी राज्य के सप्तांगों के प्रति विद्रोह नहीं करते।"

इन सप्तांगों का ताम्रपत्र में तो उल्लेख नहीं है पर शुक्रनीति में जो सप्तांगों की प्रकृति बताई गई है, उसके अनुसार, "राजा को मस्तक, अमात्य आँखें, राजनीतिक मित्र (अन्य राजा), सामन्त को कान, कोष को मुख, दुर्ग भुजाएँ, सेना मस्तिष्क तथा राज्य की भूमि और प्रजा राष्ट्र अर्थात् अन्य अंग चरण हैं। सातों अंग एक-दूसरे के पूरक हैं। यदि एक अंग भी दोषपूर्ण हुआ तो राज्य ठीक से नहीं चल सकता। सुरक्षित सुखी, शक्तिशाली राज्य के लिए सभी अंग मिलकर काम करते हैं।"

विद्वान श्रीपाद स्वामी अभी तक नहीं समझ पाए कि शिक्षा के लिए दिए जा

रहे अग्रहार को शुक्रनीति की अस्पष्टता से जोड़ने का क्या अर्थ है। उसकी तो मनमानी व्याख्या की जा सकती है। हाँ, इतना अर्थ तो स्पष्ट है ही कि राजा यदि सुयोग्य, सावधान न हो तो राज्याधिकारी ऐसे ही उलझे आदेश व नियम प्रवर्तित करते हैं जिनकी मनमानी व्याख्या हो सके। श्रीपाद स्वामी इस अस्पष्ट अग्रहार की वैधता पर मुस्कुरा भर देते हैं, क्योंकि उन्हें स्वयं के लिए कुछ चाहिए ही नहीं। यह अग्रहार चलता रहे या छीन लिया जावे इससे उन्हें अन्तर नहीं पड़ता। श्रीपाद स्वामी की सबसे बड़ी देन यही है कि उन्होंने पद्मावती की इस सुप्रसिद्ध विद्यापीठ की ढलती हुई प्रतिष्ठा को अनेक वर्षों से थामे रखा है।

विशाख ने स्वयं तथा कुछ अन्य उपाध्यायों के माध्यम से कुलपति के कान भरे थे कि भवभूति जैसे आचार्य के होने पर विद्यापीठ की प्रतिष्ठा पर आँच आती है—एक तो वह कुशीलवों के साथ ही रहता, खाता है दूसरे अब वेश्याएँ भी उसके दल में आ जुड़ी हैं। इस पर आचार्य श्रीपाद स्वामी ने कहा था, "विशाख! तुम्हें यहाँ आचार्य पद पर बिठाने में मेरी भी सहमति रही है और अब मैं अनुभव करता हूँ कि वह मेरी भूल थी। मैं चाहता था कि यहाँ के छात्र तंत्र-साधना का रहस्य जानकर उसकी विकृति का प्रतिकार कर सकें, परिहार खोजें। क्योंकि अनेक साधकों में इस विज्ञान की शक्तियों के स्वार्थपूर्ण प्रयोग अथवा दुरुपयोग की प्रवृत्ति पनप रही है। यह साधना तो शक्ति की आराधना है। साधक यदि दुर्बल हुआ तो पतन की ओर अग्रसर होगा। तुम भी सँभल जाओ विशाख अन्यथा स्वयं के लिए ही संकट आमंत्रित कर लोगे। भवभूति की तुमसे कोई प्रतियोगिता, प्रतिद्वंद्विता नहीं है। कवि है वह, अपने विषयों का निष्णात आचार्य भी। ऐसे व्यक्ति किसी भी संस्था, समाज, राज्य के गौरव होते हैं। इनके विरुद्ध लोकापवाद फैलाना उचित नहीं है।"

"क्षमा चाहता हूँ देव! किन्तु कदाचित् आपको ज्ञात नहीं है कि वेश्याएँ अब विद्यापीठ तक प्रवेश पा गई हैं। क्या इससे जनापवाद न होगा?" विशाख ने आरोप की भाषा में अपना पक्ष रखा।

"तुम्हारा संकेत स्यात् बसंत की ओर है। वह भी नाट्यदल से जुड़ा है। हाँ... नाट्य में भूमिका निभाने वाली एक युवती यदा-कदा उसके साथ विद्यापीठ में आती है। बसन्त ने स्वयं ही मुझे बताया है कि वह वेश्यापुत्री है और अपनी पारंपरिक वृत्ति से विमुक्ति चाहती है। वैसे भी वेश्यापुत्री होना वेश्या होना नहीं है। बसन्त से उसका अनुराग है। यहाँ तो बौद्ध, जैन, संन्यासी-संन्यासिनी भी आते हैं...उनसे खुली धर्म-चर्चा होती है। इस सबसे छात्रों की बुद्धि विकसित, परिमार्जित होती है। बस कृच्छ साधकों का प्रवेश वर्जित है यहाँ।"

"पर समाज इन साधकों को भी पूजता है," विशाख ने तर्क रखा।

"इसलिए कि लोगों को उनसे अहित का भय रहता है। उनकी ऐन्द्रजालिक कहानियाँ समाज में प्रचलित हैं। विशाख, भवभूति से अनावश्यक ईर्ष्या छोड़ो।

भवभूति आज रातभर जागता रहा है...पर जाकर देखो कि स्नानादि के पश्चात् बिना स्वल्पहार लिये ही वह शिक्षण के लिए छात्रों के बीच है। देखो! कि वह अपने कार्य व दायित्व के प्रति कितना सजग है।"

विशाख ने जान लिया कि कुलपति को उनके निश्चय से मोड़ना बहुत कठिन है। वह न किसी से कोई भौतिक अपेक्षा रखते हैं न भय।

समय अपनी गति से आगे बढ़ रहा था। भाद्रपद मास बीतते ही प्रकृति शरद की सूचना ले आई। कहीं-कहीं वृष्टि अब भी हो जाती। नदियों का जल निर्मल हो गया था। स्वच्छ धुले-धुले से आकाश में तारे स्पष्ट दिखने लगे तथा चन्द्रिका अपनी पूर्ण प्रभा के साथ गृह, आँगन, वन, पर्वत जलाशयों पर उतरने लगी थी। आँगन में, अट्टालिकाओं पर खंजन के दर्शन होने लगे...सर सरिताओं में कमल खिलने लगे। भवभूति ने नए नाटक के दो अंक पूरे कर लिए किन्तु अभी इसका नामकरण न किया था। हाँ, माधुरी के प्रथमाक्षर को लेकर नायक-नायिका के नाम अवश्य माधव व मालती रखे। इन अंकों का उन्होंने आचार्य नारायण कृष्ण को पाठ सुनाया। आँख बन्द कर भित्ति से सिर टिका आचार्य ने मनोयोग से सुना। सहमति में सिर हिलाया...फिर आँखें खोल कुछ क्षण भवभूति के चेहरे पर दृष्टि गड़ाए रहे पश्चात् छोटा-सा वाक्य बोले, "हाँ बात कुछ बन रही है...," कह पुनः कुछ सोचते हुए पूछा, "इसके शीर्षक का अभिधान (नामकरण) नहीं किया क्या?"

"कुछ समझ में नहीं आ रहा," भवभूति ने बताया।

"तो फिर आगे बढ़ते जाओ। वैसे नाम से ही रूप स्पष्ट होता है। मालती... सुकोमल नाम है नायिका का। माधव की संगति बैठती है। मात्र एक मात्रा अधिक है मालती में। तो..., पर ले चलो इसे आगे। 'महावीर चरित' सात अंक का है... इसके लिए कितने सोचे हैं? कुछ अंक और कर लो तो अभ्यास की रूपरेखा बनाते हैं। इन दिनों हमारे लोग स्वयं को अव्यस्त, रिक्त सा अनुभव कर रहे हैं। आर्थिक कठिनाई तो है पर कुछ करने को हो तो उधर से ध्यान बँटेगा। कुछ मानसिक श्रांति तो मिलेगी है," कहते हुए नारायण कृष्ण कोई चिन्तित सी मुस्कान होंठों पर ले आए।—'तुम सहयोग कर ही रहे हो...शेष पूर्ति भी कहीं न कहीं से हो लेगी। तुम तो नाटक पूरा करने में अपना चित्त लगाओ। बस लड़कियों पर अर्थ संकट से दबाव कुछ अधिक है। धन न मिलने से उनके परिवारी जन नाट्य को उनकी प्रगति में बाधा मानने लगे हैं। परिवारों की ओर से उपालंभ (उलाहने) भी मिले हैं मुझे," भवभूति को नारायण कृष्ण चिन्तित दिखे।

"पर इन समस्याओं का भी तो समाधान खोजना होगा," भवभूति चिन्ता में शामिल हुए।

"हाँ, समाधान निकलेगा...समस्याओं के बीच से ही निकलेगा। शुभ सूचना यह है कि बसन्त सारिका से विवाह का इच्छुक है...सारिका भी चाहती है बसन्त को।

किन्तु सारिका की माँ बेटी के बदले में धन चाहती है। लड़कियाँ अब हमारे परिवार की सदस्य हैं पर हम माता, पिता तो नहीं हैं। धन भी नहीं हमारे पास। कलह का मूल धन ही तो है। हाँ अभी वह स्थिति नहीं आई है कि गुरु द्रोण की भाँति अपने लोगों को दूध के स्थान पर चूर्ण घोल कर पिलाते हुए मिथ्या सांत्वना देनी पड़े," आचार्य पथहारी हँसी हँसे।

"पद्मावती इतना सम्पन्न नगर है। हम श्रेष्ठियों, श्रीभन्तों से कुछ सहयोग ले सकते हैं क्या? विचार कर बताइए तो उस ओर प्रयास करें," सुझाव रखा भवभूति ने।

"कला-पारखी तो स्वयं ही सहयोग देने आगे आते हैं जैसे मिलिंद गुरु हैं अथवा चारुमती को ही लो। अन्य लोग तो मनोरंजन चाहेंगे...अपनी दूषित कामनाओं को आगे करेंगे और तब दोनों हाथों से धन उलीच देंगे। किन्तु हमारी कला संकल्पबद्ध है—शिक्षण के लिए, संस्कार परिष्कार के लिए...उदात्त की प्रतिष्ठा के लिए।"

"पर आचार्य, धन के अभाव में तो अपना यह नाट्य परिवार छिन्न-भिन्न हो जाएगा," भवभूति आशंकित हो उठे।

"सम्भव है। पर तब भी कोई नया दल बनेगा। रचेगा मंच पर 'स्वप्नवासवदत्ता', 'शाकुंतल', 'मृच्छकटिक' या तुम्हारा वह नया नाटक जो कल्पना की भूमि पर उग रहा है...ओह अभी तो उसका नामकरण भी नहीं हुआ," नारायण कृष्ण हो-हो कर जोर से हँसे तो चिन्ता के मेघ छँट गए।

शरद पूर्णिमा तक नाटक के दो अंक और लिख गए। धनंजय की स्मृति को भवभूति अपने नाटक में साहसी निश्छल मकरंद के रूप में लौटा लाए हैं। मालती जब कुंजक वन में पुष्पों का चयन करने पहुँचती है तो यहाँ कामन्दकी की योजना है कि विरह पीड़ित मालती और माधव का मिलन हो ले। इसी समय नेपथ्य में कोलाहल होता है तो पता चलता है कि व्याघ्रराज ने पिंजड़े से निकलकर कामन्दकी की सहचरी बुद्धरक्षिता के साथ आई मदयन्तिका पर आक्रमण कर दिया है। माधव व्याघ्र के प्रतिरोध हेतु सन्नद्ध होता है, इसी बीच लोग देखते हैं कि किसी मृत व्यक्ति का अस्त्र लेकर माधव का मित्र मकरंद व्याघ्र से भिड़ जाता है और उसे मार डालता है पर व्याघ्र के प्रहार से चोट खाकर वह भी मूर्च्छित हो जाता है।

तीसरे अंक की इस कथा के पश्चात् चौथे अंक में माधव एवं मित्र मकरंद की मूर्छा में मालती और मदयंतिका दोनों को सहारा देकर जल सेचन व पट की हवा से परिचर्या करती हैं। दोनों की मूर्छा समाप्त होती है। इसी समय सूचना मिलती है कि राजा ने नन्दन व मालती का विवाह निश्चित किया है।

मदयंतिका मकरंद के प्रति अनुरक्ति प्रकट कर चली जाती है। मालती के विवाह का समाचार सुन माधव दुखी है पर कामन्दकी उसे समझाती है कि यह निर्णय राजा का है। कन्यादान का अधिकारी पिता होता है न कि राजा। महारानी की आज्ञा पर कामन्दकी मालती को लेकर चली जाती है। एक-दूसरे के बिना

मालती व माधव को जीवन निष्फल प्रतीत होता है। माधव अकरणीय कार्य अर्थात् महामांस (मानव मांस) बेचने के लिए सिन्धु और वरदा नदी के घाट प्रेतस्थान पर पहुँच जाता है।

पाँचवाँ अंक जिसमें भयंकर आकृति वाली आकाशचारिणी कापालिकी कपाल कुंडला द्वारा जो अपने गुरु अघोरघंट की तंत्र-साधना हेतु मालती की बलि देने कराला देवी के मन्दिर में लेकर आई है, वह उस प्रेतस्थान पर खड्गधारी माधव को नर-मांस बेचते देखती है। माधव को मन्दिर से स्त्री की करुण आवाज़ सुनाई देती है। माधव दौड़कर वहाँ पहुँचता तथा वध्यचिह्न से युक्त मालती, योगिनी कपाल कुंडला तथा अघोरगंट को देखता है। यहाँ मालती से अन्तिम समय में अपने किसी प्रिय का स्मरण करने को कहा जाता है तो मालती माधव का स्मरण करती है। कपाल कुंडला जब मालती को मारने को होती है तब माधव वहाँ पहुँचकर उसे रोक देता है। अघोरघंट व माधव दोनों में युद्ध हो उठता है। इसी समय मंत्री भूरिवसु के परिचरों द्वारा कराला मन्दिर घेर लिया जाता है क्योंकि कामन्दकी ने भूरिवसु को बता दिया है कि तांत्रिक अघोरघंट के अलावा इस प्रकार का 'अपहरण कृत्य' कोई नहीं करवा सकता तथा वह प्रेत स्थान पर पूजा करता है। माधव के प्रहार से खड्ग द्वारा अघोरघंट की हड्डियाँ, पसलियाँ कटने की सूचना के साथ अंक समाप्त होता है।

तृतीय, चतुर्थ व पंचम अंक का पाठ समाप्त कर भवभूति ने वहाँ उपस्थित नाट्य दल के सदस्यों की ओर देखा। सब जैसे पात्रों व दृश्यों में खोये हुए थे। बात चन्द्र ने चलाई, "यहाँ नाटक समाप्त हुआ क्या?"

"नहीं, अभी मालती और माधव का मिलन नहीं हो पाएगा। सम्भव नहीं है, क्योंकि राजा की इच्छा वय:प्रौढ़ नन्दन, जो उनका सचिव भी है, से मालती का विवाह करने की है। माधव के पास इतनी शक्ति नहीं है कि राजा का प्रतिकार कर सके', भवभूति ने उत्तर दिया।

"तो बढ़ाइए इस नाटक को आगे," यह चित्रा थी।

"वही तो नहीं समझ में आ रहा कि नाटक आगे कैसे बढ़े? पंद्रह दिन से सोच रहा हूँ पर कोई उचित मार्ग नहीं सूझ रहा है," भवभूति के स्वर में असहाय खीझ थी।

"क्यों न हम इसका अभ्यास आरम्भ कर दें," आँखें मूँदकर भित्ति से टिके बैठे नारायण कृष्ण ने आँखें खोल सब पर दृष्टि घुमाई, "मुझे लगता है कि इन पाँच अंकों में सभी पात्र सामने आ चुके हैं। दृश्य व क्षेत्र भी लगभग स्पष्ट हैं। इस सीमा को अधिक बढ़ाने की आवश्यकता भी प्रतीत नहीं होती। यत्किंचित् संशोधन अभ्यास के साथ होते रहेंगे, वे तो प्रयोग के बीच भी होते हैं। कोई प्रस्तुति कभी पूर्ण नहीं होती। आप लोगों का क्या मन्तव्य, सुझाव है?"

"अभ्यास आरम्भ करने में कोई आपत्ति अथवा हानि नहीं है किन्तु प्रश्न तो जहाँ का तहाँ है कि नाटक आगे कैसे बढ़े?" भवभूति बोले।

"ऐसी बाधा से तो कोई स्त्री ही पार पा सकती है भवभूति! मेरा सुझाव है कि कामन्दकी को आगे बढ़ाओ। अभी तक वही सहायक होती रही है," आचार्य ने हँसकर कहा।

इसके पश्चात् अभ्यास के क्रम में पाठ प्रारम्भ हुआ। हर कलाकार प्रतिदिन एक अंक का पाठ करता और पाँचों अंक एक ही अभ्यास में पूरे किए जाते। आचार्य नारायण कृष्ण, चित्रा, हारीत, मंजरी, चन्द्र जान गए थे कि नाटक के कथासूत्र व आख्या पर स्वयं भवभूति के जीवन की छाया है...पात्रों पर भी। कोई कलाकार किसी पात्र अथवा भाव की स्थिति पर भवभूति से पूछता तो वह इस भाँति डूबकर स्पष्ट करते जैसे स्वयं भी दृश्य या घटना में सहभागी (शरीक) रहे हों।

कुछ दिनों में पात्र के अनुरूप शारीरिक गठन, स्वर, संवाद कौशल आदि पर विचार कर भूमिकाएँ निश्चित हो गईं। प्रमुख पात्रों के छायानट (एबजी/स्थानापन्न) नटी का दायित्व भी निर्धारित हो गया कि यदि किसी कारणवश वह कलाकार उपलब्ध न हो, तो छायानट/नटी उसका स्थान ले सके और प्रदर्शन रुके नहीं। इसके लिए सभी कलाकारों को पात्र के भीतर तक धँसकर उसके परिवेश सहित जानना होता है।

अभ्यास चल रहा था कि सचमुच में ही नाटक का तीसरा अंक पद्मावती की धरती पर घटित हो गया। यह पौष का महीना रहा जिसमें दिन छोटे रातें बड़ी होती हैं। सिन्धु और पार के संगम से लेकर सिन्धु के प्रवाह के समानांतर दो नदियों के मध्य बसी पद्मावती में शीत का प्रकोप कुछ अधिक ही अनुभव होता है। समृद्ध, सम्पन्नों की आमोद क्रीड़ाएँ भवनों, महालयों के भीतर सीमित हो जाती हैं किन्तु श्रम, सेवा करके जीविका उपार्जन करने वाले धूप, शीत, वर्षा को अपने जीवन का अंग बनाकर संसार के कारोबार को चलाते रहते हैं।

शीत के इस काल में सूर्यतप्त जल में स्नान के पश्चात् धूप-सेवन का सुख लेने, साथ में पुष्प चयन के लिए राजकन्याएँ राजभवन से नन्दनवन पहुँची थीं। यह वन राजमहालय से 'नाति दूरे नाति तीरे' की अवधारणा के अनुसार रक्षित है। सामान्य सी सुरक्षा व्यवस्था में जब चेदिनगर की राजकुमारी मधुमिता मन्दिरा को साथ लेकर छोटे-छोटे वृक्षों से युक्त लता-समूह से पुष्प तोड़ रही थी, तभी एक ओर से कोई व्याघ्र (बाघ) वृक्षों के झुरमुट से निकलता-समूह की ओर बढ़ने लगा। राजकन्याएँ व उनकी सखियाँ भयभीत हो चीत्कार करने लगीं। बाघ मधुमिता की ओर बढ़ता निकट पहुँचता जा रहा था। मधुमिता थरथर कंपित हिरणी की भाँति रोती-चीखती इधर-उधर डोलने लगी। व्याघ्र छलाँग लगाकर आक्रमण करने को ही था कि इसी समय एक युवक ने हँकार कर व्याघ्र का ध्यान आकर्षित किया एवं तीव्रगति से मधुमिता व व्याघ्र के बीच आ पहुँचा। व्याघ्र अचकचा कर क्षण भर को ठमका और युवक पर छलाँग लगा दी। युवक पैंतरा बदलकर छलाँग से बचा

व बाघ से गुत्थमगुत्था हो गया। सभी युवतियाँ सन्न रह गई थीं किन्तु तुरन्त ही चेतना समेटकर जोरों से बचाओ-बचाओ चिल्लाने लगीं। उनका चीखना व्याघ्र की गुर्राहट तथा अपरिचित पुरुष की हँकार सुन सशस्त्र सैनिक भी रोर करते हुए दौड़ पड़े। बाघ रोर व लोगों की भीड़ देख नदी में आकर मिलनेवाले, लताओं, झाड़ियों से ढँके नाले में कूद गया। युवक पृथ्वी पर गिरा था...अंगों से रक्त बह रहा था... वह धीरे-धीरे चेतनाशून्य होने लगा। मधुमिता ने धरती पर पसरते युवक का सिर थामा व आँचल से उसका मुँह पोंछने लगी।

मन्दिरा अपना आँचल भिगो लाई व अचेत युवक के मस्तक पर छींटे मारने लगी, "अरे ए, यह तो धनंजय हैं," अनायास ही मन्दिरा के मुँह से निकला।

"तुम्हारा परिचित है यह?" प्रियंवदा ने प्रश्न किया तो उत्तर में मन्दिरा की जीभ लटपटा गई।

"परिचित...हाँ...मैंने इसे...," मन्दिरा राजकुमारियों पर अपने माधुरी होने का भेद छिपाए थी।

धनंजय की चेतना लौटते देख मन्दिरा ने आँचल से मुँह ढाँप लिया।

"इन्हें शीघ्र राजभवन पहुँचा कर अतिथि-कक्ष में वैद्य जी को बुला लो। हम वहीं पहुँच रहे हैं," प्रियंवदा ने परिचरों को आज्ञा सुनाई।

"परिचर्या के लिए मैं इनके साथ चली जाऊँ?" विह्वलता से मधुमिता ने प्रियंवदा से पूछा।

प्रियंवदा के होंठों पर मुस्कान आ गई, "हाँ, साथ जाना उचित रहेगा...। स्वयं को भी सँभालना। इस घटना का गहरा प्रभाव दिख रहा है तुम पर।"

23

घाव घातक नहीं थे। बाघ के पंजे से कन्धे का कुछ मांस उखड़ गया था व मस्तक पर बाईं ओर नाखून से त्वचा फट गई थी। घुटना, बाँहों पर खरोंचें भी थीं। वह तो दैव की कृपा ही रही कि स्नान के पश्चात् सामान्य वस्त्र सूखने को फैलाकर युवक ने कुछ देर के लिए सामान्य की जगह सैनिक वेशभूषा पहन ली थी अत: शरीर के अधिकांश अंग सुरक्षित रहे।

ज्यों ही नाव नदी तट से सटे दुर्ग के पिछले द्वार पर लगी और सैनिक उसे सावधानीपूर्वक उठाने लगे तो युवक ने पूछा, "आप लोग मुझे कहाँ ले जा रहे हैं और...और आप कौन हैं भद्रे!" वह अपना कटिभाग टटोलने लगा, "मेरा खड्ग कहाँ है?"

"आपका खड्ग मेरे पास सुरक्षित है। अन्य भी जो सामान है वह ज्यों का त्यों मिल जाएगा आपको। हाँ, मैं...! मेरा नाम मधु है—मधुमिता। आपको उपचार और विश्राम की आवश्यकता है।"

नाव के लगते ही पालकियाँ आ गईं—एक में युवक को बैठाकर दूसरी में मधुमिता बैठ गई। कुछ ही क्षणों में पालकियाँ राजकीय अतिथि-गृह के द्वार पर जा ठहरीं व युवक को सुसज्जित कक्ष में ले जाकर एक मृदु तल्प पर आधार का सहारा लगाकर बैठा दिया गया।

राजकुमारियों पर व्याघ्र के आक्रमण का समाचार ज्यों ही अन्तःपुर में पहुँचा, वहाँ अशुभ की आशंका से हड़बड़ी फैल गई। पुत्रियों को सकुशल देखने महादेवी उद्विग्न हो उठीं। रत्ना ने उन्हें सांत्वना दी कि, 'दोनों राजकुमारियाँ सकुशल हैं किन्तु व्याघ्र से द्वंद्व करते हुए कोई अपरिचित युवा आहत (घायल) हुआ है जिसे अतिथि-गृह में लाया गया है। दोनों कुमारियाँ वही हैं...।'

"और मन्दिरा...?" महादेवी ने पूछा।

"वह भी स्यात् राजकुमारी प्रियंवदा के साथ है।"

"आह! वे दोनों यहाँ न आकर वहीं क्यों ठहर गईं। हे देव, इन कुमारियों को अपनी मर्यादा का भी ध्यान नहीं है। युवक जाने कौन, कहाँ का होगा। उन्हें युवक के पास ठहरने से मन्दिरा ने तो रोका होता। वह आहत है तो उसकी विशेष परिचर्या भी हो लेगी।" महादेवी खिन्न-सी अपने कक्ष में घूमने लगीं।

आगे भी युवक ने बार-बार अपने स्वस्थ होने की बात कही पर महाराज की आज्ञा से उसे दो दिन राजकीय परिचर्या में रखा गया। किसी परिचरी को साथ लेकर मधुमिता प्रातः सायं दोनों समय आकर औषधि व खानपान की व्यवस्था का निरीक्षण कर स्वास्थ्य के विषय में पूछती फिर लौट जाती।

तीसरे दिन प्रियंवदा ने मन्दिरा से पूछा कि, "वह युवक कौन है व तुम्हारा उससे क्या परिचय है?"

अब भेद बनाए रखने का कोई उपाय न रहा तो मन्दिरा ने आँसुओं के साथ पूरी आप-बीती सुना दी।

"ओह, मुझे तुमसे सहानुभूति है। लगता है कि मधुमिता इस युवक के प्रति आसक्त है। आकर्षण आगे बढ़ गया तो...?" प्रियंवदा ने सामने प्रश्न टाँग दिया। माधुरी चुप रही तो प्रियंवदा बोली, "कुछ तो कहो माधुरी।"

"मेरा निवेदन यह है राजकुमारी, कि मुझे मन्दिरा ही बनी रहने दें। लौटकर माधुरी हो जाना मेरे लिए सम्भव नहीं है। क्रीत हूँ मैं यहाँ...यह तो महादेवी की कृपा है कि मुझे दासी के स्थान पर आपकी सहचरी बना दिया है," सविनय कहा माधुरी ने।

"सहचरी से अधिक स्वजन हो तुम मेरी। राजमाता ने तुम्हें मेरे लिए क्रय किया है...तो लो, मैंने तुम्हें मुक्त किया। अब तो भल (नीक, ठीक) है।"

"क्रीत हुई स्त्री का मुक्त होना इतना सरल नहीं है प्रिय सखी! आप तो राजपुत्री हैं, औरस हैं पर क्या आप मुक्त हैं? महादेवी तो राजेश्वरी हैं...माँ हैं। पर वह मुक्त हैं क्या? जिन स्त्रियों ने बचाया और बेचा है, वे भी मुक्त नहीं दिखीं। पर छोड़ो, यहाँ आपके अपनत्व से बँधी हूँ मैं। बताइए। मुझसे क्या चाहती हैं?"

"अपने लिए नहीं...मुझे मधुमिता की चिन्ता है। वह उस युवक के लिए चिन्तित है। इतना तो स्पष्ट हुआ कि वह क्षत्रिय है किन्तु तुम भी जानती हो कि मधुमिता राजकुमारी है। सामान्य सैनिक के प्रति उसकी आसक्ति सफलता की ओर न बढ़ सकेगी। अतः तुम्हें ज्ञात करना होगा कि वह युवक कहाँ से, किस वंश से है?"

"किन्तु पूछने पर भी उसने न बताया तो?"

"सम्भव है कि उसने कवि भवभूति को बताया हो अपने बारे में, उनका तो मित्र है ना! अच्छा मैं एक युक्ति करती हूँ...तुम्हें सहयोग करना होगा। राजेश्वरी से अनुमति लेकर आज हम दोनों औपचारिक रूप से उसकी कुशलता पूछने चलेंगी।"

"फिर...?"

"फिर देखें क्या होता है? और हाँ तुम स्वयं को उससे छिपाना मत।"

"किन्तु महादेवी?"

प्रियंवदा ने माधुरी को बाँहों में भर लिया—"मैंने कहा न कि महादेवी मेरी माँ भी तो हैं। मेरे रहते तुम्हारा कुछ भी अनिष्ट न होगा।"

महादेवी की अनुमति से संध्याकाल में जब दोनों अतिथिगृह में पहुँचीं तो माधुरी को देख धनंजय विस्मय में पड़ गया।—"माधुरी तुम...यहाँ? ओह, मैं तो जाने क्या-क्या अनुमान लगा बैठा था। इतने वर्ष मुझे स्वयं को धिक्कारते हुए बीते हैं कि तुम्हारी रक्षा न कर सका। आचार्य को कैसे मुँह दिखाऊँगा...अपने कवि मित्र को क्या कहूँगा? आह तुम्हें खोजते-खोजते छह वर्ष होने को आए। यह तो पता लगा कि आर्य सोमदत्त इस संसार को छोड़ गए पर अन्य किसी से भी मेरी भेंट न हो सकी। जो हो, तुम धर्म-बहिन हो मेरी। तुम्हारा दायित्व अब मेरे ऊपर। कदाचित् इसी बहाने मेरी ग्लानि का बोझ कुछ कम हो सके," धनंजय माधुरी की हथेलियाँ चूमकर आँखों में आँसू भर लाया। कुछ ही क्षण में भान हुआ कि माधुरी के साथ कोई और भी है तो आँसू पोंछ होठों पर बलात मुस्कान ले आया।

"अरे, क्षत्रिय होकर रोते हो...अब तुम्हीं तो बन्धु हो मेरे," कहती माधुरी का भी गला भर आया, "देखो, यह राजकुमारी प्रियंवदा तुम्हारी कुशल पूछने आई हैं।"

"ओह! अभिवादन करता हूँ राजकन्ये! आपने मेरी बहन को आश्रय देकर मुझ पर अतुल उपकार किया है। देवकृपा से मैं पूर्णतः स्वस्थ हूँ और आपका ऋणी भी कि बहिनी से भेंट कराई।"

"उपकार तो आपने मेरी बहिनी की प्राणरक्षा करके किया है। आप क्षत्रिय हैं यह तो आपके साहस, विनय व सूत्रादि से ज्ञात हुआ पर हम जानना चाहेंगी कि

एक अपिरिचत स्त्री की रक्षा के लिए स्वयं के प्राण संकट में डालने वाले वीर ने कहाँ, किस कुल में जन्म लिया है?"

"क्या इतना पर्याप्त नहीं कि मैं शस्त्रजीवी क्षत्रिय हूँ।"

"कदाचित् पहले वह पर्याप्त होता किन्तु अब आपके साथ मेरी स्वजन, सहचरी माधुरी का सम्बन्ध और भविष्य भी तो आ जुड़ा है।"

"हाँ यह, यह श्रद्धेय आचार्य सोमदत्त की धरोहर थी जिसे सहेजने में सफल न रह पाया मैं। अब इसको इच्छित और उचित हाथों में सौंपना है।"

"किन्तु इसे पाओगे कैसे? अभी तो यह महारानी के अधिकार में है," प्रियंवदा बोली।

"मैं माँगूगा इसे राजमाता से। वह जो मूल्य चाहेंगी, स्वयं को बँधक रखकर चुकाऊँगा। यह एक क्षत्रिय का वचन है।"

"और तब उन्होंने तुम्हारा कुल, वंश, जानना चाहा तो..। क्या असत्य कहोगे?" प्रियंवदा ने तर्क रखा।

"आपने मेरे समक्ष धर्म-संकट उपस्थित कर दिया है। तो सुनें—मैं अचलपुर के क्षत्रप नरेश देवरात का ज्येष्ठ पुत्र हूँ। मेरी माँ का स्वर्गगमन हुआ तो विमाता ने अपने पुत्र अर्थात् मेरे विमातृज बन्धु को युवराज घोषित करवा दिया। मैं विप्लव मचाकर अपने वृद्ध पिता को कष्ट नहीं देना चाहता था अतः माँ की स्मृति-स्वरूप यह मुद्रिका एवं मात्र पाँच स्वर्णमुद्राओं के साथ अपना राज्य व नगर छोड़ दिया। खड्ग तो साथ है ही। बस इतना ही परिचय है मेरा।" धनंजय ने सिर झुका लिया, "अब बस इतना ही निवेदन है कि आप मेरी बहन मुझे सौंप दीजिए...मैं कहीं अन्यत्र चला जाऊँगा क्योंकि वंश परिचय के साथ मैं कहीं सामान्य शस्त्रजीवी की वृत्ति नहीं अपना सकता।"

"किन्तु इस परिचय के साथ तुम राजकीय अतिथि तो हो सकते हो?" प्रियंवदा मुस्कराई।

"यह भी सम्भव नहीं। क्योंकि तब मेरा परिचय प्रकट हो जाएगा। जिस राज्य व वंश को मैं पीछे छोड़ आया हूँ, उसकी ओर पुनः नहीं लौट सकता।"

"चलो यही सही, किन्तु एक दिन और आतिथ्य तो तुम्हें हमारे कहने पर स्वीकार करना होगा। क्या तुम्हें इसका भान है कि जिसकी तुमने व्याघ्र से रक्षा की है वह अपने प्राण तुम्हारी थाती मान बैठी है...।"

"कौन?...कुमारी मधुमिता?" झिझकते हुए पूछा धनंजय ने।

"राजकुमारी मधुमिता...। चेदिनगर की राजकन्या है वह। सुखद संयोग यह कि आप भी क्षत्रिय राजकुमार हैं।"

"किन्तु मैंने बताया तो है कि मैं राज्यच्युत हूँ।"

"जो हो, अब तो यह मधुमिता पर निर्भर है कि वह तुम्हें जाने दे अथवा रोक

ले। हाँ कल प्रातः राजमाता से भेंटकर आप अपनी बहन माधुरी अथवा मेरी प्रिय सखी मन्दिरा को माँगकर मुक्त करा सकते हैं," कह मुस्कराती हुई प्रियंवदा माधुरी के साथ अन्तःपुर की ओर लौट गई।

महादेवी के यहाँ से माधुरी का मुक्त होना सहल (सरल) नहीं था। उन्हें ज्ञात है कि अधिराज माधुरी पर आसक्त है। वह मन्दिरा को उपपत्नी का मान देने को भी तत्पर है, अन्यथा चाहे तो क्रीता के रूप में भी उपयोग कर सकता है। मधुमिता के बारे में वह प्रियंवदा के प्रस्ताव से सहमत भले हुई हों पर पुत्री के विषय में अन्तिम निर्णय तो उसके माता-पिता ही कर सकते हैं।

महादेवी ने मधुमिता के विषय में महाराज से चर्चा की तो उन्होंने मन्दिरा व मधुमिता दोनों को अंतःपुर का विषय बताकर दायित्व माहदेवी पर ही डाल दिया। हाँ इतना अवश्य कर दिया कि धनंजय को नरवरगढ़ के दुर्गपाल का सहायक बनाकर उसकी आजीविका की चिन्ता समाप्त कर दी एवं माधुरी को अभ्यास के लिए आचार्य नारायण कृष्ण के यहाँ आने-जाने की अनुमति मिल गई।

भवभूति की माधुरी से भेंट अभ्यास के समय ही होती थी। उसका आना-जाना भी अब शिविका में होता व कहार पूरे समय किसी रक्षक की भाँति अभ्यास स्थल के बाहर ही बने रहते थे। आचार्य नारायण कृष्ण दोनों को अधिक अवसर ही न दे रहे थे। भवभूति की व्यस्तता ने भी आठों पहर का समय तीन भागों में बाँट दिया। तृतीयांश अर्थात् लगभग तीन प्रहर छात्रों, बटुकों के बीच लगना निश्चित था। दो से ढाई प्रहर नींद व विश्राम में व्यय होते, आधा प्रहर दैनिक क्रियाओं, स्नान भोजनादि में लगना ही है। अब ज्यों-त्यों कर दो प्रहर से कम समय है जिसे नाट्य-लेखन व नाट्याभ्यास के बीच बाँटना होता। माधुरी के निकट बैठने, कुछ कहने-सुनने का अवकाश ही न था।

नारायण कृष्ण अब खुलकर स्मरण दिलाने लगे थे कि 'महावीर चरितम्' नाटक बस अच्छा भर है...श्रेष्ठ कहे जाने योग्य निर्मिति उसकी नहीं है। नए नाटक के लिए वह श्रेष्ठ-श्रेष्ठ की अपेक्षा जताते रहते। लगता है कि इसे वह कोई महत्त्व नहीं देते कि भवभूति व माधुरी परस्पर गहरे आकर्षित हैं।

भवभूति की इच्छा रही कि नाटक में मालती की भूमिका में माधुरी हो किन्तु आचार्य ने यह मंजरी को सौंप दी। बौद्ध संन्यासिनी कामन्दकी का चरित्र चित्रा के लिए निर्धारित कर माधुरी को मदयंतिका बनाया है। उज्जयिनी में प्रदर्शन के लिए आचार्य के सिर पर भूत सा चढ़ा है...उन्माद सा छाया रहता है।

नए नाटक का नवम् अंक चल रहा है...कुछ-कुछ उन्माद जैसा भवभूति भी अनुभव करते हैं। कभी-खभी लगता है कि ये विद्यापीठ, अभ्यासजन, शत्रु, मित्र, मंडली आदि व्यर्थ हैं...बस उनके पास और साथ समय ही समय हो। समय का एकान्त हो और वह लिखते रहें। किन्तु ऐसा हो कब पाता है—संसार, समाज,

सम्बन्ध इनसे तो व्यास भी कब उबर पाए? नए नाटक का नाम नायिका नायक के नामानुरूप निश्चित हुआ है—'मालती माधव।' दोनों के मिलन पर नाटक का सुखांत होना है किन्तु कोई न कोई व्यवधान आ जाता है। योगिनी कपालकुंडला के गुरु अघोरगंट को माधव मार चुका है। कपालकुंडला के हाथों से भी मालती की मुक्ति की सूचना कामन्दकी की शिष्या सौदामिनी...माधव को दे देती है। पर अभी माधव और मालती का मिलन नहीं हुआ। मिलन का उपाय निकले तभी तो नाटक सुखांत होगा।

अभ्यास पूरी गति में है। नृत्यनाट्य का अभ्यास भी आरम्भ कर दिया है क्योंकि उज्जयिनी के उत्सव में मात्र एक माह व कुछ ही दिन शेष हैं। इसी बीच कान्यकुब्ज देश से एक छोटा-सा दल पद्मावती नरेश के लिए कोई सन्देश लेकर आया। उसी दल के एक सदस्य ने वहाँ के राजकवि वाक्पतिराज का पत्र भवभूति को भी दिया जिसमें भवभूति को कान्यकुब्जाधीश्वर द्वारा स्मरण किए जाने व प्रशंसा करने के साथ कन्नौज आने का निमंत्रण था। भवभूति ने उसी पत्रवाहक के हाथ अपने उत्तर में लिखा, "पुण्य-प्रतापी, स्वनामधन्य महाराज यशोवर्मन द्वारा स्मरण किए जाने एवं आपके निमंत्रण का मैं आभार मानता हूँ। महाराज व आपके सद्भाव, सौमनस्य का ऋणी हूँ व उज्जयिनी उत्सव से लौटकर शीघ्र ही नरेश व आपसे भेंट करने का इच्छुक हूँ। इन दिनों एक नया नाटक भी पूर्ण होने को है। प्रभु की कृपा हुई तो वह भी आपके अवलोकनार्थ प्रस्तुत करूँगा।...भवदीय...भवभूति।" इस प्रकार पत्र लेकर वह दल लौट गया।

इधर पद्मावती से उज्जयिनी जाने वाले नाट्यदल में सदस्यों की संख्या अनुमान से अधिक हो रही थी। बीस से अधिक छोटी-बड़ी भूमिकाओं वाले कलाकार थे तो दसेक सदस्य संगीत मंडली में भी थे। नृत्यनाट्य का तो आधार ही संगीत है। कुल मिलाकर पाँच लढ़ियाँ (बैलगाड़ी), दो अश्व बहली एवं चार उष्ट्र शकट (ऊँट गाड़ी) के साथ कुछ सामग्री खेचरों पर लदी थी। नाट्यदल का चलना किसी कुल की यात्रा जैसा होता है, वैसे ही जैसे कोई छोटा गाँव या पुरवा अपना स्थान बदल रहा हो। मार्ग के लिए रक्षकों की टोली भी हाटक (किराए) पर लेनी पड़ी। सूपकार (रसोइया) तो साथ लेना ही पड़ता है।

हाँ इस बार अजितसेन साथ नहीं था। पद्मावती के राजनीतिक क्षितिज पर कोई आशंका सी प्रतीत होती थी। यद्यपि इससे प्रजा के व्यवहार, व्यापार व अन्य सामान्य क्रिया-कलापों में कोई अन्तर नहीं आया था किन्तु राज्यकर्मियों के व्यवहार में विशेष प्रकार की सतर्कता परिलक्षित होती थी। अजितसेन कभी-कभी आठ-आठ दिन दिखाई न देता। उसने आचार्य से क्षमा माँगी थी कि 'राजकीय सेवक हूँ और इस समय मेरी सेवा ही मेरी प्राथमिकता है।'

कदाचित् कन्नौज से आए दल ने ही कुछ ऐसा कहा या चाहा होगा जिसने

राजा व राजन्य वर्ग को चिन्तित किया हो। इस समय भारतवर्ष में कन्नौज बहुत समृद्ध व विस्तृत राज्य है। मगध सिमट गया है। उज्जयिनी तो कन्नौज की अधीनता में ही आ पहुँचा था किन्तु सम्राट हर्षवर्धन के पश्चात् आधी सदी से भी अधिक समय तक अराजकता की स्थिति रही जिससे यमुना के पश्चिम में उज्जयिनी तक अनेक छोटे-छोटे राज्य बन गए। पद्मावती भी उन्हीं में से एक है। विदर्भ में भी वाकाटकों के पश्चात् राष्ट्रकूट सामन्तों ने अपनी-अपनी शक्ति के अनुसार नगरों, दुर्गों को अधीन कर लिया था। नाग मथुरा व कान्तिपुरी के मध्य सिमटकर रह गए। ग्वाल्हेर पर जैन धर्मानुयायी राजा कीर्तिसेन का आधिपत्य था। यमुना पार करने के पश्चात् कन्नौज की सेना को रोकने में कोई भी राज्य सक्षम नहीं था।

यशोवर्मन ने सत्ता सम्हालते ही सर्वप्रथम तो गंगातट स्थित अपने दुर्ग को दृढ़ बनाया फिर निकट के क्षेत्रपतियों यथा—कांपिल्य, ब्रह्मावर्त, मकरंद नगर, अजयगिर, विजयगृह आदि के साथ दंडपाल, वसुपाल, राउत पर भी अपनी शक्ति के प्रति भय, प्रतिष्ठा व निष्ठा स्थापित की तथा अपने साम्राज्य का मथुरा से मगध तक विस्तार कर लिया। सीमा में लगे छोटे-छोटे राज्यों को उसने अधिगृहीत तो नहीं किया किन्तु इनसे मैत्री सन्धियों के साथ उसने राज्य के चारों ओर ऐसी मेखला बनाई कि कोई भी कन्नौज पर सीधा आक्रमण न कर सके।

पद्मावती को भी ऐसी ही सन्धि के अनुसार, प्रतिवर्ष संरक्षण शुल्क देना होता है। यह एक प्रकार से कन्नौज अधिपति से अधिमान्यता पाने तथा परोक्ष रूप से कन्नौज के अधीन होने के स्वीकार जैसी ही व्यवस्था रही है। कदाचित् इसी व्यवस्था में कहीं कुछ त्रुटि या प्रमाद रहा होगा। जो हो, पद्मावती में ऊपर से सब शान्त था। कृषि, व्यापार, शिक्षा, शिल्प यथापूर्व ही चल रहा था। भवभूति के लेखन व नाट्याभ्यास में भी कोई व्यवधान न पड़ा—हाँ, यह दोबारा हुआ कि माधुरी इतने दिनों के लिए नाट्यदल के साथ उज्जयिनी न जा पाई।

यह यात्रा भवभूति ही नहीं आचार्य नारायण कृष्ण के लिए भी सर्वाधिक सफल कला-यात्रा रही। नृत्यनाटिका ने उन्हें अपने ही गृहनगर में वह मान प्रतिष्ठा दी जो उनके समवयस्कों में किसी को भी न मिली थी तथा भवभूति का नाटक भी खूब सराहा गया। वसन्त तथा मदनोत्सव पर अवंति में देश-देशान्तर से गुणीजन एकत्र होते हैं जिनके माध्यम से भवभूति की ख्याति चहुँओर फैलने लगी। यहाँ सभी पुराने मित्रों, सुहृदों से मेल-मिलाप हुआ। हाँ, सुप्रिया से भेंट न होने की कसक भवभूति को बनी रही।

लौटते हुए भी अनेक पड़ावों पर नाटक का प्रदर्शन हुआ। अन्तिम पड़ाव नरवरगढ़ रहा जहाँ धनंजय तो था ही, किन्नर मदनसुन्दरी ने पूरे आयोजन की व्यवस्था की। माधुरी व मधुमिता भी यहाँ आई थीं। पूरे वर्षभर के पश्चात् यह पहला अवसर रहा कि माधुरी व भवभूति को मिलने भेंटने का पर्याप्त समय मिला। यहाँ

आचार्य नारायण की ओर से कोई नियामन (रोक) संवारण (टालना) न था। यह भी कि आचार्य ने भवभूति से कहा कि वह चाहें तो इच्छानुसार यहाँ रुक भी सकते हैं।

[हाँ मैं पद्मावती हूँ। मेरी सांस्कृतिक सम्पन्नता के दिन फिर बहुरे हैं। यूँ तो मेरे आँगन में जो स्वर्ण, रजत मुद्राएँ ढाली जाती हैं उनकी सुगढ़ शुद्धता मेरा वचन है तथा पहचान भी किन्तु मेरी विद्यापीठ में तपकर, गलकर, ढलकर, गढ़कर निकले छात्र, शिक्षक, शास्ता, आचार्य, शिल्पी, भैषज्ञ भी अपने विषय में विशद व बहुश्रुत माने जाते हैं। सैन्य शक्ति के अनुपात में प्रचंड न होकर भी मैं समृद्ध व सुरक्षित हूँ क्योंकि यहाँ शिक्षा प्राप्त अनेक छात्र, विद्वान् प्राय: सभी राज्यों में महत्त्वपूर्ण पदों पर प्रतिष्ठित हैं जिनकी ख्याति, विश्वसनीयता तथा उत्कृष्ट कार्य-क्षमता से मेरी भी प्रतिष्ठा में वृद्धि होती है। जानती हूँ कि मेरे हिस्से में अवन्ति, वाराणसी, मथुरा, पाटलिपुत्र, श्रावस्ती, माहिष्मती, नालंदा जैसा इतिहास व प्रताप नहीं आया है किन्तु स्वर्ण, लौह, रंग की वह विशिष्टता है जो अन्यत्र कहीं नहीं। इन दिनों तो मेरे पास भवभूति व आचार्य नारायण कृष्ण भी हैं।]

24

उज्जयिनी से लौटकर आचार्य नारायण कृष्ण ने कहा था, "भवभूति! 'मालती माधव' से मुझे सन्तोष मिला है। सहृदयों, विद्वज्जनों से तुम्हें प्रचुर सराहना मिली है। अब तुम्हारी वह किलस (क्लेश) प्रशमित हो जानी चाहिए जो 'उत्पत्स्यतेऽस्ति मम तु कोऽपि समानधर्मा' (अर्थात् कोई समानधर्मा जो तुम्हारी रचनात्मकता को जान सकेगा...पैदा होगा) के भीतर से झाँकती है।"

"आचार्य, अब मैं जान गया हूँ कि प्रांजल, कलापूर्ण कार्यों को स्वीकृति तुरन्त नहीं मिलती। हाँ कुछ अपवाद होते हैं जैसे राजा रचे या मंत्री वा सामन्त। क्योंकि उनमें प्रशंसा पर पुरस्कार एवं उपेक्षा पर प्रतिकार की क्षमता होती है।"

"हाँ, किन्तु यह भी तो है कि बहुधा यह प्रशंसा उनकी कलाकृति को नहीं, क्षमता के लिए की जाती है और क्षमता तो अल्पजीवी है," कह आचार्य मुस्कराए, "तो भवभूति! बात यह कि मुझे भी आभास होने लगा है कि मैं बुढ़ापे को अधिक समय तक मुँह नहीं बिरा सकता। हमारा नाट्यदल अब सुचारु रूप से संगठित है। किसी प्रकार का अर्थ-ऋण भी नहीं इसके ऊपर। हमारा नाट्यदल अब पद्मावती

की पहचान में सम्मिलित हो गया है। तो इसका दायित्व अब सुसंगत दृढ़ हाथों को सम्हालना चाहिए। मैंने निश्चय किया है कि यदि जीवित रहा तो वर्ष भर और दल के बीच रहूँगा तथा इसके पश्चात् अवंति लौट जाऊँगा। वहाँ मेरी परिचर्या, टहल के लिए श्रवण है ही। यहाँ मेरा एक ही कार्य शेष है कि अपने मित्र सोमदत्त की पुत्री को तुम्हें सौंप दूँ। मैंने माधुरी व उसके धर्मबन्धु धनंजय से पूछ लिया है। धनंजय को चेदिनगर पहुँचना है। मधुमिता से उसका विवाह वहीं होगा। उसके पूर्व वह माधुरी के उत्तरदायित्व से मुक्त होना चाहता है। अब तो पावस ऋतु लगने को है। देवोत्थान के पश्चात् यह कार्य भी हो ले तो उचित रहेगा। हाँ, एक बात तुमसे और कहनी है कि 'मालती माधव' तुम्हारी समागति (मंजिल) नहीं, पड़ाव भर है।"

आचार्य ने कहे अनुसार अपना कार्य पूरा कर लिया। जीवन के रंगमंच पर यह सुखांत स्थिति थी—बिछुड़े हुए मिल गए...झंझावातों से होकर निकला जीवन व्यवस्थित हुआ तथा जाने-अनजाने विद्यापीठ में भवभूति की व्यस्तता बढ़ती गई। विद्यापीठ सांख्य, न्याय की शिक्षा के साथ ललित कलाओं के लिए भी ख्यात हो रहा था। सब ओर से विद्वान विशिष्ट व्याख्यान, चर्चा, शिक्षण के लिए विद्यापीठ आते अथवा बुलाए जाते। भवभूति कन्नौज हो आए थे। वहाँ मान-सम्मान के साथ महाराज यशोवर्मा ने अपना नाटक 'रामाभ्युदय' भेंट किया था जिसका विद्यापीठ की नाट्यशाला में मंचन भी भर्तृहरि ने करवाया।

साहित्य के इस सूत्र ने कन्नौज एवं पद्मावती राज्य के सम्बन्धों में मनोमालिन्य को भी निश्चय ही कम भी किया था। जीवन के स्थायित्व व सुख की इस अवस्था में दो वर्ष कब निकल गए, पता ही न चला।

निश्चिन्तता का अवकाश पाकर पद्मावती नरेश व राजन्य पुनः अपने पूर्व चलन पर लौट आए। व्यापारिक मार्ग के बीच होने एवं अपने स्वर्ण, लौह शिल्पियों की प्रवीणता के कारण राज्य को प्रचुर राजस्व प्राप्त होने से राजभवन में एक प्रकार की प्रमादी आत्मग्रस्ति एवं असावधानी ने स्थान बना लिया था। राजा के प्रमादी होने पर राज्याधिकारी वर्ग भी ठकुरसुहाती करने वाला बनकर राज्य को कुतरने लगता है। ऐसे राजा को शत्रु से धोखा भी हो जाता है। पद्मावती के शासन-तंत्र में आलस्य का आ बैठना स्वाभाविक था। सबसे अशुभ यह कि राजा को कटु व अप्रिय सत्य कहने वाला कोई नहीं था।

एक दिन आचार्य श्री पाद स्वामी ने एकान्त में भवभूति से कहा, "आचार्य! मुझसे लगता है कि पद्मावती व्याधि की ओर बढ़ रही है।"

"कैसे आर्य!" पूछा भवभूति ने।

"राजा को देवालय, ऋषि आश्रम, संस्थान एवं वृद्ध, रुग्ण, दुखी, अनाथ स्त्रियों, स्वास्थ्य के कार्यों का स्वयं निरीक्षण करना चाहिए। वर्ष भर से ऊपर हो

गया, नरेश यहाँ विद्यापीठ में भी नहीं पधारे। शिक्षा, स्वास्थ्य, देवालय, जिनालय एवं बुद्ध संघों की वृत्ति व दान भी अटके हैं। यह मुझे बौद्ध संन्यासिनी रोचना ने स्वयं बताया है। विद्वान और तपस्वियों का सत्कार मात्र चलते रहना ही आवश्यक नहीं है, आवश्यक यह भी है कि यह सत्कार प्रजा को होते दिखे भी। पाखंडियों के केन्द्र प्रतिष्ठित हो उठे हैं। ये सब शुभ लक्षण नहीं हैं। अरे हाँ! वह एक तुम्हारे यहाँ आता-जाता था ना गूढ़ पुरुष (गुप्तचर)...।"

"अजितसेन?" भवभूति ने नाम बताया।

"हाँ वही। वह तापस के वेश में कोई पखवारे भर विद्यापीठ के आसपास रहा। दिन भर में मात्र एक मुट्ठी यव (जौ) खाकर छात्रों के बीच सिद्ध, तपस्वी प्रचारित हो गया था। मैंने भी उसे दो बार प्रवेशद्वार के पास देखा था। वह तो तुम्हारे शिष्य बसन्त ने पहचान लिया उसे, तो बात गुप्त रखने को कह वह स्थान छोड़ गया। कहीं उसने विद्यापीठ में भी तो अपने कापटिक (मुखबिर) नहीं बना लिए?

जो हो, विद्यापीठ तो सबके लिए खुला है...सभी स्वतंत्र हैं। पर मुझे जाने क्यों लग रहा है कि कहीं कुछ चल अवश्य रहा है नगर व राज्य में। अथवा कोई तो भय है जिसका आभास हम बुद्धिराज्य में विचरण करने वालों को नहीं है।"

भवभूति आचार्य जनार्दन मिश्र के यहाँ गए तो वहाँ भी ऐसी ही आशंका की चर्चा चली। नारायण कृष्ण वर्ष भर पूर्व ही उज्जयिनी चले गए थे व नाट्यदल के निर्देशन, परिचालन, नियंत्रण का दायित्व मिलिंद गुरु की सहमति से नृत्यांगना चारुमती को सौंप दिया था। भवभूति के पास अब मात्र अध्यापन का कार्य है किन्तु बहुत चाहने पर भी कुछ छिटपुट पदों के अतिरिक्त उनसे कुछ रचने में न आ रहा था।

वह दांपत्य सुख को एक दिव्यानन्द के रूप में प्रतिष्ठित करना चाहते हैं। श्रीराम उनके आदर्श व आचरण के प्रतिमान हैं। माधुरी के साथ वह प्रेम की पूर्णता को स्पर्श करने के इच्छुक हैं। श्रीराम की भाँति वह एक पत्नीव्रत के समर्थक हैं किन्तु विधि की विडम्बना ही तो है कि पत्नी के रूप में माधुरी स्त्री के रूप में उनके लिए तृतीया है। पूर्व पत्नी जो मात्र पत्नी रही प्रेयसी न हो सकी। दूसरी सुप्रिया जो न पत्नी थी न प्रेयसी...मात्र एक शुभचिन्तक मित्र बनी रही। माधुरी में उन्हें प्रेयसी व पत्नी दोनों के समन्वय की अनुभूति होती है।

तो क्या घर, परिवार, देश मात्र इतने के लिए छोड़ा था कि कुछ यश, प्रतिष्ठा के साथ अर्थ-चिन्ता से मुक्त सुखमय जीवन जिया जा सके। माधुरी को सन्तान की इच्छा है। स्वाभाविक भी है। मातृत्व बिना स्त्री स्वयं को पूर्ण कब मानती है। नारायण कृष्ण उनसे कुछ और श्रेष्ठ...श्रेष्ठतर चाहते हैं। वह कैसे सम्भव होगा? बीते वर्षों में वह कुछ भी तो ऐसा न लिख पाए जो स्वयं उन्हें पहले से श्रेष्ठ...कुछ अळग लगे—कोई रुचिर, सरस, विशिष्ट निर्मिति...।

वह स्वयं अब नगर में विशिष्ट हैं। उत्सव, समारोहों में उन्हें सादर बुलाया जाता है...प्रतिष्ठा दी जाती है तब कुछ करने की विसूरणा (बेकली) और भी बढ़ जाती है। नगर से अभी मदनोत्सव का उन्माद नहीं उतरा था कि ऐसे अलसकाल में कन्नौज अधिपति यशोवर्मा की सेना ने आक्रमण कर दिया। नरेश व पद्मावती का सैन्यदल इस औचक युद्ध के लिए प्रस्तुत न थे। यहाँ आशंका तो वर्षों से थी किन्तु प्रतिरोध के लिए अपेक्षित सन्नद्धता की ही नहीं गई। यूँ छोटे-मोटे आक्रमणों के लिए दुर्ग सुरक्षित है किन्तु कन्नौज जैसी सबल सेना का सामना करना आत्महत्या जैसा ही होता। वैसे सेना का एक स्कन्ध नरवरगढ़ में भी है पर वहाँ भी दुर्गपाल पद्मावती नरेश की ही भाँति प्रौढ़ वय थे। धनंजय दो वर्ष पहले ही मधुमिता की प्रणयडोर में बँधकर चेदिनगर जा पहुँचे थे। अत: यशोवर्मा की सेना ने एक आसान सी विजय प्राप्त कर ली। नरेश को बन्दी भी नहीं बनाया गया, हाँ प्रभूत स्वर्ण, रत्न भरपाई के रूप में लेकर अधीनता का अधिभोग पत्र (सनद) लिख दिया। लौटती हुई कन्नौज सेना साठ हाथी भी साथ ले गई। इस प्रकार मात्र सप्ताह भर में ही आक्रमण से लौटने तक का अभियान सम्पन्न हो गया।

नगर में तीन दिन सन्नाटा पसरा रहा। हर वीथी, पण्य, मोड़, राजपथ, त्रिपथ, चतुष्पथों पर कन्नौज के सैनिक दिखे किन्तु न कहीं लूट हुई न किसी नागरिक, व्रती, व्यवसायी, कर्मकर की हत्या। आठ दिन में ही नगर व राज्य अपने बँधे हुए क्रम पर चलने लगा। कुछ नहीं बदला था बस सांकेतिक रूप से मुकुट, राजचिह्न व मुद्रा बदल गई थी। और नगर, राज्य व नरेश महाराज यशोवर्मन के क्षत्रप होकर कन्नौज की प्रेक्षा ((निगरानी) में आ गए। इस विग्रह का सुखद समापन अक्षय तृतीया को हुआ जब राजकुमारी प्रियंवदा का यशोवर्मन के स्वजन, सगोत्र अनुज एवं इस अभियान के प्रमुख कुमार देववर्मन के साथ विवाह सम्पन्न हो गया। अब दो राज्य परस्पर शत्रु न होकर सम्बन्धी के रूप में जुड़ गए।

इसी अवसर का लाभ उठाने विशाख शर्मा ने अधिराज तक यह बात पहुँचाई कि भवभूति ने राज्य के प्रति निष्ठा का निर्वाह नहीं किया। वह चाहते तो कन्नौज के आक्रमण को रोक सकते थे क्योंकि महाराजा यशोवर्मा से उनका परिचय एवं वहाँ के राजकवि वाक्‌पतिराज से भवभूति की मित्रता है। भवभूति ने तो महाराज यशोवर्मा के नाटक का मंचन तक विद्यापीठ में करवाया है।

अधिराज माधुरी के आकर्षण से अभी तक मुक्त न हुआ था। विशाख शर्मा ने यह घाव कुरेद दिया तो आचार्य भवभूति के प्रति अधिराज का अमर्ष तीव्र हो गया। स्थानीय होने से व तंत्र विद्या से प्रभावित एक खल-मंडली ने विशाख के उकसाने पर भवभूति के साथ ही माधुरी के विषय में भी जनोपवाद फैलाना आरम्भ कर दिया कि वह जाने किसकी सन्तान है एवं जाने किस-किसके हाथ पड़कर यहाँ तक पहुँची है—आदि आदि।

इस छोटे से युद्ध से यद्यपि विद्यापीठ की शिक्षा और वृत्ति पर कोई विशेष प्रभाव नहीं पड़ा था किन्तु यह तो था ही कि पद्मावती की प्रजा ने अभी तक उनके भाग्य का निर्णय करती आ रही सर्वोच्च सत्ता को सिर झुकाते हुए भी देखा। कन्नौज की सेना की दो छोटी सी टुकड़ियाँ जिनमें से एक पद्मावती व दूसरी नरवरगढ़ डेरे लगाए थी, उसके सैनिक पथ, वीथी से किसी विजेता की भाँति गुजरते तो पद्मावती के नागरिकों की आँखें स्वाभाविकत: झुक जाती थीं। यद्यपि ये सैनिक किसी से दुर्व्यवहार नहीं करते थे—यहाँ तक कि वेश्या-बीथी से भी इनके प्रति कोई दुर्वाद न सुना गया था। वेश (वरदी) को छोड़कर दोनों राज्य के सैनिकों में बोली-बानी, खान-पान, रुचि-व्यवहार में कोई अन्तर भी तो नहीं है।

आक्रमण से भौंचक भवभूति भी हुए। पता नहीं किस प्रकार के अवसाद ने उन्हें कुछ दिन घेरे रखा। उनकी आँखों के सामने बार-बार वाक्‌पतिराज का विनयशील व यशोवर्मा का उदार बुद्धिप्रिय चेहरा सामने आ जाता कि ऐसा राजा आक्रमणकारी कैसे हो सकता है...फिर लगता कि युद्ध, हत्या, छीनना, गँवाना स्यात् राजनीति का अपरिहार्य अंग है और कठोरता या दृढ़ता के नाम पर क्रूरता भी। हाँ, युद्ध के सुखद अन्त से वह आश्वस्त हुए थे। अपने प्रति षड्यंत्र की उन्हें कुछ भी खबर न थी। सभी प्रकार की सुविधा, सुख के बीच वह किसी अबूझ सी विकलता में घिर जाते।

माधुरी उनके चेहरे पर कसमसाहट, वेदना, उद्वेग पढ़ती और उनके उत्ताप को अपने आलिंगन में बाँटने का प्रयास करती। कभी-कभी वह उसाँस लेकर कहते—"कुछ हो नहीं पा रहा प्रिये! बन नहीं पा रहा। प्रयास करता हूँ तो वह अभ्यास का अंश होकर आ उतरता है—सामान्य, प्रचलित, लीक पर ढरकता हुआ। लगता है जैसे मैं ठहरकर रह गया हूँ।"

"होगा प्रिय...होगा। निश्चय ही ऐसा होगा जो पहले नहीं हुआ। स्यात् आगे भी न हो पाए...सदियों तक। और वह तुम्हीं करोगे," माधुरी आश्वस्त करती।

माधुरी की सांत्वना में अब भी वही ध्वनि थी...वही स्वर था जो भवभूति ने पहली बार मार्ग के पड़ाव पर सुना था। वही जिसमें स्वर्ण नूपुरों से कांसे की घंटियों की ध्वनि बजती है।

"माधुरी! तुमने मेरे जीवन के सभी ताप हर लिए हैं। कहीं मैं स्वयं को पूर्णकाम तो नहीं मान बैठा जिसने मेरी संवेदना की आँच पर शीतल फाहे रख दिये हों। रचने के लिए उत्कट वेदना का आवेग कहीं पीछे छूट गया लगता है," कहते भवभूति।

"तुम्हें ऐसा अनुभव तो होता है ना!"

"विचित्र अनुभव है जैसे...जैसे तुम्हारा मुख चूमने की तीव्र इच्छा हो किन्तु चुम्बन के लिए आगे बढ़ते मेरे होंठ आनन्द की उत्सुकता भूलकर निरर्थक सी अनुभूति के साथ ठहरकर रह जाएँ। कहीं यह रचनात्मक शिथिलता तो नहीं है?"

"प्रिय, मैं तुम्हें क्या उत्तर दूँ...आचार्य तो तुम हो। मात्र इतना जानती हूँ कि प्रेम

की अनुभूति गहरी समझ व एकात्मकता बढ़ाती है और पति-पत्नी का प्रेम वय के साथ परिपक्व होता है। बढ़ती आयु भी प्रेम का रोमांच नहीं छीन सकती। समय इस सरस प्रीति को क्षीण नहीं कर पाता। तुम्हारा प्रेम मेरी अमूल्य निधि है," भवभूति की आँखों में झाँकतो हुई बोली थी माधुरी।

"और शिशु के लिए तुम्हारी व्यग्रता?" हँसकर कहा भवभूति ने।

माधुरी ने आँखें नचाईं, "शिशु भी तो सर्जना ही है जो तब सम्भव होती है जब दो प्रेमियों के समस्त अवयव, मन, शरीर स्नेह में द्रवित हो जाता है। हृदय जुड़कर आनन्द के प्रवाह में बह निकलते हैं। शिशु तो वैवाहिक प्रेम के चरम बिन्दु का प्रतीक है, प्रमाण भी।"

भवभूति अपनी पत्नी के साथ विद्यापीठ में सघन तरुवरों के पीछे बने आवास के आँगन में थे। निरभ्र (मेघहीन) आकाश से उतरी चन्द्रिका सब ओर अपना औदार्य उँडेल रही थी। यहाँ सुप्रिया के आवास जैसा चन्द्रकक्ष नहीं है...न वैसी सुखशैया है, न ही सुखोपभोग की वे सुविधाएँ, सुप्रिया के अनुसार जिन्हें भोगता हुआ मनुष्य स्वयं को देवों की पंक्ति में खड़ा हुआ अनुभव करता है। यहाँ देवानांप्रिय मधु से निर्मित कपिशायनसुरा का चषक भले न हो किन्तु माधुरी की हँसी, देहगन्ध और स्पर्श से यह रात्रि यूँ ही मधुमती हो रही है।

वहीं दूसरी ओर पद्मावती से योजन भर दूर कराला देवी के मन्दिर पर विशाख विषम-तंत्र रच रहा था। यह स्थान सामान्य जन के लिए वर्जित सा है। इससे कुछ ही दूरी पर महायानी मठ है जिसमें वज्रयान से सम्बन्धित कुछ तांत्रिक संन्यासी निवास करते हैं। उससे थोड़ा-सा हटकर योगिनी संन्यासिनों का भी मठ एवं प्राकृतिक हैं। मंत्र और योग की मान्यता से संचालित इस मत के श्रावक एवं योगिनियों का जो भैरवी भी कही जाती हैं, यद्यपि समाज से कोई सीधा सम्बन्ध नहीं है पर लोग डरते व इनका आदर करते हैं व इनके चमत्कारों की अनेक कथाएँ प्रचलित हैं। यहाँ घने वन में व्याघ्र, चीतल, तरक्ष (तेंदुआ), वृक (भेड़िया) जैसे हिंस्र पशु स्वतंत्र विचरण करते हैं। इनके बीच रहना यूँ भी चमत्कार ही है...क्योंकि किसी श्रावक संन्यासी अथवा योगिनी भैरवी की अधखाई देह यहाँ किसी ने नहीं देखी।

इस क्षेत्र में प्रेत स्वयं आकर नरमांस ग्रहण करते हैं। नरबलि का विधान भी होता है यहाँ जिनके कटे-चिरे अघखाये शव व नरकंकाल यत्र-तत्र बिखरे रहते हैं। विशाख यहाँ तांत्रिकों के साथ कभी-कभी आता है।

सत्ता के आंशिक परिवर्तन के पश्चात् विद्यापीठ यद्यपि पूर्ववत् अध्ययन-अध्यापन के क्रम पर आ गया था किन्तु आचार्य श्रीपाद स्वामी ने तंत्र शिक्षा का प्रभाग अनिश्चित काल के लिए बन्द कर दिया था।

नाट्यदल के पास अभी तीन प्रस्तुतियाँ थीं जिन्हें सप्ताह भर के अभ्यास में किसी भी मंच पर खेला जा सकता है। चारुमती ने किसी अन्य नाटक का अभ्यास

करने की इच्छा भवभूति के आगे प्रकट की थी। उन्होंने मंच प्रस्तुति में कुछ नए प्रयोग भी जोड़े हैं जिसमें पटचित्र, मुखवेश (मुखौटा) एवं मुखेतर ध्वनि प्रयुक्त होते हैं। चित्रकला के लिए भी यह नया पक्ष था।

माधुरी अपने गर्भ की गुरुता से समृद्ध हो रही थी व इन दिनों भवभूति का अनुराग भी उसके प्रति कुछ अधिक ही दिखता था। विवाहित प्रेम के आनन्द एवं आने वाले शिशु द्वारा उद्भावित हर्ष के अनुमान में वह रोमांचित हो उठते।

उस दिन प्रात:काल में स्नान, ध्यान, पूजादि से निवृत्त हो भवभूति अध्ययनशाला की ओर निकले थे कि एक ओर से आते कुलपति साथ-साथ चलने लगे।

"आचार्य भवभूति! कुछ दिनों से मैं एक बात तुमसे कहना चाहता था पर अवसर न मिला व किंचित् संकोच भी रहा कि कहूँ अथवा नहीं," धीरे से बोले आचार्य।

"ऐसी भी क्या बात है महामना!...मुझसे कोई भूल हुई?" भवभूति ने पूछा।

"ना वह बात नहीं है। जाने क्यों मुझे लगता है कि पद्मावती का वैभव अब अस्ताचल की ओर बढ़ रहा है," आचार्य के स्वर में पीड़ा हो आई।

भवभूति संभ्रम में भर उठे, "मैं समझा नहीं आचार्य श्री!"

श्रीपाद स्वामी ने भवभूति के कन्धे पर हाथ रखा, "विद्वान व्यक्ति किसी राजा से अधिक महत्त्व रखता है। कहते हैं ना कि 'स्वदेशे पूज्यते राजा विद्वान सर्वत्र पूज्यते।' तुम विद्वान के साथ रचनाकार हो...प्रसिद्धि भी है तुम्हारी। तो जहाँ विद्वान्, गुणीजन के प्रति अविश्वास व दुर्भाव पनपने लगे वह स्थान शीघ्र ही अपनी श्री खो देता है। सुधी व्यक्ति को चाहिए कि यदि संभव हो तो शीघ्र ही उस स्थान या राज्य को छोड़ अन्यत्र जा बसे। यह स्थान, यह राज्य तुम्हारे योग्य नहीं रहा।

मुझे ज्ञात है कि माधुरी गर्भवती है। कठिन समय है, उसके लिए अत: प्रसव के पश्चात् ज्यों ही वह स्वस्थ हो तुम कन्नौज चले जाओ। यशोवर्मा के यहाँ तुम्हें निश्चय ही यथोचित सम्मान मिलेगा। वह स्वयं विद्वान हैं अत: गुण का सम्मान करना जानते हैं," कहकर आचार्य श्रीपाद स्वामी अपने आवास की ओर मुड़ गए।

भवभूति चिन्तामग्न से अध्ययनशाला पहुँचे। वहाँ मन न लगा तो लौटकर आवास पर आए। वहाँ माधुरी को यह बताकर कि 'नाट्यदल के साथियों से मिलने जा रहा हूँ, वह नगर की ओर निकले और चलते-चलते मिलिंद गुरु के निवास पर पहुँच गए।

मध्याह्न के भोजनकाल पश्चात् वह लौटे। माधुरी उनकी प्रतीक्षा में निराहार बैठी थी। उसे चिन्तित देख भवभूति ने थोड़ा-सा आहार लिया फिर अपने अध्ययन-कोष्ठ में कुछ पढ़ने-लिखने का प्रयास किया। किन्तु चित्त अस्थिर था। किसी अबूझ, अनिष्ट की छाया सी उन्हें अपने पीछे-पीछे डोलती प्रतीत होने लगी थी।

दिन के पश्चात् रात्रि आई। ऋतु के अनुकूल यामिनी ने धरती से आकाश तक

ज्योत्स्ना की चादर फैला दी। कुलपति वा कुलाध्यक्ष से प्रातःकाल हुई चर्चा के कारण उत्पन्न भवभूति का उत्ताप कम हो गया था। वह आवास के दक्षिण पार्श्व में स्थित छोटे से उपवन में स्थित समतल कर जमाई गई शिला पर बैठ माधुरी को प्रसन्न रखने के लिए कोई मोद-कथा सुना रहे थे। माधुरी जोर-जोर से खिलखिलाकर दोहरी हो जाती। उसकी हँसी से उभरते कांसे की खनक जैसे स्वर वातावरण को और भी मनोरम बना रहे थे कि माधुरी के मुँह से हँसी के स्थान पर एकाएक 'आह' निकल गई। एक बार तो वह आह जैसी ध्वनि को यूँ ही निकल आना माने पर छोटे से अन्तराल के पश्चात् जब माधुरी ने पेट पकड़कर पुनः आह...ओ ओ ओ करते हुए देह तोड़ी-मरोड़ी तो भवभूति सावधान हुए, "क्या हुआ प्रिये!" पूछा भवभूति ने।

"कुछ नहीं, बस यूँ ही। लगा जैसे कोई भीतर शूल चुभो रहा है," माथे पर झलक आई पीड़ा को छिपाकर मुस्कराने का प्रयास किया माधुरी ने।

"अच्छा, भीतर चलते हैं...थोड़ा शीत भी है यहाँ," भवभूति ने खड़े हो सहारा देने के लिए हाथ बढ़ाया।

हाथ थामकर खड़े होने के प्रयास में फिर से गहरी पीड़ा की लकीर माधुरी के माथे पर खिंच गई और ढहते-ढहते घुटनों के बल बैठ गई। भवभूति ने उसे आतुरता से अंक में समेटा और भीतर ले आए।

माधुरी की आह अब हूक में बदल गई, "शीघ्र ही बसन्त के यहाँ से सारिका को बुला लाइए," जैसे-तैसे माधुरी ने कहा।

भवभूति माधुरी के सिर पर हाथ फेर बसन्त के निवास की ओर दौड़ पड़े और कपाट भड़भड़ाकर अधीर स्वर में पुकारा, "बसन्त...बसन्त...ओ ओ बसन्त।"

तुरन्त ही द्वार खुला, "क्या हुआ आचार्य?"

"माधुरी...सारिका को बुलाओ," उसी अधीरता से बोले भवभूति।

सारिका बसन्त के पीछे ही खड़ी थी, "आचार्य, मैं यहीं हूँ...बताइए!" भवभूति की आकुल पुकार एवं उद्भ्रांति को देख वह आशंकित थी।

"माधुरी को जाने क्या हुआ है? वह बहुत पीड़ा में है। तुम्हें शीघ्र बुलाया है," भवभूति हड़बड़ाते बोले।

"चलिए!" उसी स्थिति में सारिका आगे हो ली। कपाट यूँ ही उढ़काकर बसन्त भी साथ हो गया।

माधुरी की घुटी-घुटी सी आर्त चीखें बाहर तक सुनाई पड़ रही थीं। सारिका दौड़कर भीतर पहुँची जहाँ लोट-पोट होती माधुरी देह ऐंठ गिरहें सी भर रही थी, "शीघ्र भिषगाचार्य और सूतिका (दाई) को बुला लाइए," बसन्त से कहा सारिका ने और माधुरी को सम्हालने में जुट गई।

कुछ ही देर में माधुरी की देह से फूटता रक्त कोष्ठी (कोठरी) में फैलने लगा। माधुरी अब चीखें रोक न पा रही थी। सारिका उसे कभी इस ओर से समेटती कभी

उस ओर से। एक जोर की चीख पूरे आवास को कँपा गई जिसके साथ रक्त की पिचकारियाँ छूटीं। उमगाव सा आया कि धार बह चली। आवाज़ अब कण्ठ में घुटती प्रतीत होती थी। फटती आँखों में रक्त सिमट आया। पुतलियाँ इधर-उधर हुईं जैसे किसी को खोज रही हों।

"आचार्य! कदाचित् माधुरी आपको निकट देखना चाहती है। आइए...आ जाइए।" सारिका ने बुलाया।

आकुल उद्वेलित भवभूति भीतर आए। माधुरी के होंठ फड़फड़ा रहे थे। भवभूति ने माथे पर हाथ फेरा...माधुरी की आँखों में झाँका। दोनों की आँखों से आँसू ढुलक पड़े। हृदय द्रावक चीख के साथ माधुरी शान्त हो गई। भिषगाचार्य आ पहुँचे थे—उन्होंने नाड़ी टटोली...पलकों को चौड़ी कर देखा और खड़े हो गए, "आचार्य! देव की इच्छा के आगे किसी का वश नहीं चलता।"

भवभूति ठगे से एक क्षण भिषगाचार्य को देखते रहे फिर माधुरी की ओर देखने लगे। चीखें अब बन्द थीं। कोष्ठ से निकलते भिषगाचार्य ने कहा, "शिशु पेट से जीवित बाहर न आ सका फलतः माता और शिशु दोनों ही...। आचार्य, धैर्य तो रखना ही होगा।"

वह एक भयानक रात्रि थी...कालरात्रि—जिसमें महाकालिका अपना भक्ष्य भोज्य चुनती है। निश्चय ही उसके पीछे कोई न कोई कारण निहित रहता है। पता नहीं यह भाग्य रेखाओं द्वारा निर्धारित था या संयोग कि भवभूति के जीवन का वर्तमान और कदाचित् भविष्य भी महामाया के कराल कर्म का हविष्य (ईंधन) बन गया।

इस कालरात्रि में एक बलि और हुई कि विशाख शर्मा की सिंदूर पुती देह कराला पहाड़ी के नीचे होकर बहती सिन्धु के जल में क्षत-विक्षत उतराती पाई गई। हाथ, जाँघ, स्कन्ध आदि के घावों से लगता था कि तंत्रानुष्ठान के बीच अथवा पूर्व में ही किसी विवाद में अन्य तांत्रिक से द्वंद्व हुआ होगा। सम्भव यह भी था कि सिद्धि की चाह में साधक बनकर विशाख किसी सुन्दर स्त्री को अपनी महामुद्रा बनाने ले गया हो व उस घोर क्षेत्र में महामुद्रा ही द्वंद्व का कारण बनी हो।

विद्यापीठ के दो स्थानों पर दो शव रखे थे। दोनों की वृत्ति भिन्न थी। दोनों के बारे में चर्चा के स्वर भी भिन्न थे। विद्यापीठ शोक में डूबा था।

परम अभिव्यक्ति अनिवार

25

भवभूति अब फिर से मार्गचारी (पथिक) थे। पहली यात्रा में उन्होंने अपनी जन्मभूमि पद्मपुर छोड़ी थी। जन्मभूमि जिसके लिए श्रीराम ने कहा था, 'नेयं स्वर्णमयी लंका रोचते मे लक्ष्मण, जननी जन्मभूमिश्च स्वर्गादपि गरीयसी,' स्वर्ग से भी महान जन्मभूमि किसी विवशता अथवा किसी महत कार्य के लिए छोड़नी भी पड़ती है और भवभूति अपने ही भीतर की रिक्ति को भरने की विकलता में डाल से छूटे पत्ते की भाँति नियति के झकोरों में इधर-उधर उड़ रहे हैं।

उज्जयिनी भी उन्हें किसी आकर्षण में बाँधकर न रख पाई और अब उस पद्मावती से भी अन्नजल उठ गया जिसके नाम में उन्हें अपनी जन्मभूमि का अहसास मिलता था। भाग्य का विवर्त (भँवर) जाने कहाँ डुबाकर, कहाँ उबारने को लिये फिर रहा है। डूबने-उतराने की इस यात्रा में कितने तो पराए अपने हुए और कितने ही अपनों को खोना पड़ा। दु:ख और सुख की वर्णमाला ने देह पर जाने कितने विन्यास रच दिए हैं। यात्रा में सामान अब भी उनके साथ उतना ही है जिसे छोड़ा नहीं जा सकता और जो मार्ग के लिए आवश्यक है। शकटिका में आधा स्थान उनके बैठने अथवा पीठ टिकाकर विश्राम के लिए है व आधे में पथ-आहार, चबैनी की सामग्री के साथ दो पेटिकाओं में उनके नाटक, छिटपुट पद, पत्र, लेखनी आदि रखे हैं। अतिरिक्त वस्तुओं जैसे वस्त्रादि के लिए एक खेचर भी साथ में लिया गया है। प्रति तीसरे अथवा नदी के पड़ाव पर नई शकटिका व खेचर की व्यवस्था की जाती है। चर्मण्वती (चम्बल) के बीहड़ पार करने के लिए दो ऊँट भाटक (भाड़ा) पर लेने पड़े थे। बीहड़ों में शकटिका का मार्ग बहुत घुमाव वाला है। सीधे मार्ग पर भी यात्रा समूह में ही करनी होती है, क्योंकि पता नहीं चलता कि बीहड़ के किस मोड़, किस शिखर अथवा किस झुरमुट की ओट से हिंस्र पशु आक्रमण कर दें।

इस मार्ग से होकर व्यापारी समूह भी यात्रा कम ही करते हैं, क्योंकि दस्युदल के आक्रमण से सुरक्षा के लिए बड़ी संख्या में सैनिकों अथवा रक्षकों की आवश्यकता पड़ती है। व्यय तथा अनिष्ट (जोखिम) से बचने के लिए व्यवसायी प्राय: प्रचलित व सुरक्षित मार्ग ही अपनाते हैं। किन्तु भवभूति को लूट का भय नहीं है। कुछ ग्रंथों, सामान्य वस्त्रों व पथ आहार के अतिरिक्त उनके पास लूटे या छीने जाने के लिए

कुछ है ही नहीं। पोथी पत्रादि लुटेरों के किसी काम के नहीं तो वे एक ब्राह्मण को लूटने का शाप अपने सिर क्यों लें। मार्ग व्यय के लिए कुछ स्वर्ण-रजत मुद्राएँ अवश्य भवभूति के पास हैं जिन्हें मसिपात्र (दवात) में छिपाकर रखा गया है। भवभूति को यह विस्मय अवश्य है कि कवि के रूप में परिचय देने पर ये अनपढ़ गाड़ीवान और श्रमिक ही नहीं, मार्ग में अन्य लोग भी उन्हें किंचित् अधिक मान देते हैं।

चर्मण्वती के पश्चिमी किनारे से कुछ हटकर एक छोटा-सा जिनालय है। यहाँ पद्मावती व कुंतराज्य की ओर के बीहड़ी मार्ग से आने वाले पथिकों को विराम लेना होता है। वस्तुतः चर्मण्वती को नौका या सोपान (बड़ी नाव) द्वारा ही पार किया जा सकता है। यद्यपि बसन्त ऋतु के पश्चात् बालुका के जमाव से कुछ उथले मार्ग भी बन जाते हैं। जहाँ से बिना नाव भी नदी को पार किया जा सके किन्तु ऐसे स्थान यहाँ के धीवरों को ही ज्ञात होते हैं...तब भी वहाँ ग्रह (मगर) और घड़ियाल के आक्रमण का भय बना रहता है।

जिनालय में कुछ आजीवक, श्रमणक व दिगम्बर साधु निवास करते हुए साधना करते हैं अतः इसे सिद्ध क्षेत्र मानकर चोर, भड़िहा, दस्यु, लुंठक (लुटेरे) भी यहाँ ठहरे यात्रियों के साथ कोई घात नहीं करते। अनुश्रुति यह भी है कि रात्रि के समय एक बाघ बीहड़ों से निकलकर यहाँ भगवान महावीर व मुनियों के दर्शन करने आता है व कभी-कभी मुनि महाराज भी उसी बाघ पर सवार हो बीहड़ों में भ्रमण करते हैं। इस अनुश्रुति से लोगों में भय के साथ इस स्थान के प्रति श्रद्धा भी बढ़ी है।

जिनालय के एक ओर मिट्टी की भित्ति खड़ी करके कांस, कुतप बाँस, तृण का छाजन बनाकर यात्रियों के लिए विश्रामालय बना दिया गया है व उसे चारों ओर से कँटीली झाड़ियों की बाड़ से इस भाँति घेरा गया है कि वन्य जीव वहाँ प्रवेश न कर पाएँ। गाड़ीवान व खेचर वाले श्रमिक ने उसी में एक स्थान पर भवभूति का संभार (सामान) रख दिया। प्रातःकाल खुलने वाली किसी नाव पर समस्त भार लादकर ये लोग लौट जाएँगे। उसके आगे अगले भारवाह व गाड़ीवान यात्री को यमुना तक पहुँचाते हैं। दोनों नदियों के बीच की दूरी मात्र योजन भर ही है। यमुना पार करते ही कन्नौज राज्य आरम्भ हो जाता है। दोनों नदियों के मध्य की भूमि पर बीहड़ों के मार्ग की भाँति स्थानपति भी बदलते रहते हैं।

यमुना के किनारे विशाल सुगतालय (बौद्ध मठ) है जो बीहड़ी शिखरों से ऊपर उठता हुआ दूर से किसी विशाल जलपोत की भाँति तैरता हुआ सा दिखाई पड़ता है। यह सुगतालय सहजयानी बौद्धों का साधना केन्द्र है। सहजिया मार्ग का अभ्युदय यों तो इस उद्देश्य से हुआ था कि 'सभी इन्द्रियों को समुचित भोजन देते हुए मनुष्य सिद्धि की खोज में प्रवृत्त हो' किन्तु यह धीरे-धीरे वज्रयानी सम्प्रदाय की ओर खिंचता चला गया। वज्रयानियों ने बौद्ध मत के शून्य, करुणा को प्रज्ञा व उपाय नाम देकर—भौतिक व्याख्या में प्रज्ञा को नारी एवं उपाय को पुरुष रूप में मान्यता

दे दी। इस प्रकार दोनों के बीच नर-नारी का सम्बन्ध बना। अब साधक स्वयं उपाय बनकर किसी स्त्री को प्रज्ञा या महामुद्रा बनाता। अपनी साधना के समय ये लोग प्रज्ञा को डोम्बी (डोमिनी), शबरी, योगिनी जैसे नाम से सम्बोधित करते। यह कृच्छ साधना कदाचित् दीर्घकालीन तपस्या, रूखी साधना के विरुद्ध जगी प्रतिक्रिया थी।

सुगतालय के आस-पास ग्रामों, पुरवों के लोग इन वज्रयानी सिद्धों को मानते भी थे व इनसे बचने का भी प्रयास करते। सुना और माना जाता था कि ये साधु और साधक अपने मंत्र से गृहस्थ की बहू-बेटियों को मोहकर या चुराकर ले जाते हैं व अपनी मुद्रा बनाकर सिद्धि प्राप्त करते हैं। भवभूति ऐसे ही पंथों, यानों की अधकचरी विकृति का वर्णाश्रमधर्मी स्वरूप विशाख शर्मा में देख चुके हैं।

चिन्तन के क्षेत्र में उपनिषदों की उच्चता के समीप आ खड़े होने वाले बौद्ध धर्म के ऐसे ही अनाचारों ने भवभूति में इस मत के प्रति विरक्ति उत्पन्न कर दी है। वह जानते हैं कि व्यभिचार में परिणित हुए सहजमार्ग का मूल उद्देश्य कदाचित् यह दिखाना था कि चूँकि बड़े-बड़े ऋषि-मुनि भी भोग और माया के आकर्षण में डगमगा जाते हैं अतः भोगों को गृहस्थ की भाँति भोगते हुए निर्वाण का कोई मार्ग निकाला जावे। वर्णाश्रम धर्म में भी तो गृहस्थ आश्रम को सभी धर्मों का आधार तथा मुक्ति में सहायक बताया गया है। विदेहराज जनक गृहस्थ थे और योगी भी। बुद्ध ने भी ऐसी ही मध्यमार्गी साधना का समर्थन किया था। वज्रयानी और सहजयानी भी जाति नहीं मानते पर उन्होंने बुद्ध की शास्ताओं से भी मुँह मोड़ लिया है।

सुगतालय से पूर्व की दिशा में आधे कोस पर बस्ती है तथा रक्षा प्राचीर से घिरा एक दुर्ग भी जिसमें सैनिकों के साथ महाराज यशोवर्मा के शासनधर या प्रतिनिधि का निवास है। वस्तुतः यह बस्ती सैनिकों की सुरक्षा में ही बसती गई है। यूँ यमुना किनारे मल्लाहों के आवास भी हैं जो जल के चढ़ाव-उतार के साथ तट के ऊपर से लेकर बालुका तक बनते-मिटते रहते हैं। बस्ती के पण्य से इन मल्लाहों व कृषकों की आवश्यकताएँ भी पूरी होती रहती हैं। इसी बस्ती के मन्दिर में आश्रय पाकर भवभूति ठहर गए। यहाँ से तीन पड़ाव में कन्नौज पहुँचा जा सकता है। अगले दिन उन्होंने शासनधर के समक्ष उपस्थित होकर कन्नौज जाने का उद्देश्य बताया तो उन्होंने उचित आदर-सत्कार के पश्चात् भवभूति के कन्नौज जाने की व्यवस्था कर दी। यूँ तो भवभूति ने सुगतालय के मैत्रक (मठाधीश) से मिलने व सुगतालय के भ्रमण की भी इच्छा प्रकट की थी पर शासनधर ने उन्हें वहाँ जाना उचित न मानते हुए बताया कि कभी-कभी ये लोग उद्धत और हिंसक हो जाते हैं।

अब उनकी यात्रा किसी राजकीय अतिथि की भाँति थी—उन्हें न पड़ाव की चिन्ता करनी थी न आश्रय या भोजन की। यह तो उन्हें राज्य सीमा में प्रवेश करते ही अनुभव होने लगा था कि अवन्ति व पद्मावती की तुलना में शासन यहाँ अधिक स्फूर्त, सचेत और सक्षम है। कन्नौज के प्रति उनकी उत्सुकता अब बढ़ गई थी

जिसके पुरुषार्थ व दक्षिण की चर्चाएँ वह बचपन से सुनते रहे हैं। पुराण प्रसिद्ध कान्यकुब्ज नगर हिरण्यकशिपु से लेकर दानवीर राजा बलि की राजधानी रहे क्षेत्र में बसा है—

कृते महोदयं नाम त्रेतायाँ च कुशस्थली।
पुनः गाधिपुरी जातं कान्यकुब्ज यतः परम्॥

[अर्थात् सतयुग में इसका नाम महोदय रहा, त्रेता में पहले कुशस्थली फिर गाधिपुरी हुआ पश्चात् इसे कान्यकुब्ज नाम से जाना गया।]

जिस गंगा और कृष्णा के संगमस्थल पर राजा बलि ने भगवान वामन को अपना सर्वस्व दान किया था, कालचक्र भवभूति को उसी भूमि का आश्रय पाने ले आ पहुँचा है।

नियमित आने-जाने वाले साँडनी सवारों के माध्यम से शासनधर ने राजकवि को सूचना पहुँचा दी थी अतः वाक्पतिराज स्वयं स्वागत के लिए नगर के पश्चिम द्वार पर उपस्थित हो भवभूति को अपने आवास पर ही ले गए। माधुरी के बारे में जानकर दुख प्रकट करते हुए भवभूति को सांत्वना दी व बताया कि महाराजाधिराज यशोवर्मा आपके यहाँ निवास करने को लेकर उत्साहित हैं व कन्नौज का विद्वत् समाज भी प्रसन्नता अनुभव कर रहा है।

महाराज की सेवा में उपस्थित हो व कुछ दिन वाक्पतिराज के आतिथ्य में रहकर वह अपने लिए नियत सर्वसुविधापूर्ण आवास में पहुँच गए। यहाँ कोई अभाव न होने पर भी वह पद्मावती के सुहृदों व माधुरी को भुला न पा रहे थे। प्रातः जागने से रात्रि सोने के समय तक माधुरी कभी भी स्मृति के आँगन में आ खड़ी होती और वह अवसाद में घिर जाते। वाक्पतिराज यूँ तो उनसे वय में कम हैं किन्तु मैत्रीभाव ने दोनों को निकट ला दिया था।

उत्सव और समाज कन्नौज में भी बहुतायत में हैं किन्तु यहाँ उज्जयिनी तथा पद्मावती जैसी उद्दाम प्रदर्शन-प्रियता नहीं है। यक्षपूजा के अवसर पर यहाँ भी चौराहों पर मदपूरित घट रखवाए गए थे...लोग निःशुल्क मदपान भी कर रहे थे किन्तु व्यवस्था में सशस्त्र रक्षकों की उपस्थिति इस प्रकार थी कि कोई मदमत्त होकर अशोभनीय आचरण नहीं कर सकता था। हास-परिहास...कूल-किलकारी, आमोद सब था। यहाँ भी कमनीय वार-वनिताओं की जोड़ी, तिकड़ी, चौकड़ियाँ, कवि-कलाकारों के दल थे किन्तु यदि कहीं कोई भी शिष्टता की सीमा का अतिक्रमण करता तो तुरन्त सावधान कर दिया जाता। अन्यथा सशस्त्र रक्षक तो उपस्थित थे ही।

भवभूति अब राज्याश्रय में हैं और यहाँ पहुँचे उन्हें वर्ष भर से ऊपर हो गया है। सम्राट यशोवर्मा इस समय शौर्य का शिखर छूकर साठ की वय में पहुँचने पर

भी ढलते सूर्य का तेज धारण किए हैं और वानप्रस्थ की सीढ़ियाँ चढ़ते संन्यास की वय की ओर जा रहे हैं। भवभूति की विद्वत्ता का भान और मान करते हुए उन्होंने अपने पुत्रों—आमराज, दुन्दक, भोज के साहित्य व दर्शन शिक्षण का दायित्व भवभूति को सौंप दिया है। महारानी सुयशा भी भवभूति से अत्यन्त प्रभावित हैं और उन्होंने राजदारिका शशिप्रभा को भी काव्यकला में निपुण बनाने की इच्छा प्रकट की है। यह तो वह जानते ही हैं कि राजा की इच्छा का आशय क्या होता है, इसलिए सप्ताह में दो बार शशिप्रभा के मार्गदर्शन हेतु राजनिवास जाते हैं। महाराज के सन्देश अथवा राजसभा में साहित्य-चर्चा वा शास्त्रार्थ के समय व राजसभा में भी उपस्थित होते हैं। शास्त्रार्थ में यहाँ भी उन्होंने अनेक जैन व बौद्ध आचार्यों को निरुत्तर किया है।

किन्तु ख्याति के साथ जहाँ प्रशंसक बढ़ते हैं वहीं ज्ञात-अज्ञात शत्रु भी उत्पन्न हो जाते हैं। महाराज यशोवर्मा की विद्वन्मंडली में भी कुछ ऐसे लोग हैं जो उनकी प्रशंसा व चाटुकारिता के अवसर खोजते रहते हैं। भवभूति यह सब नहीं कर पाते... फिर भी अपनी प्रशंसा भवभूति को अच्छी लगती है। यह भी है कि किसी से उनकी अनदेखी हो जाए तो वह इसे उपेक्षा वा अपमान मान बैठते हैं। इस आत्मरति पर उन्हें ग्लानि भी होती है कि वह इस मनोग्रंथि से मुक्त क्यों नहीं हो पा रहे हैं।

समय यूँ ही बीतता गया। यहाँ नरेश की प्रशंसा में लिखे कुछ पदों के अतिरिक्त वह ऐसा कुछ भी न कर पाए थे जो आश्वस्ति दे सके। अब दो वर्ष हो गए इस नगर में आए—भीतर कुछ कलमलाता है...शिशु पक्षी जैसा कोई अपने पंख खोलता है...फड़फड़ाकर पंजों को उचका छलाँग मारता है और मुँह के बल गिर मूर्च्छित सा पड़ा रह जाता है। उन्हें अपने जीवन से अरुचि, ऊब हो उठती है। कृपा में प्राप्त सुख, समृद्धि, फूहड़ व शुष्क होकर स्वादहीन लगने लगती है। विक्षुब्धता बढ़ने पर गंगा-तट के दूर एकान्त में ऊँचे तट पर बैठ वह उठती, गिरती थरथराती लहरों को देखते रहते। मन होता कि एक बार साहस कर यहीं से छलाँग लगा स्वयं को गंगा जी में समर्पित कर दें, तो वहीं कहीं माधुरी का चेहरा उभर आता जिसकी आँखों में प्रत्याशा भरी होती। चिहुँक कर भवभूति घर की ओर लौट लेते। आज भी वह उद्विग्न, अन्यमनस्क, अस्थिर, व्यग्र से लौटे थे तो वाक्पतिराज को कक्ष में बैठे पाया। इन्हें देखते ही वाक्पति ने खड़े हो अभिवादन किया।

"अरे वाक्पति! कब से हो यहाँ?" अपनी विकलता को ओट देते हुए भवभूति होंठों पर मुस्कान ले आए।

"घड़ी भर ही हुआ होगा। ज्ञात हुआ कि आप कहीं भ्रमण पर निकल गए हैं।"

"हाँ, बस यूँ ही। कभी-कभी मन जाने कैसा हो उठता है। उद्विग्नता घेरती है तो माँ गंगा के पास चला जाता हूँ। शान्ति मिलती है थोड़ी सी। तुमने इतनी देर प्रतीक्षा की तो निश्चय ही कुछ प्रयोजन (कार्य) होगा।"

"कार्य तो है," संकोच के साथ कहा वाक्‌पति ने, "कुछ लिखने को अभिमुख हूँ पर एक स्थान पर जा अटका हूँ, जिसमें शिष्य का गुरु से प्रश्न है कि विभिन्न शास्त्रों में सत्य को भिन्न-भिन्न भाँति से कहा गया है तो किस सत्य का व्यवहार किया जावे? विगत तीन दिन से सोच रहा हूँ कि गुरुमुख से क्या कहलवाया जावे। गुरु यदि प्रश्न को टालते हैं तो गुरुत्व का अवमूल्यन होगा...झूठे उत्तर पर पाप होगा तथा भ्रामक उत्तर से शिक्षा दूषित होती है। इस चिन्ता में चित्त दौड़ा-दौड़ाकर थक-हार गया तो आपका स्मरण हो आया।"

"अर्थात् गुरु की उलझन तुमने मेरे सिर पर डाल दी," मुस्कराए भवभूति! 'सचमुच जटिल प्रश्न है। श्रुति, पुराण, उपनिषद, अरण्यक सभी ऐसे प्रश्न के उत्तर की खोज में ही तो सामने आए हैं। इसके बहुत से उत्तर तो तुम्हारा वह शिष्य भी जानता है कि सत्य अंधों का हाथी है अथवा 'ब्रह्म सत्य' है या 'सत्य धर्म' है। सत वह जिसकी सत्ता (स्थिति) है।

यूँ तो सत्य भी एक अक्षर-पद ही है...ईश्वर की भाँति जो पद में भाव-युग जोड़कर सच्चिदानन्द कहा गया। वेद भी जानने का अनुभव और प्रकाश ही हैं। सत्य को जानने की प्रक्रिया में दो पद समझ में आते हैं—ज्ञेय और ज्ञाता। ज्ञाता प्रत्यक्ष है, ज्ञेय अप्रत्यक्ष। मेरे और तुम्हारे मुख से जाना गया सत्य भी अनित्य अथवा खंडित होगा—पूर्ण नहीं। सत्यासत्य के इस विनिश्चय में मुझे महाभारत में वर्णित यह व्यावहारिक अर्थ ही अधिक उपयुक्त लगता है—

सत्यस्य वचनं श्रेयः सत्य ज्ञानं तु दुष्करम्।
यद्‌भूनिहितमत्यंतमेतत् सत्यं ब्रवीम्यहम्॥

[सत्य बोलना श्रेयस्कर है, किन्तु सत्य को यथार्थ रूप से जानना कठिन है। मैं तो उसी को सत्य मानता हूँ जिससे प्राणियों का अत्यन्त (अधिक से अधिक) हित होता है।"]

"आर्य! एक प्रश्न और कि सुन्दरता स्वभावतः ही मन को भाती है—ऐसा क्यों?" वाक्‌पति ने आगे पूछा।

"ओह, यह पुनः एक दैनन्दिन अनुभव से जुड़ा किन्तु कठिन प्रश्न। इस पर क्या कहूँ तुम्हें। मैं तो इतना ही जान सका हूँ कि जिस प्रकार मन की सत्ता रहस्यमय है उसी प्रकार सौन्दर्य का भी रहस्य है कि मन के संस्कार अनुसार प्रकट होता है। वैसे आँखों से देखे जानेवाले स्थूल सौन्दर्य से आगे ले जानेवाला सूक्ष्म सौन्दर्य भी होता है जैसे—नाद-सौन्दर्य, काव्य-सौन्दर्य, कला-सौन्दर्य।"

इसके पश्चात् दोनों में और भी वार्तालाप होता रहा। भीतर रसोइया भोजन के लिए प्रतीक्षा कर रहा था व दो बार आकर झाँक भी चुका था तो भवभूति ने वाक्‌पति को भोजन के लिए आग्रह किया।

"आर्य! सुमित्रा (वाक्पति की पत्नी) भोजन पकाकर मेरी प्रतीक्षा में बैठी होगी अन्यथा तो आपके साथ समय बिताने का कुछ और अवसर मैं न छोड़ता। हाँ, एक बात बतानी है कि कल मध्याह्न में मैं माँ तारा की उपासना में सम्मिलित होने बौद्ध मठ जा रहा हूँ। आपकी रुचि हो तो मेरे साथ चल सकते हैं।"

"ओह, बौद्धों की तारा साधना के विषय में मैंने सुना है। पद्मावती में भी एक कराला माता है। वहाँ कापालिक व वज्रयानी बलि देकर कृच्छ साधना करते हैं। कुछ लोगों ने मुझे यह भी बताया कि माधुरी की अकाल मृत्यु भी मुझसे अकारण ही ईर्ष्या रखने वाले, मेरी ही विद्यापीठ के तंत्राचार्य विशाख शर्मा के अनुष्ठान से हुई है और स्वयं विशाख भी उसी रात अनुष्ठान के बीच मारा गया," भवभूति के स्वर में खिन्नता आ गई।

"देव! मैं सनातनी परिवार से हूँ...बौद्धमत ने आकर्षित किया तो इसमें दीक्षित हो गया। माँ तारा तांत्रिक देवी तो हैं किन्तु यहाँ वज्रयानी कृच्छ, अनिष्टकर साधना नहीं होती। कदाचित् माँ तारा की कृपा से आपको शान्ति व कुछ प्रेरणा मिले।"

"अच्छा,...कहा गया है कि सब कुछ जानना तो सम्भव नहीं पर कवि को बहुत कुछ जानना चाहिए। कहाँ चलना होगा?" भवभूति ने सहमति दी।

"गंगा जी के तट से कुछ हटकर नगर से दो कोस दूर उत्तर में है। बौद्ध भिक्खु मानते हैं कि यहाँ तथागत ने कुछ दिन वास किया था। उनकी पदरज से पवित्र है वह भूमि," वाक्पतिराज ने श्रद्धा में अपने नेत्र मूँदे।

दूसरे दिन अपनी पालकियों को एक स्थान पर छोड़कर दोनों कुछ दूर पैदल चलते हुए धम्मस्थल पहुँचे। मन्दिर कुछ पुराना है व भीतर सीलन के कारण भवभूति को अधिक ठंडक भी प्रतीत हुई। वहाँ बुहुत-सी मूर्तियाँ थीं और भित्ति के ताकों में बहुतेरी पुस्तकें रखी थीं। द्वार के आगे भी एक अन्य ऊँची भित्ति होने से यहाँ बाहर का प्रकाश नहीं आ पाने के कारण मन्दिर गुम्फा (गुफा) जैसा था। वहीं दीपक के आलोक में स्वयंप्रभा सी चमकती एक मूर्ति स्थापित थी। उढ़ावन से ढँकी होने के कारण मूर्ति का खुला चेहरा और भी स्पष्ट हो रहा था। वाक्पतिराज ने घुटनों के बल बैठकर प्रणाम किया तो भवभूति जान गए कि यही माँ तारा की मूर्ति है। यूँ उनका स्वरूप कालिका से मिलता-जुलता ही था। उन्होंने भी श्रद्धा के साथ मूर्ति को प्रणाम किया फिर दोनों वहीं बैठ गए।

कुछ ही समय में भदंत ने प्रवेश किया व माँ तारा की ओर विनत प्रणम्य होने के पश्चात् कहा, "माँ तारा के सान्निध्य में आप दोनों का स्वागत है," फिर बैठते हुए पूछा, "आप तो कवि भवभूति हैं ना! यश सुना है आपका और मिलने का सुअवसर आज प्राप्त हुआ। वाक्पति तो आत्मीय हैं मेरे।"

"तो मुझे भी वाक्पतिराज के साथ गिनती में ले लीजिए," भवभूति ने कहा।

"जैसी माँ की इच्छा। आप तो प्रबुद्ध, तर्कशील हैं। जानते ही हैं कि हम भगवान

बुद्ध के मार्ग का अनुसरण करते हैं," भदंत ने शान्त स्वर में कहा।

"कुछ पूछना हो तो पूछो," वाक्पतिराज बोले भवभूति से।

"क्या पूछूँ। यहाँ आकर चित्त स्वत: ही संस्थित हो उठा है। लगा कि माँ तारा—काली का ही एक रूप है। बस यही सोचता हूँ कि बौद्ध मन्दिर में काली माँ तारा के रूप में कैसे आ गईं?"

भदंत थोड़े से मुस्कराए, "हम तांत्रिक बौद्ध हैं। अब इस प्रकार समझो कि जैसे सनातन धर्म में शिव की शक्ति उमा या पार्वती हैं तथा उन्हें गौरी, काली, दुर्गा जैसे विभिन्न नाम व रूप में जाना जाता है वैसे ही माँ तारा बौद्ध धर्म में अवलोकितेश्वर की शक्ति हैं। ईश्वर या भगवान को पाने के पूर्व उनकी शक्ति को अनुकूल करना पड़ता है। माँ तारा संकट हरणी, मुक्तिदायिनी हैं।"

माँ तारा के दो रूप-वर्ण हैं—हरा व श्वेत। हरितवर्ण तारा हाथ में नीलकमल धारण करती हैं तो श्वेत तारा पद्म फूल। सनातन धर्म व महायान बौद्ध धर्म में बहुत सी समनाताएँ हैं। जैसे हमारी प्रज्ञापारिमिता के साथ आप देवी सरस्वती की तुलना कर सकते हैं। अनेक देवों की भी हो सकती है। क्रिया-प्रक्रिया, नाम कुछ भी हों, निर्वाण या मोक्ष प्राप्ति ही मुख्य उद्देश्य होता है।

"निर्वाण का आशय कुछ स्पष्ट करेंगे भन्ते!" भवभूति ने आदर के साथ जानना चाहा।

"हाँ-हाँ। हमारे चारों ओर जो दृश्य और भासमान जगत है ना! ये मन्दिर, पर्वत, नदी, वनस्पति, आकाश, पशु-पक्षी, मनुष्य आदि..., तो निर्वाण इन सबसे अलग जगत में पहुँचना है। कहना चाहिए कि इसमें हम अहंकार—मैं और मेरा-तेरा का अतिक्रमण करते हैं। तब वहाँ पंचतत्त्व का अस्तित्व भी नहीं रहता। श्वाँस, प्रश्वाँस की आवश्यकता समाप्त हो जाती है। हम रूप-अरूप, सुख-दुख से परे होकर अमृतमय अवस्था में पहुँच बुद्धत्व प्राप्त करते हैं। स्थान, काल और पात्र से परे ही निर्वाण की स्थिति है।

हम साधारण लोग हैं और बुद्धत्व प्राप्त होना सहज नहीं है...इसके लिए हजारों वर्ष तपस्या करनी पड़ती है। शाक्य मुनि को भी करनी पड़ी थी।

अच्छा अब हम सभी हरी तारा माँ का ध्यान करेंगे। आँखें बन्द कर लो। मैं माँ के स्वरूप का वर्णन करता हूँ। तुम उन्हें अपनी कल्पना में साक्षात् करने का प्रयास करो। कहते भदंत ने अपनी आँखें बन्द कर लीं। आगे मन्द्र गम्भीर स्वर में कहा, "अपनी अन्त:दृष्टि दोनों भौंह और नासिका की सन्धि पर अर्थात् त्रिकुटी पर स्थिर कीजिए। कल्पना करो कि सामने आकाश है...मात्र आकाश। वह एक रंगहीन महाशून्य है, इस महाशून्य में न सूर्य है न चन्द्र न तारागण...प्रकाश है न अंधकारा। देखो कि उस महाशून्य में एक हरा पर्वत उगता हुआ ऊपर उठ रहा है जिसमें से हरे रंग की ज्योति झर रही है। इस रंग को अपने मन में धारण करने

का प्रयास करो। वह रंग सिमटता हुआ नारी मूर्ति का रूप ग्रहण कर रहा है—यही हमारी आराध्य देवी माँ तारा हैं। अब आँखें खोलकर देखो!—करुणामयी, रक्षाकर्त्री माँ तारा का मुख-मंडल तुम्हारे सामने है।

भवभूति ने आँखें खोलीं और दीपक के क्षीण प्रकाश में मूर्ति की ओर देखा। भदंत का मन्द्र स्वर पुनः गूँजा, "माँ का एक ही मुख है...दो हाथ हैं। दायाँ हाथ अभय की मुद्रा में व बाएँ हाथ में नीलकमल। सिर के आधे केश जूड़े में बँधे तथा शेष आधे पीठ पर फैले हैं। सर्वालंकारभूषिता हैं माँ। के स्तनयुगल पर वस्त्र का छोटा सा टुकड़ा है। रक्त (लाल) वसन में वह वीर भाव से खड़ी हैं। माँ की पीठ हरे रंग के अर्धचन्द्र से टिकी है। माँ सदा हास्यमयी, ज्योतिर्मयी और सर्वांग सुन्दर हैं।"

गुफा में भदंत की आवाज़ गूँज रही थी। भवभूति ध्यान में जैसे हिलते हुए पानी की लहरों पर उभरती, ओझल होती छवि पकड़ने का प्रयास कर रहे थे।

"नित्यप्रति समर्पित अभ्यास से तुम्हें माँ का रूप स्पष्ट हो सकेगा," सुनाकर भदंत ने आँखें खोलने को कहा व स्वयं भी आँखें खोल माँ तारा की मूर्ति को प्रणाम किया।

वहाँ से निकल सब मुख्य स्तूप पहुँचे। भदंत ने प्रार्थना-चक्र घुमाते हुए सात बार परिक्रमा की व वहाँ उत्खनित मूर्तियों का रहस्य समझाने लगे—"यह भैरचना का सिंह देख रहे हो!—राजा या शासक का प्रतीक है यह और हस्ती (हाथी) शक्ति का। रत्न-सम्भवा का अश्व अर्थात् गति व अमिताभ का मयूर सौन्दर्य व छंद का।"

आगे एक वेदी थी। भदंत वहाँ जाकर बैठ गए व इन्हें भी बैठने का संकेत किया, "आँखें मूँदकर मन ही मन कहो कि हे देवी! मेरा हृदय चक्र खोल दो, मुझ पर कृपा करो। मैंने तुम्हारे चरणों में आश्रय लिया है। मैं तुम्हारे प्रति आत्म-समर्पण करता हूँ। अब पुनः माँ तारा की मूर्ति का ध्यान करो।"

तभी मन्दिर में एक स्थान से भेरी, ढोल और ताशे बजने लगे। उन्हीं से स्वर मिलाते भदंत मंत्रोच्चारण करने लगे—

त्वं ओम वज्र समजा, नमो गुरुम्य: नमो आर्यतारा मंडलेभ्य,
ओम आर्यतारा सपरिवारे अर्ध्य प्रतिच्य हुम स्वाहा।

भवभूति ने अनुभव किया कि वह एक अपूर्व अनुभूति में भीगते जा रहे हैं। भदंत के कहने पर आँखें खोलीं। वह मुस्कराते हुए बैठे थे, बोले—यह अर्पण मंत्र हैं जिसके द्वारा माँ को पद्‌म, पुष्प, धूप, दीप, गन्ध, नैवेद्य अर्पित किए जाते हैं। सामग्री उपलब्ध न हो तो ध्यानपूर्वक मानसिक अर्पण भी किया जा सकता है।

तुम लोग गृहस्थ हो। यहाँ से आगे साधना का मार्ग कष्टप्रद उपायों से आरम्भ होता है। सुनने में सहज लगते हैं किन्तु उनका निर्वाह कठिन है।"

"भंते, निर्वाह भले कठिन हो, पर सुनने में क्या हानि है। एक कवि की किसी क्रिया में गति मति (रुचि) भले न हो पर उसका ज्ञान उपादेय ही होता है," भवभूति ने निवेदन किया।

"इसमें प्रतिज्ञाएँ निभानी होती हैं—पहली हैं, जीव-हत्या, चोरी, व्यभिचार, असत्य भाषण एवं सुरापान से विरत रहना।

"दूसरी हैं—अकाल भोजन, नृत्य-गायन आदि के नेत्र व श्रवण सुख में अनुराग, गन्धादि पुष्प आदि का उपभोग, कोमल शय्या पर शयन तथा स्वर्ण-रजत रत्नादि को स्वीकार करने से विरत रहना। ये साधक ही नहीं साधारण मनुष्य की भी परम शत्रु वस्तु व व्यवहार हैं।

आज बस इतना ही। अब माँ से प्रार्थना करो...'ॐ तारे तुत् तारे तुरे स्वाहा'। माँ मुझे संस्कार से मुक्त करो...भय से मुक्त करो...व्याधि से मुक्त करो। मुझे बुद्ध का पथ दिखाओ, धर्म का पथ दिखाओ, संघ का पथ दिखाओ।

यह माँ तारा की सहज आराधना है। माँ इतने में ही आनन्द का स्पर्श देती है, उद्वेग शमित करती है।"

भदंत से आज्ञा और आशीर्वाद लेकर दोनों लौट लिए। भवभूति को यहाँ महायान के एक अलग ही रूप के दर्शन हुए जिसमें जीव-हत्या, मदिरा का भी त्याग है। यह भी तो तंत्र है। शिविका में बैठे सोचने लगे कि वह क्यों इन मनुष्यों के कन्धों पर बोझ बनकर बैठे हैं। वह यहाँ तक अपने पाँवों पर चलकर भी तो आ सकते थे। ये शिविका-वाहक भी तो मेरी ही भाँति मनुष्य हैं। मुझे लाकर चलते हुए तो इन्हें और भी कष्ट अनुभव हो रहा होगा।

ओह, मैं तो बुद्ध की तरह सोचने लगा—भवभूति ने अपने सिर को झटका। उन्हें एकाएक माँ तारा की मूर्ति का स्मरण हो आया।—'माँ तुमने मेरी प्रार्थना इतनी शीघ्र स्वीकार कर ली कि—बुद्ध का पथ...। आह माँ, मेरा कार्य अभी अधूरा है। मुझे तो वह मार्ग दिखाओ कि मैं श्रेष्ठ रच सकूँ। कुछ ऐसा जो मुझे आश्वस्ति और संसार को सुख दे सके। उसके पश्चात् तू जो भी मार्ग दिखा दे...चल पड़ूँगा मैं उस पर।'

26

राजकीय रंगशाला में सुरोचना के नृत्य का आयोजन निश्चित हुआ था कि वह अपनी शिष्याओं के समूह-नृत्य के साथ एकल प्रस्तुति भी देंगी। सुरोचना की सिद्ध नृत्यांगना ही नहीं विदुषी के रूप में भी बड़ी ख्याति है। भवभूति ने आचार्य नारायण कृष्ण के मुख से भी सुरोचना की प्रशंसा सुनी थी।

सुरोचना ने यूँ तो नृत्य-प्रदर्शन से विराम ले लिया है किन्तु महाराजाधिराज के आग्रह को टालना कठिन था। उन्हें भी भवभूति की भाँति कान्यकुब्जाधिपति का आमंत्रण व आश्रय मिला है। यहाँ आए उन्हें तीन माह से अधिक हो गए किन्तु महाराज व महारानी से औपचारिक भेंट के अतिरिक्त उन्हें किसी से मिलने-जुलते अथवा कहीं आते-जाते नहीं देखा-सुना गया है।

भवभूति व वाक्पतिराज दोनों को ही प्रथम पंक्ति में प्रमुख सामन्तों के मध्य स्थान दिया गया था। महाराज यशोवर्मा, महादेवी सुयशा पुत्री शशिप्रभा के आसन मंच व अग्रिम पंक्ति के मध्य तिरछे कोण में रखे गए थे। तीनों राजकुमारों—आमराज, दुन्दुक व भोज के आसन सामन्तों के बीच ही थे। विद्वन्मंडली, आचार्य, कवि, कलाकार सभी की राजोचित व्यवस्था बनाई गई थी। वाक्पति ने ही बताया था कि नरेश ने ही ऐसी व्यवस्था करने को कहा है। वह मानते हैं कि युद्ध की मंत्रणा में योद्धा, राजकाज में मंत्री, राजन्य व सामन्त एवं काव्य, कला, शास्त्रार्थ जैसी सभाओं व समागम में विद्वान, कवि, कलाकारों को आगे रखना चाहिए।

महाराज ज्यों ही मंच पर चढ़े, सभी ने खड़े होकर करतल ध्वनि से उनका स्वागत किया...अभिवादन किया। मंच पर दीपाधारों में मोम से भरे बड़े-बड़े दीप प्रकाशमान थे। नीचे भी छोटे-बड़े सकोरों में मोम की बत्तियाँ जल रही थीं। सुगन्धित धूम्र की व्यवस्था यह थी कि रंगशाला को सुवासित करता स्वयं ही ऊपर उठकर ऊँचाई पर छितरा जाए। महाराज की अगवानी व स्वागत में मंच के एक ओर से सुरोचना ने प्रवेश किया—प्रत्येक पग सधा हुआ कि सौन्दर्य की तरलता कहीं छलक न पड़े। महाराज के पार्श्व में पहुँच वह इन्द्रसभा की रम्भा सी प्रतीत हो रही थी। पंख पसार उड़ान भरती हुई श्वेत कपोतियों जैसी चार युवतियाँ भी दो-दो की जोड़ी में आईं और अपने बाँहों से उत्तरण (उतरना) की मुद्रा बना दोनों के पीछे खड़ी हो गईं। महाराजाधिराज ने राजकीय उपहार भेंट कर सुरोचना को नृत्य आरम्भ करने की अनुमति दी फिर अपने आसन पर आ गए।

इसके पश्चात् तो संगीत था...सौन्दर्य था...सृजन था और था वह आनन्द जिसके आगे स्वर्ग का सुख भी बौना पड़ जाता है। नृत्य-समापन के कुछ क्षणों तक तो दर्शक एक सिरे से खिंचकर दूसरे तक पहुँच मंच को ढँकने वाले मंच पट को ही देखते रहे। जैसे वह समझ न पा रहे हों कि सामने का सुख दृश्य क्यों व कैसे तिरोहित हो गया जिसके आकर्षण में वह स्वयं को भी भूल बैठे थे।

कुछ ही क्षणों पश्चात् अपनी सहयोगियों के साथ सुरोचना पुनः मंच पर आई... मंचपट खुला तो लगा जैसे ओझल हुआ बसन्त फिर से लौट आया हो। कहीं से करतल ध्वनि आरम्भ हुई तो रंगशाला में देर तक बजती रही।

अपने मधुर मदिर संगीत के साथ देह पर सतरंगी इन्द्रधनुष बनता, बूँद-बूँद में गति का आन्दोलन लिये सौन्दर्य का ऐसा शान्त आमंत्रण भवभूति ने कभी अनुभव

न किया था। महाराज ने अपने कंठ की मुक्तामाल सुरोचना की ओर उछाल दी जिसे साथ की तरुणी ने हाथ में ले सुरोचना को सौंप दिया।

सुरोचना मंच से नीचे उतर अग्रिम पंक्ति के विशिष्ट जनों से परिचित होने लगी। आगे बढ़ती भवभूति के निकट आई तो उन्होंने अपना परिचय दिया, "मैं माता जातुकर्णी पिता श्री नीलकंठ का पुत्र एवं आचार्य ज्ञाननिधि का शिष्य भवभूति।"

"अहा! तो आप हैं वह! अभिवादन करती हूँ आपका! भवभूति ने लक्ष्य किया कि सुरोचना की प्रसन्न आँखों में किसी आह्लाद की लौ सी काँपी थी फिर वह उनकी बगल में खड़े वाक्‌पतिराज से परिचय के विनिमय हेतु बढ़ गई।

शिविका में अपने आवास की ओर लौटते हुए भवभूति के चिन्तन में बार-बार वही प्रसन्न आँखें चमक जाती थीं। इन आँखों, सुरोचना की ध्वनि और ठसक ने उन्हें रात भर भली-भाँति सोने नहीं दिया।

दो दिन ही बीते थे कि सुरोचना के सेवक ने उनके यहाँ पहुँच निवेदन किया, "देव! आर्या सुरोचना देवी का अनुरोध है कि आप उनके यहाँ पधारकर अनुगृहीत करें। जिस दिन, जिस समय आना चाहें, वह आपकी प्रतीक्षा करेंगी।"

इस अप्रत्याशित आमंत्रण पर भवभूति विस्मित से रह गए। उन्हें ज्ञात है कि महाराजाधिराज ने प्रभूत धन व्यय कर बड़े आग्रह के साथ सुरोचना को काशी से कन्नौज बुलाया है क्योंकि वह नृत्य के साथ नाट्य में भी पारंगत हैं। यह भी कि यशोवर्मा अपने 'रामाभ्युदय' नाटक को 'नृत्य नाटक' के रूप में देखने को समुत्सुक हैं। पता नहीं यह सुरोचना का अभिमान है या स्वाभिमान कि बीते तीन माह में वह किसी राजन्य, यहाँ तक कि महामंत्री वा सेनापति के यहाँ भी भेंट, अभिवादन करने नहीं गईं। प्रातः गंगा स्नान के पश्चात् महादेव मन्दिर व क्षेमकरी देवी के दर्शन के अतिरिक्त वह कहीं नहीं जातीं। कुछ गायक-वादक व दो कुशीलव परिवारों के अतिरिक्त उनके यहाँ भी किसी का आना-जाना नहीं है तो उन्हें बुलाए जाने का क्या प्रयोजन हो सकता है?

वह जाने से 'ना' नहीं कर सकते थे पर संकोच भी है कि लोग जाने क्या अनुमान लगाने लगें अतः अपनी उत्कंठा व सम्मोह को नियंत्रित करते हुए सेवक से पूछा—"देवी सुरोचना द्वारा स्मरण किए जाने का आभार, पर कोई कार्य विशेष कहा है क्या उन्होंने?"

"देव! मुझे तो बस उतना ही कहा है। अब लौटकर मैं उन्हें क्या निवेदन करूँ?"

"कहना कि आभार प्रकट किया है और मैं कल द्वितीय प्रहर में उनके यहाँ उपस्थित होऊँगा।"

उत्तर लेकर सेवक तो चला गया किन्तु भवभूति ऊहापोह में घिर गए—क्यों बुलाया है? अब तो जाना ही होगा पर वह उचित रहेगा या नहीं? सुरोचना की आकर्षक छवि नृत्य की विभिन्न मुद्राओं में मन के पटल पर फिर उभरने व ओझल

होने लगी। हटाने का प्रयास करने पर हठ करके ठहर-ठहर जाती। उनकी छटपट बढ़ गई...वह तुरन्त ही जाने को व्यग्र हुए किन्तु आज के लिए अवसर तो वह स्वयं ही गँवा चुके थे। वह कुछ स्थिर न कर पा रहे थे तो कन्धे पर उत्तरीय डाल वाक्‌पतिराज की ओर निकल पड़े।

वाक्‌पति का निवास आधा कोस ही दूर है। परिधि (फाटक) पारकर ज्यों ही वह आगे बढ़े तो सेवक ने दौड़कर वाक्‌पति को उनके आने की सूचना दी। यूँ एकाएक आने पर वाक्‌पति भी कुछ आश्चर्य में थे। गृहद्वार पर उनका स्वागत किया—

"आचार्य आप! अकस्मात् ही...मुझे बुला लेते। कुशल तो है?"

भवभूति होंठों पर मुस्कराहट ले आए, "यूँ ही मन हुआ तो चला आया।"

वाक्‌पति उन्हें सादर ओसारे (खुला हुआ कक्ष) में ले आए। सेवक स्वयं ही जलपानादि की व्यवस्था में जुट गया था। बैठ जाने के पश्चात् वाक्‌पति ने उन्हें प्रश्न भरी दृष्टि से देखा तो भवभूति बोले, "हाँ...एक प्रयोजन भी है आने का। आज सुरोचना देवी का सेवक आया था। मिलना चाहती हैं वह। मैंने सेवक को कल दूसरे प्रहर उनके यहाँ पहुँचने को कह दिया है किन्तु मन में जाने कैसा असमंजस है," एक ही साँस में भवभूति ने पूरी बात बता दी।

"बुलाया है उन्होंने और आपने पहुँचने को कहा है तो जाना पड़ेगा ही। महाराजाधिराज ने देवी सुरोचना को राजनर्तकी का सम्मान देने का निश्चय किया है। ज्ञात हुआ है कि वह 'रामाभ्युदय' का नृत्य-मंचन करेंगी," वाक्‌पति ने बताया।

"मुझे संकोच हो रहा है। इस राज्य, नगर, पौरजन, विद्वज्जनों के व्यवहार से मैं पूर्णत: परिचित नहीं हो पाया हूँ। अलग-अलग स्थानों की अलग-अलग रीति-नीति होती है। विदर्भ में ब्राह्मण का नर्तक अथवा गणिका के यहाँ जाना प्राय: निषिद्ध है। उज्जयिनी में विदुषी गणिका का विद्वानों, कुलांगनाओं के बीच होना सुरुचि, सम्मान का विषय है। वहीं पद्मावती में भी इनसे सम्बन्ध हेय माना जाता है। आप यहाँ के लोक-व्यवहार से सुपरिचित हैं अत: उचित परामर्श दे सकते हो—क्योंकि शास्त्र में कहा गया है कि राजा, योगी, अग्नि, जल और स्त्री से व्यवहार में सावधान रहना चाहिए।"

वाक्‌पतिराज भी मुस्कराए—"शास्त्र वचन उचित ही है आचार्य। सुरोचना देवी यूँ भी सामान्य स्त्री नहीं हैं। उनकी कला, उनके सौन्दर्य की चारों दिशाओं में ख्याति है। मुझे लगता है कि हमारे नरेश का उनके प्रति रागात्मक आकर्षण है। मेरे देखते कभी ऐसा नहीं हुआ कि किसी समादेय (स्वागतयोग्य) के लिए महाराजाधिराज पहले मंच पर पहुँचे और प्रतीक्षा करें। फिर वह मुक्तामाल जो सदैव उनके कण्ठ को शोभित करती है, उसे ही उपहार में दे दें। मेरा आशय है कि सावधानी एक ओर से नहीं दो दिशाओं से हैं।

यूँ तो देवी सुरोचना और महाराज की वय में स्यात् बीस वर्षों का अन्तर हो। यह विसंगति होते हुए यह भी सच है कि पका हुआ काष्ठ अग्नि पाकर और भी शीघ्र दहकता है। उनके यहाँ आने के पश्चात् महाराजाधिराज श्रांगारिक पद रच रहे हैं। फिर भी जाना तो पड़ेगा ही...।"

"सोचता हूँ कि आप भी साथ चलें।"

वाक्पति ने बीच में ही टोक दिया, "क्षमा करें, अनामंत्रित जा न सकूँगा। जाना भी नहीं चाहिए।"

अब भवभूति ने विषय बदल दिया, "ब्रह्मतीर्थ यहाँ से कितनी दूर है?"

"यही कोई पच्चीस कोस। जाना चाहते हैं वहाँ?"

"हाँ, नाट्यगुरु व माधुरी के पिता आर्य सोमदत्त की जन्मस्थली है वह। इसी ब्रह्मक्षेत्र में स्वायंभुव मनु की राजधानी रही है। पुराणों के अनुसार, उत्तानपाद और उनके पश्चात् ध्रुव भी वहाँ राजा रहे हैं। मैं उस ब्रह्मकील के दर्शन करना चाहता हूँ जिसे ब्रह्मा जी ने अश्वमेध यज्ञ के निमित्त पूजित अश्व की नाल से निर्मित किया था। इसे अपने प्रमाद के अतिरिक्त क्या कहूँ कि इतने वर्षों में इतने निकट आ पहुँचने पर भी ब्रह्मतीर्थ न जा पाया," भवभूति के स्वर में ग्लानि उभर आई।

"वहाँ जाना नितान्त सरल है। प्रतिदिन ही कोई न कोई दल जाता है उस ओर। वहाँ राज्य के पुरोहित हैं, आवास है। जब चाहें मैं शिविका अथवा सुशील अश्व की व्यवस्था कर दूँगा," वाक्पति ने आश्वस्त किया।

"मैं सोचता हूँ कि शाकटिका सुविधाजनक रहेगी। तो बताऊँगा आपको कि कब निकलता हूँ।"

वाक्पतिराज उन्हें कुछ दूर तक विदा करने आए। अब तक प्रमुख मार्गों पर दीप अँजोरे जा चुके थे। आज पुनः संध्याकर्म में विलम्ब हुआ। उन्हें स्मरण हो आया कि मार्ग में धनंजय ने कहा था, 'नाटक कर लो या सांध्य कर्म...हँसना व गाल फुलाना एक साथ नहीं हो सकता।' मन ही मन मुस्कराए भवभूति, 'ठीक कहता था वह। इस समय कहाँ होगा धनंजय? चेदिराज की पुत्री मधुमिता को तो पा ही लिया अपने साहस से। धीरे-धीरे राज्य भी अधिगृहीत कर लेगा। महत्त्वाकांक्षी क्षत्रियकुमार है वह, वीर और विश्वसनीय भी।' इसी प्रकार सोचते-विचारते वह अपने निवास पर पहुँच गए। आज की रात पुनः नींद में सुरोचना के स्वप्न व जागते में सुरोचना का चिन्तन करते बीती। एक बार माधुरी भी मुस्कराती हुई स्वप्न में झाँक गई। दोबारा भोर से कुछ पूर्व का स्वप्न था जिसमें माधुरी की आँखों में आतुर पीड़ा का उमगाव व देह में विरल ऐंठन थी। विचलित होकर भवभूति ने आँखें खोल दीं।

"ओह, माधुरी।" निकला उनके मुँह से।

पर यह क्या कि माधुरी के पीछे-पीछे प्रथम पत्नी का स्मरण चला आया। उसकी वे आँखें जिनमें सदैव कोई पश्चातताप, कुछ वेदना ठहरी रहती थी और सुप्रिया जो

जीवन में अचानक आई और उसी भाँति चली गई। एक बार सुप्रिया ने कहा था, 'श्रीकंठ क्या तुम्हें अपनी अभिरामता, अपने सौष्ठव का भान है?'

'क्यों?' पूछा था भवभूति ने।

'कोई स्त्री तुम्हें सहज ही सखा बनाना चाहेगी, जैसे मैंने बनाया है। कवि हो तो सावधान न रह पाओगे। इसलिए मैं चिन्तित हूँ। तुम्हें बन्धन में नहीं रखना चाहती अन्यथा पति बनाकर रख लेती,' कह बात। को हँसी में उड़ा दिया था सुप्रिया ने।

वह प्रात:कालीन देवाराधन (पूजा) में ही थे कि द्वार पर किसी रथिका के रुकने व टापों के एक ही स्थान पर बजने से उनका ध्यान उस ओर गया। अवकाश होने पर वह अभी भी त्रिकाल नहीं तो द्विकाल संध्या अवश्य कर लेते हैं। उन्हें तो जन्म से ही संस्कार व शिक्षा मिली है कि मनुष्य जन्म लेते ही तीन ऋण वाला हो जाता है जिससे उऋण होने के लिए स्नान, संध्या, जप, देवपूजन, बलिवैश्वदेव तथा अतिथि-सत्कार ये छह कर्म प्रतिदिन करना चाहिए, नाटक के साथ यही सब नहीं सध पाता।

जप शीघ्र पूर्ण कर सूर्य को अर्घ्य दे द्वार की ओर आए तो सुरोचना के उसी सेवक को खड़े पाया जो कल आमंत्रण लेकर आया था। अभिवादन कर बोला, "आर्य! यह वाहन स्वामिनी ने भेजा है। वह आपकी प्रतीक्षा में हैं।"

"हाँ...आता हूँ।" कह भीतर लौटते हुए वह सोच रहे थे कि आश्चर्यजनक आत्म-विश्वास है इस स्त्री में कि निमंत्रण-स्वीकृति पर प्रात: बेला में ही वाहन भी भेज दिया।

सुरोचना के ध्यान में ही उन्होंने वस्त्र धारण किए और अपने सेवक को सुरोचना के यहाँ जाने का बताकर अश्वरथिका पर जा बैठे। घड़ी भर में ही वह सुरोचना के आवास पर जा पहुँचे। सुरोचना सचमुच ही उनकी प्रतीक्षा में थी। रथिका के सीढ़ियों पर लगते ही वह स्वयं द्वार पर आ पहुँची।

"महाकवि का स्वागत है। कृतज्ञ हूँ कि महाकवि ने मेरे निमंत्रण का मान रखा।"

इतने सुचारु स्वागत से भवभूति सकुचा गए, "इतने मान का अधिकारी नहीं हूँ मैं, देवी। यह आपकी उदारता है कि मुझे बुलाया। मेरा अभिवादन स्वीकार करें।"

"अरे रे...क्या करते हैं आप! विप्र हैं...ऊपर से विश्रुत कवि। आपसे स्वस्ति व प्रसाद की अपेक्षा है हमारी। आइए, पधारिए," सुरोचना उन्हें अतिथि कक्ष में ले गई।

भवभूति देखते जा रहे थे कि द्वार से अलिंद (ड्योढ़ी), आँगन, कक्ष, सर्वत्र एक सौम्य ऐश्वर्य बिखरा है। चार किशोरियों ने आकर अभिवादन किया तो सुरोचना ने बताया—"ये मेरी शिष्याएँ हैं।"

"हाँ, ये मंच पर साथ थीं आपके," भवभूति ने सिर हिलाकर कहा।

"वस्तुत: इन्हीं के प्रयोजन से मैंने आपको कष्ट दिया है। साहित्य में पहुँच नहीं है इनकी। कोई भी नर्तकी जब तक शब्द की प्रयुक्ति के सन्दर्भ में उसका

अर्थ और आशय न जाने तब तक उस भाव को व्यक्त न कर पाएगी। मैं भी अनेक बार शब्द के रहस्य में उलझ जाती हूँ...तो मुझे भी मार्गदर्शन मिल जाया करे, यही प्रार्थना है," मुस्क़ान के साथ हाथ जोड़े सुरोचना ने।

"ओह, क्या करती हैं आप!" अचकचाकर भवभूति ने वह जुड़े हुए हाथ थाम लिए होते यदि विवेक उन्हें रोक न लेता।

"अन्यथा न लें! यह नगर मेरे लिए नया है। कोई बन्धु, स्वजन नहीं है मेरा यहाँ। पता है कि नर्तक नृत्य समाज से भिन्न लोग हमारे बन्धु नहीं रसिक होते हैं। इन्द्रिय सुखों के लोभी। इनसे प्रीति-प्रतीति पाना कठिन है।

आप जानते ही होंगे और मुझे भी आपके समक्ष यह स्वीकार करने में कोई उलझन नहीं है कि कुलीनों की बात तो छोड़िए, नगण्य क्षुद्र राजसेवक भी हमें अन्ततः एक गणिका ही समझते हैं जिसे नगरवधू का ऐश्वर्य, नायिका सम्मान तो दिया जा सकता है—सहधर्मिणी का स्थान नहीं दिया जा सकता। वह वारांगना ही रहेगी, वामांगना नहीं।

तो मैं जानती हूँ यह सब। अपनी इन शिष्याओं से अपने अच्छे, बुरे अनुभव छिपाती नहीं। फिर भी यह तो है ही कि हर स्त्री अपने लिए एक विश्वसनीय पुरुष खोजती है। विडम्बना यह कि वह पुरुष बहुतों को अपने पति में भी नहीं मिल पाता और प्रेमी में भी नहीं। अस्तु...। आप इन किशोरियों का मार्गदर्शन करें तो आवश्यकता होने पर आपको बुला लिया करूँ, यही अपेक्षा है मेरी।"

दो किशोरियाँ उपाहार ले आई थीं। साथ ही रजत कोशकों (गिलास) में कुछ पेय था। तीसरी युवती एक काष्ठ पटल लाकर रख गई। सुचित्रित पटल की सुगन्ध से अनुमान लगाया जा सकता था कि वह चन्दन के काष्ठ से निर्मित है। चौथी के हाथ में जलपात्र था कि अतिथि चाहे तो हाथ धो ले। वस्तु से व्यवहार तक में भवभूति को यहाँ एक विनीत परिष्कृति (शालीनता) दिख रही थी। काष्ठ पटल पर सामग्री रखकर किशोरी शीघ्रतापूर्वक कांस्यपात्र ले आई जिसमें हाथ धोए जा सकें, साथ में स्वच्छ धवल अँगौछन भी था।

हाथ धो, पोंछकर थोड़े से संकोच और किसी विचार में डूबे भवभूति ने सुरोचना के साथ उपाहार ग्रहण किया।

"बहुत स्वादिष्ट है आपका उपाहार। यह तो आश्चर्य है कि इतने शीघ्र पक गया," मुस्कराकर भवभूति ने सहज होने का प्रयास किया।

"शीघ्र नहीं, पका तो अपना समय लेकर ही है। विश्वास था कि आप आएँगे," सुरोचना मुस्कान भरी दृष्टि से देख रही थी भवभूति को, "तौ मैं मानूँ कि बुलावे पर महाकवि आ जाया करेंगे?"

हिचकिचाते भवभूति बोले, "सप्ताह में न्यूनतम दो बार राजकुमारी शशिप्रभा को पिंगल (छंदशास्त्र) कभी वेदान्त और कभी गृह्स्यसूत्र पढ़ाने जाना होता है अतः

यहाँ आने के लिए महाराजाधिराज से अनुमति लेनी होगी। आपके यहाँ आने-जाने पर कदाचित् कुछ लोग ईर्ष्यालु हो लोकोपवाद कर नरेश के कान भरेंगे। आप जानती हैं कि हम दोनों ही राज्य द्वारा रक्षित हैं। आपको भी तो महाराज से पूछना होगा।"

सुरोचना के होठों की मुस्कान गूढ़ चातुर्य में बदल गई, "आचार्य! मैं अब न किशोरी हूँ न युवती। राजाओं की सहमति पाना मैं जानती हूँ। फिर हमारे महाराज तो स्वयं विद्वान और प्रौढ़ हैं...कवि हैं। वह मान जाएँगे...यूँ समझिए कि मैं मना लूँगी।

हाँ, एक बात आपसे भी कहना चाहती हूँ कि राजपुत्री से कहीं अनुराग न पाल लेना। उधर से प्रकट हो तो सावधानी से दूर कर लेना स्वयं को। मंत्र जाने बिना सर्प की बाँबी में हाथ नहीं डालना चाहिए। राजकुमारी, रानियाँ भी स्त्री ही होती हैं। तो एक तो यह कि बलवान और निर्बल में मित्रता निभ नहीं पाती, दूसरे राजकन्याएँ राजाओं की मैत्री व सन्धि के लिए होती हैं—काव्य या कला के लिए नहीं। हम जैसे लोग सिंहासन की सज्जा हो सकते हैं—पाए नहीं। यूँ महाराज की ओर से निश्चिंत रहें, मैं बिरमा (बहला) रखूँगी उन्हें।"

'इतना आत्मविश्वास है इस स्त्री के भीतर?' चकित से सोचने लगे थे भवभूति। फिर सोच-विचार के लिए समय चाहने जैसे स्वर में बताया, "वस्तुतः मुझे भी कुछ समय के लिए ब्रह्मक्षेत्र की यात्रा पर जाना है। तीन-चार वर्ष अपने आप में ही ग्रस्त रहा। लेखनी भी जैसे बँधकर रह गई है...पुण्यतीर्थ में पहुँचकर स्यात् कोई प्रेरणा मिले...कुछ उमगे।"

"आप अवश्य जाइए। हम लोगों के साथ यही तो है कि कुछ नवीन न बने तो कल्पना बंजर-भूमि सी बनकर मात्र पशुओं के चरने योग्य होकर रह जाती है। मेरी प्रभु से प्रार्थना है कि आप नई कल्पना, नया संकल्प लेकर लौटें। कुछ मेरे करणीय हो तो अवश्य कहिएगा।"

इसके पश्चात् सुरोचना उन्हें आवास के पिछवाड़े ले गई, जहाँ अभ्यास कक्ष का निर्माण हो रहा था। इस आवास के पीछे पर्याप्त विस्तार है।

"सोचती हूँ कि इन लड़कियों को निष्णात कर एक नृत्य-केन्द्र आरम्भ करूँ जिसमें साहित्य और संगीत की भी शिक्षा की व्यवस्था हो। नृत्य तो है ही," सुरोचना की आँखों में कोई स्वप्न झलका।

"बहुत उत्तम विचार है। पद्मावती की देवी चारुमती ने भी एक नृत्य-केन्द्र बनाया है जिससे अनेक युवतियाँ लाभान्वित होती हैं। आचार्य नारायण कृष्ण बहुत प्रतिष्ठा देते थे उन्हें।"

"हाँ, आचार्य का नाम सुना है। यह भी कि उन्होंने आपके नाटकों का आदेशन किया है। उनके दर्शन करने की बड़ी इच्छा है।"

गहरी साँस खींचकर भवभूति ने बताया, "उज्जयिनी ने पुकार लिया उन्हें और वह वहीं लौट गए। वह हमारे नाट्यदल की श्री, आर्य सोमदत्त के मित्र थे अतः

उनसे छूटा हुआ काम पूरा कर गए। नाटक को नृत्य में पिरोने का विलक्षण कौशल है उनके पास।"

"तो क्यों न हम महाराज से निवेदन कर किसी ऐसे आयोजन की रूपरेखा बनाएँ जिसमें देवी चारुमती व आचार्य नारायण कृष्ण दोनों को आमंत्रित किया जा सके," सुरोचना भवभूति की आँखों में झाँकने लगी, "हाँ, तब ठीक है—कोई नया रूपक लिखिए आप। हम उसके प्रथम-प्रयोग पर दोनों को बुलाएँगे।" भवभूति की सहमति की प्रतीक्षा किए बिना ही सुरोचना ने निर्णय सा सुना दिया।

वह पुनः सुरोचना के व्यक्तित्व में हिलग (अध लटकना) गए—'कैसा पराभूत करने वाला मनोबल है इस स्त्री का,' सोचते हुए स्वयं को विमोहन से बचाने की चेष्टा में वह द्वार की ओर देखने लगे।

सुरोचना उन्हें पौर से बाहर तक विदा करने आई। रथिका पर चढ़ने से पूर्व विदा लेने के लिए भवभूति ने हाथ जोड़े तो सुरोचना ने उनको अपनी हथेलियों के कोमल, मृदु संस्पर्श में ले लिया। उसकी आवाज पनीली हो उठी, "महाकवि! मैंने कहा था न, कि यहाँ मेरा कोई स्वजन, सखा नहीं है। कोई नहीं जिसके साथ अपने स्वप्न, हूक, उल्लास बाँट सकूँ। डाल से उखड़े पत्र की तरह जीवन के झोंकों में इधर-उधर डोलती, भटकती रही हूँ। इच्छाओं की उड़ान के प्रायः सभी सुख पा लिए मैंने, पर जाने कौन सी आश्वस्ति है जो न मिल पाई। जानती हूँ कि यहाँ राजनर्तकी मुझे मेरे लिए नहीं बनाया गया अपितु कन्नौजाधिपति ने अपने लिए बनाया है। तुममें सखा खोजना मेरी भूल तो नहीं है?"

भवभूति ने अपने हाथ समेटे और सुरोचना का कन्धा थपथपाकर रथिका पर चढ़ गए।

27

ब्रह्मतीर्थ में कोई एक माह के दिन तो भवभूति को आस-पास के स्थान देखने व स्वयं को स्थिर करने में ही बीत गए। वहाँ से कुछ दूर शृंगी रामपुर भी गए थे, क्योंकि यहाँ गंगा जी के दक्षिण तट पर स्थित एक स्थान है जहाँ शृंग ऋषि ने तपस्या की थी।

ब्रह्मतीर्थ में 'ब्रह्माघाट' के निकटस्थ मन्दिरों के अतिरिक्त दोनों तटों से निकट व दूर अनेक आश्रम हैं...तीर्थयात्रियों के लिए अस्थायी विश्रामालय हैं। ध्रुव टीला तो प्रसिद्ध है ही बाएँ तट पर रुद्रक्षेत्र में महर्षि वाल्मीकि की जन्मभूमि अथवा आश्रम एवं लवकुश द्वारा पूजा के लिए प्रतिष्ठापित बालकेश्वर शिव मन्दिर भी है जहाँ से

होकर बहने वाली एक छोटी सी नदी नीचे गंगा जी में आकर मिल जाती है। इस स्थान पर वह दो बार भ्रमण व एक रात्रि विश्राम भी कर आए हैं।

राजआवास गंगा जी के दक्षिण (दाहिने) आधा कोस हटकर एक ऊँचे से टीले पर बनाया गया है पर उसमें ऐश्वर्य का प्रदर्शन न करते हुए यह भी ध्यान में रखा गया है कि वह प्रमुख मन्दिर से ऊँचा और बड़ा न हो जाए। सुविधाएँ भी सामान्य हैं। नगर से आकर वह यहीं ठहरे थे। अपने लिए गंगा जी की ओर का एक कक्ष चुनकर उन्होंने शकटिका व खेचर श्रमिक को लौटा दिया। यहाँ पाकशाला एक विप्रवर सँभालते हैं। भवभूति के लिए यह सुविधाजनक स्थल तो है किन्तु यहाँ कन्नौज से कोई न कोई राजन्य, सामन्त अथवा राज्य या सैन्याधिकारी का आना-जाना होता रहता है जिससे निवास की शान्ति में विघ्न पड़ जाता है अतः भवभूति ने वाल्मीकि आश्रम के निकट ही एक कुटीर को अपना आश्रय बना लिया।

एक मास और बीत गया किन्तु अभी तक यह भी निश्चित न हो पाया था कि लिखना क्या है। रामकथा का कोई झिलमिल विचार उठता था और हवा के झोंके से छिन्न-भिन्न मेघ की भाँति विलुप्त हो जाता। भवभूति की विकलता, कलप बढ़ती जा रही थी। उस दिन आहार ग्रहण करने की भी इच्छा न हुई, रात्रि को भी मात्र एक दोना दुग्ध पीकर निराहार ही रह शेष दुग्ध श्वान के पात्र में भर दिया। यह श्वान जाने कहाँ से भटकता हुआ आकर उनके पास ठहर गया था। वह सदैव ही कुटीर के द्वार पर रहता, भीतर प्रवेश नहीं करता था।

भवभूति को निद्रा न आ रही थी। तल्प (तखत) पर करवटें बदलते हुए आधी रात्रि बीत गई। तीसरे प्रहर जाने कब पलकें भारी होकर मुँदीं और ब्रह्ममुहूर्त से कुछ पहले उन्होंने सुन्दर किन्तु दुर्बल शरीर, इधर-उधर बिखरे केश वाली, विरह व्यथा पीड़ित, कान्तिमयी, करुण मूर्ति सी स्त्री को बाड़ का पटलक (टट्टर) हटा कुटीर की ओर आते देखा। श्वान बिना भूँके उसके पाँवों के नीचे की भूमि सूँघता, कूँ कूँ कर पूँछ हिलाता पीछे चला आ रहा था। इस करुणामूर्ति की एक झलक देखकर ही मायाबद्ध से भवभूति स्वागत के लिए उठ खड़े हुए। उन्होंने कुटीर से बाहर पाँव बढ़ाया ही था कि स्वप्न टूट गया। बाहर चन्द्रिका बिखरी थी...श्वान अपने अगले पंजों पर सिर सँभाले शान्त बैठा था। कुछ क्षण वह किसी ऐंद्रजालिक सम्मोहन में रहे फिर खड़े हो घट से जल लेकर आँखें धोईं...दो घूँट जल पिया भी तथा अपने आसन पर बैठ मोम से भरा दीप जला लिया व चौकी पर पत्र रख लेखनी से लिखा, 'श्री जानकीवल्लभो विजयते'। इसी के साथ पहला पद पत्र पर उतरा—

इदं कविभ्यः पूर्वेभ्यो नमोवाकं प्रशास्महे।
विन्देम देवताम् वाचमृतामात्मनः कलाम॥

[हम वाल्मीकि आदि पूर्व कवियों को प्रणाम करके यह प्रार्थना

करते हैं कि ब्रह्मा जी के अंश से उद्भुत दिव्य सरस्वती (वाणी) को प्राप्त करें।]

तभी ब्रह्मघाट की ओर से शंख ध्वनि गूँजी। वाल्मीकि आश्रम से भी तपस्वियों की जगार के 'ओम' के साथ प्रात: स्मरणीय प्रार्थनाओं के स्वर उठने लगे। भवभूति का चित्त गंगाजल की भाँति तरल, स्वच्छ, पवित्र हो उठा। स्वप्न में आई वह करुणमूर्ति मन में आ ठहरी फिर लेखनी उसके संकेत पर चलने लगी। लगता था जैसे वह धरती से सार्थक शब्द चुन-चुन कर झोली में भरते हैं और सरस्वती उन्हें सही क्रम में जमा देती है। भवभूति भूल गए कि ब्रह्ममुहूर्त में जागकर नित्यक्रिया स्नान आदि के पश्चात् संध्या, पूजा, देवदर्शन वाले तीर्थकर्म करने होते हैं। वह तो सम्मोहन में बद्ध से पत्र पर लेखनी चलाते गए। कुटीर के आगे भगवान भास्कर ने अपनी किरणें उतार दीं तब भवभूति को चेत हुआ।

दैनिक क्रिया, संध्यादि के विस्मरण पर उन्हें किंचित् ग्लानि तो हुई किन्तु लग रहा था कि देह पहले से अधिक स्फूर्त, आनन्दित, प्रचेत है। आसन को प्रणाम कर वह खड़े हुए और गंगा जी की ओर निकल गए।

इस प्रकार एक माह और बीता। 'उत्तररामचरित' के चार अंक पूरे हो गए थे। लव ने अयोध्यापति का अश्वमेधी अश्व घेरकर अपने आश्रम की ओर हाँक लिया था। भवभूति यद्यपि प्रात:कालीन स्नान, दर्शन के पश्चात् अपने कुटीर की ओर लौट रहे थे किन्तु उनकी आँखों में सम्राट का उपहास-सा करता लव का धनुर्धर रूप छाया था। सामने रथ, गज, अश्व पर आरूढ़ वीरों का दृष्टिपर्यंत विस्तार और उसे मुँह बिराता अल्पवय, निर्भय, तेजस्वी बालक। दृश्य में डूबे हुए उन्होंने कुटीर की बाड़ में प्रवेश किया तो आगे वाक्पतिराज को खड़े देखा। कुटीर के प्रवेश पर श्वान बैठा था। भवभूति अपने मनोजगत से बाहर आए, "अरे वाक्पतिराज एकाएक! बिना सूचना के...। कन्नौज में कुशल तो है?"

"प्रणाम करता हूँ आचार्य! कन्नौज में और सब तो यथास्थान है, बस आप नहीं थे," हँसकर बोले वाक्पति।

वाक्पति की बाँह पकड़ भवभूति कुटीर में ले आए और काष्ठतला पर अपने साथ बैठाकर पूछा, "परिवार में सब कुशल तो है? हाँ, अब बताओ वहाँ के समाचार।"

"सभी कुशल से हैं...हाँ अपने परम भट्टारक अर्थात् महाराज अपने नाटक के लिए अवश्य व्यग्र हैं। वैसे सुरोचना देवी ने उसके एक अंश का नृत्याभ्यास आरम्भ करा दिया है। किन्तु नृत्यनाट्य के लिए भी एक कथानुदेश (स्क्रिप्ट) तो चाहिए ही ना। उन्होंने महाराज को तो नहीं किन्तु मुझे बताया कि यह भवभूति ही कर सकेंगे। तो आपको लौटना चाहिए। यूँ भी तीन माह तो रह लिए यहाँ...।"

“हाँ, सो तो है, पर कार्य पूरा नहीं हो सका है,” भवभूति बोले।

“अर्थात् कार्य आरम्भ हो चुका है और पूर्णता की ओर है, तो उचित यह होगा कि यहाँ एक पखवारे और ठहरकर आप उसे पूर्ण कर लें। मैं कल प्रात: लौट लूँगा। द्रुतगामी अश्व हैं तो सायंकाल तक पहुँचा भी देंगे। पर इतने दिन से अधिक न रुकना। चाहें तो मैं कन्नौज से आपको लेने रथ या शकटिका भिजवा दूँ?”

“यहाँ से लौटती हुई शकटिकाएँ मिल जाती हैं...वह सुविधाजनक होगा। आज अमावस्या है, पूर्णिमा के पश्चात् मैं आ जाऊँगा।”

दोनों देर तक इसी भाँति वार्तालाप में व्यस्त रहे। मध्याह्न के समय वाक्पतिराज को लौटना पड़ा, क्योंकि उनके भोजन का प्रबन्ध तो यहाँ भी हो लेता किन्तु अश्व की व्यवस्था राजआवास पर ही है। वह तीसरे प्रहर लौट दोनों सांध्य आरती तक साथ ही रहे और दूसरे दिन भवभूति राजनिवास पर पहुँच वाक्पतिराज को विदा कर आए।

अपने आसन पर बैठ लेखनी सँभालने के पश्चात् बहुत प्रयास करने पर भी वह न तो त्रेतायुग के उस कालखंड को अपने निकट ला पाए अथवा न ही स्वयं भी उन दृश्यों, उस समय तक पहुँनचे में सफल हो पाए थे। लिखे हुए अन्तिम पृष्ठ पर अभी भी सीता-पुत्र लव धनुष-बाण हाथ में लिये तनकर खड़े थे।

मसिपात्र (दवात) को लेखन-पीठ के नीचे सरकाकर वह उठ खड़े हुए तथा मन्दिर-मन्दिर, घाट-घाट घूमने के पश्चात् श्रांत-क्लांत कुटीर पर लौटे तल्प से आ टिके। आँखों में तंद्रा अनुभव हुई तो तुरन्त खड़े हो मुँह पर शीतल जल के छींटे मारे कि पुनः निद्रा न आ झमके। यदि कोई अस्वस्थ, अशक्त नहीं तो दिवाशयन शास्त्रों में निषिद्ध है।

अगला दिन भी ऐसी ही अवसादग्रस्तता में बीता तो भवभूति सोचने लगे कि यदि कोई संग-साथ व वाहन मिल जाए तो अब लौटना ही उचित होगा। यही निश्चय कर वह ब्रह्म-घाट पर आरती से लौट अल्प आहार ग्रहण कर विश्राम करते पौढ़ गए। तृतीया का चन्द्र आकाश के वातायन से दो घड़ी झाँककर नीचे उतर गया था और वह करवटें बदलते हुए उत्तर रामकथा पर जाने क्या-क्या सोचते रहे। चित्त न किसी दृश्य पर ठहर पा रहा था न पात्र पर। रात्रि में पुनः वही विरह व्यथा में क्षीणकाय, सुन्दर, करुणमूर्ति जनकनन्दिनी आती दिखाई पड़ीं और भवभूति की कल्पना फिर से जाग्रत हुई...दृश्य और चित्र प्रकाशित हो उठे।

पूर्णिमा तक नाटक में छह अंक हुए। कुमारों का पिता से और पिता का पुत्रों से मिलन हो गया। कथा पूर्णता के निकट आ पहुँची। भवभूति जानते हैं कि रचना का यही सबसे कठिन और कोमल बिन्दु है कि कहाँ और कैसे समापित हो? आज चतुर्दशी है। भवभूति के पास मात्र दो दिन हैं—द्वितीया को तो लौट ही जाना है। लौटने में आहार सामग्री व ओढ़न, बिछावन भी नहीं लादना...यहीं छोड़ जाना है। इसलिए शकटिका भर पर्याप्त है जिसमें कुछ ग्रंथ, पत्रादि की पेटिका रखी जा सके। अब

इतनी आश्वस्ति भी है कि भले कुछ समय और लग जाए, नाटक पूरा हो जाएगा।

परमपवित्र ब्रह्मकील व माँ भागीरथी गंगा के दर्शन-पूजन के पश्चात् वह कन्नौज लौट आए और वाक्पतिराज को साथ लेकर महाराजाधिराज से भेंटकर उनको कृतज्ञता ज्ञापित करने पहुँचे। दोनों कवियों का सत्कार कर महाराज यशोवर्मा ने भवभूति से कहा, "कविराज! हमें यह जानकर अत्यन्त प्रसन्नता है कि आपने नई रचना से हमारे राज्य की मनीषा (प्रजा) को समृद्ध किया है। इस नाट्य के मंच-प्रयोग हेतु जो भी सहयोग चाहोगे, वह करने में हमें हर्ष होगा। हाँ, देवी सुरोचना हमारे नाटक के नृत्याभिनय को उत्सुक हैं। भाषा, भाव विषयक अबोध्यता उत्पन्न होने पर अभी वह वाक्पतिराज से पूछ लेती हैं। आवश्यकता पड़े तो आप भी उन्हें मार्गदर्शन कीजिएगा। अथवा उनसे भेंट कर पूछ लीजिए। और हाँ, आपकी शिष्या राजकुमारी शशिप्रभा ने कुछ छंद रचे हैं। आपको दिखाना चाहती हैं...जाते समय ले लीजिएगा," कह महाराज खड़े हो गए।

नरेश के कक्ष से निकल जाने के पश्चात् भवभूति व वाक्पति भी बाहर की ओर बढ़े। द्वार पर एक दासी के साथ शशिप्रभा खड़ी थी, हाथ में कौशेय पट के भीतर कुछ लपेट रखा था। स्यात् वही पद होंगे। भवभूति ने अनुमान लगाया।

अनुराग भरी दृष्टि से अभिवादन करते हुए शशिप्रभा ने कौशेय वस्त्र में लिपटी चन्दनपेटी भवभूति को सौंप अपनी दृष्टि झुका ली।

"पद किस प्रसंग के हैं, राजकुमारी शशिप्रभा?" औपचारिकता में पूछा भवभूति ने।

"आप पढ़ लीजिएगा...स्वतः ही जान जाएँगे," कह वह थोड़ा-सा मुस्कराई।

"स्वस्थ तो हैं आप?"

"आपने प्रवास में बहुत दिन लगाए!" असामान्य, अटपटा उत्तर था शशिप्रभा का। फिर जैसे बात सम्हालते हुए बोली, "कुछ पूछना हो तो किससे पूछती?"

"क्यों, परमभट्टारक और कवि अपने पिता से पूछ लेतीं...वाक्पतिराज भी यहीं थे।"

"आपके पढ़ाए हुए पाठ का उत्तर कोई दूसरा कैसे दे सकता है? कब पधारेंगे आप?"

"बस थोड़ा व्यवस्थित हो लूँ और इन्हें पढ़ भी लूँ," कह भवभूति उस ओर बढ़ गए जहाँ खड़े होकर वाक्पतिराज उनकी प्रतीक्षा कर रहे थे।

मार्ग में उन्होंने मन ही मन निश्चित किया कि मध्याह्न में विश्राम के समय शशिप्रभा के पद पढ़ेंगे। उसके पश्चात् सायं सुरोचना के यहाँ जाकर चर्चा कर लेंगे कि 'रामाभ्युदय' पर क्या करना है। तद्नुसार मध्याह्न भोजन के पश्चात् सुखपीठिका पर सुविधापूर्वक बैठ उन्होंने शशिप्रभा द्वारा दी गई पेटिका खोली। शशिप्रभा का हस्तलेख उसके रूप की ही भाँति सुडौल, स्वच्छ व आकर्षक है। देखकर आँखें

जुड़ा जाती हैं किन्तु पहला पद पढ़ते ही भवभूति सन्न हो गए। आशय था, 'तुम्हारे वियोग में सूर्य ने मुझे अपनी तीखी किरणों से सारा दिन सताया है। इस प्रकार दुखड़ा सुनाती हुई शेफालिका अपने प्रिय चन्द्रमा की ओर देख पुष्परूपी आँसुओं से रो रही है।'

'वह दुष्ट अविवेकी कामदेव अनंग (देहहीन) क्यों न हो जिसे केले के पत्तों के समान कोमल वधूजनों पर प्रहार करते हुए तनिक भी दया नहीं आती।'

"प्रेम प्राणी के लिए बिना शृंखला (सांकल) का बन्धन है।"

एक अलग पत्र पर अनुरोध या आग्रह जैसा पद था कि—'ये पद मेरे हृदय के उद्गार हैं। इनमें जो प्रिय लगे उन्हें प्रेमोपहार मानकर अपने पास रख लें। मेरे उत्तप्त हृदय को शान्ति मिलेगी।'

पद एवं पद-पत्र पढ़कर भवभूति चिन्ता में घिर आए। राजकुमारी युवतर वय हैं तथा भवभूति के पाँव प्रौढ़ वयता की पहली सीढ़ी पर आ पहुँचे हैं। दोनों में वय का कोई दोगुना अन्तर है। भवभूति ने शशिप्रभा को कभी प्रेयसी अथवा वल्लभा की दृष्टि से नहीं देखा। राजुकमारी जिस वय में हैं वहाँ भावावेग प्रधान होता है, उचित अनुचित का विवेक नहीं। थोड़ी-सी भी असावधानी बड़ा संकट ला सकती है और उनकी विधुरता भी कुशंकाओं के जन्म में सहायक होगी। आशंका से उनका मन विक्षुब्ध हो उठा।

शशिप्रभा के पद उलझन बनकर सामने आ खड़े हुए थे। चुप बैठ रहना इस अल्हड़, अबोध अनुराग को बढ़ावा ही देगा पर कठिनाई तो यह है कि निषेध कैसे हो? क्या पता कि समझाने पर राजकुमारी रोने लगे, कोप कर बैठे। आरोप तो तब भी उन्हीं पर आएगा, तब? आह! वह कहाँ आ फँसे। इस वय तक आते-आते उन्होंने अनेक कष्ट सहे हैं, उपेक्षा सही है, अपमान भी झेले हैं किन्तु चारित्रिक लांछन के सम्भव धर्मसंकट में कभी नहीं फँसे। मन हुआ कि इन पदों को गंगा जी में प्रवाहित कर स्वयं भी इस राज्य से दूर चले जाएँ किन्तु कहीं से चल देना भी क्या इतना सहल है? यह भी कि कहाँ-कहाँ से भटकते, अटकते यहाँ पहुँचे हैं, तो यहाँ से कहाँ जाएँगे? क्या लौटकर पद्मपुर ही पहुँचना पड़ेगा। वहाँ अब स्वजन कोई है नहीं। सगोत्र एक कुशीलव को क्यों स्वीकारेंगे? हाँ गुरु ज्ञाननिधि का आश्रय स्यात् मिल सकता है पर वहाँ भी जाने क्या स्थिति हो। बीते दस वर्षों में पद्मपुर या चन्द्रपुर से कोई सम्बन्ध भी तो नहीं रहा। इस बीच समय के धरातल पर देह और मन की जाने क्या वर्णमाला लिखी जा चुकी हो?

भवभूति को कुछ भी न सूझ पा रहा था। क्या होगा, यदि यह लोकनिन्दा (बदनामी) फैल जाए कि कवि भवभूति ने अबोध राजकुमारी को कुपाठ पढ़ाने, भरमाने का प्रयास किया। उनकी बात कौन सुनेगा? शासक के सामने एक कवि की सामर्थ्य ही क्या है। राजा उसे सार्वजनिक रूप से सूली पर लटका सकता है...

हाथी के पाँव तले कुचलवा सकता है। इससे अच्छा तो यही है कि इन पदों को गंगा जी में प्रवाहित कर स्वयं भी उसी की गोद में समा जाए।

क्या उन्हें वाक्‌पतिराज से परामर्श करना चाहिए...एक वही तो हैं जो राज्यभर में उनका शुभेच्छु व सुहृदय हैं। पर यह राजपरिवार का विषय है। वाक्‌पति राजकवि भले हैं...। महाराजाधिराज भले उससे अन्य विषयों पर परामर्श लेते हों, मानते हों, पर इस विषय में? फिर उन पर सन्देह तो वाक्‌पति को भी हो सकता है। आ आ ह!

अब कोई मार्ग नहीं...कहीं त्राण नहीं। हा देव!—आतुर भवभूति ने पेटिका में रखे पत्र निकाल कर एक अन्य वस्त्र में लपेटे और गंगा जी के सूने घाट की ओर चल पड़े। उन्हें मृत्यु से उतना भय नहीं, जितना लांछन से है। मार्ग में उन्हें भान न था कि कौन उन्हें अभिवादन कर रहा है...कौन मार्ग देकर प्रणाम कर रहा है। गंगा जी की ओर जाते-आते लोग उन्हें प्रायः ही देखते हैं। भवभूति के चित्त में अब बस गंगा जी हैं—अपनी पवित्र, शीतल लहरियों की हजारों बाँहों वाली माँ गंगा और वह दृश्य जिसमें शशिप्रभा के श्रृंगारपूर्ण पदों को एक-एक कर समर्पित करते हुए जल प्रवाह में आगे बढ़ते भवभूति।

सुप्रिया ने कहा था कि—'कोई स्त्री तुम्हें सहज ही सखा बनाना चाहेगी... जैसे मैंने बनाया है। कवि हो इसलिए सावधान न रह पाओगे,' यहाँ सुरोचना ने भी तो कहा था, 'कहीं राजपुत्री से अनुराग न पाल लेना। उधर से प्रकट हो तो स्वयं को दूर कर लेना। राजकुमारियाँ भी स्त्री ही होती हैं।'—गंगा जी की ओर बढ़ रहे भवभूति के पाँव इसी बेध्यानी में सुरोचना की ओर मुड़ गए। उन्हें पता तब चला जब वह पौर की सीढ़ियों तक जा पहुँचे।

कुछ क्षण के लिए तो वह चकमका गए कि कहाँ को चले थे और कहाँ आ पहुँचे। इसी असमंजस में खड़े भवभूति को दौड़कर आए सेवक ने प्रणाम किया और उसी शीघ्रता से भवभूति के आने की सूचना भीतर पहुँचाई।

भवभूति के आने की सुरोचना को आंतरिक प्रसन्नता तो हुई किन्तु बिना सूचना एकाएक यूँ आने पर चौंकी भी, पर सहज हो द्वार पर आ गईं, "अहा! यात्रा से लौट आए आप! कल पता चल गया था मुझे...सोचा था कि एक-दो दिन विश्राम कर लें तब बुलाऊँगी। सौभाग्य देखिए कि आप स्वयं ही आ गए।"

"अभिवादन करता हूँ देवी!...हाँ, मैं...किन्तु। बस यूँ ही...आ पहुँचा," भवभूति की जीभ लटपटा रही थी। कोई वाक्य, कोई उत्तर न बन पा रहा था।

उन्हें भीतर ले जाकर चौकी पर बिठा व स्वयं भी उनके सामने बैठ सुरोचना ने अपनत्व के साथ पूछा, "हाँ, अब बताइए कि प्रवास कैसा रहा और उसकी उपलब्धि क्या है?"

"यात्रा व प्रवास दोनों ही फलप्रद रहे किन्तु...," फँसे-फँसे से शब्द निकले भवभूति के कंठ से।

"किन्तु क्या? और आप इतने खिन्न, इतने कातर क्यों हैं महाकवि? मुझे तो बताइए!"

"कैसे कहूँ? लौटकर मैं सचमुच आनन्दित था। नया प्रकरण पूरा हुआ, बस यह समझ नहीं आ रहा था कि समाप्त कहाँ और कैसे करूँ? सोचा था आपसे परामर्श करूँगा किन्तु यहाँ आकर महाराजाधिराज से भेंट करने गया तो अप्रत्याशित संकट में घिर गया।"

"संकट...? कुछ कहा क्या नरेश ने। मैं उनसे मिलती रही हूँ, वह तो आपसे प्रसन्न हैं," सुरोचना ने बताया।

"वह आज भी प्रसन्न थे किन्तु...।"

"अब यह किन्तु-परन्तु छोड़कर सीधे-सीधे बताइए कि हुआ क्या है?" सुरोचना के स्वर में व्यग्रता आई।

"अब कैसे बताऊँ। यह भी नहीं समझ पा रहा कि किसी को बताना भी चाहिए या नहीं...।"

"किसी को तो बताना ही होता है। दुख या चिन्ता बिना किसी से कहे या बाँटे कम नहीं होती और उसका कोई समाधान भी नहीं सूझता। यूँ आप मुझ पर प्रतीति कीजिए कि वह कोई भी रहस्य हो...प्रकट नहीं होगा किसी अन्य पर। हमें एक दूसरे पर विश्वास तो करना ही होगा महाकवि! मैंने पूर्व में भी कहा था कि यहाँ हम दोनों का ही कोई स्वजन नहीं है," सुरोचना खड़ी हो भवभूति के कन्धे पकड़ कातर भाव से उनकी आँखों में झाँकने लगी।

"हाँ सुरोचना, यहाँ और कौन है मेरा," एकाएक नाम निकल गया भवभूति के मुँह से।

"समय को यही काम्य और वांछित है कि मैं भी तुम्हें नाम से ही पुकारूँ भवभूति," सुरोचना ने भवभूति का माथा चूमा और अपने स्थान पर बैठ गई, "कहो, किस दुश्चिन्ता में हो?"

"तुमने एक बार कहा था कि राजपुत्री की ओर से सावधान रहना तो...।" भवभूति ने वस्त्र में लिपटा हुआ बस्त (पुलिंदा) सुरोचना को दे दिया।

"क्या है इसमें?" पूछा सुरोचना ने।

"राजकुमारी का प्रेम निवेदन..., जो मेरे लिए लांछन व मृत्यु का आज्ञापत्र (फरमान) भी बन सकता है," भवभूति सूनी आँखों से सुरोचना का चेहरा देखने लगे।

एक शिष्या जलपात्र लेकर आई तो सुरोचना ने निदेशित किया कि, "यहाँ रख दो और जब तक बुलाऊँ नहीं, यहाँ कोई न आए," और वस्त्र हटाकर सुरोचना ने पद पढ़ना आरम्भ किया। कुल सोलह पद जिनमें प्रेम, विरह और कामना की आकुल पुकार ध्वनित है। अन्तिम पद पढ़कर सुरोचना ने गहरी साँस ली और कहा, "छंद सन्तुलन तो सराहनीय है। इनमें सुकुमारता है। लालित्य, राग, आभिजात्य भी है तथा

शृंगार के साथ-साथ कामोद्रेक भी। अनुरोध-पत्र हटा दें तो ये भावपूर्ण काव्य के सुन्दर छंद हैं। हाँ, राजकुमारी के इस आवेग को नियंत्रित कर दिशा बदलनी होगी, पहली बाढ़ में बहुत भंगार (कूड़ा-करकट) बहकर साथ चलता है फिर धारा क्रमशः स्वच्छ होती जाती है। तुम अपनी सभी चिन्ताएँ छोड़ अपना नाटक पूरा करो। ये पद मेरे पास रहने दो। अवसर देखकर मैं स्वयं ही इन्हें नरेश के समक्ष प्रस्तुत करूँगी।"

"सुरोचना जी, आप इतने बड़े अरिष्ट (भावी संकट) को इतने सरल ढंग से ले रही हैं कि...।"

"मैं आप नहीं, सुरोचना हूँ तुम्हारे लिए...और चित्त में अरिष्ट-अरिष्ट की माला जपने से अरिष्ट का शमन नहीं होता। वह किसी न किसी रूप में सामने आ जाता है। मेरे पास इसका उपाय है...।"

"तो बताओ ना उपाय," इस बार भवभूति ने सुरोचना के हाथ थाम लिए।

"तुम्हें कुछ समय के लिए राजकुमारी शशिप्रभा से दूर जाना होगा पर तब तक अपना नाटक पूर्णता तक पहुँचा लो।"

"कैसे?...उसमें भी अन्त समझ नहीं आ रहा," भवभूति का ध्यान दूसरी उलझन की ओर मुड़ा।

"अच्छा, यहाँ से सीधे वाक्पतिराज के पास पहुँचकर संध्याकाल में उन्हें यहीं लेकर आइए। हम आपने जो रचा है वह सुनेंगे...फिर कदाचित् कोई मार्ग निकले," सुरोचना ने सुझाव रखा।

जाने और लौटने के लिए सुरोचना की रथिका प्रस्तुत थी। भवभूति वाक्पतिराज के निवास पर पहुँचे। वह भी इन दिनों अपने प्राकृत काव्य 'मधुमथन विजय' के पुनर्लेख में व्यस्त हैं। बिना पूर्व सूचना, वह भी सुरोचना देवी की रथिका से भवभूति के आने पर कुछ आश्चर्य में आए व भवभूति से भीतर चलने का आग्रह हुआ तो उन्होंने बताया कि—"अभी इतना अवकाश नहीं है। बस दो घड़ी पश्चात् ही आपको देवी सुरोचना के यहाँ चलना है। वहाँ मेरे नाटक पर कुछ चर्चा होगी व आप दोनों का परामर्श भी उपयोगी होगा मेरे लिए। 'रामाभ्युदय' विषयक विचार भी करना है, अतः वहाँ थोड़ा समय लगेगा ही। स्यात् भोजन भी वहीं हो," कह मुस्कराए वह। शशिप्रभा के पद पढ़ने के पश्चात् आज उनकी यह पहली मुस्कान थी।

भोजन की बात पर वाक्पति ने भी विनोद किया, "भोजन तो ब्राह्मण का विषय है—सो वह आप जानें। मैं तो क्षत्रिय हूँ अतः आपकी रक्षार्थ चला चलूँगा।"

दोनों की सम्मिलित हँसी में भवभूति के मन पर छाया चिन्ता का कोहरा छँट गया। बस अवचेतन में कोई हल्की सी परत अब भी शेष रही जो यदा-कदा कँपा देती है।

जब वह लौटकर वाक्पति के साथ सुरोचना के यहाँ पहुँचे तब तक वहाँ हर वस्तु अपने स्थान पर आधारित हो चुकी थी—पाठक व श्रोताओं का स्थान...

गायक, वादक, नर्तक, कथक। अभ्यास कक्ष में ही थीं ये व्यवस्थाएँ। भोज की तैयारी भी दिख रही थी। कदाचित् अन्य कलाकारों का भोजन भी आज यहीं होना है। कुछ अतिरिक्त सेवक भी जुटाए गए प्रतीत होते थे। पूरा ताम-झाम ऐसा था जैसे घर में कोई उत्सव हो।

दोनों कवियों का स्वागत कर सुरोचना ने आसन दिया और बताया कि आज रामाभ्युदय के कुछ दृश्य आपके समक्ष प्रस्तुत करने हैं...आपकी सम्मति व परिमर्श के अनुसार उसमें परिवर्तन किए जा सकेंगे अतः स्पष्ट बताना होगा कि प्रयास कैसा है? भवभूति सोच रहे थे कि उन्हें तो नाटक साथ लेकर आने को कहा गया है और सुरोचना ने उस पर चर्चा का अभी तक कोई संकेत भी नहीं दिया है। जो हो... अब तो सुरोचना पर ही सब कुछ निर्भर है। आज के अभ्यास में दो ही दर्शक हैं।

आरम्भ के साथ दृश्य में भगवान भास्कर की वंदना के स्वर उभरे और मद्धम गति में दोनों हाथों की मुद्रा से कमलपुष्प प्रस्फुटित करती सुरोचना ने प्रवेश किया। फिर दो दिशाओं से जोड़ी में पुष्पांजलि अर्पित करती शिष्याएँ आईं। ईश वन्दना के पश्चात् कान्यकुब्जाधीश यशोवर्मा के मौखरि वंश की प्रशस्ति 'सकल भुवन नमस्कृतौ, मौखरो वंश' के साथ श्री हर्षवर्धन व कवि वागभट्ट को स्मरण करते हुए महाराजाधिराज यशोवर्मन के लिए 'प्रजानामार्ति हरः' (प्रजा के कष्ट दूर करने वाला) उद्घोषित कर 'रामाभ्युदय' के दो प्रसंगों का नृत्याभिनय प्रस्तुत किया गया।

भवभूति उस बीच अपनी चिन्ता भूल बैठे...। वाक्पति अवाक् थे—इस आकर्षक सधी हुई प्रस्तुति पर। सो भी बिना मंच, नाट्यदेश और रूप सज्जा के। प्रणाम मुद्रा में अभ्यास का समापन कर सुरोचना भवभूति व वाक्पति के सामने आ बैठी और तेज चलती साँसों को सम पर लाती हुई पाँवों के घुँघरू खोलने लगी।

"देवी! आपने तो नाटक को मूर्तिमंत कर दिया," वाक्पति ने प्रशंसा की।

सुरोचना ने वाक्पति को धन्यवाद ज्ञापित कर भवभूति की ओर देखा, "आप कुछ बातएँ महाकवि!"

"मैं क्या कहूँ, अभिभूत हूँ। आप साधुवाद की पात्र हैं...आपका दल भी," भवभूति बोले।

"तो इस अभिभूति से बाहर आइए क्योंकि अब हमें आपका नाटक सुनना है। बस आधी घड़ी का अन्तराल मान लीजिए।"

"अब तो संध्याकाल हो रहा है—सांध्य आरती, पूजन...?" भवभूति ने संकोच प्रकट किया।

"महाकवि! देवता इतना तो जानते ही हैं कि दो पूजाएँ एक साथ, एक समय में नहीं की जा सकतीं। हमारी कला भी देवपूजा है और आपने तो इसके लिए ब्रह्मक्षेत्र में तप किया है...मैं अभी आती हूँ," कह सुरोचना खड़ी हुईं और हाथों में घुँघरू उछालते हुए कक्ष से बाहर निकल गईं।

"आचार्य! यह स्त्री तो साँबरी (जादूगरनी) है—कला में और व्यवहार में भी। मनचाहा कर लेती है," वाक्पति ने कहा।

"तभी तो महाराजाधिराज यहाँ लाए हैं। देखो तो, दृश्यों को नृत्याभिनय में कैसे जीवन्त किया है उसने," भवभूति ने प्रकारांतर से वाक्पति के कथन की पुष्टि की, "इनकी शिष्याएँ भी कितनी निपुण हैं—अंग चेष्टा, पद संचालन, आवर्तन, हुमक, मटक, थिरक, झूम सभी में कितना सहज, स्वच्छ, निर्दोष निर्वाह है—अहा हा।"

एक शिष्या जलपात्र और दूसरी उपाहार ले आई थी जिसे दोनों के सामने काष्ठ पटल रखकर लगा दिया तो अनिच्छुक होते हुए भी उन्हें स्वीकार करना पड़ा।

ठीक आधी घड़ी में ही देवी सुरोचना लौट आईं और उसके पश्चात् सूत्रधार के प्रवेश से लेकर आरम्भ हुआ 'उत्तर रामचरित' सीता-परित्याग विषयक पश्चात्ताप, आत्मधिक्कार पर आ ठहरा। वाक्पति और सुरोचना दोनों अयोध्या में घटित उसी दृश्य पर ठहरे थे। भवभूति कुछ क्षण रुके रहकर बोले, "आगे नहीं सूझ रहा कि समापन कैसे करूँ?"

सुरोचना खड़ी होकर बाहर गईं और मुँह धोकर वापस लौटीं जैसे प्रभाव से मुक्त होने का प्रयास हो। भवभूति की दृष्टि वाक्पति पर थी और वाक्पति गुमसुम से जाने कहाँ देख रहे थे। सुरोचना पुनः अपने स्थान पर बैठ गईं।

"तो महाकवि, इस प्रकार पूर्णता की ओर पहुँचा है आपका प्रकरण...," मौन तोड़ा सुरोचना ने।

"यहीं से तो कठिनाई है कि आगे क्या हो अथवा क्या यहीं समाप्त किया जावें?"

"गुरु वशिष्ठ, उनकी पत्नी अरुँधती, माता कौशल्या, राम, लक्ष्मण सब एकत्र हैं। लवकुश भी हैं। सभी मिल रहे हैं तो राम और सीता का मिलन भी होना चाहिए। क्यों कविराज!" सुरोचना ने वाक्पति से पुष्टि चाही।

"विचार उत्तम है किन्तु सीता जी तो धरणी में समा चुकी हैं। श्रीराम ने यज्ञ के लिए भी स्वर्णसीता को अपने साथ बैठाया है तो अब उन्हें कैसे मिलाया जा सकता है?" वाक्पति ने तर्क रखा।

"हाँ, यह तो है," भवभूति ने वाक्पति का समर्थन किया।

"यह कोई समस्या नहीं महाकवि! धरणी तो सीता जी की माँ है। स्त्री जब सब ओर से निराश हो जाती है, यहाँ तक कि उसका पति भी जब उसे त्याग दे या मुँह फेर ले तो वह पीहर की ओर ही लौटती है, वहीं शरण पाती है और सांत्वना भी। माँ की गोद में जा बैठने का अर्थ मृत्यु हो जाना नहीं है। पति को अपने किए पर पश्चात्ताप हो तो वह लौट सकती है, उसे लौटना चाहिए," सुलोचना ने दोनों कवियों के चेहरे पर दृष्टि गड़ाई।

वाक्‌पति इस तर्क पर चकित हो गए। उन्होंने यह सोचा ही नहीं। लोक में यही होता है। पति से पीड़ित या रूठकर अथवा परित्यक्त भी मायके या माँ की गोद में जा बैठती है वहाँ गाँव की वह बेटी दोषी नहीं पारिवारिक मानी जाती है। भवभूति के आगे कोई मार्ग आलोकित होने लगा।

"सम्भव है...हो सकता है...यही होता है," भवभूति के मुँह से निकला।

"तो फिर आप इसे पूर्ण कीजिए। मैं एक-दो दिन में महाराजाधिराज से भेंट करती हूँ। क्या ही अच्छा हो कि कन्याकुब्जेश्वर महादेव के महोत्सव में 'रामाभ्युदय' का नृत्याभिनय हो और अगले ही दिन 'उत्तररामचरित' का अभिनय। राजकवि, यह उचित होगा ना!"

दोनों कवि सहमति में सिर हिलाने के अतिरिक्त और कुछ न कह सके।

28

पद्‌मपुर से लौटते हुए माहिष्मती तक पहुँचने में पूरा पाख व्यतीत हो गया। माहिष्मती से विदिशा, कालिंजर होते हुए प्रयाग। सार्थवाहों के मार्ग उनकी सुविधा से निश्चित होते हैं, यात्री की रुचि के अनुसार नहीं। यूँ पड़ाव प्रायः दो या तीन दिन का होता है किन्तु प्रयाग में सप्तदिवसीय हो गया। प्रयाग से कन्नौज तक थलमार्ग के साथ जलमार्ग भी है। बड़ी-बड़ी नौकाएँ और इनसे बड़े जलपोत भी चलते हैं। अनेक व्यापारी जलमार्ग को अधिक सुगम, सुरक्षित मानते हैं। भवभूति के लिए यात्रा कठिन इसलिए भी नहीं रही कि बड़े, छोटे सार्थवाह, यात्रीदल, अपने साथ ब्राह्मण, वैष्णव और वेश्या का होना शुभ मानते हैं।

पद्‌मपुर उन्हें सुरोचना ने ही भेजा था। महाराज यशोवर्मन 'रामाभ्युदय' के नृत्याभिनय से अत्यन्त प्रसन्न थे। अन्तःपुर सहित पूरा राजपरिवार इस प्रस्तुति का दर्शक बना था। नियमानुसार भवभूति व वाक्‌पतिराज आज भी विशिष्ट लोगों की अग्रिम पंक्ति में थे। इसी समय राजपरिवार की पंक्ति से उठकर आई एक कुलांगना ने भवभूति का अभिवादन किया, "आचार्य, आपने पहचाना मुझे?" सामने खड़ी अभिजात महिला ने स्मित के साथ पूछा।

भवभूति खड़े हुए और आदर से कहा, "भद्रे! लग तो रहा है कि कहीं देखा है आपको...पर।"

"आपको पद्‌मावती का स्मरण है?"

"ओह, राजकुमारी प्रियंवदा...हाँ अब पहचान लिया। आप तो मेरे मित्र धनंजय की सम्बन्धी हैं और यहाँ हम जैसों के आश्रयदाता राजपरिवार की कुलवधू।"

"आपको यहाँ आए इतने दिन हो गए। कभी स्मरण न किया कि यहाँ पद्मावती की भी एक बेटी है," उलाहने से कहा प्रियंवदा ने।

"भद्रे! मैं तो राजनन्दिनी शशिप्रभा को काव्यशास्त्र पढ़ाने प्रायः राजनिवास आता रहा हूँ, पर वहाँ आपको देखा ही नहीं। और क्षमा करें—किसी सामान्य व्यक्ति में यह क्षमता कहाँ कि राजमहिषियों के विषय में पूछ सके। आप तो सह सेनापति वीर देववर्मन की प्रिय भार्या हैं।"

"हमारा आवास राजभवन से कुछ हटकर है आचार्य। बेटी होने के नाते पद्मावती में मुझे जो स्वतंत्रता थी वह पत्नी होने के उपरान्त नहीं रही। यह तो संयोग है कि आप निकट ही बैठे दिख गए।"

इसी समय सुरोचना की शिष्या भवभूति को बुलाने आ गई, "देव! आर्या स्मरण कर रही हैं आपको। वह सज्जा में हैं तो यहाँ तक नहीं आ पा रहीं।"

"अभी मैं चलूँ! कदाचित् सुरोचना देवी कुछ पूछना चाहती हों। आयोजन के पश्चात् आपसे भेंट करूँगा," कह भवभूति सुरोचना की शिष्या के साथ हो लिए।

उसके पश्चात् उन्हें अवसर ही कहाँ निकल पाया कि पुनः प्रियंवदा से भेंट हो पाए। आयोजन के तुरन्त बाद ही महाराजाधिराज की अनुमति के साथ उन्हें उनकी जन्मभूमि भेजने की व्यवस्था कर दी गई कि कन्नौज से दूर हों व शशिप्रभा से भी। सुरोचना के अतिरिक्त कोई न जानता था कि भवभूति हेमन्त से पूर्व न लौट पाएँगे और सचमुच अब तो हेमन्त भी समाप्ति पर है। दिन छोटे हो गए हैं, रात्रि बड़ी। दिन और रात्रि की अवधि में सात से आठ घड़ी का अन्तर आ गया है अतः यात्रा की गति धीमी है।

प्रयाग में उन्हें ब्रह्मतीर्थ से आने वाले एक तीर्थयात्री दल से बातचीत में पता चला कि कन्नौज का राजा हार गया है। चौंक गए भवभूति।

तीर्थयात्री से पूछा, "क्या कह रहे थे आप कि कन्नौज का राजा हारा है?"

"हाँ, ब्रह्मतीर्थ में यही चर्चा सुनी थी," उत्तर देकर यात्री गंगा जी की स्तुति पढ़ने लगा।

"राजा क्या हार गया?"

"राजा तो राज्य ही हारेगा...और क्या हारेगा?" यात्री ने सीधा-सा उत्तर दिया जैसे राज्य हारना सामान्य सी बात हो तथा उसके जैसों के लिए महत्त्वहीन।

"हारे हुए राजा का क्या हुआ?" पुनः पूछा भवभूति ने।

"मैं क्या जानूँ क्या हुआ! बन्दी बनाया होगा अथवा मार डाला गया होगा," यात्री खीझकर बोला।

"अरे बन्धु! कुपित न हों। मैं इसलिए पूछ रहा हूँ कि मुझे कन्नौज ही जाना है। किसने हराया कन्नौज नरेश को," भवभूति विनम्र हो आए।

"मुझे इसके बारे में ज्ञात नहीं। स्यात् हमारे महंत जी को ज्ञात हो। वो जो

ध्वजधारी के निकट बैठे हैं—वही हैं महंत जी," यात्री ने उँगली से संकेत किया।

भवभूति महंत जी के निकट गए और प्रणाम कर पूछा, "महाराज! आपके साथी कह रहे थे कि कन्नौज का राजा हार गया। स्यात् आपको पूरी सूचना हो कि कन्नौज में क्या हुआ है। मैं कन्नौज के ही मार्ग पर हूँ अत: चिन्ता हो उठी है...। मैं विदर्भ से आया हूँ।"

"ओह! बन्धु हमने तो ब्रह्मतीर्थ में सुनी थी यह बात। वैसे अब वहाँ शान्ति होनी चाहिए क्योंकि यह घटना पावस के पूर्व की सुनी गई है। हमें इससे अधिक ज्ञात नहीं। ब्रह्मतीर्थ में तो कोई अन्तर दिखा नहीं—वही मन्दिर हैं...वही गंगा जी, वही घाट और पुजारी-पंडे। हाट, पण्य, वणिक भी वैसे ही। यहाँ तक कि कृषि कार्य भी उसी भाँति होता दिखा हमें।"

भवभूति की आशंका गहरी हो गई। राजपरिवार में आंतरिक कलह के कोई चिह्न उन्हें दिखे न थे। सीमावर्ती राज्यों में कोई कन्नौज सा शक्तिशाली नहीं है, फिर ऐसा क्या हुआ—अथवा यह कहीं जनवाद (अफवाह) तो नहीं? जन्मभूमि से वह बड़े प्रसन्न मन लौटे थे। उनकी ख्याति वहाँ पहले पहुँच चुकी थी। परिवार में सगा तो कोई न था पर सहजन, सबंधु तो थे ही जो उसी भाँति उच्चता बोध के जर्जर अभियान में परम्परागत निर्धनता के साथ वही जीवन बिता रहे थे जो भवभूति ने भोगा था। आचार्य ज्ञाननिधि वृद्ध हो गए हैं। अपने नाटकों की प्रतियाँ जब भवभूति ने उनके चरणों में अर्पित कीं तब उन्होंने भवभूति को हृदय से लगा, भरे कंठ से कहा था, "श्रीकंठ! जिस गुरु को तुम जैसा कोई एक शिष्य भी मिल जाए, वह धन्य हो जाता है। उसका गुरु ऋण उतर जाता है।"

गुरु ज्ञाननिधि ने उन्हें एक मास के लिए रोक लिया कि आश्रम के विद्यार्थियों को अपने नाट्यानुभव से शिक्षित करें और इसी बीच समय पूर्व वर्षा आरम्भ हो जाने से भवभूति को ही नहीं अनेक सार्थों, वणिकों को जहाँ के तहाँ रुकना पड़ा। जलमार्गी अवश्य निकल पाने में सफल हुए। यद्यपि यह हानि की सम्भावना से भरा होता है।

कुछ ब्राह्मण उन पर कुशीलवों के साथ रहने का आक्षेप भूलकर अपनी सुशील पुत्री देने को भी उत्सुक हुए थे किन्तु भवभूति ने अपनी वय के प्रयोजन से वैवाहिक बन्धन अस्वीकार कर दिया था। वैसे उनकी वय में अनेक स्वजन, सगोत्र, सजातियों ने विवाह, पुनर्विवाह यहाँ तक बहुविवाह भी किए हैं किन्तु उन्होंने श्रीराम को काव्य में ही नहीं मन से भी आदर्श के रूप में स्थापित किया है। वैवाहिक जीवन के प्रति कोई ग्रंथि जैसी उनके मन में बन गई है और अब किसी अन्य स्त्री को पत्नी बनाकर वह दुर्भाग्य से नहीं जोड़ना चाहते थे।

नौ यात्रा में सार्थ के पवन-पोत (पालयान) दिन में मात्र एक बार आधा प्रहर के लिए रुकते हैं। कन्नौज की यात्रा भी अब मात्र एक दिन की ही शेष है। भवभूति के अशांत चित्त को मात्र इतनी आश्वस्ति है कि इस समय नगर में शांति होगी क्योंकि

व्यापारी अपना सार्थ अशान्त क्षेत्र की ओर नहीं ले जाते।

"हम कान्यकुब्जनगर कब तक पहुँचेंगे बन्धु!" पोत के एक नाविक से पूछा भवभूति ने।

नाविक हाथ जोड़कर विनम्र मुद्रा में खड़ा हो गया। ब्राह्मण आचार्य के मुख से अपने लिए बन्धु का सम्बोधन सुन वह सटपटा गया था, "देव! हम कल मध्याह्न पूर्व तट से जा लगेंगे।"

"अर्थात् अभी पूरी रात्रि...।"

"हाँ देव! आज रात्रि गंगा मैया के आँचल पर ही विश्राम रहेगा," नाविक ने कहा।

पर भवभूति को रात्रि में भी विश्राम कहाँ था। सोच में बारम्बार सुरोचना, वाक्पति, यशोवर्मा, राजसभा, कन्नौज की अनेक स्मृतियाँ आवागमन कर रही थीं। उन्हें पता है कि सार्थवाह को मार्ग व मार्ग के राज्य नगर तथा वहाँ की स्थितियों के बारे में पूरा परिज्ञान होता है...सूचनाएँ रहती हैं और उससे पूछा भी जा सकता है किन्तु अब तो कुछ प्रहर पश्चात् पहुँच ही जाना है अतः अपनी आशंका, व्यग्रता वह मन में ही दबाए रहे और जैसा कि नाविक ने बताया था, लगभग उसी समय जलयान कन्नौज के तट पर जा ठहरा।

एक काष्ठपेटिका के अतिरिक्त अन्य कुछ अटाला, सामग्री उनके साथ है नहीं अतः एकअश्वी रथिका में पेटिका रखवाकर वह अपने आवास की ओर निकल लिए। मार्ग वही थे, पण्य वही। सब ओर पहले की ही भाँति रथ शकटिकाएँ, पालकियों, पदचारियों का आवागमन था। इतना अवश्य लगा कि नगर का वह उल्लास कहीं दब गया है जो यहाँ विद्यमान रहता था। मार्ग में कुछ परिचित दिखे... उन्होंने अभिवादन भी किया। उन चेहरों पर आत्मीयता भी उमगी जो वहीं लुप्त हो गई जैसे वह बचना चाह रहे हों।

आवास पर पहुँच उन्होंने भाटक (किराया) चुकाया। गृह के कपाट बन्द देख वाहक ने पेटिका देहरी के निकट रख दी। क्षण भर द्वार पर ठहरकर भवभूति ने आस-पास फैले सूनेपन को देखा फिर सांकल खड़काकर सेवक को आवाज़ दी—"सुकर्ण।"

दो-तीन बार पुकारने पर अलसाया सेवक कपाट खोलकर कुछ पूछने को ही था कि भवभूति को देख पाँवों पर झुक गया, "प्रणाम करता हूँ देव! बहुत दिन लगा दिए।" स्वर में अन्तस्ताप की विमनस्कता थी।

"हाँ सुकर्ण! कहीं जाना तो अपने वश में होता है, लौट पाना नहीं। यहाँ सब कुशल तो है?"

"कुशलता की क्या कहूँ? आपको सब ज्ञात ही होगा...। हाँ घर सुरक्षित है," उसी स्वर में कहा सुकर्ण ने।

“नहीं सुकर्ण! मैंने तो बस प्रयाग में कानाकानी सूचना सुनी थी कि कन्नौज पर आक्रमण हुआ है पर पुष्ट समाचार कोई अभी तक नहीं मिला। हुआ क्या है यहाँ?”

“कर्कोटवंशी कश्मीर नरेश महाराज ललितादित्य ने आक्रमण कर नगर और राज्य को अपने अधिकार में ले लिया था। अब वह लौट गए हैं और पुनः यहाँ महाराजाधिराज यशोवर्मन ही सिंहासन पर विराजमान हैं। पर सुना जाता है कि सैन्यक्षति बहुत हुई है। युद्ध में अनेक वीर मारे गए हैं।”

भवभूति ने सुखपीठिका से सिर टिका लिया, “आह, इतने प्रतापी नरेश की ऐसी पराजय,” मुँह से निश्वास निकल गई। अब उन्हें एक पराजित नरेश का सामना करना है। उन्होंने पद्मावती में देखा है कि हारा हुआ नरेश यदि शीघ्र ही छोटा या बड़ा युद्ध जीतकर अपनी शक्ति का परिचय नहीं देता तो उसके अधीन सामन्त तथा राजन्य वर्ग प्रगल्भ, स्वेच्छाचारी हो जाता है और राज्य की श्री बढ़ाने वाली संस्थाओं—शिक्षा, साहित्य, कला, शिल्प का अवमूल्यन होने लगता है।

सुकर्ण रसोइए को बुलाने चला गया था। भवभूति अपने सूने घर में घूमने लगे—आँगन, अलिंद, छत, कक्ष, कोष्ठ सब देखा। यह घर भी तो इसी नरेश और शास्ता के अनुग्रह का प्रादर्श है जिसे अब ब्रीड़ी (झेंप) और झिझक में भीगा देखना पड़ेगा। वहीं वह युवा होती राजपुत्री शशिप्रभा भी तो होगी जिसके असमान, असम्भव प्रेम से दूर होने के लिए सुरोचना ने उन्हें पद्मपुर भेज दिया था। पता नहीं इस बीच शशिप्रभा ने क्या लिखा, रचा होगा।

चिन्ताओं के इसी हिंडोले पर डोलते उन्हें समय बीतने का ध्यान ही न था। पाकशाला से आती ध्वनियों और गन्ध से अनुमान लगा कि रसोइया आ पहुँचा है। वह उन्हें अभिवादन करने भी आया होगा पर उनका ध्यान न गया हो। उन्हें यह ज्ञात नहीं था कि रसोइए को बुलाने के साथ सुकर्ण वाक्पति को भी उनके आ पहुँचे की सूचना दे आया है तथा वह भी अविलम्ब चले आए थे—“आचार्य, प्रणाम स्वीकार करें। यात्रा निर्विघ्न तो रही?” वाक्पति की आवाज सुनकर भवभूति ने सिर घुमाया।

“अरे, राजकवि आप!...मैं अभी तो पहुँचा हूँ। आपको कैसे ज्ञात हुआ? बिराजिए!”

“आपके सेवक ने ही तो सूचित किया है मुझे। आप तो मातृभूमि पर रमकर ही रह गए। वर्ष होने को आया,” उलाहना था वाक्पति की वाणी में।

“हाँ, कुछ अधिक समय लग गया। मार्ग में कन्नौज के बारे में सुना किन्तु न कोई पुष्ट सूचना थी, न विवरण। आते हुए नगर में देखा है कि सब पहले ही जैसा है फिर लगा जैसे नगर सहमा, सिटपिटाया सा साँस ले रहा हो।”

“वह तो इसलिए कि कश्मीर नरेश ने राजा व सेना को तो हराया पर राज्य और प्रजा में आतंक नहीं फैलाया। ललितादित्य कन्नौज की श्री छीनकर लौट गए किन्तु उत्तर पांचाल में उन्होंने सेना के साथ उपरिक (प्रांतपाल) रख छोड़ा है कि

कन्नौज पर वीक्षण व नियंत्रण रहे। यूँ राज्य में महाराजाधिराज यशोवर्मा स्वतंत्र हैं। इतना तो हुआ ही कि सैन्यबल और कन्नौज का प्रभाव क्षीण हो गया," वाक्पतिराज ने बताया।

"कोई सन्धि हुई होगी?" जानना चाहा भवभूति ने।

"हुई तो होगी...अभी मुझ पर प्रकट नहीं है क्योंकि यह राजनीति, कूटनीति महाराज, महामात्य आदि राजपुरुषों का विषय है। हाँ, राजकुमारी शशिप्रभा का विवाह अवश्य हुआ है ललितादित्य से और दायज में कदाचित् उत्तर पांचाल वा उत्तर मंडल भी दिया गया है।" बताया वाक्पति ने।

"तो क्या राजकुमारी चली गईं ललितादित्य के साथ?" किंचित् असहज लगा भवभूति को।

"हाँ, विजेता की प्रसन्नता व मैत्री सम्बन्ध बनाए रखने के लिए ऐसा करना पड़ता है।"

"ओह!" एक दीर्घ श्वास छोड़ा भवभूति ने। उन्हें सुरोचना का कहा स्मरण हो आया, 'राज-कन्याएँ मैत्री और सन्धि के लिए होती हैं, काव्य और कला के लिए नहीं।'

"तो अब हमारे लिए क्या करणीय है वाक्पति!"

"यही मेरी चिन्ता का भी विषय है आचार्य कि राजाओं के युद्ध और सन्धि तथा राजनीति, कूटनीति के बीच हम कहाँ हैं? हम किसी निर्णय में सहायक भले हो पाएँ पर निर्णायक नहीं होते। यह भी है कि महाराज ललितादित्य ने जयी होकर भी महाराजाधिराज यशोवर्मा को इसलिए भी प्रताड़ित अपमानित नहीं किया कि ललितादित्य स्वयं भी कवि हैं। मेरे साथ भी उनका व्यवहार शिष्ट व आदरपूर्ण था एवं यहाँ से जाते-जाते भी आपसे भेंट करने को उत्सुक रहे। किन्तु बात तो वही है ना कि जल चाहे कितना ही मधुर, स्वच्छ, शीतल हो, थके हुए को डुबाता ही है। इस पराजय की ग्लानि से अपने महाराज उबर नहीं पा रहे हैं। आप कल अवश्य ही उनसे भेंट कर लीजिए। उनका प्रमोद होगा, आश्वस्ति मिलेगी।"

"कल क्यों?...अनुमति मिलती है तो क्यों न आज ही भेंट कर ली जाए। आप साथ रहें तो और भी उत्तम।" भवभूति ने प्रस्तावित किया।

विचार करने के पश्चात् उसी दिन महाराज से भेंट की गई। राजमहालय से लौटे भवभूति का मन और भी अवसादग्रस्त व भारी हो रहा था। दस माह बाद ही तो मिले थे, पर लगा कि महाराज दस वर्ष बूढ़े हो गए हैं। चेहरे पर कान्ति शेष है न श्रांति, बस कोई पथहारी प्रतीक्षा आ बैठी है। यूँ महाराज ने कुशलक्षेम के साथ आवश्यकता पूछी थी। दोनों कवियों को अंगवस्त्र के साथ स्वर्ण-मुद्राओं का उपहार भी दिया था पर उसमें सहजता नहीं थी...लगता था जैसे वह भरभराती हुई विभूति को थामने का प्रयास कर रहे हों।

भवभूति को लग रहा था कि जिस महावृक्ष की छाँव में वह आश्रय लिये हैं, उसकी जड़ें आँधी ने हिला दी हैं और टूटी, चटकी अधसूखी जड़ों के सहारे वह स्वयं को गिरने से बचाने के प्रयत्न में है। तो उसके आश्रय में रह रहे भवभूति का भविष्य क्या होगा? इस प्रकार यह रात्रि भी मानसिक उथल-पुथल के बीच अनिद्रा, उबासियों के साथ ही व्यतीत हुई। कोई निकट भी तो नहीं उनके कि चिन्ता, व्यथा बाँटकर हल्के हो सकें। सूर्योदय के साथ ही उन्होंने सुकर्ण को सुरोचना के आवास पर यह सूचना देने भेज दिया कि, 'वह मध्याह्न पूर्व उनसे भेंट कर कुशलक्षेम जानने के इच्छुक हैं।

...और दिन का प्रथम प्रहर बीतते न बीतते सुरोचना का सेवक रथिका लेकर आ गया। निवेदन वही कि—"स्वामिनी आपकी प्रतीक्षा में हैं।"

भवभूति सुरोचना के आवास पर पहुँचे। सुरोचना ने भाव-विह्वलता से स्वागत कर उन्हें विशिष्ट कक्ष में ले जाकर बैठाया।

"यह कक्ष नया-सा प्रतीत हो रहा है," दृष्टि घुमाते हुए बोले भवभूति।

"कक्ष तो वही पुराना है...किन्तु सज्जा नई है। तुम्हारे जाने के कुछ दिन पश्चात् महाराजाधिराज पधारे थे यहाँ। उनकी इच्छा थी कि यहाँ एक राज्ञोचित कक्ष होना चाहिए...। तो यह हो गया," सप्रयास मुस्कराई सुरोचना।

"मैंने कल महाराज से भेंट की थी। इतने ही दिनों में वृद्ध दिखने लगे हैं वह तो!"

"पराजय उन्हें भीतर ही भीतर जला रही है।"

"तुमने मुझे शशिप्रभा से दूर भेजा था।"

"हाँ, पर मैंने यह कब सोचा था कि उसे तुमसे भी वयप्रौढ़ नरेश ललितादित्य की तृतीय पत्नी बनना पड़ेगा। अहा! विधाता जाने किसके भाग्य में क्या लिख देता है। लगता है विधाता भी स्त्री से कुछ अधिक ही अपेक्षा रखता है। तुम तो जाकर लौट आए पर राजनन्दिनी शशिप्रभा जाने कब, जाने किस स्थिति में लौटे? लौट भी पाए या नहीं,...कौन जाने। कभी-कभी तो सोचती हूँ कि इन रानियों, महारानियों से मैं अधिक स्वतंत्र, स्वायत्त हूँ नाचने-गाने वाली मेरी शिष्याएँ राजकुमारियों से अधिक आत्मनिर्भर हैं।

मेरे सहृदय! तुमने राजनन्दिनी सीता की करुणकथा लिखी है। राजनन्दिनी शशिप्रभा के विवश-आत्मोत्सर्ग की साक्षी मैं भी हूँ। मैंने एक और राजनन्दिनी को यहाँ बुलाया है—उसकी दशा भी देख लो!"

कह सुलोचना खड़ी हो भीतर गई और श्वेत वस्त्रों में लिपटी मलिन प्रभा, भद्र युवती के साथ लौटी, "महाकवि! पहचानते हो इन्हें?"

भवभूति ने दृष्टि उठाई और चौंककर खड़े हो गए, "यह...यह तो राजकुमारी प्रियंवदा...आ आ," मुँह खुला रह गया भवभूति का।

"हाँ, वही हैं। इनके पति सेनानायक देववर्मन जिन्होंने इनके पिता व इन्हें युद्ध

में जीता था—वही देववर्मन इस युद्ध में वीरगति को प्राप्त हुए। युद्ध जीतकर उन्होंने इन्हें व पृथ्वी का सुख भोगा और अब मृत्यु के पश्चात् स्वर्ग का सुख भोगेंगे वह। उनके शव के साथ इन्हें सती होना था पर गर्भ के कारण न हो सकीं और उस धर्म का निर्वाह दासी के माध्यम से हुआ। हँ हँ दासी, जिसे पत्नी होने का सुख और सम्मान मिला भी तो चिता पर बैठकर..।

और यह प्रियंवदा। जिसके गर्भ से यदि पुत्र पैदा हुआ तो किसी युद्ध में काम आएगा और पुत्री पैदा हुई तो किसी सन्धि के। बताओ भवभूति इनकी कथा...।"

वाक्य अधूरा छोड़कर सुरोचना काँपते बदन के साथ आसन्दी पर भहरा गई।